Die linke Hand Gottes

Zum Buch

Der Gott, den die Juden, Christen und Moslems verehren, kann als der absolute Sieger in der Göttergeschichte gelten. Aus seinem Kräftefeld stammt auch der Heilige Geist, an den die Christenheit glaubt, im Verein mit Vater und Sohn, innerhalb der allerheiligsten Dreifaltigkeit. Heute aber zeigt sich die Kirche verlegen, nur selten richtet sich ein Gebetsruf persönlich an den Geist, und gefeiert wird er nur zu Pfingsten. Adolf Holl macht deutlich, daß sich in der Geschichte der Ketzereien und Querköpfigkeiten die Spuren dieses Gottes hingegen sehr auffällig zeigen – unter Einsiedlern, Mystikerinnen, Freidenkern, Exzentrikern, Künstlern und Kommunisten: der Heilige Geist als Stimme, als kreatives Prinzip, als ekstatischer Ursprung unserer Zivilisation. Mit *Die linke Hand Gottes* bietet Adolf Holl eine brisante Exkursion in die subversive Religionsgeschichte – und zugleich ein Lesevergnügen der intellektuellen Art.

Zum Autor

Adolf Holl, geboren 1930, studierte Theologie und Philosophie. Von 1954 bis 1973 war er Kaplan und gleichzeitig ab 1963 Dozent an der Katholisch-Theologischen Fakultät der Universität Wien. 1973 wurde ihm die kirchliche Lehrerlaubnis entzogen und 1976 wurde er auch als Priester suspendiert. Er lebt als freier Schriftsteller und Autor erfolgreicher Bücher in Wien.

Adolf Holl

DIE LINKE HAND GOTTES

Biographie des Heiligen Geistes

Econ & List Taschenbuch Verlag

Veröffentlicht im Econ & List Taschenbuch Verlag 1999
Der Econ & List Taschenbuch Verlag ist ein Unternehmen
der Econ & List Verlagsgesellschaft, München

Umschlagkonzept: Büro Meyer & Schmidt, München – Jorge Schmidt
Umschlagrealisation: Init GmbH, Bielefeld
Titelabbildung: Klaus Meyer, München
Druck und Bindearbeiten: Ebner Ulm
Printed in Germany
ISBN 3-612-26632-2

INHALT

Wenn es dann doch ruft,
gibt es nur eins. In
solchen Fällen wird stets
eine Antwort erwartet.

Für P. S.

Vorrede

Tausend Jahre vergehen einem halbwegs bedeutenden Gott im Nu. Deshalb muß sich die Beschreibung des Lebens bestimmter Gottheiten, eine in Vergessenheit geratene Literaturgattung, in längeren Zeiträumen bewegen als die Biographien historischer Persönlichkeiten.

Am liebsten gliederten die Aretalogen, wie die Götterbeschreiber früher genannt wurden, ihren Stoff nicht nach den Abläufen zwischen Geburt und Tod, sondern thematisch, in Anlehnung an die allgemein bekannten Krafterweise der Gottperson, zu deren Ehre sie schrieben.

Dieses Muster übersieht freilich die Tatsache, daß auch die Götterwelt dem Gesetz der Sterblichkeit unterliegt. Ein Gang ins nächste Museum zeigt die toten Götter, denen niemand mehr Andacht erweist. Ganz ohne den Gesichtspunkt des Werdens und Vergehens kommt also die Gottesbeschreibung nicht aus.

Nur wenigen Gottheiten war es beschieden, aus der provinziellen Enge ihres Ursprungs in die Weite eines vielsprachigen Kosmopolitentums zu gelangen. Der ägyptische Osiris zum Beispiel hatte überall im römischen Imperium seine Tempel, bis er vom semitischen Jahu verdrängt wurde, der bis heute von den Juden, den Christen und den Muslimen verehrt wird, als absoluter Sieger in der Göttergeschichte.

Aus dessen Kraftfeld stammt auch der Geist, an den die Christenheit glaubt, im Verein mit Vater und Sohn, innerhalb der allerheiligsten Dreifaltigkeit. Er war es, der den Mann

Jesus packte und seinen Mund öffnete, um den Juden die frohe Botschaft zu künden. Dem heiligen Geist war es zu verdanken, daß ein paar galiläische Fischer nach dem Tod des Nazareners den Mut fanden, eine Weltreligion zu predigen. Ferner beglückte der heilige Geist die Christianer mit sensationellen Erlebnissen, mit Verzückungen und Inspirationen, was sich dann auch herumsprach und das Evangelium unter die Leute brachte.

Abgebildet wird der heilige Geist meist als Tier, in der Gestalt einer Taube, was ihn der Menschenähnlichkeit entrückt, im Gegensatz zu Vater und Sohn, deren Gesichtszüge vertraut anmuten.

Der ikonographischen Verlegenheit bei der Darstellung der dritten göttlichen Person entspricht die deutliche Zurückhaltung der etablierten christlichen Kirchen in den liturgischen Umgangsformen mit dem heiligen Geist. Nur ganz selten richtet sich ein Gebetsruf ganz persönlich an ihn, und gefeiert wird er nur ein einziges Mal im Jahr, zu Pfingsten.

In der Geschichte der Ketzereien und Querköpfigkeiten hingegen sind die Spuren dieses Gottes sehr deutlich – unter syrischen Einsiedlern, französischen Vollkommenen, deutschen Mystikerinnen, englischen Freidenkern, amerikanischen Negersklaven, unter Künstlern und Kommunisten, Exzentrikern, Frauenrechtlerinnen und Erfindern. Immer wieder blitzt in diesem Erfahrungsraum der Funke einer überschwenglichen Freude auf, augenblickshaft und flüchtig. In solchen Momenten manifestiert sich das Göttliche im Menschen. Die Harfe, auf der dabei gespielt wird, hat einer alten Überlieferung zufolge zehn Saiten.

OSTERGLÜCK

Es war höchste Zeit für einen neuen Gott. Zwar kümmerten sich die Jupiterpriester wie seit altersher um gute Beziehungen zu den höheren Mächten; hatte die Himmlische Frau rund ums Mittelmeer ihre Altäre, wo die Wallfahrer ihre Bitten vortrugen und die Kranken auf ein Wunder hofften.

Aber neben der gewohnten Gottesdienstlichkeit tauchten mehr und mehr fremdartige Kulte auf, aus dem Osten des Römischen Reiches. Die Söhne der Adligen reisten vom Tiber an den Nil, um sich in esoterische Mysterien einweihen zu lassen, unzufrieden mit dem Glauben der Väter.

Mitunter brachte es eine importierte Gottheit sogar zu einem Tempel in Rom. Keiner jedoch gelang es, sich zum Alleinherrscher im Sakralbereich aufzuschwingen, zwischen Spanien und Syrien, Afrika und Britannien.

Das war die Lage der Dinge, als die Anhängerschaft eines gewissen Chrestos von sich reden machte. Die merkwürdige Sekte agitierte unter kleinen Handwerkern und Sklaven, hielt sich von den öffentlichen Bädern, den Wagenrennen und den Gladiatorenkämpfen fern und predigte die Verachtung der Götter. Niemand regte sich auf, wenn die Behörden gegen diese Religionsverächter mit Strenge vorgingen.

Was man von ihnen wußte, war kümmerlich genug. Sie beteten zu einem Juden, der als Verbrecher am Kreuz gestorben war, trafen sich im geheimen, ließen einander nie im

Stich, hatten ihre Gemeinden in jeder größeren Stadt und waren straff organisiert.

Und sie glaubten an Gott – nicht an die herkömmliche Gattungsbezeichnung für die Olympischen, sondern an die absolute Einzahl im jenseitigen Bereich, neben der die gewohnte Vielfalt der Überirdischen zum Trug von Dämonen schrumpfte.

Dieser Gott, jüdischen Ursprungs wie der Gekreuzigte, stieg zur religionspolitischen Zentralinstanz für das römische Imperium auf, wider allem Erwarten, mit den bekannten Folgen in Europa und dem Rest der Welt.

Hinter dem erstaunlichen Vorgang steckte eine Kraft, die von den Christianern »heiliger Geist« genannt wurde, von allem Anfang an.

Ansonsten sind die Nachrichten über die Wirkungsweisen dieser Kraft recht fragmentarisch. Sie versteckt sich zwischen den Zeilen der christlichen Grundschriften, verrät sich nur durch Hinweise, die wie verschlüsselt wirken, so als ob sie ihre entscheidende Rolle im Heilsgeschehen verleugnen wollte.

Wer den Code zu knacken, die Spuren zu lesen vermag, sieht die Anfänge der Christenheit in einem anderen Licht. Sie geraten dann in die Nähe eines Geschehens, das heutzutage am ehesten in die Zuständigkeit der Psychiatrie fällt, borniert genug.

Dann wird Jesus zum Besessenen, fragt sich lediglich von wem oder was.

Für nachdenkliche Menschen steht die Antwort auf diese Frage mit ziemlicher Sicherheit nicht in der Bibel.

Vom Himmel eine Taube

Die erste halbwegs verläßliche Nachricht über den Eingriff eines »heiligen Geistes« in den Gang der Dinge stammt aus dem zweiten Jahrzehnt unserer Zeitrechnung. In jenen Tagen, heißt es im Evangelium nach Markus, kam Jesus von Nazaret in Galiläa an und ließ sich von Johannes im Jordan taufen. Sobald er aus dem Wasser stieg, sah er die Himmel sich spalten und den Geist wie eine Taube auf ihn herabsteigen. Und eine Stimme wurde laut aus dem Himmel: Mein geliebter Sohn bist du, dich erwähle ich. Im Evangelium nach Matthäus heißt die Erscheinung, die Jesus hatte, »Geist Gottes«. Lukas ist am deutlichsten. Der heilige Geist, mit bestimmtem Artikel, sei »leibhaftig wie eine Taube« aus dem geöffneten Himmel auf Jesus heruntergestiegen. Das vierte Evangelium schließlich läßt Johannes den Täufer als Zeugen auftreten: Ich sah den Geist herabsteigen wie eine Taube vom Himmel und über ihm verharren.

Demnach wäre die Manifestation der Gottheit in Taubengestalt nur von Jesus und seinem Täufer wahrgenommen worden. Die Frage liegt nahe, woher die beiden wußten, daß der himmlische Vogel ausgerechnet den heiligen Geist verkörperte. Keine einzige Stelle in der Bibel der Juden bringt den Geist Gottes mit einer Taube in Verbindung.

In den Geschichten, wie sie unter den Schülern des Jeschu-a und denen des Jochanan umliefen und später in die christlichen Evangelien kamen, ist die ursprüngliche Spannung zwischen den zwei Männern noch zu merken. Sie erscheinen als rivalisierendes Paar, wie Romulus und Remus, Kain und Abel. Einer muß sterben, und das ist in diesem Fall Jochanan, auf den der Henker schon wartet. Vorher jedoch fällt die Entscheidung im visionären Raum, der die beiden Ekstatiker umhüllt. In diesem Raum herrschen andere Evidenzen als im Geschäftsleben. Was da aus der Lichtkaskade des geöffneten Himmels Gestalt annimmt, als Taube herniedersinkt und schließlich über dem Erwählten schweben bleibt, muß dem göttlichen Bereich entstammen, muß für gläubige Juden von Jahu kommen, dem Allerhöchsten, gepriesen sei sein Name, dessen Ausatmungen seit altersher die Propheten belebten: Geist Gottes, *ruach jahu*. Damit ist auch entschieden, welche Taufe künftig die Künder des anbrechenden Reiches Gottes ordinieren wird – nicht die Taufe im Wasser, sondern die Taufe »mit heiligem Geist«.

Und sofort, heißt es weiter bei Markus, schleudert ihn der

Geist in die Einöde hinaus. Damit soll klargestellt sein, wie die neue Taufe funktioniert, zunächst einmal für Jeschu-a, den Nazarener, den von der Taube bezeichneten Liebling des Himmels. Der Wassertäufer Jochanan muß abtreten. Die geistliche Taube wurde nachher nie wieder gesichtet.

Und der Jordan floß weiter ins Tote Meer, zum tiefsten Ort der Erde, wo Lots Weib zur Salzsäule erstarrte, weil sie zu neugierig war. Dort, in der menschenleeren Unwirtlichkeit, soll Jeschu-a einem weiteren Geist begegnen, aber keinem heiligen, sondern einem ruchlosen und widersacherischen, genannt Schaitan. Der gebietet über die zahllosen Dschinnen der wüsten Landstriche, die monströsen Zwischenwesen, ein durcheinanderzwitscherndes Gefolge, das dem Fürsten der Finsternis den Mantel trägt. Überall Geister, halbwegs Fleisch, nicht Gott, nicht Tier, nicht Mensch, geschlechtslos, mit Krallen, Schnäbeln, Glotzaugen, Schuppen, Schwänzen.

Aber Jeschu-a ist »voll« mit heiligem Geist, wie Lukas betont, der Sieger im Machtkampf steht von vornherein fest. In das Irrenhaus der Geister fährt Gottes Gebot: Jo! Keiner neben mir! Mir allein alle Huldigung!

Sofort zerflattern die Unwesen, lassen ab bis zur nächsten Attacke. Schon nähern sich die Flammengesichtigen von Jahus Thron, um die Energien des erschöpften Mannes aufzuladen. Die Engel dienten ihm, bemerkt Markus. Dann kam Jesus nach Galiläa und verkündete die günstige Gottesnachricht, fährt Markus fort. Umwandlung des Bestehenden demnächst, Alles Wird Neu, Abrahams Tisch steht für die Hungrigen schon bereit, Himmel auf Erden, zu uns komme dein Reich.

Am hellhörigsten für den neuen Ton sind die Besessenen. Bereits beim ersten Auftritt des Nazareners in der prächtigen Synagoge von Kafarnaum am galiläischen Gennesaret-See geht es los, wie auf der Bühne. Ein Mann fängt zu brüllen an. Der »unreine Geist« (Markus), der ihn besetzt hält, redet in der ersten Person Mehrzahl, er ist nicht der einzige, der nervös ist. Was willst du von uns, Jesus von Nazaret? Bist du gekommen, um uns zu vernichten? Ich weiß, wer du bist, der Heilige Gottes!

Die Dämonen wissen also Bescheid. Jetzt muß der Mensch aus Nazaret zeigen, wozu er imstande ist. Schon hat sich der Prediger in einen Exorzisten verwandelt. Zwei scharfe Kommandos zielen auf das Zentrum der Störung: Schweig! Fahr aus! Sofort verrenkt sich der Körper des Besessenen. So ohne weiteres ist die Besatzungsmacht nicht zum Abzug bereit. Endlich der langgezogene Schrei, das Signal der Ausfahrt. Dann Stille. Gemurmel im Publikum. Sogar den Geistern befiehlt er, und sie gehorchen.

Matthäus und Lukas wissen über die nächsten Schritte des vertriebenen Geistes Bescheid. Wenn er ausgefahren ist, schweift er durch wasserlose Gegenden, sucht einen Ruheplatz und findet ihn nicht. Kehrt daraufhin zu seiner vormaligen Heimstätte zurück, findet sie leer, gesäubert und abweisend. Holt sieben weitere Geister, raffiniertere, und miteinander kehren sie zurück ins verlassene Haus und wohnen darin.

Das klingt ziemlich gefährlich. Die Welt der Evangelisten ist voller Geister, so ähnlich wie für die heutigen Bewohner der Insel Bali.

Um so energischer bestehen die Evangelisten auf der Einzigartigkeit des Geistes, der sich der Person des Nazareners bemächtigt hat. Nur dieser Geist »von oben her«, so nennt ihn das Johannesevangelium, darf das Heiligkeitsprädikat tragen. Er muß es sein, der den Jeschu-a zum Erlöser Israels bestimmt hat, zum *maschiach* (= Messias, wörtlich »der Gesalbte«, griechisch *christos*). Ohne diesen »heiligen Geist« wäre aus Jesus nie ein Christus geworden, und die Religion, die sich auf Jesus Christus beruft, müßte sich einen anderen Namen suchen.

Saus und Braus

Nein, Buchreligion ist das Christentum keine, nicht von Hause aus jedenfalls. Der Nazarener hat nichts Schriftliches hinterlassen. Halt mich nicht fest, bittet der Jesus des Johannesevangeliums seine liebende Maria aus Magdala. Damit ist auch jegliche schriftliche Fixierung abgewehrt. Offensichtlich hatte Jeschu-a keine Zeit, sich mit Papier und Schreibzeug abzugeben. Die heiligen Schriften, die dann doch über ihn verfaßt wurden, geraten deshalb von vornherein in den Verdacht, die ursprünglichen Absichten des Nazareners verfälscht zu haben. Weshalb dann, sozusagen wider Willen, in der christlichen Bibel verstohlene Spuren einer profunden Selbstironie auftauchen, wie zum Beispiel im zweiten Brief des Apostels Paulus an die Korinther: Der Buchstabe tötet – der Geist macht lebendig.

Mitten im Text sperrt sich somit das göttliche Ursprungsprinzip, ohne dessen Intervention der Nazarener ein Tischler geblieben wäre, gegen die Verfestigungstendenz der Schriftlichkeit, unter der Chiffre »Geist«.

Geist: Mit diesem Wort übersetzten sich die germanischen Völker, als sie unter das Taufwasser kamen, das griechische *pneuma* (lateinisch: *spiritus*) in der Bibel. Das Pneuma wiederum war eine Übersetzung der semitischen Wurzel *rwh*, weiblichen Geschlechts, im Hebräischen *ruach*, im Syrischen *rucho* ausgesprochen, ursprüngliche Bedeutung: Luft in Bewegung.

Der germanische Geist hatte mit der semitischen Ruach zwar die Körperlosigkeit gemeinsam, eine gewisse Lebendigkeit auch, aber mit dem glühenden Wind aus der arabischen Wüste, der in der Bibel der Juden ebenfalls Ruach heißt, konnten die Nordmänner nichts anfangen.

Im Johannesevangelium dagegen ist die urtümliche Sinnlichkeit der Ruach noch da: Pneuma bläst, wo es will; hörst seinen Braus, weißt aber nicht, woher kommend, wohin sausend. Ebenso verhält es sich mit jedem, der aus dem Pneuma geboren ist.

Das Pneuma im griechischen Original dieser Stelle verrät das semitische Sprachgefühl, aus dem es übersetzt wurde, ganz deutlich. Der Spruch läßt die Ruach blasen wie einen heftigen Sturm, benutzt sie aber bald als Metapher für etwas, das die Person schlagartig verwandelt, aus ihr einen neuen Menschen macht.

Demnach würde es bei dem Vorgang, der hier signalisiert wird, ziemlich stürmisch zugehen – was wiederum dem deutschen Geist, auch dem heiligen, mit seinem eher gesetzten Wesen, so fremd bleiben muß wie ein orientalischer Markt.

Die 378 Stellen der Juden-Bibel, in denen die Ruach auftritt, assoziieren sie dagegen gern mit all dem, was den einförmigen Lauf der Dinge durchkreuzt, ob es sich nun um die Erschaffung der Welt handelt oder um einen Wutausbruch, um die Herablassung Jahus auf den Mann Mose, um die Wiederbelebung von Totengebeinen, die Gewährleistung der beispiellosen Körperkräfte des Samson, das Rasen ekstatischer Gottesläufer, die Verwandlung eines Guerilleros wie David in einen respektablen König. Sobald Ruach herabregnet, fangen die Söhne und Töchter Israels mit dem Weissagen an, junge Männer haben Visionen, Ratsherren werden von Wahrträumen heimgesucht, und Gott macht ein neues Testament.

So auch im Fall des Jeschu-a, des Zimmermanns Josef Sohn. Wie die Ruach mit diesem Mann, dessen Vorleben im dunkeln bleibt, umgesprungen ist, verrät ein Wörtlein, das dem Evangelisten Markus 41 mal unterläuft, ohne besondere Absicht: *euthys*. Nur ein Füllwort ist das, leicht zu überlesen, am Beginn mancher Sätze, überleitend von einer Episode zur nächsten: Alsbald, gleich darauf, unverzüglich, sofort.

Das Wörtlein bringt ein scharfes Tempo ins Leben des Nazareners, er muß atemlos von einem Termin zum nächsten hetzen, ein Jahr lang etwa, bis es mit ihm zu Ende ist. Das Stakkato der Ruach setzt bei Markus in dem Augenblick ein, da Jeschu-a aus dem Wasser des Jordan steigt, nach seiner Taufe. *Sofort* zerteilt sich der Himmel, sinkt die Taube herab, erschallt die gebieterische Stimme. Und *sofort* wirft die Ruach ihren Mann in die Wüste. *Gleich darauf* lassen Schim-on und sein Bruder ihre Netze am Ufer des Sees Gennesaret liegen und laufen dem Jeschu-a nach, der ihnen zugewinkt hat. Und *unverzüglich* betritt Jeschu-a am Sabbat die Synagoge von Kafarnaum. *Sofort* schreit der Besessene los.

Und so weiter kreuz und quer durch Galiläa, dann nach Tyrus und Sidon, hinunter nach Jericho und schließlich zum

Osterfest hinauf nach Jerusalem, wo das letzte *euthys* die Auslieferung des bereits Verhafteten an Pilatus beschleunigt, in der Früh des Karfreitags, der Jeschu-a ans Kreuz bringen wird.

Zeit lassen darf sich Jesus erst nach seinem Tod, im Verlauf seiner Vergottung, seiner Inthronisierung zur Rechten des Vaters, wofür kein *euthys* mehr nötig ist, im Evangelium nach Markus.

Bald!

Jüdisches Erbteil also im geistlichen Accelerando der Ruach *Desjenigen*, dessen Namen die Frommen im Land zur Zeit des Jeschu-a schon gar nicht mehr in den Mund nahmen, um Gott nicht zu verletzen. Dafür war die Ruach Gottes mit bestimmtem Artikel und dem Heiligkeitsprädikat versehen worden, von denen, die mit Jeschu-a zusammen waren von der Taufe im Jordan bis zur Kreuzigung auf Golgota, unter dem Eindruck der gottvollen Mächtigkeit ihres Meisters.

Dieser heilige Geist hatte es wie gesagt ziemlich eilig, und die Kunde von solcher Dringlichkeit war seit etlicher Zeit in gewissen Traktaten angesagt, einer neuen Art Katastrophen-Literatur aus der Zeit zwischen 200 vor und 100 nach unserer Zeitrechnung, verfaßt von ungeduldigen Juden, denen die alte Weltzeit nicht schnell genug ablaufen konnte. Einer von ihnen nannte sich Johannes und sein Büchlein »Apokalypse des Jesus Christus«, was so viel wie »Enthüllung« bedeutet und später dem ganzen Genre den Namen gab.

Dem leibhaftigen Jeschu-a hat dieser Autor kaum je ins Auge geschaut, auch wenn er sich den Namen eines der Schüler des Nazareners zulegte. Für den Verfasser der Apokalypse war der irdische Jeschu-a zu einer furchterregenden Erscheinung geworden, deren Stimme wie das Rauschen mächtiger Wasserfälle klang, deren Augen der Feuerflamme glichen und deren Füße aus glühendem Eisen gemacht schienen.

Die Stimme der Erscheinung habe er »im Geist« gehört, an einem Sonntag auf der Insel Patmos, versichert der Verfasser gleich am Beginn seiner Schrift und reklamiert damit die nämliche Überwachheit für sich, der auch Jeschu-a und Jochanan gewürdigt wurden, als sie die Taube erblickten, Ende der zwanziger Jahre, im 15. Jahr der Regierung des Kaisers Tiberius, laut Lukas. Seither waren ein paar weitere Weltherrscher in den Hades gewandert, unter ihnen der erzböse Christenverfolger Nero, gestorben im Jahr 68 nach Christi Geburt. Der heilige Geist hingegen war noch immer recht lebendig, nach dem Zeugnis der Johannes-Apokalypse, die in den letzten Jahren der Regierung Domitians zu Papier gebracht wurde, ums Jahr 95 herum, wie sich ausrechnen läßt.

Die Adressaten der Apokalypse, sieben Christianer-Vereine in namentlich angeführten Städten auf dem Gebiet der heutigen West-Türkei, wußten offenbar ebenfalls, was »im Geist« bedeutete – sonst hätte es ihnen der Verfasser sicherlich erklärt. Sie waren auch über die Sprechgewohnheiten von Drachen informiert, über die Bedeutung der Zahl 666 und weiterer Verschlüsselungen, die späteren Auslegern viele Grübelstunden bescherten. Jede Menge Esoterik also in den Christianer-Zirkeln von Ephesos oder Pergamon, die sich über die Kopien der Apokalypse beugten. Wer ein Ohr hat, der höre, was der Geist den Gemeinden sagt. Siebenmal wiederholt der Verfasser den höheren Auftrag, der ihn zum Schreiben veranlaßt hat, damit nur ja kein Zweifel darüber entsteht, daß nicht eitle Schriftstellerei ihm die Feder geführt hat, sondern das heilige Pneuma, die Ruach des Herrn Jesus, des getreulichen Zeugen, des Erstgeborenen aus den Toten, des Archonten über die Erdenkönige.

Nicht zum landläufigen Textstudium und Lesevergnügen sind die Empfänger der Apokalypse des Johannes eingeladen, sondern zur Einschwingung in einen geistlichen Erfahrungsraum, der den Herrn Jesus ebenso umgreift wie den Autor und eben auch dessen Leserschaft, die damit als vom Geist ergriffene apostrophiert wird, deren Ohr nur dann hört, wenn es ein inspiriertes Ohr geworden ist. Heiliger Geist, was immer er im Detail zu sagen hat, ist zum alleinigen Medium der durch ihn Privilegierten geworden, und dieses Medium ist auch die Botschaft.

Die Nicht-Privilegierten, nämlich die »Hunde und die Zauberer, die Unzüchtigen und die Mörder, die Götzendiener und jeder, der die Lüge übt und liebt«, bleiben »draußen«, ausgeschlossen vom Geist-Medium. Der geistliche Erfahrungsraum des apokalyptischen Szenarios ist jener der Sekte.

Im inspirierten Raum, den der Autor der Johannes-Apokalypse »im Geist« aufspannt, werden heftige Energien mobilisiert – Furcht und Zittern, Rachegedanken, Angstlust, Siegesgewißheit. Ab dem fünften Kapitel tritt Jesus Christus als geschächtetes Lamm auf die visionäre Bühne, ausgestattet mit sieben Hörnern und sieben Augen, an insgesamt achtundzwanzig Stellen des Textes als monströse Hauptperson, die keinen Spaß versteht. Der Zorn des Lammes ist gewaltig, wird betont. Kaum hat es die ersten vier Siegel der Buchrolle geöffnet, in der das Geschick der Menschheit geschrieben steht, beginnen die Rösser der apokalyptischen Reiter zu traben, und was sie bringen, ist wenig erfreulich. Und es wurde ihnen Macht gegeben über den vierten Teil der Erde, zu töten mit Schwert und Hunger und Pest und durch die wilden Tiere der Erde. Ein ausgedehntes Gespinst von Ressentiments hat der Tiefenpsychologe Carl Gustav Jung dem Autor der Apokalypse attestiert, eine Orgie von Haß, Zorn und blinder Zerstörungswut, die sich in phantastischen Schreckbildern austobt, allenfalls vergleichbar dem Erscheinungsbild bei schweren Psychosen. Womit sich dann freilich die Frage nicht abweisen läßt, ob der heilige Geist für die rasenden Ausritte der Apokalypse verantwortlich zeichnet oder der unbekannte Schriftsteller auf Patmos.

Oder beide. Zur Entlastung des heiligen Geistes stellt sich heraus, daß sein Sprachrohr gelegentlich ein wenig geschwindelt hat in bezug auf die Originalität der beschriebenen Visionen. Die vier merkwürdigen Wesen etwa im vierten Kapitel entstammen nicht, wie vom Verfasser behauptet, einer Vision, sondern sind wortwörtlich aus dem Buch des Propheten Ezechiel abgeschrieben. Weitere Anleihen aus der apokalyptischen Literatur lassen sich ebenfalls ohne große Mühe nachweisen, was für die Belesenheit des Verfassers der Johannes-

Apokalypse spricht, aber nicht unbedingt für seine Qualifikation als virtuoser Ekstatiker. Vielleicht erging es ihm so ähnlich wie dem schwedischen Bergbau-Direktor und Visionär Emanuel von Swedenborg, der hin und wieder beim bloßen Lesen eines heiligen Textes plötzlich »im Geiste war«, mit Engeln plauderte und auch etlichen apokalyptischen Drachen begegnete. Zwischen Swedenborg und der Abfassung der Apokalypse liegen 1600 Jahre, was offensichtlich unerheblich ist, wenn das Jenseits lebendig wird.

Ein wichtiges Stichwort ist soeben gefallen: Psychose. Der berühmte Seelenforscher, dem es bei der Lektüre der Apokalypse in den Sinn kam, war weit davon entfernt, ekstatische Religiosität mit Wahnsinn gleichzusetzen. Er wußte, daß sich eine Weltreligion schwerlich dem Geschnatter von Irren verdankt. Jung verstand sich als Arzt. Während sich die Christen um die richtige Auffassung von Wahrheit streiten, schrieb Jung, ist der Arzt mit einem dringenden Fall beschäftigt. Wer schizophrene Wahnbildungen untersucht hat, weiß über das Vorkommen von archetypischen Motiven in der Psyche von Menschen, die nie von Mythologie gehört haben.

Ein Kollege Jungs, der aus Prag stammende Psychiater Stanislav Grof, ist im Verlauf seiner Therapien ebenfalls auf jene kollektiven Ur-Bilder gestoßen, die Jung Archetypen nannte. Grof arbeitete zuerst mit LSD, dann mit Hyperventilation, beschleunigtem Atmen. Die Beteiligten gelangen dabei in veränderte Bewußtseinszustände und erleben das Trauma ihrer Geburt noch einmal, mitsamt den Ängsten und Beklemmungen, die den Weg der Leibesfrucht ans Licht der Welt begleiten. Grof erwähnt ausdrücklich apokalyptische Visionen in seiner Schilderung des Bildmaterials, das während derartiger Reisen gesichtet wird. Drachen können dabei auftreten, auch miteinander kämpfende Engel und Teufel, bis hin zur schließlichen Befreiung aus allen Ängsten, mit viel Licht und leuchtenden Farben, wie in den letzten beiden Kapiteln der Johannes-Apokalypse, wo die Braut des Lammes aus dem Himmel herabsteigt, als goldene Stadt mit zwölf perlenschimmernden Toren.

Zwischen psychotischer Störung und ekstatischer Mystik zieht Grof keine scharfe Grenze. Lediglich die Befähigung, das Erfahrene ins Alltagserleben zu integrieren, läßt er als Unterscheidungsmerkmal zwischen klinischem und religiösem Geschehen gelten. Der »transpersonale« Raum, so Grof, umschließt Heilige und Verrückte. Mit diesem Befund läßt sich auch theologisch gut leben.

Für die Heiligen in Ephesos, wo der monumentale Tempel der vielbrüstigen Artemis stand, oder denen in Pergamon mit dem riesenhaften Zeus-Altar oberhalb der Stadt, war der Alltag von Mächten bestimmt, die sie als Christianer schroff ablehnten. Alle die heidnischen Greuel, das schärfte ihnen die Apokalypse »im Geiste« ein, sollten demnächst im Verlauf einer einzigen Stunde zum Ödland werden, zu einer Ruinenlandschaft für Archäologen.

Das war nicht ganz falsch, wie sich mittlerweile herausgestellt hat. Allerdings dauerte es ein paar hundert Jahre, bis die Untergangsvisionen der Apokalypse Wirklichkeit wurden. Die Zeit ist nahe, betont die Geheime Offenbarung gleich zu Beginn, und an ihrem Ende sagt die gebieterische göttliche Stimme: Ja, ich komme bald. Was damit gemeint war, konnten weder der Autor noch die Adressaten der Apokalypse wissen. Sie nahmen den heiligen Geist wörtlich, was ein Fehler war.

Ohne diesen Fehler freilich wären sie längst vergessen.

Nach Ostern

Das Wirken des heiligen Geistes in den fünfundsechzig Jahren zwischen der Taufe des Zimmermannssohns und dem Diktat der Johannes-Apokalypse hatte seinen absoluten Höhepunkt in den Wochen nach dem Tod Christi am Kreuz. Was damals passierte, müssen die Frauen und Männer aus der Genossenschaft des Hingerichteten auf recht unterschiedliche Weise erlebt haben, wenn den Evangelien zu trauen ist, die erst etliche Jahrzehnte nach dem Geschehen zu Papier gebracht wurden.

Manchmal ist es ein Fremder, der sich im entscheidenden Augenblick als der Totgeglaubte zu erkennen gibt. Ein anderes Mal gesellt sich der Leichnam zur verstörten Jüngerschar, bei verschlossener Tür, mit den frischen Wundmalen am Körper, und läßt sich bewirten. Oder ein weißgekleideter Jüngling, postiert im leeren Grabesgewölbe, predigt den erschrockenen Jüngerinnen das Ungeheure. Er ist auferweckt worden, er ist nicht da. Einem anderen Zeugen genügt der Anblick der beiseite gelegten Totenbinden im Grab, um zum Glauben zu finden. Sogar ein Repräsentant skeptischer Reserviertheit tritt auf, der ungläubige Thomas, so als ob der Text ironisch auf die Falle anspielen wollte, in die das wissenschaftliche Denken geraten kann. Selig, die nicht sehen und doch glauben, wird dem Zweifler gesagt. Hernach Christi Himmelfahrt, vor den Augen der Getreuen, mit dem Versprechen der baldigen Wiederkehr des Erhöhten. Sieben Wochen nach Ostern endlich manifestiert sich der heilige Geist definitiv als fortwirkende Gnadengabe frischester Prophetenkraft des neuen Israel unter den Völkern, im Feuersturm des Pfingstmorgens.

Das alles ist nun schon ein gutes Weilchen her, und die Generationen nach dem christlichen Urknall müssen sich als Zuspätgekommene betrachten, oberflächlich getauft wie sie sind. In den Ostergeschichten, die ihnen vorgelesen werden, bleibt das Wichtigste ungesagt. Nirgends wird verraten, wie die Veränderung der Person unter denen bewerkstelligt wurde, die ihren Jeschu-a zu Grab trugen und sich danach anschickten, zu ihren Fischerbooten und Kochtöpfen zurückzukehren.

Die Erscheinung des lebenden Leichnams löst bei ihnen zunächst einmal Grauen aus, und die beruhigenden Worte des Gespensts, es sei keines, zeigen lediglich den Abgrund an, der überbrückt werden mußte, um das Entsetzen in Jubel umschlagen zu lassen. Ist dieser Jubel von einem inneren Kreis des Jesus-Vereins, der allenfalls ein Dutzend Menschen umfaßte, dann auf die übrige Anhängerschaft übergesprungen? Wenn ja, dann bleibt immer noch rätselhaft, wie eine derartige Jubelgemeinde zum energischen Gottesbotentum mutierte, das die Straßen Palästinas, Syriens, Arabiens, Kleinasiens unter die Füße nahm, um die Nachricht zu verbreiten, daß ein hingerichteter Jude dem Tod ein Schnippchen geschlagen habe.

Erhalten geblieben sind lediglich ein paar dunkle Hinweise auf das Geistgeschehen zwischen Ostern und Pfingsten im Todesjahr Christi, zur Dechiffrierung für die Zuspätgekommenen. Angehaucht habe der aus dem Totenreich wiedergekehrte Meister seine Schüler und dazu gesprochen, empfanget heiligen Geist. Wir wissen, behauptet eine andere Stelle, daß wir aus dem Tod ins Leben hinübergeschritten sind. Heruntergefallen sei der heilige Geist auf ihn und die anderen Apostel, erzählt Petrus, eine Art Ausschüttung wäre das gewesen, eine Anfüllung mit Wortmächtigkeit und Redegewalt.

Schlafentzug könnte bei alldem eine gewisse Rolle gespielt haben. Mitgeteilt wird, daß die mit Jeschu-a besonders verbundenen Männer und Frauen nach der Himmelfahrt ihres Meisters ein »Obergemach« in Jerusalem bezogen hätten, um sich »ständig« dort aufzuhalten, »einmütig im Gebet«. Die Momentaufnahme, falls sie richtig belichtet ist, zeigt eine Primärgruppe besonderer Art, aufgescheucht von Gott. Schwer vorstellbar ist, daß diese Menschen während des Herumwanderns mit dem nervösen Nazarener sehr viel Wert auf eine ungestörte Nachtruhe gelegt haben. Dann die Bangigkeit der letzten paar Tage nach dem Palmsonntag in Jerusalem, voll von Ahnungen einer unabwendbaren Katastrophe. Konntet ihr nicht eine Stunde mit mir wachen, spricht der Meister in der Nacht seiner Festnahme zu den erschöpft eingeschlafenen Schülern. Schon beim ersten Hahnenschrei des Ostermorgens, nach der versteinerten Fassungslosigkeit am Karsamstag, laufen einige Frauen zum Grab hinaus und werden sofort von äußerst lebhaften Jenseitigkeiten überrascht. Die Männer bleiben zunächst reserviert, werden aber schnell ins Geschehen einbezogen, das den Getöteten zum Sieger macht, bis er sich in Luft auflöst und einen leeren Platz beim gewohnten Brotbrechen zurückläßt, in jenem Obergemach, von dem nur ein einziges Mal die Rede ist, ohne jede weitere Erklärung.

Es gibt auch keine Erklärung. Die singuläre Gruppendynamik der unwiederholbaren Art in den Tagen vor der Pfingstexplosion, pulsierend unter namentlich genannten Personen jüdischer Herkunft, entzieht sich dem Blick durchs Schlüsselloch. Zu sehen sind lediglich ein paar überreizte Menschen, die wenig Zeit für Körperpflege haben, achtlos ein paar Bissen kauen, wenn der Hunger sich meldet, wenig schlafen und ansonsten nichts anderes im Sinn haben, als das freigewordene Zentrum ihrer Gemeinschaft mit der Gegenwart dessen zu füllen, den sie so sehr vermissen. *Maranata.* Komm doch, Herr. Normalerweise führt ein derartiges Gesumm zu gar nichts, auch wenn es stundenlang dauert, es sei denn, Gott Heiliger Geist fühlt sich bewogen, die Zentralgewalt zu übernehmen, zunächst einmal in diesem schon ziemlich ausgeflippten Verein von analphabetischen Hausfrauen und Fischern, die demnächst davon überzeugt sein werden, in Dauerverbindung mit der Thronherrlichkeit zu stehen, woselbst Vater und Sohn ewiges Leben führen, wie im Anfang, so auch jetzt und allezeit und in Ewigkeit.

Amen. Ab neun Uhr morgens am Pfingstsonntag steht die Dauerverbindung unter Strom, die Geistmaschine hat im Feuersturm ihre Arbeit aufgenommen, anno Domini 30, falls die Angaben stimmen. Gern hätten die Zuspätgekommenen erfahren, wie der heilige Geist im Lauf der nächsten vierzig Jahre sich seine vier Evangelisten aussuchte, und überhaupt alles Wissenswerte über das Zustandekommen der christlichen Bibel gewußt, aber leider müssen sie sich mit ein paar Briefen des Apostels Paulus begnügen, diktiert in den fünfziger Jahren, und mit den ersten zwölf Kapiteln der »Apostelgeschichte«, die um das Jahr 70 herum zu Papier gebracht wurde. Weder die Briefe noch die Geschichten bieten sachdienliche Angaben über die Einflüsterungsmethoden des heiligen Geistes, über die sogenannte Inspiration, der sich die strenge Sanftmut jener Prosa verdankt, die später auf den Knien gelesen wurde, von Königinnen und Schustergesellen, Popen und Nonnen, Konquistadoren und Kolonisierten des christlichen Äons.

Die Bibelwissenschaftler unter den Zuspätgekommenen

plagen sich seit hundert Jahren mit der Frage, welche Aussprüche des Jeschu-a in den Evangelien von ihm selbst stammen könnten und welche erst nach seinem Tod formuliert wurden, in den geistlichen Kreisen derer, die an den Auferstandenen glaubten und seine baldige Rückkehr zum Weltgericht erhofften – Juden und Griechen, Ägypter und Syrer und Römer, denn das Evangelium war schnell unterwegs.

Als akademische Lehrer dürfen die Bibelgelehrten keinerlei Vertrauen auf das Wirken des heiligen Geistes in ihre wissenschaftliche Prosa einfließen lassen, sie müssen bei ihrer Forschungsarbeit kühl bleiben. Wenn sie halbwegs sicher sind, daß ein Meisterwort des Nazareners erst zwanzig oder dreißig Jahre nach seinem Tod geprägt wurde, sprechen sie von »Gemeindebildung« – als ob sich die geflügelten Worte der Bibel ohne weiteres der Wichtigtuerei religiös erhitzter Eckensteher zuschreiben ließen. Der Grund für die Tatsache, daß die Bibel so lange das volkstümlichste Buch überhaupt war, ist mit derlei Spielereien nicht einmal berührt.

Deshalb hat der Philosoph Ernst Bloch (gest. 1977), dieser hinreißend messianische Marxist, von Parade-Exegeten wie Rudolf Bultmann wenig gehalten. Dessen »Entmythologisierung«, so Bloch, nennt alle Katzen schwarz, alle Märchen Ammenmärchen, überhört den Prometheus im Raunen der Mythen.

Von den Bibelwissenschaftlern ist also keine Antwort auf die Frage der Zuspätgekommenen nach dem Ursprung der abendländischen Buchkultur zu erwarten. Allenfalls die politischen, sozialen, wirtschaftlichen Rahmenbedingungen vermag die Gelehrsamkeit anzugeben, unter denen die Grundschriften des Christentums abgefaßt wurden.

Bei einem derartigen Rundblick nun läßt sich in Erfahrung bringen, daß im Heiligen Land ausgerechnet während der intensivsten Inspirationstätigkeit des heiligen Geistes ein Krieg ausbrach, mit katastrophalen Folgen für das Volk Israel.

Kein Stein wird auf dem anderen bleiben. So sprach Jesus (laut Markus) beim Anblick des Tempels in Jerusalem, der als Weltwunder galt. Keine andere Prophezeiung des Nazareners ist so präzis eingetroffen. Eine einzige Mauer ist von dem Prachtbau erhalten geblieben, den König Herodes in zehn Jahren hochziehen ließ und der zur Zeit Christi nicht einmal fünfzig Jahre alt war. Das Zerstörungswerk im Sommer des Jahres 70 unserer Zeitrechnung, die Antwort der Römer auf einen vierjährigen Volksaufstand im Judenland, nahm den Abrahamskindern ihren politischen und religiösen Mittelpunkt, bis zur Gründung Israels 1948, im 20. Jahrhundert nach Christi Geburt.

Doch seltsam. Weder der jüdische Krieg noch dessen grausames Ende finden in den Schriften der christlichen Bibel eine direkte Erwähnung. Nur indirekt, als Drohrede des Jeschu-a, sind Kriegsheere angekündigt, die Jerusalem belagern werden, und eine Verwüstung der Heiligen Stadt.

Dieses Schweigen wirkt bei den manifesten Feindseligkeiten aller vier Evangelisten gegen »die Juden« (Johannesevangelium) erstaunlich. Wenn die Evangelien, wie heute ziemlich einhellig angenommen wird, nach der Zerstörung Jerusalems im Jahr 70 abgefaßt wurden, dann erhebt sich die Frage, warum sie darauf verzichteten, den Juden das Ende ihres Tempels als göttliches Strafgericht für ihren Unglauben unter die Nase zu reiben.

Hat der heilige Geist eine derartige Gemeinheit nicht zugelassen? Nach Auschwitz wäre es schön, sich das vorstellen zu dürfen. Aber leider. Bekanntlich pflegt Gott unangenehmen Fragen gern auszuweichen.

Bibel, Bubel, Babel

Es dauerte dreihundert Jahre, bis sich die Christusgläubigen darüber geeinigt hatten, welche Evangelien vom heiligen Geist inspiriert waren und welche nicht. Die abgelehnten Evangelien, von denen es viele gab, wurden aus dem Verkehr gezogen. Daß einige davon dennoch erhalten geblieben sind, wissen lediglich die Fachleute. Nach kirchenamtlicher Regelung umfaßt die heilige Schrift des »Neuen Bundes«, wie man sie in den Buchhandlungen kaufen kann, die Evangelien nach

Matthäus, Markus, Lukas, Johannes, ferner vierzehn dem Paulus zugeschriebene Briefe, ein paar weitere Sendschreiben und die Apostelgeschichte, sowie die Johannes-Apokalypse – insgesamt siebenundzwanzig Schriften.

Temperamentvoll gottsucherischen Menschen war das häufig zu wenig. Sie konnten nicht so recht glauben, daß der heilige Geist um das Jahr 100 herum seine Tätigkeit eingestellt habe, in bezug auf die autoritative Festlegung der göttlichen Offenbarung. Der rasanteste Proponent dieser Spiritualität hieß Thomas Müntzer und starb 1525 durch Enthauptung, wegen Beteiligung am deutschen Bauernaufstand. Wenn einer sein Leben lang, verkündete Müntzer, die Bibel weder gehört noch gesehen hätte, könnte er für sich wohl durch die gerechte Lehre des Geistes einen unbetrüglichen Christenglauben haben, wie alle jene, die ohne alle Bücher die Heilige Schrift geschrieben haben.

Damit war die prinzipielle Gleichzeitigkeit aller Spätergekommenen, so sie nur unter dem Anhauch des heiligen Geistes standen, mit den Verfassern der biblischen Schriften behauptet, keck genug. Dementsprechend scharf reagierte denn auch Martin Luther auf seinen radikalen Kollegen und warf ihm vor, die ganze Heilige Schrift verspottet zu haben, mit den Worten: Bibel, Bubel, Babel. Müntzer hat in der Tat eine ebenso kräftige Sprache geführt wie Luther. Ein Mensch, schrieb Müntzer, der vom innerlichen Wort Gottes im Abgrund der Seele nichts weiß, muß ahnungslos bleiben, auch wenn er hunderttausend Bibeln gefressen hätte.

Eine Versöhnung des Schrift-Prinzips, wie es Luther vertrat, mit dem Geist-Prinzip Müntzers ist nicht gut möglich. Im einen Fall bezieht sich die Person auf verbürgte Schriftlichkeit, im andern auf deren allezeit anwesenden Ursprung. Die Gestalt des einsamen Geistigen, befand Ernst Bloch, wie sie schon früh im Christentum auftrat, ist als eigentliche Weise des produktiven Menschen der Neuzeit aufzufassen.

Das ist, noch dazu von atheistischer Seite, ein wunderschönes Kompliment für den heiligen Geist.

PFINGSTGESCHREI

Unter den westlichen Intellektuellen hält sich das Gerücht, Gott sei irgendwann nach der Französischen Revolution gestorben. Just in diese Zeit fällt das Geburtsdatum der sogenannten Pfingstbewegung, deren Anhängerschaft zur Zeit auf eine dreistellige Millionenzahl veranschlagt wird.

Jerusalem, USA

War das Gott? Am 9. April 1906 fiel das Feuer unter die Heiligen in der Bonnie Brae Street, schrieb eine gewisse Georgia Bond, als sie ihre Lebenserinnerungen zu Papier brachte.

Sie meinte den heiligen Geist, wie nachzulesen im Bericht der Apostelgeschichte: Und als der Tag des Pfingstfestes endlich gekommen war und sie alle an einem Ort versammelt waren, da geschah plötzlich ein Brausen vom Himmel wie ein mächtiger Sturm, füllend das ganze Haus. Und es erschienen Zungen wie von Feuer, die zerteilten sich und setzten sich auf jeden von ihnen. Und wurden alle erfüllt vom heiligen Geist, wobei sie in anderen Zungen zu reden anfingen.

Among colored saints, schrieb Mrs. Bond, unter farbigen Frommen sei jenes Pfingstfeuer erneut wirksam geworden, während eines Ostergottesdienstes, welchen Pastor W. J. Seymour als Gastprediger leitete, ebenfalls ein Farbiger, wie man damals sagte. Wobei die Zungen anders zu reden anfingen, wie einst in Jerusalem.

Zuerst habe es einen Achtjährigen erwischt, wurde erzählt, und danach die übrigen Brüder und Schwestern, was sich sehr schnell herumsprach, weshalb Pastor Seymour einen leerstehenden Gebetsraum in der Azusa Street 312 mietete. Drei Tage und drei Nächte lang jauchzten dort die Heiligen, erzählte man, und es war schier unmöglich, in den Saal zu gelangen, wegen des starken Gedränges. Wer trotzdem hineinkam, fiel bald unter die Kraft Gottes. Alle jauchzten sie, bis die Fundamente des Gebäudes zu wanken schienen. Frauen hätten fremde Männer geküßt, hieß es.

So geschehen in Los Angeles zwischen Ostern und Pfingsten im Jahr des Herrn 1906. Für die Zeitungen der Weißen war die ganze Aufregung lediglich eine Geschichte unter verrückten Negern.

Auf dem Briefkopf der neuen Gemeinde in der Azusa Street stand neben dem Namen Seymours auch der seines Lehrers Charles F. Parham, der in dem Städtchen Topeka (Kansas) eine kleine Bibelschule eingerichtet hatte.

Parham rang mit dem Problem, das bereits unter den anatolischen Christenmenschen des vierten Jahrhunderts diskutiert worden war. Wie wird der heilige Geist zur dauerhaften Einwohnung veranlaßt?

Die Antwort stand längst in der Bibel, wie Parham erkannte. Wer »in Zungen« zu reden begann, war und blieb voll des heiligen Geistes. Denen, die glauben, stand bei Markus geschrieben, werden diese Zeichen folgen: Sie werden Dämonen austreiben, in neuen Zungen reden, Schlangen aufheben, und wenn sie etwas Todbringendes getrunken haben, wird es ihnen nicht schaden. Kranken werden sie die Hände auflegen, und sie werden gesund werden.

Mit Giftschlangen mochte Parham nicht experimentieren. Was aber war mit den neuen Zungen gemeint, in denen die ersten Christen zu reden vermochten?

Im griechischen Original der Bibel stand das Wort *glossa* für »Zunge« und »Sprache«, wie auch das entsprechende *tongue* in der englischen Übersetzung. Tatsächlich redeten, nach dem Zeugnis des Paulus, etliche Christen Korinths »in

Zungen«, und auch die Apostelgeschichte ließ keinen Zweifel daran, daß Predigt und Handauflegung der Apostelfürsten die sofortige Herabkunft des heiligen Geistes auf die Neubekehrten bewirkten, in manchen Fällen zumindest, woraufhin diese Geistgetauften »in Zungen« zu sprechen begannen, Gott preisend.

Über die Natur dieser neuen Sprechkompetenz gab die Bibel keine eindeutige Auskunft. Im Bericht über das Pfingstwunder wurde lediglich gesagt, daß die Geisterfüllten in »anderen« Zungen (oder Sprachen) zu reden begonnen hätten, »wie der Geist ihnen zu sprechen verlieh«, und sie wären von ausländischen Juden so verstanden worden, als ob sie sich in deren jeweiligen Muttersprachen ausgedrückt hätten, auf lateinisch, griechisch, syrisch, persisch.

Trotz solcher Dunkelheiten war Parham davon überzeugt, daß der heilige Geist dazu überredet werden konnte, das Zungenwunder neu zu wirken, diesmal in Gottes eigenem Land.

Der Fußboden des Saales in der Azusa Street war mit Sägemehl bestreut. Die Kirchenbänke bestanden aus Brettern, die über Kisten gelegt wurden. Und die Heiligen jauchzten. Ansonsten bot ihr Leben wenig Anlaß zum Jubeln.

Die amerikanischen Pfingsten waren von langer Hand vorbereitet. Im alten England hatte der Volksprediger John Wesley (gest. 1791), der Begründer der Methodistenkirche, zwischen gewöhnlichen und vollkommenen Christenmenschen unterschieden. Letztere lebten ohne Absturzgefahr in Sünden und Fehler, wie Engel sozusagen, und der Gnadenblitz, dem sie ihr Beharrungsvermögen im Guten verdankten, wurde »zweiter Segen« oder »Geistestaufe« genannt. Wie so etwas passiert, erlebte im Jahr 1821 der aus Connecticut gebürtige Charles Grandison Finney, der seinen Lebensunterhalt in einem Anwaltsbüro verdiente. »Ich wollte mir eben einen Stuhl holen, um mich an den Kamin zu setzen«, schrieb Finney in seinen Lebenserinnerungen, »als plötzlich der Geist Gottes auf mich herabströmte und mich ganz und gar durchflutete, ohne daß ich je von einer Geistestaufe gehört, geschweige denn eine solche für mich erwartet oder erfleht hatte. Es war mir, als stehe ich unter dem Einflusse eines elektrischen Stromes, der mir durch und durch ging. Liebeswelle auf Liebeswelle schien sich über mich zu ergießen, anders kann ich es nicht beschreiben. Es war wie ein Lebenshauch von oben, und ich fühlte mich wie von unsichtbaren Schwingen hin und her bewegt.«

Drei Jahre später startete Finney seinen ersten »Feldzug« *(campaign)* zur Heiligung Amerikas. Es war dies die Zeit der landesweiten »Erweckungen« *(awakenings)*, die sich in Massenveranstaltungen unter freiem Himmel abspielten. Prediger vom Schlage Finneys redeten den Farmern und ihren Frauen derart eindringlich ins Gewissen, daß die Leute reihenweise umfielen, um sich hernach als »Wiedergeborene« *(born again)* zu erheben, in der Gewißheit eines neuen Lebensbeginns.

Diese Art von Wiederbelebung *(revival)* gewährte allerdings noch nicht den zweiten, sondern nur den ersten Segen. All die tausendfachen Bekehrungen rissen die gefrorenen Christen zwar aus dem eisigen Sündenschlaf, stabilisierten sie jedoch mitnichten im Zustand der Heiligkeit. Auch in der Neuen Welt lief der Teufel um wie ein brüllender Löwe, suchend, wen er verschlinge. Waren nicht eine Menge Schreihälse außerehelich gezeugt worden, während so mancher Freiluftübungen in der Gottseligkeit, aus übergroßer Freude am neugewonnenen Leben?

Finney unterschied deshalb wohlweislich zwischen dem Gnadendurchbruch im verstockten Sünderherzen und der überwältigenden Geistestaufe, welche einen entgröberten Lebenswandel bereits voraussetzte, wie in der Bonnie Bae Street, wo der Geist in bereits geheiligte *(sanctified)* Seelen gefahren war, nach der offiziellen Lesart zumindest.

Aber das erlebte Finney nicht mehr. Er starb 1876 im Oberlin College (Ohio), dessen theologische Fakultät er aufgebaut hatte.

Johann Friedrich Oberlin (gest. 1826), nach dem das College benannt war, ein Landpfarrer in den französischen Vogesen, bemüht um die Besserung auch des leiblichen Wohls der ihm anvertrauten Seelen, hatte die Revolution von 1789 begeistert begrüßt, als den kleinen Stein, der das Reich des Antichristen zerschmettern würde, wie geschrieben im Buch Daniel, zweites Kapitel. Gleichwohl kein Flackern in den Augen des Pastors. Im Novellenfragment »Lenz« von Georg Büchner findet ein verwirrter Dichter vorübergehende Zuflucht beim menschenfreundlichen Oberlin, in dessen »ehrwürdigem, ernstem Gesicht« dem Gast die mächtige Ruhe, die uns »in mondhellen schmelzenden Sommernächten überfällt«, wohltätig begegnet.

Die Gefühlsader ist in fast allen Menschen gleich, schrieb Büchner, nur ist die Hülle mehr oder weniger dicht, durch die sie brechen muß. Man muß nur Aug und Ohr dafür haben.

Die Hülle um die Gefühlsader war in Amerika weniger dicht als in Europa, wie es schien, besonders unter den Farbigen, wie man sie damals nannte, und überhaupt eher unter den Minderbemittelten als unter den Wohlhabenden. Selig, die ihr jetzt weint, denn ihr werdet lachen.

Je näher das Ende des Jahrhunderts rückte, desto dringender wurden die Wünsche nach einem neuen Pfingsten. Bis nach Deutschland verbreiteten amerikanische Erwecker die Kunde von einer weltweiten Heiligen-Geist-Bewegung. Zehn Jahre lang betete, weinte und predigte der Gottesmann Richard G. Spurling unter den Hinterwäldlern in den Appalachen-Bergen an der Grenze zwischen Nordkarolina und Tennessee, bis 1896 eine mächtige Erweckung losbrach, inklusive Geistestaufe und gelegentlichem Reden in Zungen. Rüde Gesellen, denen der fromme Tumult auf die Nerven ging, zündeten die Häuser der heiliggewordenen Saufkumpane an, auch Schießereien zwischen verstockten und bekehrten Sündern wurden gemeldet. Etliche Querköpfe, denen die Geistestaufe nicht genügte, experimentierten mit Schießpulver und Sauerstoff zum Zweck der Einleitung einer »Dynamit-Taufe«. Und ein gewisser George Hensley fing 1901 in Sale Creek (Tennessee) damit an, Klapperschlangen während des Gottesdienstes anzufassen, was später zum festen Brauch wurde, im Poor Valley in der Nähe des Cumberland Gap, bis auf den heutigen Tag, dort wo Virginia sich ein Stückchen westwärts nach

Tennessee und Kentucky hineinschiebt. Die ewig neugierigen Soziologen sahen sich die Sache genauer an. In insgesamt zweihundert Gebetsversammlungen der Schlangenkirche wurden drei Menschen gebissen, keiner mit tödlichen Folgen. Ein junger Mann, der einen Biß in die Hand bekommen hatte, begann sofort, im Kreis um Kanzel und Altar zu rennen, während die Giftschlangen in ihre Sperrholzkisten gesperrt wurden. Die Gemeinde fing an, heftig zu tanzen, dem Opfer wurden die Hände aufgelegt. Eine Stunde später wusch sich der Bursche das Blut von der Hand und kehrte an seinen Platz zurück, während die Predigt weiterging. Sie werden Dämonen austreiben, in neuen Zungen reden, Schlangen aufheben. Wer glaubt, wird gerettet, wer nicht glaubt, verdammt. Als Erweis für das Geistgetauftsein vermochte sich der Schlangentest gleichwohl nicht allgemein durchzusetzen. Die Zukunft gehörte dem Reden »in Zungen«.

Zum Beispiel so: Aria ariari isa, akia akiari isa.

Und so: Ka sia sia.

Auch so: Siai siriai siriai, ai siriai siriai, si siriai siriai, siai sisi ai.

Oder so: Ulalalala galala, takan dalalalala, undei dalalalala, kani kadilalala, taka dalala, ukei dalalalala.

Und so weiter. Tonbandmitschnitte des Redens »in Zungen« zeigten, daß der heilige Geist bei der Wiederholung des Pfingstwunders im 20. Jahrhundert offensichtlich keinen Wert auf Verständlichkeit legte. In keiner Sprache der Erde ergab das, was die Zungen der Geistergriffenen hervorsprudelten, irgendeinen Sinn. Es unterlief alle Besonderheiten, durch die eine menschliche Sprache erst zu dem wird, was sie ist, und damit freilich auch zur Fremdsprache für jene, die andere Besonderheiten ausgebildet haben. Das geistliche Schnattern kam aus der Zeit vor dem Turmbau zu Babel.

Deshalb kannte die pfingstliche Zungenfertigkeit auch keinerlei Rassenschranken. Was in der Azusa Street unter den farbigen Heiligen losgegangen war, sprang rasch auf die weißen Gläubigen über. Schwarze Pfingstbischöfe ordinierten weiße Prediger. Ein norwegischer Geistlicher mit Namen Th. B. Barratt, 1906 in den USA unterwegs, kam unter das

Azusa-Street-Feuer, und seine Zunge löste sich. Nach seiner Rückkehr hielt er in Oslo stark besuchte Pfingstversammlungen ab, geriet vor der Menge ins Tanzen und kam in die Zeitung »Social-Demokraten«, welche die Vorgänge als »Idiotenfabrik« bezeichnete. 1909 erlebte der in die USA ausgewanderte schwedische Arbeiter Daniel Berg während eines Heimatbesuchs die Geistestaufe. Zusammen mit seinem Freund Gunnar Vingren schloß er sich in Chicago einer Pfingst-Gemeinde an. Vingren wurde im Traum aufgefordert, mit Berg das Feuer des heiligen Geistes nach Pará zu bringen. Die beiden hatten den Namen noch nie gehört, verfügten sich in die städtische Bibliothek von Chicago und erfuhren, daß sie ins katholische Brasilien gerufen waren. In Belém, wo sie 1910 eintrafen, lösten sich zunächst nur wenige brasilianische Zungen zum Pfingstjubel, dreißig Jahre später zählten die »Assembléias de Deus« bereits 400000 Mitglieder in 1600 Gemeinden.

In den beiden Amerikas, in Europa, in Afrika und in Asien lernten Millionen, das anerzogene Sprechverhalten für die Dauer einiger entrückter Augenblicke fahren zu lassen und zum Kindermund zurückzukehren, aus welchem sich Gott das Lob bereitet, wie geschrieben steht. Wenn ihr nicht werdet wie die Kinder, könnt ihr nicht eingehen ins Himmelreich.

Täglich Pfingsten

Das Maya-Dorf, in dem die Kultur-Anthropologin Felicitas D. Goodman das Wirken des heiligen Geistes beobachten wollte, liegt auf der Halbinsel Yucatán (Mexiko), einhundert Kilometer östlich von Mérida und vierzig Kilometer nördlich vom berühmten Chichén Itzá. In ihren Veröffentlichungen gibt Mrs. Goodman dem Dorf einen Decknamen: Utzpak. Zum ersten Mal war sie im Sommer 1969 dort, ausgestattet mit einem Tonbandgerät und einem Notizbuch. Das einzige Hotel war besetzt von den Ingenieuren einer Straßenbaugesellschaft, die in der Nähe eine Schnellstraße in die Maisfelder setzte. Schließlich fand die Forscherin Unterkunft bei einer Frau, die zur Pfingstgemeinde von Utzpak gehörte. Mit dem Einleben in ihre neue Umgebung hatte Mrs. Goodman gewisse Schwierigkeiten, unter anderem wegen der stattlichen Kakerlaken, die überall herumliefen, genauer gesagt, in dem einzigen Raum, aus dem das Haus bestand und in dem sich das Familienleben abspielte. Viermal die Woche war Gottesdienst – zwei bis drei Stunden an den Abenden der Dienstage, Donnerstage und Samstage und an Sonntagen von sechs Uhr früh bis gegen Mittag, gefolgt von der Glaubensunterweisung für die Erwachsenen und einer weiteren Gebetszeit gegen Abend, die oft bis zehn oder elf Uhr nachts dauerte. Anwesend waren zunächst nur sieben Männer und fünf Frauen, in der Baracke aus Lehm, die der kleinen Gemeinde als Kirche diente. Der Pastor war neu. Mrs. Goodman nennt ihn Lorenzo. So war alles bereit, um die Geschichte von Jesus und den Zwölfen noch einmal aufzuführen, diesmal mit einer Kultur-Anthropologin dabei.

Im Gegensatz zu Jesus war Bruder Lorenzo verheiratet. Neben Spanisch sprach er auch Maya, ein Vorteil für seine Missionstätigkeit. Außerdem gebot er über die Gnadengabe des Zungenjubels, welche er nach Utzpak bringen sollte. Deshalb hatte ihn sein Bischof geschickt. Lorenzo gehörte zum »apostolischen« Zweig der Pfingstbewegung, der seit 1914 in Mexiko Früchte trug und ab 1959 auf Yucatán ein paar Seitentriebe entfaltet hatte, eher kümmerliche allerdings. Auch die fünftausend Einwohner von Utzpak, fast alle katholisch getauft, betrachteten das Treiben der Pfingstler mit Argwohn.

Im Frühjahr 1969 tritt Lorenzo seine Arbeit an. Lediglich zwei Männer seiner Gemeinde beherrschen den Zungenjubel. Ende August dieses Jahres sind es bereits zweiundzwanzig Personen beiderlei Geschlechts, die während der Gottesdienste in Trance fallen und mit hoher Stimme lauthals in das geistliche Geschrei ausbrechen:

Bubububububububu.

Jedesmal, wenn ein Bruder oder eine Schwester der Pfingstgemeinde zum ersten Mal gejauchzt hat, schreibt Lorenzo in sein Kirchenregister:

Getauft mit dem Heiligen Geist.

Dementsprechend hoch gestaltet sich der Lautpegel während der Andachtszeiten, besonders an Sonntagen. Immer wieder lockt der Lärm neugierige Nachbarn an, die das Geschehen verwundert betrachten. Mitunter gerät dabei das eine oder andere Kind so sehr in den Bann der allgemeinen Erregung, daß es spontan und sozusagen spielerisch das erreicht, was den erwachsenen Brüdern und Schwestern erst nach einiger Mühe geschenkt wird, nämlich das Hinüberwechseln ins Pfingstgeschehen.

Am 29. Juni 1969, einem Sonntag, gelingt es zwei Männern, ihren Zungen den Rhythmus des Heiligen Geistes beizubringen, mit der Hilfe Lorenzos und im Beisein der Kultur-Anthropologin, die ihr Tonbandgerät eingeschaltet hat und sich eifrig Notizen macht.

Lorenzo hat allen Anwärtern auf die Geist-Taufe eingeschärft, nüchtern zu erscheinen. Der Gottesdienst fängt mit den gewohnten Liedern an. *Santo Espíritu descende.* Steig herab, heiliger Geist. Begleitet wird der Gesang von einer Gitarre. Man sitzt auf Klappstühlen, wenn nicht gestanden oder gekniet wird, was häufig geschieht. Ein paar bunte Papiergirlanden schmücken den Raum. Zwölf mal sechs Meter. Männer rechts, Frauen links. Vorn ein erhöhtes Podium, mit einem Rednerpult. Lorenzo hält eine Ansprache. Er spricht mit jugendlichem Schwung, gelegentlich witzig. Ohne den Beistand des heiligen Geistes würde ich sicher in der Kirche einschlafen. Ehe ich den heiligen Geist empfing, war ich ein unentschiedener und wankelmütiger Mensch. Jetzt fühle ich mich dem Leben gewachsen. Vergeßt jetzt alle Gedanken, die euch sonst durch den Kopf gehen. Die Männer sollen aufhören, an ihre morgige Arbeit zu denken, die Frauen sollen aufhören, ans Kochen des Mittagessens zu denken. Der heilige Geist fühlt sich durch solche Gedanken gestört. Wenn er dann wirklich kommt, möchten manche Leute am liebsten laut schreien oder in die Luft springen. Solche Impulse darf man ja nicht unterdrücken. Andere Leute fürchten sich, sobald sie zu spüren beginnen, daß etwas Seltsames mit ihnen passiert. Trotzdem sollen sie es einfach geschehen lassen, sollen keinen Widerstand leisten. Alle, die den heiligen Geist noch nicht empfangen haben, kommen jetzt nach vorn zu mir und knien nieder. Ich sage ihnen, was sie beten sollen: *Séllame, séllame.* Versiegle mich.

Die Gemeinde kniet, und singt mit Schwung: *Fuego, fuego, fuego es que quiero. Dámelo, dámelo, dámelo Señor.* Feuer will ich. Gib's mir, Herr. Dann beginnt, mit wachsendem Tempo, das Stoßgebet um das Siegel des Geistes. *Séllame, séllame, séllame.* Und schon fängt Lorenzo an. Aria ariari isa. Akia akiari isa. Er beugt sich über einen der knienden Kandidaten, schreit ihm den Zungenjubel ins Ohr, fährt mit der Faust auf und ab, im Rhythmus der Silbenbetonung. Packt den Kopf des Mannes, schüttelt ihn. Drei weitere Männer, die sich mit der Umschaltung bereits auskennen, schnattern jetzt ebenfalls drauflos, mit geschlossenen Augen. Lorenzo wandert zum nächsten Kandidaten, packt ihn an der Brust, schüttelt ihn. Von den Frauen ist vorläufig noch keine vom heiligen Geist ergriffen worden. *Séllame, séllame.*

Lorenzo hat eine Handglocke, mit der er das Ende jeder Trance-Episode einläutet. Er wischt sich den Schweiß von der Stirn, sagt mit ruhiger Stimme, wenn jemand lieber zu Hause um den Geist beten will, dann ist auch das kein Problem, Hauptsache, man spürt etwas. Zwei Männer sagen, jawohl, irgend etwas sei vorhin mit ihnen passiert. Gut so, versuchen wir es noch mal.

Für Lorenzo ist das, was die Kultur-Anthropologin »Trance« nennt, längst nicht mehr sensationell. Zwischen dem gewöhnlichen Umgangston und der veränderten Stimmlage des Geistgeschnatters wechselt er mühelos hin und her, wie jemand, der das Licht aus- und einschaltet. Manchmal passiert ihm die Sache ganz unwillkürlich, wenn er während der Predigt das Wort *poder* (Kraft) gebraucht, oder *misericordia* (Erbarmen), oder *aleluya.* Dann erscheint auf seiner Miene ein gedankenverlorener Ausdruck, und er muß sich sozusagen zurückholen. Wie soll man wissen, ob es der Herr Jesus selbst war, dessen Augen sich mitunter auf eine Weise verdunkelten, daß auch für die Zwölf die Welt verschwand. Die Worte, die ich zu euch rede, rede ich nicht von mir aus. Der heilige Geist wird euch an alles erinnern, was ich gesagt habe.

Am Ende der Veranstaltung treten zwei Männer vor und bedanken sich bei Gott für *el gozo*, die Freude.

Eine Woche danach kommt die Freude auch über Frau Goodman, völlig überraschend. Sie notiert:

6. Juli 1969. Der Frühgottesdienst am Sonntag beginnt um sechs Uhr. Ich bin rechtzeitig aufgestanden und bereits angezogen. Bevor ich meinen Benzinkocher anzünden kann, klopft bereits meine Informantin an die Tür. Ich schlucke hastig ein rohes Ei, nehme mein Tonbandgerät, und wir machen uns auf den Weg. In der Kirche geht Eusebia nach vorn zum Altar und kniet dort nieder, um zu beten. Die letzte bewußte Erinnerung an die nun folgende Episode ist ein Gedanke an meine Kindheit. Wir mußten ein kurzes Gebet verrichten, bevor wir uns in der Kirche niedersetzen durften.

Dann, ich weiß nicht mehr wo, lehnte ich mich gegen etwas, wogegen weiß ich nicht. Ich sah Licht, oder war von Licht umgeben, oder vielleicht auch nicht, denn das Licht war in mir, und ich war das Licht. In diesem Licht sah ich Worte oder Buchstaben, die auf dem Kopf standen, wie aus einem Wasserfall aus Licht herabkommen. Gleichzeitig war ich erfüllt von Fröhlichkeit *(gaiety)*, als ob mein ganzes Selbst vom Klang silberner Glocken widerhallen würde. Niemals zuvor hatte ich einen solch lichtvollen, vergeistigten *(ethereal)*, herrlichen Glückszustand erlebt. Ich kam mit dem Gedanken zu mir, jetzt weiß ich endlich, was Freude ist.

Die Zwölf sind nicht genug, die Gemeinde will wachsen. Der Herr Jesus ist für die Welt unsichtbar geworden. Ihr aber seht mich. Wer nicht aus Wasser und Geist geboren wird, kann in das Reich Gottes nicht eingehen. Für den 4. August 1969 hat Lorenzo einen Lastwagen organisiert, mit offener Ladefläche, für die Fahrt zur Taufe mit Wasser. Nicht immer kann die richtige Reihenfolge der Taufen eingehalten werden. Manchmal kommt der Geist früher als das Wasser, manchmal läßt er auch nach der Wassertaufe auf sich warten.

Es gibt in Utzpak zweierlei Menschen, *los ricos* (die Reichen) und *los demás*, die Mehrheit. Unter denen, die auf den Lastwagen klettern, sind keine Reichen. Wehe euch, ihr Reichen, denn ihr habt euren Trost schon empfangen. Und Jesus jauchzte im heiligen Geist, und sprach, ich preise dich, Vater, Herr des Himmels und der Erde, daß du dies vor Weisen und Klugen verborgen, den schlichten Gemütern aber offenbart hast. Die Fahrt geht nach Norden zum Meer.

Eine junge Frau mit ihrem Baby an der Brust redet nicht viel. Ihr Mann hat ihr Prügel angedroht, falls sie sich taufen läßt. Eine andere Mutter hat ebenfalls ihr Kind mitgenommen. Es ist gelähmt.

Der Himmel ist bedeckt, es gibt Regenschauer. Das Meer ist warm. Die Täuflinge waten ins Wasser hinaus, zuerst die Frauen, dann die Männer. Das gelähmte Kind wird ebenfalls mitgenommen und untergetaucht. Die Mayasprache hat keinen Ausdruck für Sünde. Die Indios kennen zwar das spanische Wort *pécado*, das die Sache bezeichnet, aber es sagt ihnen nichts. Deshalb zählen sie lieber auf, was nach der Taufe verboten ist: *Cine, baile, tomar, fumar.* Kein Kino, kein Tanz, kein Alkohol, keine Zigaretten. Auch Ehebruch ist verboten. In der Bibel steht zwar nichts vom Kino und von Zigaretten, aber der Teufel ist eben erfinderisch.

Bubububububu. Die Mutter des gelähmten Kindes steht nach der Taufe knietief im Wasser, die Tränen rinnen über ihr Gesicht. Wasser und Geist sind über sie gekommen. Jetzt ist sie im Himmelreich. Das Kind hat beim Untertauchen seine Beinchen bewegt.

Nach der Abreise der Kultur-Anthropologin, die in den USA an ihrer Universität zu tun hat, vermehrt sich die Pfingstgemeinde Lorenzos um drei Dutzend Brüder und Schwestern. Im Versammlungsraum wird eine Lautsprecheranlage installiert, ein Geschenk der Glaubensgenossen in den Vereinigten Staaten. Mehrere junge Frauen, zwischen vierzehn und sechzehn Jahre alt, erlernen den Zungenschlag des heiligen Geistes und sind stolz auf ihre Heiligkeit. Pfingsten findet jetzt täglich statt, denn die festgelegten Gebetszeiten im Gemeindesaal genügen den Gläubigen nicht mehr. Sie kommen auch noch in ihren Häusern zusammen, um das Glücksgefühl des Verzücktseins auszukosten, wenn der heilige Geist das Kommando übernimmt. In vielen freiwilligen Arbeitsstunden umgeben die Männer der Gemeinde ihr Kirchengrundstück mit einer Mauer, und auch die Wohnung des Pastors wird renoviert.

Anfang Juli 1970 trifft die Kultur-Anthropologin wiederum in Utzpak ein. Die Gemeinde zählt inzwischen an die achtzig Mitglieder, und für den nächsten Tauftermin hat sich ein weiteres Dutzend angemeldet. Das einzige Gesprächsthema, schreibt Felicitas Goodman, sind die Visionen Anselmos.

Anselmo (ein Deckname), sechsundzwanzig Jahre alt, Landarbeiter und Friseurgehilfe, verheiratet, hat eine lebhafte religiöse Karriere hinter sich. Katholisch getauft, Presbyterianer, Baptist, Zeuge Jehovas, Pfingstler. Die Geistesgabe des Zungenschlags hat er im Vorjahr von Lorenzo übernommen. Wenn er nicht zehnmal am Tag um die Bekehrung seiner Frau betet, geht es ihm nicht gut. Seine Frau hat mehrere Freunde, die ihr Geld geben. Anfang Mai sind die Teufel gekommen. Plötzlich hat Anselmo während des Betens seinen Kopf nicht mehr gespürt, ein paar Minuten lang, und es hat nichts genützt, ihn mit beiden Händen zu betasten und zu pressen. Bewußtlos war Anselmo daraufhin zusammengestürzt, und danach fühlte er sich verfolgt, von den Mächten des Bösen. Ein paar Tage später hat er sie dann zum ersten Mal gesehen, rund um seine Hängematte, um vier Uhr in der Früh, und er mußte vor ihnen flüchten, kam aber nicht weit, stürzte zu Boden, mit Schaum vor dem Mund. Lorenzo wurde gerufen und betete über ihn, zusammen mit mehreren Brüdern, und etliche Stunden später war der Anfall vorüber.

Am Sonntag, den 17. Mai, sieht Lorenzo beim Gottesdienst mehrere Kerzen, obwohl es im Saal keine gibt. Sie sind am Verlöschen. Es ist höchste Zeit, sagt eine Stimme. Der Weltuntergang steht bevor.

Vierzehn Tage später gibt es eine Konferenz für die Pastoren der Pfingstgemeinden auf Yucatán, mitsamt ihren Assistenten, in der Stadt Villahermosa, und bei dieser Gelegenheit wird Anselmo mit einer neuen Gnadengabe beschenkt. Auf den Stirnen mancher Brüder sieht er einen hellen Glanz, während die Gesichter anderer ihm dunkel gefärbt erscheinen.

Seine letzte Vision widerfährt Anselmo am 20. Juni. Er verbringt die Nacht mit Lorenzo. Die beiden Männer haben ihre Hängematten im Gemeindesaal aufgehängt. Gegen drei Uhr morgens, Anselmo ist aufgewacht, sieht er zwei Stoffbänder, eines mit dem Bild einer Frau, das andere schmucklos, und eine Schere. Lorenzo deutet das Band mit dem Frauenbild als Hinweis auf die Versuchung zum Ehebruch, welche man bekämpfen müsse, und das andere Band als die Berufung zu Predigt und Missionstätigkeit. Auch Lorenzo scheint sich in einer Krise zu befinden.

Der Gemeinde fällt auf, daß Lorenzo immer häufiger nach Campeche fährt, seiner Geburtsstadt. Am liebsten würde er sich dorthin versetzen lassen, hört man. Erzählt wird ferner, daß er in die Kirchenkasse greift, wann immer ihm danach ist. Witz und Lebhaftigkeit sind aus den Predigten des Pastors verschwunden. Oft spricht er gegen *las suciedades del mundo*, gegen den Sex, gegen die Zerstreuungen, gegen wissenschaftliche Theorien – lauter schmutzige Sachen. Detailreich schildert er die Qualen der Verdammten im höllischen Pfuhl, und immer häufiger fordert er die Gemeinde auf, während der Versammlungen stehenzubleiben, auch wenn es Stunden dauert, zur Ehre Gottes.

Der Teufel hat nicht mehr viel Zeit, erklärt Lorenzo am 12. Juli, um sein Werk zu beenden, und deshalb konzentriert er seine Anstrengungen auf die Heiligen in den Pfingstgemeinden.

Die Kultur-Anthropologin hat diesmal eine Filmkamera mitgebracht. So ist sie in der Lage, eine kleine Apokalypse zu dokumentieren, in Utzpak. Ich, Jesus, habe meinen Engel gesandt, um dies vor den Gemeinden zu bezeugen. Und der Geist und die Braut sprechen, komm! Und wer es hört, soll sprechen, komm! Ja, ich komme bald. Amen, komm, Herr Jesus.

Am 30. Juli 1970 ist es soweit.

Am Abend des 29. Juli ist der Gemeindesaal für die Schwestern geschlossen. Lorenzo hat eine Versammlung einberufen, an der nur die Brüder teilnehmen dürfen. Zwei auswärtige Pastoren sind eingetroffen. Zur Debatte steht die Vision eines Bruders. Er hat viele Versammlungsräume der Pfingstkirchen gesehen, und alle waren sie voller Schmutz und Spinnweben. Es ist hoch an der Zeit, den Gemeinden zu verkünden, daß die Wiederkunft Christi bevorsteht und daß sie sich reinigen müssen.

Den Frauen ist gesagt worden, daß sie die Nacht durchbeten sollen. Sie tun es in ihren Häusern. Die Zungenkünstlerinnen unter ihnen sind oft bis zu zehn Minuten lang weggetreten – *agonizando*, wie die Frauen es nennen, und selbstverständlich wird auch um die Genesung des gelähmten Knäbleins gebetet, das noch immer nicht ganz gesund ist.

Bei den Männern, so hört man in der Früh, ist eine Entscheidung gefallen. Sechs Brüder sind auserkoren, in den Dörfern der Umgebung den bevorstehenden Weltuntergang zu verkünden, unter ihnen Anselmo. Als Abzeichen seiner Predigerwürde trägt er eine Füllfeder in der Brusttasche seines Hemdes. Gegen Morgen hat ihn der Dämon so heftig attackiert, daß er sich umbringen wollte. Die beiden Brüder, die ihn daran hinderten, sahen zwei Engel hinter Anselmo stehen, einer mit einem Schwert, der andere mit einer Peitsche.

Bislang ist alles nach einem Drehbuch gelaufen, das im letzten Buch der christlichen Bibel nachzulesen ist, in der Apokalypse. Die Gemeinden, an die das Buch adressiert ist, haben in ihrem Eifer nachgelassen. Wenn sie nicht zurückkehren zur »ersten« Liebe ihrer charismatischen Anfangsphase, drohen ihnen göttliche Strafen.

Tatsächlich ist der Kultur-Anthropologin aufgefallen, daß im Vergleich zum Vorjahr das Trance-Verhalten einiger Brüder und Schwestern in Utzpak schwächer geworden ist, daß die Zungenschläge langsamer geworden sind (bei Lorenzo zum Beispiel) und seltener vorkommen. Darin liegt eine gewisse Bedrohung. Wenn die Geistestaufe mit ihren Wirkungen vorübergeht, dann gerät der Mensch in Gefahr, abermals seinen alten Ängsten und Bösartigkeiten zu verfallen. Deshalb die Dringlichkeit der Visionen Anselmos, deshalb seine Anfechtungen durch die Teufel, meint die Professorin aus den USA. Aber auch sie wird von dem Ausbruch überrascht, der am Abend des 30. Juli einsetzt und bis in den September hinein andauern wird, wie ein Zustand der Gesetzlosigkeit, in dem die bislang gültigen Normen aufgehoben sind.

Seit mehr als vierundzwanzig Stunden haben die Brüder und Schwestern der Pfingstgemeinde von Utzpak kaum geschlafen. Gleichwohl kommen mindestens vierzig Männer und Frauen zum Abendgebet, die vielen Kinder nicht mitgerechnet. Der 30. Juli ist ein Donnerstag. Für den Samstag ist ein Tauf-Ausflug zum Meer angekündigt, als letzte Gelegenheit sozusagen, beim Jüngsten Gericht einen Platz auf der richtigen Seite zu ergattern. Noch gibt es zögernde Seelen, unter ihnen die Kultur-Anthropologin. Sie sei bereits getauft, sagt sie. Vielleicht gelingt es an diesem Abend, solche Widerstände zu brechen. Kaum hat ein Bruder den Gottesdienst eröffnet, mit der Aufforderung zum Gebet für alle jene, die sich der Gnade öffnen möchten, schaltet sich ein anderer Bruder in den Pfingstjubel um, heftig keuchend, mit weit offenen Augen. Sofort springt alles von den Sesseln auf, Gebete schreiend, wie mit einer einzigen Stimme. Von da an kann von einem geregelten Ablauf nicht mehr die Rede sein. Vergeblich läutet Lorenzo mit seiner Glocke, immer wieder. Die Zungenbewegung ist außer Kontrolle geraten, an die zwanzig Brüder und Schwestern schnattern mit hoher Lautstärke ihren Geistesjubel zum Himmel, mit geröteten Gesichtern, Speichel vor dem Mund, Nackenmuskeln versteift, weinend und schwitzend, einander ablösend beim Jauchzen. Dazwischen jammern die Kinder, versuchen einzelne Frauen und Männer, ein Lied anzustimmen. Lorenzo greift nach der Bibel, um aus ihr vorzulesen, aber ein Bruder rudert so heftig mit den Armen in der Luft herum, daß an Konzentration nicht zu denken ist. Die Kultur-Anthropologin kommt mit dem Schreiben nicht nach, weil soviel gleichzeitig passiert, bis plötzlich Lorenzo am Mikrophon ist. Und du, Schwester Felicitas, schreit er sie an, mit zitternden Lippen, wenn du dich nicht bekehrst, wirst du sterben. Dann übernimmt Anselmo die Initiative, jetzt ist die letzte Chance, sich zur Taufe anzumelden, er beugt sich über die schreibende Professorin, sein Speichel tropft auf ihr Notizbuch. Hat sie wenigstens ihre Sünden bereut? Aber ja doch. Also gut, wenigstens etwas, Alleluja. Erboste Nachbarn hämmern an die Tür, es geht gegen elf Uhr in der Nacht, eine Mutter versucht vergeblich, ihre halbwüchsige Tochter aus der Trance zu holen, fächelt ihr Luft zu, reicht ihr ein Glas Wasser. Acht Frauen und neun Männer sind ans Podium gekommen, sie möchten sich taufen lassen, so bald wie möglich. Jehova ist mit uns, brüllt Anselmo ins Mikrophon, Jehova hat gesagt, morgen um sechs Uhr früh müssen alle kommen.

War das Gott?

Nein, sagen die beiden wichtigsten Informantinnen der Kultur-Anthropologin. Mrs. Goodman nennt sie Eusebia und Nina. Am 30. Juli hat der Satan mit seiner Attacke auf unsere Gemeinde begonnen, sagen Nina und Eusebia. Die Professorin hat abreisen müssen. Im Januar 1971 wird sie zurückkehren und ausführlich mit den beiden Frauen reden. Mit Eusebia ist sie freundschaftlich verbunden. Nina ist die Tochter Eusebias. Beide Frauen haben ein ausgezeichnetes Gedächtnis, und Nina hat außerdem fleißig Notizen gemacht. Am 16. September schreibt Nina an Felicitas Goodman: Der Satan hat unsere Gemeinde wahnsinnig gemacht. Im August sind in der Kirche ganz fürchterliche Sachen passiert.

Der Beginn des Monats August scheint zunächst unter einem guten Stern zu stehen. Sechzehn Frauen und Männer haben sich im Meer taufen lassen, und am Tag darauf sind neun Männer zum Predigen in die umliegenden Dörfer aufgebrochen. Jeden Abend gibt es eine Gebetsversammlung im Gemeindesaal, häufig bis elf Uhr in der Nacht. Sie haben unglaublich lang gebetet, erzählt Eusebia. Mit den Zungen haben sie nichts gemacht, nur geschrien haben sie. Danach haben die Brüder den Schwestern behilflich sein müssen, weil sie nicht ordentlich gehen konnten, so als ob sie betrunken wären.

In der zweiten Augustwoche wird klar, daß die neun Missionare gescheitert sind. Einer nach dem anderen kommen sie zurück, völlig ausgehungert, weil ihnen niemand etwas zu essen gegeben hat. Ihre Frauen haben sich inzwischen im Gemeindesaal eingerichtet und gemeinsam gewirtschaftet und gekocht, wobei allerdings eine Schwester alles Fleisch für sich verbraucht hat; für die anderen blieben nur Bohnen übrig. An Saubermachen denkt niemand. Die Kinder pinkeln auf den Boden, Schmutz sammelt sich in den Ecken.

Lorenzo sitzt teilnahmslos herum, wenn er nicht gerade eine Nachbargemeinde besucht, und starrt vor sich hin. Nicht einmal gekämmt hat er sich, berichtet Eusebia.

Um den 20. August herum geraten die jugendlichen Zungenkünstlerinnen außer Rand und Band. Eine von ihnen ordnet plötzlich an, Eusebia und ihr Mann müssen ab sofort von sechs Uhr früh bis sechs Uhr abends fasten, auch Nina, weil die drei noch immer Zweifel am baldigen Weltende haben. Nina und Eusebia halten sich ein paar Tage lang an die Weisung, aber dann kommt bereits der nächste Schlag. Alles, was rot ist, befiehlt eines der Mädchen, muß sofort aus dem Gemeindesaal verschwinden, auch die Bibeln, wegen ihres Rotschnitts. Alles was Farben hat, muß hinaus, kommandiert ein anderes Mädchen. Ihr ist der Teufel erschienen. Er sah aus wie ein Adler, oben in der Luft. Dann hat sie sich auf den Altartisch gesetzt, mit gespreizten Schenkeln, und geschrien, *puta* (Hure). Über die Zusammenhänge zwischen Sexualität und religiöser Verzückung habe sie in Utzpak leider nichts herausfinden können, schreibt Mrs. Goodman.

Die Gemeinde gehorcht den Befehlen der Mädchen. Alles haben sie hinausgeworfen, erzählt Eusebia, die Bibeln, die Blumenvasen, sogar die Gitarre. Am 23. August, einem Sonntag, wird beim Frühgottesdienst verlautbart, es habe eine Offenbarung gegeben. Der heilige Geist läßt der Gemeinde zwei Wochen Zeit, alles zu verbrennen, was nicht weiß ist. Mein Mann hat ein rotes Taschentuch, so erinnert sich Eusebia. Sie habe es aber nicht verbrannt, sondern versteckt. Andere Schwestern haben ihre bunten Kleider verbrannt, auch Bettlaken und sogar einen Radioapparat. Fast alle Frauen erscheinen am Abend in weißen Kleidern. Ein großer Kreis wird gebildet, damit der Teufel draußen bleibt. Auch die Schuhe müssen verbrannt werden, verkündet eines der Mädchen. Viele sind *agonizando*, wie in den Wehen, und ein Bruder hält sie fest, damit sie nicht von den Stühlen herunterfallen.

Schließlich fährt eine angesehene Schwester, die seit 1960 zur Pfingstgemeinde von Utzpak gehört, verzweifelt zum Bischof in Villahermosa, um über das Durcheinander zu berichten. Daraufhin erscheint am 10. September ein Emissär der Kirchenverwaltung und erklärt, leider sei die Gemeinde von Utzpak nicht vom heiligen Geist, sondern vom Satan besessen worden. Das Geschrei während der Gottesdienste habe künftig zu unterbleiben. Gott sei nicht schwerhörig. Selbstverständlich war es der Teufel, fügt Eusebia hinzu, der uns dazu brachte, die Bibeln aus dem Saal zu werfen. Spätestens zu diesem Zeitpunkt, meint Nina, hätten die Brüder erkennen müssen, unter wessen Einfluß sie standen. Aber sie waren verblendet. Später haben sie bitterlich geweint, als ihnen bewußt wurde, wie sehr sie getäuscht worden waren.

Ein Jahr später. Lorenzo und Anselmo haben Utzpak verlassen. Die Zungengnade ist fast völlig verschwunden. Was den Weltuntergang anlangt, so ist er offensichtlich verschoben worden. Auch der Teufel hat an Kraft verloren.

So oft sie auch wiederholt wird, die Geschichte von Jesus und den Zwölfen dauert selten länger als zwei Jahre. Dann kommt die Ernüchterung, die Beruhigung, die Routine, die Ordnung – kurzum: die Kirche. Über ihrem Hauptportal schwebt die Taube, wie eine gefährliche Erinnerung.

Im Grund habe der heilige Geist mit den Menschen in Utzpak nur gespielt, meint Mrs. Goodman. Er hat ihnen nichts mitgeteilt. Er hat keinen Charakter. Obwohl sie ständig von ihm sprachen, konnten sich die Pfingstler nicht darüber einig werden, in welcher Art sie ihn erlebten. Dem einen berieselte er die Schultern, dem anderen trat er durch den Magen ein, oder er stieg am Rückgrat hoch. Er schien ein recht inkonsequenter Geselle zu sein, wenig geeignet als Partner in einer wissenschaftlichen Untersuchung.

Die allererste Pfingstgemeinde, von der ein paar fragmentarische Nachrichten erhalten sind, wurde vom Apostel Paulus gegründet, in der Stadt Korinth, wo der seltsame Mann eine Weile blieb, um 50 nach Christus herum, als Zeltmacher. Gott sei Dank rede ich mehr in Zungen als ihr alle, schrieb Paulus später an die Korinther. Wie ihm diese Gnadengabe zuteil wurde, verriet er nicht.

Vom Nazarener hatte Paulus den pfingstlichen Zungenschlag nicht gelernt, und auch nicht von den Zwölfen. Ganz im Gegenteil. Als der erste Blutzeuge aus den Reihen der Jesusfraktion in Jerusalem gesteinigt wurde, war ein junger Mann namens Scha-ul bei der Hinrichtung gesichtet worden, voll des Eifers gegen den Stephanus, der sein Leben verwirkt hatte. Aber durch götterweltliche Intervention wurde aus dem Christenverfolger Scha-ul der Völkerapostel Paulus, wie jedes Kind weiß. Vor Damaskus das Licht vom Himmel. Scha-ul, Scha-ul! Warum verfolgst du mich?

Wer bist du, Herr?

Ich bin Jeschu-a, den du verfolgst.

Danach ging ich weg nach Arabien, erzählte Paulus, und kehrte dann wieder nach Damaskus zurück. Drei Jahre später zog ich nach Jerusalem hinauf, um den Kefas kennenzulernen, und blieb fünfzehn Tage bei ihm. Einen anderen von den Aposteln aber sah ich nicht, ausgenommen Ja-akob, den Bruder des Herrn Jeschu-a.

Wann und bei welcher Gelegenheit Paulus erstmals in den Zungenjubel verfiel, ist also nicht überliefert. Für den Zeltmacher Aquila und seine Frau Priscilla jedenfalls, bei denen Paulus in Korinth wohnte, werden es aufregende Momente gewesen sein, wenn der fromme Mann im kleinen Kreis die Fassung verlor und sein Geheimnis lüftete: Jeschu-a ist begraben worden, aber am dritten Tag wurde er auferweckt. Ist dem Kefas erschienen, dann den Zwölfen. Schließlich ist er mehr als fünfhundert Brüdern auf einmal erschienen, und zuletzt auch mir, der Mißgeburt. Kein Auge hat es gesehen, kein Ohr hat es gehört, was Gott denen bereitet hat, die ihn lieben. Ai siriai si siriai sisi ai. Nicht in Worten menschlicher Weisheit, sondern in Worten, wie der Geist sie lehrt. Unaussprechliche Worte vernommen, ob im Leibe, ob außer dem Leibe, ich weiß nicht, entrückt bis zum dritten Himmel, ins Paradies. Aria isa akia isa ka sia.

War das die Sprache der Engel?

Als Paulus in Korinth auftauchte, ein fünfzigjähriger Jude in höherem Auftrag, ausgebildet als Rabbi und Zeltmacher, Familienstand ledig, konnte man ihn auf den ersten Blick für einen Sektenprediger halten, oder mit einem der abgerissenen Wanderphilosophen verwechseln, die in Korinth herumliefen und an den Straßenecken ihre Weisheiten herunterbeteten. Aber der Mensch hatte das richtige Losungswort bei der Hand, als er in der Werkstatt des Aquila im Teppichbasar erschien und um Arbeit fragte. Aquila war auf den Namen des Herrn Jesus getauft. Obwohl die Jesusbewegung erst zwanzig Jahre alt war, hatte sie unter den Juden Roms bereits etliche Brüder und Schwestern rekrutiert, unter ihnen auch den Aquila und sein Weib, die dann nach Korinth gegangen waren, weil die Überwachung der Religionsvereine dort weniger streng gehandhabt wurde als in der Hauptstadt des Reichs.

Bald stellte sich heraus, daß sich hinter dem unscheinbaren Handwerksgesellen ein hochgradiger Meister esoterischer Einsichten verbarg, ein glühender Ideologe, ein Charismatiker mit sehr viel Kraft in seinem Leib. Wenn Paulus in der richtigen Stimmung war, legte er einem Menschen ganz leicht die Hände auf den Kopf, und sofort begann der Erwählte loszuschnattern, besessen vom heiligen Geist. Das sprach sich herum. Es war nicht eben die beste Gesellschaft, die sich zu den Vortragsabenden des Paulus im ersten Stock des Wohnhauses einfand, in dem Priscilla und Aquila die Gäste begrüßten – kleine Geschäftsleute und Handwerker aus dem Basar, Sklaven, Gelegenheitsarbeiter und Marktfrauen, Eckensteher, Luftmenschen, Straßenhändler, vielleicht auch das eine oder andere leichte Mädchen, dem sein Gewerbe zuwider war, und die unvermeidliche vermögende Witwe auf Sinnsuche. Später fanden sich dann ein paar gesetzte Herren mit ihren Familien ein, der jüdische Synagogenvorsteher zum Beispiel.

Was sie alle zu hören bekamen, läßt sich aus den sieben Episteln, die Paulus persönlich diktiert hat, unschwer rekonstruieren. Dabei fällt sofort auf, daß der Apostel von dem, was später in die vier kanonischen Evangelien der Christianer geschrieben wurde, kaum eine Ahnung besaß. Nur ein einziges Mal führt Paulus einen gewichtigen Spruch aus dem Mund des Herrn Jesus an, und woher er ihn hatte, bleibt unklar. Ansonsten fehlt jeder Hinweis, daß Paulus auch nur eine der vielen Geschichten vom Erdenwirken des Nazareners kannte, wie sie im Gedächtnis der zwölf Apostel aufbewahrt waren, angefangen von der Taufe im Jordan bis zur Himmelfahrt Christi. In den Schriften des Paulus fehlt die Geburt des Erlösers im Stall, die Hochzeit von Kana, die Bergpredigt, die Auferweckung des Lazarus, die wunderbare Speisung der Viertausend, die Verklärung auf Tabor, die Erzählung vom Leiden und Sterben des Zimmermannssohns – alles, was ein christlich imprägnierter Mensch heute im Hinterkopf hat, von Kindheit an.

Trotz dieser unglaublichen Farblosigkeit kamen die kleinen Leute von Korinth auf ihre Rechnung. Paulus hämmerte ihnen ein Wort ein, das in den Evangelien fehlt: Freiheit.

Die grelle Parole hob sich von einem düsteren Hintergrund ab. Demnächst, bald, in nächster Zeit würde Gottes Zorn über die Menschheit hereinbrechen, über alle die Hurentreiber, Perversen, Knabenschänder, Gotteslästerer, Geizhälse, Raufbolde, Ehrabschneider, Prahlhänse. Ob du ein Jude bist, versehen mit des Moses Gesetz, ob du ein Grieche bist, ausgestattet mit dem Licht der Vernunft, unentschuldbar bist du auf jeden Fall, lieber Freund, denn du stehst unter der Sünde. Wie geschrieben steht. Paulus ließ ein paar Psalmverse los, die er auswendig wußte. Alle sind sie abgewichen. Keiner ist, der da Gutes täte. Natterngift unter ihren Lippen. Es gibt keinen einzigen Gerechten. So soll jeder Mund verstummen und die ganze Welt vor Gott schuldig sein.

Keine Rettung?

Doch. Im unabsehbaren Scherbenhaufen des Weltgerichts blieben wie durch ein Wunder ein paar Krüge und Vasen unversehrt. Das seid ihr, meine Brüder und Schwestern. Abraham hatte zwei Söhne, den einen von der Sklavin, den anderen von der Freien. Diese zwei Frauen bedeuten die beiden Testamente. Das eine stammt vom Berg Sinai, das andere strahlt von dort oben herab, auf euch, die Kinder der Freien.

Die Sklaven im Publikum des Paulus hatten sicherlich noch nie etwas von Abraham gehört. Die Nachricht jedoch, daß sie zur Freiheit berufen seien, kam ihren Wünschen gar sehr entgegen. Dieser Mann ließ keinen Zweifel daran, daß er von sozialen Rangordnungen, Hierarchien, Distanzierungen überhaupt nichts hielt. Juden, Griechen, Arme, Reiche, Männer, Frauen, Sklaven, Freie – unter dem Wasser der Taufe, unter dem Feuer des Geistes wurden sie ununterscheidbar, befreit von den Lasten der Ungleichheit, einstimmig im Jubel über das Glück der Errettung aus dem allgemeinen Verderben.

Der Theorie folgt die Praxis. Die Privilegien des Christseins sind nur zu haben durch die Überantwortung der Person im Vertrauen auf den Herrn Jesus und durch das Taufbad. Bis zum Meer waren es nur ein paar Kilometer, und vielleicht standen die Pfingstler von Korinth ähnlich wie ihre Nachfahren im 20. Jahrhundert bis zum Bauch im Wasser. Dreimaliges Untertauchen, überwacht von Paulus persönlich. Und eben dann, zumindest in einzelnen Fällen, der Ausbruch dessen, was Paulus *pneumatikos* nennt, geistliche Kompetenz in mancherlei Form, unter dem Sammelbegriff der »Charismen«. Ob der korinthische Zungenjubel so geklungen hat wie auf den Tonbändern Felicitas Goodmans, muß eine offene Frage bleiben.

Das ist kein sehr großes Malheur. Der heilige Geist, auf dessen Frequenz Paulus eingestellt war, hatte offensichtlich mehrere Sendungen im Programm, nicht nur den pfingstlichen Zungenschlag. Sobald die Christenschar in Korinth auf Empfang ging, beim gemeinsamen Gotteslob, verwandelten sich Waschfrauen in Predigerinnen, Schustermeister in Theologen. In der einen Ecke entstand ein neuer Gebetstext, aus einer anderen erklang ein improvisiertes Lied. Manche spürten plötzlich Heilungskräfte in sich, Weissagungen wurden laut, und sogar die Verdolmetschung privatsprachlicher Ekstasen glückte gar nicht so selten. Wenn ihm das Treiben zu bunt wurde, griff Paulus ein. Lieber fünf Worte mit Verstand, als zehntausend in Raserei. Immer schön nach der Reihe. Stellt euch vor, Gäste platzen herein, während alles durcheinanderschnattert. Die Außenstehenden müßten uns für verrückt halten.

Ein heikler Punkt blieb der Unterschied zwischen den beiden Geschlechtern. Weil der heilige Geist seine Krafterweise wahllos unter Männern und Frauen verteilte, wurde das weibliche Kopftuch in Korinth zum Streitgegenstand. Ging die neue Freiheit so weit, daß eine Prophetin mit unverhülltem Haupt auftreten durfte? Nein, entschied der Apostel, mit einer götterweltlichen Begründung. Um »der Engel willen« müsse die Frau »ein Machtzeichen« auf dem Haupt tragen. Die Charismatikerinnen sollten wissen, daß sie bestimmte Grenzen nicht überschreiten durften.

Auch der Gegensatz zwischen wohlhabenden und besitzlosen Gotteskindern barg weiterhin Probleme. Ein vermögender Mann namens Gaius, den Paulus eigenhändig getauft hatte, stellte sein geräumiges Haus für die Zusammenkünfte der korinthischen Gemeinde zur Verfügung. Gern setzte man sich bei dieser Gelegenheit zu einem Imbiß zusammen, wie damals und heute in Klubs und Vereinen üblich. Der Hausherr fand offensichtlich nichts dabei, den Honoratioren unter den Brüdern und Schwestern reichlich feste und flüssige Stärkungen anzubieten, während die Habenichtse nur kümmerlich abgespeist wurden. So wanderten die einen mit einem Räuschlein nach Hause, während die anderen mit knurrendem Magen ins Bett steigen mußten.

Gegen die banalen Gemeinheiten der Kleingruppendynamik unter seinen Schäflein mobilisierte Paulus das edelste Geschenk seines heiligen Geistes. Auch wenn ich die Prophetengabe besitze, beteuerte der Apostel, alle Geheimnisse kenne und über jegliche Erkenntnis verfüge, ja mit meinem Glauben Berge zu versetzen imstande bin, habe aber die Liebe nicht, so bin ich ein Nichts. Selbst wenn ich die Sprache der Engel beherrsche, habe aber keine Liebe, so bin ich nur ein tönendes Erz und eine klingende Schelle. Prophetengaben verschwinden, Zungengejubel erschöpft sich, esoterisches Wissen wird schal. Die Liebe hingegen hört nie auf.

Von dieser *agape*, wie sie im Griechischen heißt, ist in den Briefen des Paulus auffallend oft die Rede, wie von einem Novum. (Im Lateinischen wurde sie mit *caritas* übersetzt.) Mit dem sexuellen Appetit oder dem erotischen Gefühlsleben war sie nicht zu verwechseln. Langmütig ist die Agape und gütig, schrieb Paulus, nicht eifersüchtig, sie prahlt nicht, bläst sich nicht auf, handelt nicht taktlos, sucht nicht den eigenen Vorteil, läßt sich nicht erbittern, trägt das Böse nicht nach, freut sich nicht über das Unrecht, sondern an der Wahrheit. Sie erträgt alles, sie glaubt, sie hofft, sie ist unerschütterlich.

Im Vergleich zur Agape erschienen die Begnadigungen der auffälligen Art, alle die pfingstlichen Exaltationen der christlichen Anfänge in Korinth wie flüchtige Anwandlungen, denen kein langes Leben beschieden sein konnte, Fragmente einer Ganzheit, die im verborgenen blieb. Sie verdankten sich, so sah es jedenfalls der Apostel, einem Energiefeld aus lauterster Positivität, das in den Tiefen der Gottheit pulsierte und in Ausnahmefällen auch erlebbar wurde, wie beispielsweise in Korinth, unter Zittern und Schreien. Wer jedoch derlei Manifestationen mit dem Geistprinzip gleichsetzte, von dem sie ausgestrahlt wurden, glich einem Kleinkind, das noch keine feste Nahrung verträgt.

Agape dagegen war etwas für Erwachsene, »ausgegossen in die Herzen durch den heiligen Geist«, wie Paulus in seinem Brief an die Christengemeinde in Rom schrieb. Damit war die Falle, in die jegliches Pfingstlertum leicht geraten konnte, durch kindische Überschätzung rasender Münder und bebender Lippen, von vornherein namhaft gemacht. Freilich ließ sich nicht leugnen, daß die Züge der Agape ein wenig matronenhaft, ja altjüngferlich geraten waren, so wie sie Paulus beschrieb, als ob die wilde Geistin ein Nonnengewand angelegt hätte. Löschet den Geist nicht aus, warnte deshalb der Apostel, sobald er spürte, daß die erste Begeisterung sich zu erschöpfen begann. Verachtet nicht das prophetische Wesen. Brennend, glühend, siedend, kochend sollten sie bleiben, die geistgetauften Brüder und Schwestern, wie das Eisen im Feuer, wie die Suppe auf dem Herd. Wenn der heilige Geist sich gänzlich zurückzog, drohte die Kälte eines gelangweilten Alltags.

In Korinth war diese Gefahr noch nicht aktuell, als Paulus die Stadt verließ, weil der göttliche Geist ihn weitertrieb. In den zwanzig Jahren seiner Missionswanderungen hat der Apostel mindestens fünfzehntausend Kilometer zurückgelegt, zu Fuß auf den Landstraßen unterwegs, gelegentlich auf einem Schiff. Mit den Gemeinden, die er ins Leben rief, blieb er in ständigem Kontakt, durch Boten und Briefe. An seine Korinther hat er zwei Episteln geschrieben, früheste Dokumente einer nervösen Prosa, die von jenem Geist diktiert war, der später zur Gottperson avancieren sollte. Wo der Geist ist, schrieb Paulus an die Korinther, da ist Freiheit.

Losgekauft waren deswegen die Sklaven unter den korinthischen Pfingstlern noch lange nicht, und den Minderbemittelten zauberte der heilige Geist kein einziges Huhn in den Topf. Auch die Frauen mußten weiterhin ihr Kopftuch tragen. Gleichwohl hatte der Geist »des Herrn« (Jeschu-a), wie Paulus ihn nannte, einen anderen Ton in die alte Geschichte von Herren und Knechten gebracht, einen keckeren als in der Religion bislang üblich. Nicht länger sollten die Distanzlasten zwischen den Menschen das Amen vom Gebet sein, wie sie durch Sprache und Geschlecht, Hautfarbe, Besitz und Waffengebrauch immer schon aufgerichtet waren. Ab sofort mischte sich in den Wirklichkeitssinn die Möglichkeitsform. Das Weltgefüge: unfertig. Darin dunkles Wünschen, wie ein Stöhnen im Traum. Die Schöpfung seufzt, schrieb Paulus an die Römer, sie liegt in den Wehen, und wir seufzen mit ihr. Ein paar Zeilen weiter im Text passiert dann eine theologische Kühnheit sondergleichen, indem auch Gott zum Seufzen gebracht wird. Der Geist selbst tritt für uns ein mit sprachlosem Seufzen, so Paulus, seine Pointe mit einem Wort unterstreichend, das er nur an dieser Stelle benutzt – *alaletos*, also unartikuliert seufzt der heilige Geist (die *ruach*, das *pneuma*), sich der menschlichen Schwäche annehmend, die nicht weiß, was der Gegenstand ihres Betens ist.

Er hatte sie selbst vernommen, der merkwürdige Mann, im dritten Himmel, die Sprache Gottes, die unübersetzbar bleiben muß, und die dann zum Zungengestammel wird, wenn die Sicherungen durchbrennen, wenn die Person die Fassung verliert, wie der Fall in Korinth und auch anderswo und zu anderen Zeiten, in der Azusa Street 312 beispielsweise, *among colored saints*, oder unter den Indios auf Yucatán, anno 1970.

So gesehen bleibt das Pfingstwunder ein sprachloser Seufzer Gottes.

GOTTPERSON

Der Triumph des Christentums im vierten nachchristlichen Jahrhundert verwandelte den heiligen Geist in eine göttliche Person. Aus der himmlischen Taube wurde ein matt schimmerndes Mosaik über dem Hauptportal der gewaltigen Hagia Sophia in Konstantinopel, und die Erinnerung an die unruhigen Anfänge der neuen Religion geriet in Vergessenheit.

Konstantins Traum

Im Schweigen der Nacht ein Flügelrauschen. Der Kaiser empfängt die Weisung im Traum. Auf dem Fresko in der Franziskanerkirche von Arezzo wird der Schläfer von zwei Geharnischten bewacht. Zu seinen Füßen sitzt ein Höfling, mit offenen Augen, aber blind für das Höhere, das über seinem Kopf auf den Kaiser herabstößt.

Im Morgengrauen des 28. Oktober 312 wird der Kaiser einen unerhörten Befehl geben. Auf die Schilde seiner Leibgarde sei das Christusmonogramm zu pinseln. Dann kann die Schlacht an der Milvius-Brücke vor Rom beginnen, gegen den Rivalen um die Herrschaft im westlichen Reich, einen gewissen Maxentius.

Das neue Zeichen bleibt siegreich. Beim festlichen Einzug der kaiserlichen Truppen in die Ewige Stadt warten die Priester des Jupiter auf dem Kapitol vergebens auf den Imperator, um mit den vorgeschriebenen Dankopfern beginnen zu können. Die Majestät hat andere Gelübde zu erfüllen.

Der Senat diskutiert den Wortlaut der Inschrift auf dem Triumphbogen für Konstantin. Dessen Erfolg, so wird später zu lesen sein, verdanke sich einer »Eingebung der Gottheit«. Die blasse Formulierung entspricht einer Verlegenheit. Noch können die Senatoren nicht ahnen, daß sie über Nacht zu Heiden degradiert worden sind. Auch der Kaiser kennt die christliche Religion nur vom Hörensagen. Aber er lernt schnell.

Wurde Konstantin in die Gleichungen eines Plans eingesetzt, der höheren Orts längst konzipiert worden war? Im dalmatinischen Split wanderte ein pensionierter Kaiser durch seinen Palast und wunderte sich. Diokletian, wie Konstantin ein soldatischer Mann, hielt die Christianer für zersetzende Elemente und Feinde der Ordnung. Ein paar Tausend von ihnen hatte er hinrichten lassen. Jetzt auf einmal empfingen ihre geheimen Bräuche die Gnade obrigkeitlicher Huld, ja man hörte von Bischöfen, die bei Hof aus- und eingingen. Der alte Herr im Wandelgang über dem Meer behielt seine Gedanken für sich. Gewürfelt war worden, er hatte verspielt.

Konstantin war der Gewinner. (Vater: General; Mutter: Schankwirtin; diente unter Diokletian und Galerius; 306 nach dem Tod seines Vaters in York von den Truppen zum Kaiser ausgerufen; ab 312 Alleinherrscher über den Westen, ab 324 auch über den Osten des römischen Imperiums; 330 Einweihung von Konstantinopel als zweite Reichshauptstadt neben Rom.) Soviel Glück konnte sich nur dem Zunicken der Himmlischen verdanken. Das war die offizielle Version des kaiserlichen Hofes, vertreten durch den Biographen Konstantins, einen gewissen Eusebios, Bischof und Kirchenschriftsteller. Unter Eid, schrieb Eusebios, habe Konstantin versichert, ihm und seinen Truppen sei am hellichten Tag über der Sonne ein Kreuz erschienen und daneben die Schrift: Damit siege. Zunächst blieb die Bedeutung des Wunders dem Kaiser verborgen, hieß es weiter im Text, bis er im Traum den Gott erblickte, mit demselben Zeichen in der Hand und dem Befehl, es in der Schlacht einzusetzen.

Lactantius, ein weiterer christlicher Autor, dem der Kaiser die Erziehung seines Sohnes Crispus anvertraute, begnügte sich mit einer knapperen Version. Während des Schlafs sei Konstantin ermahnt worden, das »himmlische Zeichen Gottes« auf die Schilde zu zeichnen und so den Kampf zu wagen. Dementsprechend sei der Buchstabe X zum Christusmonogramm umgestaltet worden. Ebendieses X (für das griechische *Chi*, den Anfangsbuchstaben des Christusnamens) tauchte dann bald auf kaiserlichen Geldmünzen auf, kombiniert mit dem P (für das griechische *Rho*, den zweiten Buchstaben der göttlichen Initialen). Auch Konstantins Helm und seine Standarte wurden mit dem neuen Zeichen geschmückt.

Sehr viel mehr ist über den überirdischen Eingriff in den Gang der Dinge nicht zu erfahren.

Verwirrend dabei wirkt allerdings, daß himmlische Interventionen auch gegen die christliche Sache in Gang gesetzt wurden, wie im Fall eines anderen Kaisers, Konstantins Neffen Julian, welcher den Beinamen eines Abtrünnigen erhielt, nach seinem frühen und plötzlichen Tod. Dem Mann waren lediglich zwanzig Monate vergönnt, um die altehrwürdige Götterkultur wiederum auf Hochglanz zu bringen, gegen »die Galiläer«, wie er die Religionspartei seines Onkels nannte.

Julian, christlich erzogen, fühlte sich von Kindheit an vom strahlenden Helios geliebt, dem gottheitlichen Wesen des Tagesgestirns. Ebendieser Helios, so erfuhr Julian, war auch von Konstantin in Ehren gehalten worden, zuerst unter richtigem Namen, später allerdings in der Christusgestalt. Der Verrat des Onkels, so flüsterten die entmachteten Priester des Väterglaubens dem Neffen zu, als sich der Prinz auf der Suche nach esoterischem Wissen in Pergamon und Ephesos aufhielt, bedrohe das Imperium. Auch der eine oder andere Orakelspruch, im geheimen erteilt, wies Julian seine Bestimmung als Restaurator der Religion seiner Ahnen aus dem Geschlecht der Flavier, die dem Reich eine Reihe illustrer Regenten beschert hatten. Dazu kam, daß der junge Thronprätendent im Lauf seiner Studien immer mehr Geschmack an der tausendjährigen griechischen Kultur gewonnen hatte; im Vergleich mit den platonischen Dialogen erschienen ihm die Evangelien zunehmend wie schlecht geschriebene Gaukelgeschichten.

In Ephesos inskribierte sich Julian beim Philosophen Maximus, einem Mystagogen von hohem Rang, erfahren in der Kunst, die Gottheit zum Reden zu bringen. Seine Initiation erhielt der Prinz in einer Krypta des Mithras, dem Zwilling des Helios, und was er während jener Nacht gehört und gesehen hatte, behielt Julian für sich. Lediglich in verhüllter Rede, die er später als Kaiser verfaßte, deutete der Bekehrte an, was ihm gesagt worden war: Bedenke, daß du zum Gott werden wirst, wenn du Uns folgst.

Deshalb setzte Julian die götterweltliche Mehrzahl gegen die theologische Eins der christlichen Religion, als er Ende 361 die Reichsregierung angetreten hatte. Die kaiserlichen Kuriere erschienen in den Gouverneurspalästen des Imperiums, mit Edikten aus Konstantinopel, die den alten Heiligtümern frisches Leben bringen sollten. Den christlichen Bischöfen wurde signalisiert, sie hätten die traditionellen Kulte künftig zu tolerieren, beschlagnahmte oder gestohlene Tempelschätze zurückzustellen, geschehene Beschädigungen wiedergutzumachen. Überall sollte dem Hermes und der Demeter, der Kalliope und dem Apoll, dem Zeus und der Athene aufs neue die Andacht erwiesen werden, mit Opferungen und Prozessionen, Weihrauch und Flötenspiel.

Bald tauchten beifällige Inschriften zu Julians Ehre auf, eingeritzt in die Meilensteine längs der Verkehrswege von Syrien bis zu den Alpenpässen, gewidmet dem Beseitiger vergangener Frevel, dem Restaurator der Tempel. Auf dem Gelände seiner Residenz in Konstantinopel ließ der Kaiser ein Sonnenheiligtum errichten, um in eigener Person die Mysterien feiern zu können. Jedermann wußte, daß der junge Monarch nach dem Tod seiner Gattin zölibatär lebte, soldatisch einfach und fromm. Noch befanden sich die Christianer in der Minderheit und mußten ihre Erbitterung über die Kehrtwendung der Religionspolitik hinunterschlucken.

Aber nicht lange. Am 26. Juni 363 fiel Julian während seines Feldzugs gegen die Perser, im Alter von einunddreißig Jahren. In der Nacht vor seinem Tod war ihm der Genius des

Reichs erschienen, mit verhülltem Haupt, schweigend. Julian war auf die Bühne gerufen worden, ehe er begriff, was die Regie von ihm wollte. Das Imperium benötigte einen neuen Gott, Helios hatte bereits begonnen, sich in den Christus zu verwandeln.

Beide Kaiser, Konstantin und Julian, waren übernatürlicher Erscheinungen gewürdigt worden. Die christlichen Geschichtsschreiber lösten dieses Problem auf ihre Weise. Sie vertraten die Auffassung, Julian habe sich von den Dämonen in die Irre führen lassen. Wer das nicht glaubte, galt fortan als Heide.

Für den Philosophen und Mystagogen Maximus, Julians Lehrer, erwies sich diese Version als fatal. Der alte Herr wurde nach dem Tod seines kaiserlichen Gönners ohne viel Umstände dem Henker übergeben und hingerichtet.

So bewahrheitete sich Konstantins Traum.

Abschied von den gottvollen Frauen

Um das Jahr 60 herum ereignete sich in Delphi ein beunruhigender Zwischenfall. Die Seherin, gewarnt durch unheildrohende Auspizien, schickte sich nur widerwillig an, ihres Amtes zu walten. Wie in tiefer Verstörung begann sie mit heiserer Stimme zu weissagen, schien jedoch bald von einem bösen Geist ergriffen und lief schreiend zum Eingang des Heiligtums, wo sie bewußtlos zu Boden sank. Alle Anwesenden rannten in Panik davon. Später fand man die Frau einigermaßen bei Sinnen, jedoch verschied sie nach wenigen Tagen.

Dreihundert Jahre später besuchte der Kaiser Julian den traditionsreichen Ort, der unter seinem Onkel Konstantin an Ansehen verloren hatte. Im Bestreben, den galiläischen Spuk zu beenden und die alten Orakel wieder zum Reden zu bringen, bat der kaiserliche Herr um eine Mitteilung. Zu seiner Bestürzung ließ ihm Apoll durch seine Sprecherin ausrichten, dies sei unwiderruflich das letzte Mal, daß eine Wahrsagung ergehe. Künftig werde geschwiegen. Damit war der Gott für immer verstummt.

Zwischen die beiden Vorfälle fiel der Niedergang einer Einrichtung, die bereits der weise Heraklit mit den Worten beschrieben hatte: Der Herr, dem das Orakel in Delphi gehört, gibt lediglich Hinweise.

Gemeint war Apollon, dessen Weisungen aus dem Mund seiner Priesterin ergingen, der Sibylle oder Pythia, einem Bauernmädchen mit gottesdienstlicher Begabung. Nach einem Reinigungsbad begab sie sich an den vorgesehenen Platz, um spontan, ohne Nachdenken und flüssig auf die vorgelegten Fragen zu antworten, »mit rasendem Munde«, wie Heraklit es ausdrückte, stets in der ersten Person Einzahl, dem Ich des Apollon. Auf diese Weise wurde entschieden, an welchem Ort die Griechen eine neue Stadt gründen sollten, welche Fremdvölker als Feinde oder als Freunde zu gelten hatten, welche Gesetze zu verabschieden seien. Die Pythia verteilte Zensuren unter den Herrschern, welcher von ihnen Gott angenehm war, nannte die besten Handelsrouten und gab bekannt, welchem Kunststil, welcher Musik oder Gottesgestalt der Vorzug gebühre, erteilte Auskunft über die Ursachen von Seuchen und Hungersnöten.

Tausend Jahre lang orientierten sich Griechen und Barbaren an diesen Responsen, und so manche Stadt, die heute noch steht, geht auf die Sprüche jener Frauen zurück, die über ihr Dorf nie hinausgekommen waren.

Denn die Sibyllen galten als »gottvoll«, also durchdrungen von einer Instanz, die den gewöhnlichen Koordinaten von Raum und Zeit nicht unterworfen war, und zwar so lange, als die Seherinnen der Aufgabe des Respondierens nachkamen. Dann waren sie nur noch müde.

Eine Theorie dazu lieferte kein Geringerer als Platon. »Die größten Güter«, so ließ er Sokrates dozieren, »entstehen uns aus einem Wahnsinn, der durch göttliche Gunst verliehen wird. Die Prophetin zu Delphi und die Priesterinnen zu Dodona haben im Wahnsinn vieles Gute in privaten und öffentlichen Angelegenheiten unserer Hellas zugewendet, bei Verstande aber Kümmerliches oder gar nichts.« Zu unterscheiden wäre, fuhr Sokrates fort, zwischen dem Wahnsinn »aus menschlicher Krankheit« und dem Wahnsinn »aus göttlicher

Umwechslung des gewöhnlichen ordentlichen Zustandes«. Den göttlich verursachten Wahnsinn teilte der Philosoph wiederum in vier Formen, »indem wir den weissagenden Anhauch dem Apollon zuschrieben, dem Dionysos den der Einweihungen, den Musen den dichterischen, den vierten aber der Aphrodite und dem Eros, den Wahnsinn der Liebe nämlich, welchen wir für den besten erklärten«.

Die im Text erwähnte Stadt Dodona (= Dhodhoni, fünfundzwanzig Kilometer südwestlich vom heutigen Ioannina im griechisch-albanischen Grenzgebiet) liegt in Ruinen. Erhalten geblieben sind bleierne Tafeln mit Fragen und Antworten aus dem Orakelbetrieb, der erst in der christlichen Ära erlosch.

Delphi und Dodona waren keineswegs die einzigen Zentren, zu denen gewallfahrtet wurde, um die gottvollen Frauen zu befragen. Im kalabrischen Cumae zum Beispiel, einer griechischen Gründung in der Nähe des heutigen Neapel, wirkte eine weithin berühmte Sibylle, deren Höhle über dem Meer die Pilger anlockte. Kaiser Augustus ließ ihre schriftlich erhaltenen Sprüche in einen neu erbauten Apollontempel auf dem Palatin bringen, vermehrt um weitere Orakelbücher. Die Sammlung blieb unter Verschluß und durfte nur von den Senatoren konsultiert werden, wenn der Staat in Gefahr war.

In der Zeit nach Augustus betrieben an manchen Orten philosophisch gebildete Männer den Orakeldienst, was die Sache nicht unbedingt besser machte. Die Responsen dieser Priester-Propheten, elegant formuliert, lasen sich wie Exzerpte platonisierender Gottesgelehrter, in Hexametern oder Jamben. Sie priesen Ihn, Dem kein Name gerecht werden kann, Der im Feuer west, unerschütterlich, von keiner Mutter geboren, allwissend: Gott.

Wer solcher Zusprüche bedurfte, mußte sich umständlichen Vorkehrungen aussetzen, wie der Fall im Heiligtum des Orakels von Claros, eine Tagesreise vom alten Ephesos entfernt gelegen. Die Konsultation geschah während der Nacht, und nicht jede Nacht war geeignet. Während die Pilger warteten, erzählten sie dem Tempelpersonal, was sie auf dem Herzen hatten. So blieb der Orakelpriester nicht ganz unvorbereitet, während er sich dem vorgeschriebenen Fasten unterzog, an abgelegenem Ort. Zur vorgesehenen Stunde erwartete er die Wallfahrer vor den dorischen Säulen des Tempels, der dem Apollon geweiht war. Dessen Standbild, mehr als drei Meter hoch, flankierte einen mächtigen Altar für die Schlachtung der Opfer. Fackeln wurden entzündet, und es begann der Abstieg in einen engen und niedrigen Gang, dessen Decke mit blauen Marmorplatten verkleidet war. Nach zwanzig Metern gelangte die Gesellschaft in eine Kammer und nahm auf den steinernen Bänken Platz, die längs der Wände aufgestellt waren. Ein Block aus blauem Marmor, der Nabel der Erdmutter, signalisierte den Eingang zur Unterwelt. Dann verschwand der Orakelpriester, er ganz allein, in der anschließenden Kammer, wo sich eine Quelle befand. Von ihr trank der Mann, woraufhin er in den Zustand des göttlichen Wahnsinns hinüberwechselte und zu weissagen begann. Was er hervorstieß, wurde simultan in Verse gefaßt, von einem Offizianten in der vorderen Kammer, und vom Sekretär, der ebenfalls mitgekommen war, schriftlich festgehalten. Dann tappte die ergriffene Pilgerschar durch einen anderen Korridor zurück ins Freie und sang noch lang die alten Lieder zur Ehre Apollons im nächtlichen Wäldchen rund um den Tempel, bis die Sterne verblaßten und es Zeit wurde, sich gegen Osten zu verneigen, in Erwartung der ersten Strahlen des Tages.

An ähnliche Feierlichkeiten dachte der Kaiser Julian, als er sich anschickte, das Chi-Rho seines Onkels wiederum in den Sektenwinkel zu stellen und die griechische Gottesgesittung in den Mittelpunkt des Geschehens. Aber er kam zu spät, wie sich in Antiochia herausstellen sollte, wo er im Sommer 362 eintraf.

Antiochia (heute Antakya in der südlichen Türkei), eine lebhafte Stadt mit einer halben Million Einwohner, neben Alexandria das wichtigste Handelszentrum des Ostens, verschrien wegen lockerer Sitten, war bereits weitgehend christianisiert und hatte erst kürzlich eine prächtige Kirche bekommen, deren Kuppel das Stadtbild beherrschte. Sie hinderte die Leute überhaupt nicht daran, im Juli das Fest des Adonis zu feiern, des Geliebten der Aphrodite, welcher um diese Zeit zu sterben hatte, wie das Getreide beim Schnitt. Julian ließ es sich nicht nehmen, in der Öffentlichkeit als Priester aufzutreten, als Hauptperson der traditionellen Umzüge, an denen sich auch die städtischen Freudenmädchen beteiligten, lediglich mit einem Schürzchen bekleidet.

Zwei Gehstunden von der Stadt entfernt lag Daphne, ein Wallfahrtsort samt Apollon-Orakel in einem bewaldeten Tal, idyllisch zwischen Felshängen und Wasserfällen, mit schattigen Pfaden, Tempeln und Theatern. Hauptattraktion war eine kolossale Statue des Apollon, gefertigt aus Elfenbein vom Meister Bryaxis, siebenhundert Jahre alt, deren Augen durch Hyazinthe gebildet wurden.

Julian war entsetzt, als er Daphne inspizierte. Niemand hatte daran gedacht, Vorkehrungen für ein Opfer zu treffen. Als der Kaiser sich irritiert zeigte, wurde schnell eine Gans aus dem Haus des Tempelaufsehers geholt, geschlachtet und auf einem Altar verbrannt. Weder Weihrauch noch Götterspeise aus Kuchen fand Julian im Apollontempel, der zudem baufällig war. Im Gefolge des Kaisers befand sich ein Philosoph, der sofort die nötigen Riten zelebrierte, um die verstörten und beleidigten Götter zum Einlenken zu bringen. Dabei wurde klar, daß ein christlicher Sarkophag die Luft verunreinigte.

Selbstverständlich dauerte es eine Weile, bis der steinerne Sarg auf einen Wagen geladen war, zur Überführung auf den Friedhof in Antiochia. Schon war ein empörter Haufen von Christianern zur Stelle, der den Transport mit Protestgeschrei begleitete.

Dann brannte der Apollontempel nieder, in der Nacht des 22. Oktober, wobei auch das Kunstwerk des Bryaxis verkohlte. In den Straßen Antiochias wurden Spottlieder gegen Julian gesungen, gegen den Griesgram, der nachts allein schläft und nichts anderes im Kopf hat, als das Feuer auf den Altären anzublasen.

Der Kaiser war fest überzeugt, daß die Christianer bei der Einäscherung von Daphne die Hand im Spiel hatten. Er rächte sich an ihnen, indem er vor seinem Aufbruch zum Feldzug gegen die Perser einen besonders bösartigen Beamten zum

Gouverneur über die Stadt Antiochia und ganz Syrien bestellte.

Im März 363 überschritt Julian mit seinen Truppen den Euphrat und gelangte in Eilmärschen nach Karrhae (Harran in der heutigen Türkei), wo eine mehrtägige Rast eingelegt wurde. Vor dem Weitermarsch wurde der Kaiser von düsteren Traumbildern beunruhigt.

Später erfuhr man, daß in der nämlichen Nacht auf dem Palatin der Ewigen Stadt der Tempel Apollons, in dem die Sibyllinischen Bücher verwahrt wurden, durch einen Brand zerstört worden war.

Amtlicher Glaube

Was aber war mit dem »Wahnsinn aus göttlicher Umwechslung des gewöhnlichen ordentlichen Zustandes« passiert, welcher laut Platon in die Zuständigkeit jenes Apollon fiel, dessen weissagender Anhauch die Sibyllen zum Reden gebracht hatte mit rasendem Munde? Kam die Entscheidung des Gottes, künftig zu schweigen, dem Ende jeglicher Prophetie gleich, oder aber bedeutete sie etwas anderes, nämlich den Abschluß eines Vorgangs in der Götterwelt, der den arischen Apollon entmachtet und den semitischen Jahu in den Vordergrund gerückt hatte?

Daß diesbezüglich etwas im Gange war, ließ sich bereits um 260 herum ahnen, als das Apollon-Orakel von Didyma (fünfzehn Kilometer vom heutigen Akkoy in der südwestlichen Türkei) lobend über die »beneidenswerten Hebräer« sprach, die einen einzigen Gott verehrten. Auch das bereits erwähnte Orakel von Claros kannte den Gott der Juden und nannte ihn sogar mit Namen: Iaos. Im Winter, ließ Apollon ausrichten, habe man diesen Allerhöchsten als den Hades zu verehren, im Frühling als Zeus, im Sommer als Helios und im Herbst als den anmutigen Iakchos, welcher der Kornmutter beigesellt war, als Gatte und Sohn.

Das war zwar nicht ganz im Sinne der Hebräer, verriet aber doch eine gewisse Tendenz, die götterweltliche Vielfältigkeit in einem einzigen Gott aufgehen zu lassen, der von der Menschenwelt so verschieden war, daß man von ihm kein Bild anfertigen durfte. Ja, nicht einmal seinen Namen zu nennen war den Juden gestattet. Ihn hatte der Galiläer aus Nazaret, dessen Initialen auf dem Helm Konstantins prangten, mit Vater angeredet, weshalb die Christianer glaubten, der Nazarener sei der Sohn Gottes.

Damit allerdings war die Gottheit schon wieder verdoppelt, wenn die Sohnschaft des Christus wortwörtlich aufgefaßt wurde. Und weil aller guten Dinge drei sind, tauchte in den Christianer-Vereinen schon früh jene Formel auf, die das Religionswesen rund um das Mittelmeer revolutionieren sollte: Im Namen des Vaters und des Sohnes und des Heiligen Geistes.

Drei Götter? Das ganz bestimmt nicht. Konstantin hatte sich mit einer sehr ungewöhnlichen Religion eingelassen, als er dem Chi-Rho sein Vertrauen schenkte, im Feldlager wohlgemerkt, wo schnelle Entschlüsse lebensnotwendig sind. Wer war dieser Chi-Rho?

Wenige Monate nach dem Sieg des Kaisers an der Milvius-Brücke tauchte ein Name in den Erlässen Konstantins auf wie eine graue Eminenz: Hosios, Christenbischof im spanischen Cordoba, geistlicher Vertrauensmann des Kaisers, bald auch Emissär in kirchenpolitischen Angelegenheiten. Er wußte Bescheid.

Zuerst mußte Konstantin lernen, daß sein neuer Schutzpatron nicht einfach als Gott unter Göttern auftrat, wie Apollon oder Helios in der Versammlung der Olympischen. Dieser Chrestos oder Christus machte ein Recht auf Exklusivität geltend, das in der gemütlichen Götterwelt, wie Konstantin sie kannte, unerhört war. Der Chi-Rho verhielt sich zu den Göttern wie Konstantin zu seinen Rivalen im Kampf um die Alleinherrschaft im Imperium: Ich oder sie.

Ferner hatte der Kaiser zu begreifen, daß sein neuer himmlischer Herr jegliche Repräsentanz des Göttlichen in Idolen, Statuen oder Erdnabelsteinen gründlich verachtete, und damit auch die Opferbrände auf den Altären, den gesamten heiligen Schlachtbetrieb. Das konnte eine Menge Arbeitsplätze kosten, und auch auf das billige Fleisch, das die Tempel den Armen überließen, würde die Bevölkerung nur unter Murren verzichten.

Überdies mußte der Kaiser gewärtigen, als gottloser Mensch dazustehen, dem wie den Christianern jegliche Pietät abhanden gekommen war, sei es gegenüber den Familiengöttlein im häuslichen Laren-Schrein, sei es gegenüber den Manen der Toten, sei es gegenüber den Himmlischen, deren Vergegenwärtigung überall anzutreffen war, in prächtigen Bildwerken, denen man im Vorbeigehen eine Kußhand zuwarf.

Bei alledem konnte sich der Kaiser lediglich auf eine winzige Minderheit stützen. Unter den fünfzig Millionen des Römischen Reichs lebten allenfalls zwei oder drei Prozent Christianer. Der Chi-Rho mußte Verständnis haben, wenn Konstantin seine kirchenpolitischen Schritte mit äußerster Vorsicht setzte.

Dies auch deshalb, weil die Christianer aus der Nähe betrachtet wie ein Hornissenschwarm auf den Kaiser wirkten. Ihre Rabiatheit in Glaubensfragen brachte einen neuen Faktor in die Politik, dem Konstantin zunächst völlig verständnislos gegenüberstand. Bald sollte er Gelegenheit bekommen, seine strategischen und taktischen Kenntnisse auf theologischen Schlachtfeldern auszuprobieren.

Kaum waren die Christianer-Vereine durch Konstantin öffentlich toleriert, stürzten sie sich mit Vehemenz in die Debatte über die göttliche Natur des Chi-Rho. Angefangen hatte der Streit am Nil, im Land der Priesterdienstlichkeit und der Jenseitsbeschäftigung, der Mumienkunde und des Totentourismus. Dort wirkte ab 313 ein Libyer mit Namen Arios als Priester und Katechet an der Baukaliskirche Alexandrias, sehr zur Zufriedenheit besonders der zölibatären Frauen, die gern seine Predigten hörten. Der Mann, streng in seiner Lebensführung, mit einem melancholischen Christengesicht, stand im Alter von fünfzig Jahren auf dem Höhepunkt seiner Beredsamkeit, ein hochgebildeter Dialektiker und Literat, dessen gute Verbindungen zu einflußreichen Bischöfen bekannt waren.

Was er zu sagen hatte, entsprach einer langen Tradition ägyptischer Theologie aus vorchristlichen Zeiten, die sich eingehend mit dem Problem der Vereinigung gottheitlicher Persönlichkeiten zu Trinitäten befaßt hatte, und auch mit der Frage der Beziehung eines Gottessohnes zu seinem Vater. Der christliche Star solcher Spekulationen, mit Namen Origenes, hatte hunderte, ja tausende Schriften hinterlassen, im Jahrhundert vor Konstantin, verfaßt im Helldunkel einer Prosa, deren Originalität konkurrenzlos dastand. Er faßte die Trinität von Gottvater, Gottsohn und Heiligem Geist als Einheit des göttlichen Willens auf, wobei aber nur dem Vater die Ehre der Anbetung zukam, weil Sohn und Geist ihm untergeordnet blieben.

Auch Arios predigte über den Sohn als nachrangigen Gott. Die Idee, dem im Fleisch erschienenen Heiland und Christus eine ursprungslose Gottesnatur zuzusprechen, erschien ihm blasphemisch. Hatte Jesus nicht selbst gesagt, der Vater sei größer als er?

Selbstverständlich fehlte dem Kaiser jegliches Verständnis für derlei Subtilitäten, als er Anfang 325 mit ihnen konfrontiert wurde, nach seinem entscheidenden Sieg über Licinius, den einzigen Rivalen, der ihm die Alleinherrschaft noch streitig gemacht hatte. Alle ägyptischen und syrischen Bischöfe seien in heller Aufregung, berichtete Hosios dem Imperator, wegen der Lehren eines gewissen Arios über das Verhältnis zwischen Gottvater und Gottsohn. Konstantin hatte offensichtlich seine Gedanken woanders. Hosios wurde angewiesen, einen Brief aufzusetzen und im Namen des Kaisers mit einem Schreiben nach Alexandria zu reisen, um den theologischen Streit beizulegen. Die Auffassungen des Arios, stand in dem Brief zu lesen, seien überhaupt nicht neu und beträfen nur einen eher nebensächlichen Punkt in der Auslegung einer Bibelstelle aus dem Buch der Sprüche, wo die Rede von der Erschaffung der göttlichen Weisheit sei. Unbesonnen sei es, solche Detailfragen in der Öffentlichkeit auszutragen, auch wenn man privat über sie verschiedener Ansicht sein könne.

Als Hosios in Alexandria eintraf, waren die Fronten bereits verhärtet. Der Bischof von Alexandria dachte überhaupt nicht daran, die Exkommunikation, die er über Arios verhängt hatte, zurückzunehmen, zumal sich dieser an auswärtige Bischöfe um Hilfe gewandt hatte. Auch der römische Bischof war inzwischen informiert worden, Briefe und Pamphlete, Berichtigungen und Glaubensbekenntnisse kursierten in der Klerisei der östlichen Reichshälfte, und im Theater wurden die ersten Witze über den Streit der Popen gerissen.

Anfang Mai 325 setzte Konstantin den Apparat der kaiserlichen Kanzlei in Bewegung. Hunderte Einladungsbriefe wurden verschickt, in denen die Bischöfe des Reichs zu einer festlichen Konferenz gebeten wurden, nach Nikaia (heute Iznik in der nordwestlichen Türkei). Der Termin sei dringend, schrieb der Kaiser, und er habe den Ort wegen seines angenehmen Klimas gewählt. Er selbst werde anwesend sein. Die Reise mit der kaiserlichen Post und sämtliche Aufenthaltskosten übernehme die öffentliche Hand, um den Exzellenzen unnötige Ausgaben zu ersparen.

Konstantin hatte richtig kalkuliert. Am 19. Juni betrat der Kaiser den großen Sitzungssaal in dem Palast, den er für das Konzil reserviert hatte, angetan mit dem Purpurmantel und geschmückt mit den juwelenbesetzten Insignien seines Amtes. Die Kirchenführer erhoben sich von ihren Plätzen, der Monarch bat um Erlaubnis, sich setzen zu dürfen, worauf ihm zugewinkt wurde. Erschienen waren 318 Kirchenmänner, unter ihnen auch etliche ältere Herren, die noch unter Diokletian die Folter erduldet hatten. Sie alle bat der Kaiser in einer kurzen Ansprache, Frieden und Eintracht als das wichtigste Ziel dieser erlauchten Versammlung zu betrachten. Dann begannen die Beratungen unter der diskreten Regie von Hosios. Arios und seinem Anhang wurde bald klar, daß der Kaiser durchaus bereit war, gegen Abweichler ungnädige Verbannungsurteile zu unterschreiben.

Entsprechend einmütig fiel das Ergebnis aus. Lediglich Arios und zwei seiner Mitstreiter weigerten sich, das von der Versammlung verabschiedete Glaubensbekenntnis zu unterschreiben. Darin hieß es, der Sohn sei gezeugt aus dem Vater, Gott von Gott, Licht vom Licht, einer Substanz mit dem Vater. Wer aber behauptete, so fuhr das Dokument fort, es gab eine

Zeit, in welcher der Sohn nicht war, oder aber, der Sohn sei aus dem Nichts geschaffen, der werde dem Teufel überantwortet.

Zur Belohnung für ihre lobenswerte Entscheidung durften die Konzilsväter an einem Festbankett teilnehmen, das der Kaiser Ende August für sie veranstaltete, zur Feier des glücklichen Ausgangs der Konferenz. Wie im Himmel wäre es gewesen, notierte Bischof Eusebios, der die Ereignisse als offizieller Chronist beschrieb. An den Garden vorbei, die mit gezogenen Schwertern Wache standen, schritten die Kleriker in die inneren Gemächer des Palastes, wo der Kaiser sie erwartete und jedem Gast ein persönliches Geschenk überreichen ließ.

Arios war nicht eingeladen. Vom Kaiser ins nördliche Illyrien verwiesen, durfte er erst drei Jahre später zurückkehren.

Das Glaubensbekenntnis von Nikaia galt fortan als Dogma. Wie sich allerdings herausstellte, bedurfte der Text noch gewisser Verbesserungen. Das Konzil hatte vermieden, den Heiligen Geist als Gott zu titulieren.

Dreiecksbeziehung

Diese Verlegenheit hing mit der Frage zusammen, welchen Einfluß auf ihre Gläubigen die Männer der Kirche dem göttlich verliehenen Wahnsinn zubilligen wollten, von dem Platon geredet hatte. Unter den Christianern war die Gottesbegeisterung von allem Anfang an das entscheidende Erlebnis, und deshalb hatten sie auch einen Namen für die Kraft gefunden, von der sie sich ergriffen wußten: Heiliges Pneuma.

Heilig deswegen, weil der Atemstrom bei der Lautbildung inbrünstiger Wahrsagung sich jener besonderen Erregung verdankte, die der inspirierten Rede ihre Autorität verlieh, sehr im Unterschied zum gewöhnlichen Sprechen.

Freude, Friede, Wahrheit, Leben, Liebe: Die erlösenden Hauptwörter der Texte, denen die Christianer bei ihren Zusammenkünften lauschten, erinnerten sie beständig an die bebenden Lippen, die zitternden Stimmen derer, von denen sie zuerst ausgesprochen wurden – ihrer Apostel und Propheten und Märtyrer und Bekenner.

Blut war geflossen, weil die gottvollen Männer und Frauen der Verfolgungszeit sich geweigert hatten, den stummen Götzen der Heiden ihre Reverenz zu erweisen, den Kaiseridolen Weihrauch zu spenden. Den Bestien überantwortet, waren sie mit gefesselten Händen in die Arena gebracht worden, zur Beute der Panther aus Afrika, die nach wochenlangem Hungern aus ihren Käfigen gelassen wurden. Singend und betend hatten jene Heiligen die Zähne der Tiere erwartet, die sich Zeit ließen vor dem Sprung, erschreckt vom Geschrei der Masse im Stadion. Der tapfere Tod ihrer Helden galt den Christianern als Beglaubigung für die überlegene Geisteskraft ihres Gottes, seit dem gewaltsamen Ende der ersten Blutzeugen in Jerusalem, sechs oder sieben Jahre nach der Hinrichtung Jesu Christi. Verzückt vom heiligen Geist sah Stephanus den Himmel offen und den Menschensohn zur Rechten des Gottes. Sogleich stießen sie ihn zur Stadt hinaus und steinigten ihn.

Jetzt also die Frage, ob der heilige Geist als unpersönliche Gotteskraft aufzufassen war oder womöglich als selbständiger Gott, unterscheidbar von Vater und Sohn. Verwundert hörte der kaiserliche Prinz Julian von diesem Problem, als er im Sommer 355 studienhalber in Athen weilte und die Bekanntschaft des Theologen Gregorios machte, der gemeinsam mit einem gewissen Basileios und dessen Bruder die Vergottung des heiligen Geistes betrieb. Das waren die ruhmreichen »drei Kappadokier«, wie sie nach ihrer Heimat im zentralen Anatolien genannt wurden. In Glaubensdingen verstanden sie keinen Spaß. »Seine Ruchlosigkeit«, schrieb Gregorios später über Julian, »wurde der Welt erst offenbar, als er zur Macht kam und nach freiem Ermessen handeln konnte, ich selbst sah sie bereits voraus, als ich ihn in Athen kennenlernte. Was mich hellsichtig machte, war die Unausgeglichenheit seines Charakters und das Übermaß seines fortwährenden Gefühlsüberschwangs. Mir ahnte nichts Gutes bei seinem Anblick.«

In den Karrieren der Kappadokier läßt sich jener kennzeichnende Knick finden, dem sie ihre Stellung in der neuen Elite des Imperiums verdankten, unter den selbstbewußten Bischöfen der Christianer. Aus vermögenden Christenfamilien stammend, hatten die jungen Männer zunächst jene Ausbildung absolviert, die den Weg in die höheren Ränge der Staatsbürokratie ebnete – Philosophie, Rhetorik, Literatur. Allen dreien war der Gedanke an solchen Aufstieg bald schal erschienen. Basileios entschied sich mit seinem Freund Gregorios für die Askese des mönchischen Lebens; gemeinsam richteten sie sich im Alter von dreißig Jahren eine abgelegene Klausur ein, um dem Gebet und der theologischen Wissenschaft zu leben. Zu ihnen stieß bald der jüngere Bruder des Basileios, und einige Jahre lang saßen die Kappadokier über ihren Büchern. Das war auch die Zeit der Versuche des Julian, als Kaiser das Ruder der Religion noch einmal herumzureißen. Für ihn hatten die Kappadokier nur Spott übrig. »Eröffne nur«, schrieb Gregorios an die Adresse des Abtrünnigen, »eröffne Dein Theater! Welchen anderen Namen sollte man sonst Deinen Tempeln geben? Möge das Volk beim Ruf Deiner Herolde zusammenströmen! Zeige ihm die Deuter Deiner inspirierten Orakel! Erkläre Deinen Getreuen Deine theologischen Bücher, mitsamt ihren Götterkriegen, ihren Titanen, Riesen und Hydren, Chimären, Höllenhunden und Gorgonen ...«

Bald nach Julians Tod wurde Basileios zum Priester geweiht, in Kaisareia (heute Kayseri, Türkei), der Hauptstadt Kappadokiens, wo er dann 370 zum Erzbischof und Metropoliten avancierte. Ein Jahr später machte er seinen Bruder zum Bischof von Nyssa, einem Städtchen in seinem Sprengel, und auch Gregorios wurde von ihm ordiniert, im Jahr 372. Kurz danach erschien die Schrift des Basileios über den heiligen Geist.

Bis dahin hatte unter den Theologen Unklarheit in bezug auf den dritten Namen Gottes geherrscht. »Die einen«, bemerkte Gregorios, »haben angenommen, der heilige Geist sei eine Kraft; andere, er sei ein Geschöpf; wieder andere, er sei Gott; etliche schließlich haben sich für keine dieser Auffassungen entschieden.«

Der Ausweg, den die Kappadokier fanden, verdankte sich

dem Theater und seinen Personen, deren Rollenmasken jedermann kannte. Das innere Wesen Gottes, davon war auszugehen, entzog sich jeder Beschreibung. Aber Gott hatte offensichtlich einen Hang zur Bühne, und so trat er im Weltgeschehen einmal als Vaterprinzip auf, ein anderes Mal in der Sohnesgestalt, und schließlich auch in pneumatischer Form.

Gott: Ein Wesen, drei Darsteller.

Leider fand sich weder im Hebräischen noch im Griechischen, den beiden Sprachen der biblischen Bücher, ein deutliches Wort für das, was den Kappadokiern vorschwebte. Am ehesten taugte dafür die lateinische *persona* (ursprünglich: Maske, Rolle), die zwar ebenfalls vom Theater kam, aber eher geeignet schien, die Bedeutung persönlicher Unverwechselbarkeit anzunehmen. Zwischen lateinischen und griechischen Theologen gingen deshalb allerlei Briefe hin und her, bis das göttliche Dreiecksverhältnis halbwegs geklärt war, mit der Formel: Ein Gott in drei Personen.

Damit war der Bau der spekulativen Pyramide vollendet, deren geometrische Strenge sich künftig gegen das heidnische Gezücht und Gewimmel aus Gorgonen und Hermen, Nymphen und Chimären, Satyrn und Kentauren, Titanen und Sphinxen, Kornmüttern und Halbgöttern richtete, diese Mischwelt zwischen Himmel, Erde und Unterwelt, menschengesichtig und tiergestaltig, bedrohlich, obszön, launisch.

»Noch habe ich nicht das Eine gedacht«, schrieb Gregorios, »und schon werde ich von den Dreien umleuchtet. Noch habe ich nicht die Drei unterschieden, so werde ich schon wieder zu dem Einen zurückgeleitet.« Was außerhalb dieser Lichtmetaphysik umging, war des Teufels.

Dementsprechend energisch waren die Bischöfe der Catholica bestrebt, die götterweltliche Vielfalt der althergebrachten Pietät dorthin zu befördern, wo sie künftig ihr Wesen treiben sollte – in die christliche Hölle.

Selbstverständlich benötigten die Kirchenväter bei diesem schwierigen Unternehmen mächtige Verbündete. Deshalb leiteten sie ihre Amtsgewalt von denen her, die mit dem Herrn Jesus auf himmlischen Thronsesseln regierten, den heiligen zwölf Aposteln.

Auch Konstantin beschäftigte sich mit den Aposteln, als er den Auftrag zum Bau seiner Grabeskirche in Byzanz erteilte, der letzten Ruhestätte für die kaiserlichen Gebeine. Der Sarkophag sollte das Zentrum des kreuzförmigen Baues besetzen, flankiert von zweimal sechs Säulen, zu Ehren der zwölf Apostel.

Was auch geschah. Der Kaiser habe gehofft, schrieb sein Chronist Eusebios, daß sein Leichnam ebenjener Gebete gewürdigt werde, die auch den Aposteln gebührten.

Diese Frechheit hatte einen triftigen Grund. Byzanz, Konstantins zweites Rom, zählte leider nicht zu den Städten, in denen einer der Apostel seine Tage beschlossen hatte. Mit der Gestaltung seines Mausoleums wollte der Kaiser diesen Mangel beheben. Tatsächlich wurden zwanzig Jahre nach Konstantins Tod die Reliquien des Apostels Andreas aus Nordgriechenland nach Konstantinopel überführt, ebenso wie die Überreste des Evangelisten Lukas (aus Böotien) und die des Apostelschülers Timotheos (aus Ephesos). Damit war Byzanz aufgewertet, in deutlicher Konkurrenz zum alten Rom, das seinen Vorrang von den Martern der Apostelfürsten Petrus und Paulus herleitete. Über das höchste Prestige unter den Bischöfen der Christianer, so hatte Konstantin gelernt, geboten die Nachfolger jener Männer, die von einem Apostel persönlich in ihr Amt eingeführt worden waren. Nicht nur in Rom wurden regelrechte Listen geführt, die den jeweiligen Amtsinhaber auf einen Apostel und damit auf den Chi-Rho höchstpersönlich zurückführten, der die Apostel in die Welt hinausgeschickt hatte, mit göttlicher Autorität.

Um Autorität nämlich ging es bei der Berufung auf die jüdischen Fischer und Wanderprediger, deren Wirken den Christianern so heilig war. Wer sein Amt vom Willen eines der Apostel herleiten konnte, von einer ununterbrochenen Kette von Handauflegungen, deren erste von Petrus, Paulus, Andreas, Johannes etc. zelebriert worden war, zum Zweck der Ausstattung ihrer Nachfolger mit der Kraft des heiligen Geistes, der gehörte zum ältesten Adel der Christenvereine und durfte seine Würde apostolisch nennen.

Das war deshalb so wichtig, weil von Anfang an unter den Christianern allerlei Lehrer von sich reden gemacht hatten, die sich ihrerseits auf den heiligen Geist beriefen, gar nicht so selten im Widerspruch zu den Auffassungen der Vorsteher, mit Unfrieden und Streit in der Folge. Gegen die Anfechtbarkeit und Unsicherheit persönlicher Inspiration stand dann das Machtwort der apostolischen Väter, und es war um so wirksamer, wenn es gleichsam unisono erfolgte, also mit den Stimmen der Bischöfe von Jerusalem, Rom, Antiochia, Ephesos beispielsweise, deren Prestige sich einem der heiligen Apostel verdankte.

Bei alledem hatten die Bischöfe (= Aufseher, vom griechischen *episkopos*) der Christianer ein gewisses Problem mit dem heiligen Geist. Würde er sich auf jeden von ihnen mit der nämlichen Gewalt stürzen, wie er es in den Tagen der Apostel getan hatte?

In den Apostelgeschichten, die unter den Christianern zirkulierten, fiel der heilige Geist sozusagen automatisch auf die Menschen herab, denen ein Apostel die Hände auflegte. Dann röteten sich die Wangen der Erwählten, ihre Zungen lösten sich zu gottvoller Rede, ihre Augäpfel drehten sich nach oben, wo der Herr Jesus in der Herrlichkeit Gottvaters zu sehen war, auf ewigem Thron.

Auf die gesetzten Männer jenseits der Vierzig, deren Hauptwerk in der Organisation der Armenfürsorge in den Christenvereinen bestand, in der täglichen Sorge um Eheschließungen, Streitschlichtungen, Testamentsvollstreckungen, Bauvorhaben und ähnliche Angelegenheiten, mußten die Exaltationen der apostolischen Geistvermittlung befremdlich wirken. Den Bischöfen genügte ein göttlich garantiertes Monopol auf das Predigen während der Gebetsversammlungen ihrer Gemeinden, um den Irrwischen unter den Christianern den Mund verbieten zu können.

Das Predigtmonopol der Bischöfe fiel in die Zuständigkeit der dritten Person Gottes. Um dabei ein gewisses Maß an Gnadenverläßlichkeit zu gewährleisten, wurden bei jeder Bischofsweihe bestimmte Vorkehrungen getroffen. Mindestens drei, besser noch sieben oder zwölf Bischöfe aus den nächsten Gemeinden waren erforderlich, wenn einem neuen Mann die Hände aufgelegt werden sollten. Bevor das geschah, verstummten für eine Weile alle lauten Gebete, und in der einsetzenden Stille konzentrierten sich alle auf den heiligen Geist, den sie auf den künftigen Kollegen herabrufen wollten.

Ob der heilige Geist stets voll bei der Sache war, ließ sich nicht immer zweifelsfrei ausmachen. Häufig bildeten die Bischöfe der Christianer vielfach wechselnde Fraktionen, die einander wütend bekämpften, besonders im Osten des Reichs. Die Parteien waren schnell mit dem Anathem bei der Hand, das ihre Feinde dem Teufel überließ, und auf welcher Seite der heilige Geist stand, wurde oftmals erst später klar, nachdem ein christlicher Kaiser in den Streit eingegriffen hatte, wie Konstantin auf dem Konzil von Nikaia.

Gleichzeitig ließ sich nicht leugnen, wie kraftvoll der heilige Geist auch unter den Klerikern wirkte, besonders im goldenen Jahrhundert der christlichen Theologie, das nach Konstantins Tod seinen Anfang nahm. Da predigte in Antiochia jener Johannes, den man ob seiner Beredsamkeit »Goldmund« nannte, und in Nisibis (Nusaybin, Türkei) verdiente sich der Syrer Ephräm den Namen einer »Zither des heiligen Geistes«, weil seine Hymnen und Lieder die Menschen so glücklich machten. Der Tiefsinn der drei Kappadokier war ebenso bekannt wie die Gelehrsamkeit des Hieronymus, der die Bibel ins Lateinische übersetzte. Im Westen lehrten Ambrosius und Augustinus, deren Namen durch die Jahrhunderte hallen sollten. Andere Bischöfe entzückten das Volk mit wundertätigem Wirken, wie der heilige Martin von Tours und der heilige Nikolaus von Myra, dessen Gebeine später nach Bari gelangten. Ferner war nicht zu übersehen, mit welch sicherer Hand die Väter der Kirche das zuverlässige Gotteswort im Schrifttum der Christianer von den minderen Texten schieden und auf diese Weise das biblische Fundament zementierten, auf dem sich der Bau der gesunden Lehre erheben konnte, unverfälscht seit den apostolischen Zeiten.

So gesehen konnten es die Spitzenkräfte des christlichen Episkopats ohne weiteres mit den heidnischen Orakelpriestern aufnehmen, deren Responsen immer schematischer wurden. In seiner Vollgestalt erschien der Bischof als geistlicher Vater vor den Gläubigen – asketisch, ernst, gottunmittelbar. Wer lernen wollte, wie man eine neue Religion organisiert, kam um die Bischöfe nicht herum. Kaiser Julian wußte das, als er die Jupiterpriester ermahnte, es in der Armenpflege ihren christlichen Kollegen gleichzutun.

Nach dem Ende ihres goldenen Jahrhunderts wanderten die Gestalten der hervorragendsten Bischöfe und Kirchenväter auf die Mosaiken und Ikonen der christlichen Basiliken. Der Rang, den sie dort behaupteten, stellte sie den Aposteln gleich, mit dem Nimbus götterweltlicher Beglaubigung.

Leider waren damit nicht alle Probleme restlos gelöst.

Die Gabe der Tränen

Die Dämonen waren keineswegs untätig geblieben. Was nützte es schon, wenn man bei ihrem Anblick durch die Zähne pfiff. Offensichtlich half gegen sie nicht einmal das Taufwasser, gespendet im Namen des Vaters, des Sohnes und des Heiligen Geistes. Auch nach dem Empfang des Sakraments geriet so mancher Christenmensch in die Schlingen des Widersachers.

Dann erlosch der Glanz der Erwählung auf der Stirn des Unseligen, sein Herz verhärtete sich in der Gier nach Besitz, sein Fleisch wurde lüstern nach den Gattinnen der Nachbarn, sein Mund gewöhnte sich an die Lüge, seine Hand an Gewalttätigkeit. Besonders unter den Frommen suchte der altböse Feind nach seiner Beute, wie ein hungriger Löwe auf Pirsch, um zu verschlingen das zappelnde Leben, für immer.

Angesichts dieser äußersten Bedrohung der Existenz übten sich die Eremiten der Christianer in den Einöden Ägyptens, Palästinas und Syriens im beständigen Kampf gegen die Dämonen. Stunde um Stunde berührten ihre Stirnen den Boden, breiteten sich ihre Arme zum Himmel: Erbarmen!

Dabei sammelten sie Erfahrungen, die nicht ganz ungefährlich erschienen. Ein Vetter des Kirchenlehrers Gregorios, mit Namen Amphilochios, befreundet mit den Kappadokiern und seit 373 Bischof von Ikonion (heute Konya, Türkei), sah sich veranlaßt, gegen eine Methode aufzutreten, die besonders unter anatolischen Mönchen und Einsiedlern lebhaftes Interesse fand. Sie wollten mit einer bestimmten Atemtechnik alle dämonischen Anfechtungen definitiv loswerden und den heiligen Geist zur dauerhaften Einwohnung bringen. Ein Parteigänger dieser Enthusiasten, wie sie genannt wurden, ließ sich, sehr zur Befremdung des Amphilochios, dahingehend vernehmen, daß die Taufe nutzlos sei. Nur intensives Dauergebet bewirke schließlich die Ausfahrt der Teufel, woraufhin der heilige Geist seinen Einzug halte, in spürbarer Weise.

Von den Unterweisungen der Bischöfe hielten die Enthusiasten nicht sonderlich viel. Lieber ließen sie sich von Frauen instruieren, die den Geist aus eigener Erfahrung kannten.

Für Amphilochios und seine Amtskollegen waren diese Prophetinnen eine Landplage. Sie trugen ihr Haar kurz, kleideten sich wie die Männer, hielten sich nicht an die kirchlichen Fastenzeiten und verachteten den Familiensinn. Wenn der Geist in sie eindrang, war das heftiger zu spüren als die Freude des Liebesakts. Letztere führte ins Wochenbett und zum Kindergeschrei, weshalb die gottvollen Frauen sich lieber von ihrer Geistin besitzen ließen als von einem Mann. Die Sibyllen waren wiederum aufgetaucht. Nicht mehr Apollon redete aus ihnen, sondern die dritte göttliche Person der Christenheit.

Die Bischöfe bezweifelten das. Sie überantworteten die Enthusiasten auf etlichen Synoden wegen Herabwürdigung der Taufe feierlich dem Teufel, was aber nicht viel nutzte, weil die Geistin sich nicht so leicht auslöschen ließ. In den Häresie-Verzeichnissen der byzantinischen Gerichtsarchive erschien die Überzeugung von der körperlich spürbaren Einwohnung des heiligen Geistes jahrhundertelang als eine unter den tausend Falschheiten, die der Teufel auf den Acker der gesunden Lehre gesät hatte.

Dabei übersahen die Glaubenshüter zwei wertvolle Winke, die der heilige Geist während der Zeit seiner Tätigkeit in Syrien und Anatolien hinterlassen hatte, zur Unterweisung aller, die nach Vollkommenheit strebten – den Hinweis auf die Bedeutung der Atmung und des Weinens für das menschliche Wohlbefinden.

Das entsprechende Trainingsprogramm für die Freigesetzten beiderlei Geschlechts in den Klöstern des Ostens hatte die dauerhafte und kontrollierte Verlangsamung der Atmung zum Ziel. Geübt wurde das sogenannte Monologion, ein kurzer Gebetsruf, der dem Rhythmus der Atmung angepaßt wurde, immer wieder, bis der Mensch zu einer Ruhe des Herzens fand, die durch Gedanken nicht mehr gestört wurde. Dann konnte es sein, daß der Geist als Licht und als Feuer vor dem inneren Auge erschien, begleitet von der kostbaren Gabe der Tränen, die alle Verhärtung wegwuschen.

Das Monologion wird bis heute gepflegt, zum Beispiel auf der Halbinsel »Heiliger Berg« östlich von Thessaloniki. Den Frauen ist allerdings das Betreten dieser Enklave verboten.

Der heilige Berg Athos (knapp über zweitausend Meter hoch) gibt einer Gemeinschaft von Mönchen den Namen, die seit langer Zeit dort besteht, in Klöstern, Einsiedeleien, Wirtschaftshöfen weit verstreut über ein strenges Gebiet aus Wald, Gestrüpp und Gestein. Die Überlieferung der Athos-Mönche weiß zu berichten, daß die Mutter des Herrn Jesus Christus bald nach der Herabkunft des heiligen Geistes während des Pfingstfestes in Jerusalem als Missionarin auf den Athos geschickt worden sei. Als sie an Land ging, sei eine gewaltige Statue des Zeus in tausend Stücke zersprungen. Später habe sich Kaiser Konstantin mit dem Gedanken getragen, auf der Athos-Halbinsel sein neues Rom zu gründen. Die Muttergottes habe ihn in einem Traumgesicht von seinem Vorhaben abgebracht, woraufhin Konstantin an der Stelle, wo Maria ihr Schiff verließ, eine Kapelle gestiftet habe.

Seit damals ist die christliche Inspiration auf dem Athos verewigt, stillgelegt in den ernsten Mienen der alten Ikonen an den Wänden der Klosterkirchen, unberührt vom Fortgang der Dinge. Vergegenwärtigt wird sie in der Liturgie der Gesänge und Hymnen, der Anrufungen und Riten, deren Gegenstand eine Geschichte ist, die mit der Verkündigung des Engels Gabriel beginnt und mit dem Tod Mariens ihr Ende findet. Die Geschichte des Heils kennt keine Jahreszahlen. Das Erscheinen des Erlösers im Stall, sein Wirken unter den Menschen, seine Wundertaten, sein Leiden und Sterben, seine Auferstehung und Himmelfahrt, die Ausgießung des Geistes – all die Mysterien der göttlichen Liebe prozedieren fortwährend aus den Tiefen der allerheiligsten Triade. Und das höchste Privileg besteht darin, gemeinsam mit den Engeln dem ungeschaffenen Licht die Ehre geben zu dürfen.

Mit der Außenwelt, in der die Jahreszahlen etwas bedeuten, mußten sich die Athos-Mönche irgendwie verständigen – mit den Osmanen (1430–1912), mit Adolf Hitler (1941 bis 1944), mit der Europäischen Gemeinschaft (seit 1981). Dann verwiesen sie auf ihre verbrieften Rechte, auf die Schutzwürdigkeit ihrer Kunstschätze, auf die lange Geschichte ihrer Traditionen.

Mit der islamischen Welt, die ihnen jahrhundertelang milde gesonnen war, teilen die Männer von Athos den Vorbehalt gegenüber »Evropi« – den Westen jenseits von Donau und Adria, wo Papsttum, Aufklärung, Industrie, Sozialismus und Gottlosigkeit ihren Anfang nahmen. Das waren die Ausgeburten des Übermuts, ohne Schönheit und Dauer, wie die Unternehmungen jenes Julian, der die Kapelle Konstantins auf dem Athos entweihen ließ, freilich vergebens.

In der monologischen Perspektive hat der Erdkreis keine Erneuerung mehr nötig. Sie geschah bereits unter Konstantin, der seine Residenz in den Osten verlegte, und unter den heiligen Vätern Basileios und Gregorios, nach deren Weisungen das Leben auf dem Athos nach wie vor seinen Rhythmus hat.

Und im Schatzhaus des Klosters Vatopaidiou wird das Gürteltuch Mariens verwahrt, welches die Gottesmutter vor ihrer Himmelfahrt den Aposteln zum Andenken hinterließ.

Immer noch erinnern, in Kirchen und Museen, die Bilder vom Besuch des Erzengels bei der Jungfrau Maria an einen denkwürdigen Eingriff des Gottes ins Weltgeschehen. Heiliger Geist wird über dich kommen, verkündet Gabriel dem erschrockenen Mädchen, und Kraft des Höchsten dich überschatten.

Wird dich in Besitz nehmen wie die Prophetinnen und Propheten aus der Tiefe der Zeiten, in dich eindringen wie der Mann in die Frau.

Seit dem Trecento erscheint die Jungfrau auf den bemalten Tafeln über den Altären Europas wie ein adliges Fräulein in kostbarer Garderobe, sozusagen bereit für hohen Besuch. Dieser wiederum ist als Mann in die Kemenate getreten, was eine gewisse erotische Spannung aufbaut. Sein Gruß an die junge Dame ist im Gedächtnis der christlichen Völker geblieben: Ave Maria.

Der Engel des Herrn brachte Maria die Botschaft und sie empfing vom heiligen Geiste. Vom Anfang an sollte sich diese Empfängnis einem göttlichen Zeugungsakt verdanken – was allerdings zu einem anderen biblischen Spruch nicht ganz paßte, welcher dem Angetrauten der Gottesbraut die Vaterschaft an ihrer Leibesfrucht zusprach: Josef erzeugte den Jesus, der Messias genannt wird.

Wer die Realität nicht mit der Wahrheit verwechselt, kann beide Behauptungen akzeptieren.

In Wirklichkeit war Josef der Vater des Jesus, der Messias genannt wird. Wahr bleibt, daß Gott dabei seine Hand im Spiel hatte.

Auf den Bildern der flämischen, italienischen, spanischen Meister erscheint das Höhere manchmal als Taube über dem Kopf der Maria, oder als Lichtstrahl von oben, oder eben gar nicht, was sicherlich das Gescheiteste ist. Der göttliche Bereich sollte überhaupt nicht dargestellt werden, wie in den Zehn Geboten nachzulesen ist.

Im liturgischen Kalender der christlichen Kirchen kommt Gabriel jedes Jahr wieder, am 25. März, zu Mariä Verkündigung. Auch die Schwalben kehren um diese Zeit zurück, bemerkt die Bauernregel. Neun Monate später wird das Jesuskind in der Krippe liegen, wie immer. Schwalben und Gottesdienste orientieren sich an Gegebenheiten, die vom Geschichtsunterricht nicht erfaßbar sind.

Der Geschichtsunterricht kennt keine Anfänge, nur Jahreszahlen. Er beschreibt Abläufe, analysiert Ursachen und Wirkungen. Der Zeitpfeil ist unterwegs in die Zukunft. Der Gottesdienst hingegen vergegenwärtigt jene Anfänge, für die der Geschichtsunterricht blind bleiben muß, also beispielsweise den Anfang der christlichen Zeit durch Gabriels Besuch bei Maria. Die Formel, mit der in den Kirchen die Geschichten beginnen, deren Text sich nicht ändern darf und die immer wieder erzählt werden, versetzt die fromme Gemeinde in das Geschehen eines ewigen Anfangs: In jener Zeit.

In jener Zeit wurde der Engel Gabriel von Gott in eine Stadt Galiläas mit Namen Nazaret gesandt, zu einer Jungfrau. So fängt das Evangelium an, das am 25. März vorgelesen wird. Wenn der 25. März auf einen Wochentag fällt, sind meist nur ein paar alte Frauen in der Kirche. Während der heiligen Handlung versinkt für sie das Weltgeschehen, und der Zeitpfeil bleibt stehen, sozusagen mitten in der Luft.

HIMMELSLICHT

Kaum hatte Kaiser Konstantin seine Politik auf das Christusmonogramm eingestellt, ließ sich in Oberägypten eine himmlische Stimme vernehmen. Der Adressat, ein Einsiedler mit Namen Pachom, zögerte zunächst, den erhaltenen Auftrag in die Tat umzusetzen, weil er unerhört war. Erst nach einer weiteren Ermahnung wagte er es, mit dem Bau des ersten christlichen Klosters im römischen Imperium zu beginnen.

Damit wurde ein Fluchtprinzip installiert, das die Menschheit in »Fleischliche« und »Geistliche« spaltete. Fortan boten die Klöster ein Programm geistlichen Lebens, unter ausdrücklicher Berufung auf die dritte Person Gottes, das vom schroffen Gegensatz zum Treiben der Weltkinder bestimmt war.

Die Eintrittskarte zum Seelenfrieden mußte mit dem Verzicht auf Besitz und Nachkommenschaft, auf Beweglichkeit und Lachen, auf Wißbegier und Schönheitssinn bezahlt werden. Die Sache funktionierte hervorragend, wie nach Plan. Zur Zeit Karls des Großen, als Europa eine hinterwäldlerische und barbarische Weltgegend war, dünn besiedelt und arm, kopierten Mönche und Nonnen die Verse Ovids und die Reden des Cicero, sangen die Psalmen Davids, destillierten Arzneien und ließen Maschinen für sich arbeiten, wie in einer Fabrik. Niemand hätte gedacht, daß diese frommen Gestalten mit der Vorbereitung des industriellen Zeitalters beschäftigt waren.

Nur noch ein Gott kann uns retten. Uns bleibt die einzige Möglichkeit, im Denken und im Dichten eine Bereitschaft vorzubereiten für die Erscheinung des Gottes oder für die Abwesenheit des Gottes im Untergang; daß wir im Angesicht des abwesenden Gottes untergehen.

So sprach der Philosoph Martin Heidegger im September 1966 zum »Spiegel«. Das Interview durfte erst nach dem Tod des Denkers erscheinen, zehn Jahre später.

Heidegger gilt als der tiefsinnigste Deutsche im 20. Jahrhundert. Von 1933 bis 1945 war er Mitglied der Nationalsozialistischen Deutschen Arbeiterpartei, weshalb er nach dem Krieg einige Jahre unter Lehrverbot stand. Daß seine Parteinahme für den Nationalsozialismus im Wesen seiner Philosophie läge, hat Heidegger im Gespräch mit seinem Schüler Karl Löwith bestätigt, 1936 in Frascati bei Rom. Löwith war wegen seiner jüdischen Abstammung nach Italien ausgewichen. Zu den Begegnungen mit Löwith erschien Heidegger mit dem Parteiabzeichen.

Ein Wort des Bedauerns über seine Auffassung von der »inneren Wahrheit und Größe« des Nationalsozialismus hat sich Heidegger nicht abzuringen vermocht, trotz verschiedentlicher Bitten besonders von seiten jüdischer Kenner und Verehrer seines Werkes. Anscheinend sind Orakelsprüche auch im technischen Zeitalter unwiderruflich.

Ein weiterer jüdischer Schüler Heideggers, Hans Jonas, entdeckte 1934 eine »sonderbare Analogie« zwischen den Lehren seines Meisters und denen der spätantiken »Gnosis«, für die sich damals lediglich ein paar Theologen und Altphilologen interessierten. In der Abhandlung »Sein und Zeit« Heideggers aus dem Jahr 1927 erschien, als grundlegende Kategorie menschlichen Daseins, der Begriff »Geworfenheit«, der bis zur Wortwahl mit den Vorstellungen der Theosophen im beginnenden christlichen Äon übereinstimmte, über die Jonas seine Monographie schrieb. Erst vierzig Jahre später sprach sich allmählich herum, was Jonas geleistet hatte.

In seiner Studie ging es um jene ersten Jahrhunderte der christlichen Zeitrechnung, die der Weltgeschichte ein neues Kapitel aufgeblättert hatten. Nicht nur Jesus und Paulus, befand Jonas, besaßen die Urheberrechte an diesem Text. Bei eingehender Prüfung erschienen der jüdische Heiland und sein Apostel allenfalls als erste und zweite Geige in einem Orchester, das mit vielen Instrumenten musizierte, nach Noten, deren Komponist anonym blieb. Jonas wählte ein altes deutsches Wort, um auf den unbekannten Meister hinzudeuten, dem sich Text und Melodie des Weltgefühls verdankten, das in den Ländern östlich des Mittelmeeres bis tief nach Asien hinein erstmals nach den Menschen griff: Geist.

Gemeint war damit nicht der keuchende Atem sibyllinischer, prophetischer, besessener Ausbrüche, sondern ein eher stilles Prinzip, das mit Vorliebe in der Einsamkeit des Nachsinnens wirkte, wie ein aufgehendes Licht.

Das fing mit etlichen Fragen an. Wer wir waren, was wir wurden; wo wir waren und wohinein wir geworfen wurden; wohin wir eilen; woraus wir erlöst werden.

Erkenntnis im Feld solcher Bedenklichkeit: Gnosis.

Gnosis und spätantiker Geist, so nannte Jonas sein Werk, das nie ganz fertiggestellt wurde. Die Heideggersche Existenzanalyse, erklärte der Verfasser ausdrücklich, habe ihm seinen Forschungsgegenstand zu lebendigstem Reden gebracht. In der Existenzanalyse Heideggers hieß menschliches Leben: Sein zum Tode, und die Antwort darauf: Angst.

Der Zweite Weltkrieg kostete fünfzig Millionen Menschen das Leben. Offen blieb, wofür sie bezahlt hatten.

Und siehe. Im Dezember 1945, unmittelbar nach dem Ende der angestrengtesten Menschenopferung aller Zeiten, gab die oberägyptische Erde wie durch Wunder eine Botschaft frei, die in ihr 1600 Jahre lang vergraben gewesen war. Die Geschichte passierte am oberen Nil, hundert Kilometer stromabwärts vom alten Theben. Aus dem Dorf Al-Qasr machten sich eines Morgens die Brüder Muhammad und Khalifah Ali mit ihren Kamelen auf den Weg, um nach Humuserde zu graben, am Fuß des Dschebel el-Tarif, einer Kalksteinklippe am Wüstenrand, und stießen auf etwas Hartes. Eine Urne aus Ton, versiegelt, einen Meter hoch. Darin eine Menge beschriebenes Papier, verpackt in Kuverts aus Ziegenleder, teilweise beschädigt. Die beiden Fellachen und ihre Verwandtschaft vermuteten mit Recht, daß sich der Fund zu Geld machen ließ. Nach und nach tauchten die Manuskripte in Kairo auf. Eine Lieferung, vom belgischen Antiquar Eid außer Landes geschmuggelt, wechselte für 35 000 Schweizer Franken den Besitzer und wurde dem berühmten Tiefenpsychologen Carl Gustav Jung zum achtzigsten Geburtstag überreicht. Der alte Herr war für seine Neigung zum ketzerchristlichen Erbe bekannt.

Denn es waren verketzerte Lehren, die der außergewöhnliche Fund ans Licht gebracht hatte, in der Nähe der Bahnstation Nag Hammadi, nach der er dann auch genannt wurde – linkshändige Traktate, Evangelien, Geheimschriften, nicht rechtgläubige Verkündigung im Sinn der Reichskirche unter der konstantinischen Herrschaft.

Aus der Erde gestiegen war der Geist einer querläufigen Christlichkeit, in den Untergrund befördert von strengen Bischöfen, Ketzerverfolgern, Häresiologen. Daß der Geist weht, wo er will, wie im Evangelium nach Johannes geschrieben steht, ließen die Glaubenswächter nicht gelten. Was nach Gnosis roch, kam für sie nicht vom heiligen Geist, sondern vom Teufel.

Solcher Abscheu hatte einen einfachen Grund. Auf den insgesamt 1153 Papyrusblättern von Nag Hammadi, die schließlich im Koptischen Museum in Kairo landeten, wurde der biblische Schöpfergott gelegentlich offen verhöhnt, als Stümper und Pfuscher, der hinter der Maske der Allmacht und Güte ein verunglücktes Machwerk zusammengebastelt hatte, eine erbärmliche Welt voller Leid, Unrecht, Gewalttätigkeit. Der wahre gnostische Gott, unzugänglich im ewigen Licht, hatte möglicherweise von der Schweinerei, die vom Aftergott angerichtet worden war, gar keine Ahnung.

In den Details der Ausmalung des kosmischen Mißgeschicks, auf das die Heillosigkeit der irdischen Verhältnisse zurückging, wichen die altchristlichen Theosophen voneinander ab. Einig waren sie sich hingegen in der strikten Ablehnung des Kindersegens, weil die Fortpflanzungstätigkeit ein gewisses Einverständnis mit dem Bestehenden voraussetzt. Ohne Kindergeschrei würden die Untiere und Monstren, die in Menschengestalt auf der Erde herumkrochen, bald verschwinden, für immer, und die Heimholung der in den Leibern gefangenen Lichtpartikel konnte zu Ende gebracht werden, besser gesagt, zur Wiederherstellung des ursprünglichen Zustands einer klaren Scheidung zwischen Pluspol und Minuspol.

Für das Atomzeitalter boten solche Auffassungen eine faszinierende Perspektive.

Aber der süße kleine Hintern der äthiopischen Sklavin, sollte auch er als verabscheuungswürdig gelten? Ja doch, respondierte der gnostische Männerchor. Sieh nur zu, was aus diesem Hinterteil alles herauskommt. Abfall und Gestank.

Gegen eine derartige Fleischesverachtung hatten die rechtgläubigen Ketzerhämmer einen schweren Stand, denn auch sie waren von ihr ergriffen. Der Geist (die Ruach, das Pneuma) ließ sich auf unterschiedlichste Weise auffassen, sogar als hirnelektrischer Vorgang, aber sicherlich nicht als sinnenfällige Leibhaftigkeit fleischlicher Art, wie sie besonders deutlich in den weiblichen Reizen für männliche Augen zum Ausdruck gelangt. Der Geist stand theologisch und philosophisch im Gegensatz zu schwellenden Rundungen, mandelförmigen Augen, Streichelhänden, oberen und unteren Lippen, Kußzungen. Nicht erst seit Christi Geburt war das männliche Denken vom weiblichen Fleisch irritiert. Der Ursprung des aufgeklärten Geistes ließ sich bis in die Jahrhunderte zurückverfolgen, die der Welt das griechische Geld, die demokratische Ordnung und den sokratischen Scharfsinn beschert hatten. In der Geisteswelt war für weibliche Reize kein Platz.

Das Griechentum hatte gleichwohl das Weltgefüge stets als schmuck betrachtet und es »Kosmos« genannt, was vom griechischen Wort für schmücken *(kosmein)* kommt. Solch freundlicher Blick fiel auch gern auf nackte Frauengestalten, aus Marmor gehauen, als eine Verkörperung göttlicher Schönheit.

Demgegenüber wirken die Texte von Nag Hammadi wie auf der Flucht geschrieben. Wohin eilen wir. Nicht der häusliche Herd und die treue Gemahlin sind für die gnostische Bibliothek das Ziel des in die Fremde verschlagenen Helden, wie im Fall des Odysseus, sondern ein immaterielles Jenseits, durchflutet vom unerschaffenen Licht. Auf der Erde ließ sich das Himmelslicht nur selten blicken, allenfalls wie ein Fünklein im Seelengrund, kapriziös und unberechenbar. Wer auch nur ein einziges Mal seiner innegeworden war, dem erschien alles irdische Licht trübe.

Für die jüdischen, griechischen, ägyptischen, syrischen, anatolischen, römischen Christenklubs des zweiten und dritten Jahrhunderts, in denen die gnostischen Esoterica zirkulierten, war jedenfalls ein heiterer Weltekel angesagt. Heiter deshalb, weil man in diesen Kreisen davon überzeugt war, den Logos zu kennen, der Ich und Welt in einen sinnvollen Zusammenhang stellte. Der Schlüssel dazu war bereits der Eva im Paradies angetragen worden, von der klugen Schlange im Baum der Erkenntnis, woraufhin der Herr des Gartens sehr wütend geworden war. Solche Beispiele einer Bibellektüre gegen den Strich liebten die Geheimkundler besonders, weil sie ihnen das Gefühl gaben, ein paar Lektionen weiter zu sein als die gewöhnlichen Christen.

Im übrigen hielten sich die esoterischen Christianer an ihren heiligen Geist. Sie waren die Geistlichen *(pneumatikoi)*, während die übrige Menschheit in den fleischlichen Gelüsten befangen blieb. Der Geist ist willig, das Fleisch aber schwach. Die Pneumatiker waren die Starken. Das machte sie ähnlich interessant und gefährlich wie den Philosophen Martin Heidegger.

Nur ganz selten werden die lebensfeindlichen Männerstimmen aus den esoterischen Studienzirkeln von einer Frau unterbrochen. Sie spricht mit der Stimme der Maria Magdalena und hat von Jesus, der ihr Geliebter ist, Lehren empfangen, von denen die zwölf Apostel keine Ahnung haben. Das wiederum ärgert Simon Fels (Petrus), den Mann mit dem Schlüssel zum Himmelreich, und er verbietet der Frau den Mund. Vor ihm fürchte ich mich, gesteht die Magdalenerin, denn er haßt das weibliche Geschlecht.

Deutlicher als in dieser vereinzelten Wortmeldung aus dem dritten Jahrhundert läßt sich die Grundstörung im Verhältnis der beiden Geschlechter nicht ausdrücken. Sie hatte aus dem Nazarener einen Muttersohn und ewigen Junggesellen gemacht, der keine Frau neben sich dulden durfte, sobald er in den Himmel gefahren war. Vergebens hatte der heilige Geist seine Charismen unterschiedslos auf Frauen und Männer verteilt, während der ersten fünfzig Jahre des frischen Pfingstjubels. Ja, damals schämten die Frauen sich nicht, frei heraus ihre Eingebungen weiterzusagen, als Prophetinnen, Predigerinnen, Wahrsagerinnen, Evangelistinnen, Theologinnen. Denkbar sogar, daß die eine oder andere Genossin des Nazareners in den jüdischen Jesusvereinen der Frühzeit den gleichen Rang wie Simon Fels und die übrigen Apostel beanspruchen durfte, wie jene Maria aus Magdala, die ihren Freund zur Hinrichtung begleitet hatte, während die Jüngerschar durch Abwesenheit glänzte. Oder die andere Maria aus dem Dorf Betani, welche von Jesus ausdrücklich gelobt worden war, mit den Worten, sie habe den allerbesten Teil gewählt.

Bald jedoch hatten sich einzelne Männerstimmen gemeldet, denen das Selbstbewußtsein der Christenfrauen auf die Nerven ging. In etlichen Episteln, die sie unter dem Namen des Paulus verbreiteten, stand zu lesen, daß die Predigt Männersache sei, so wie selbstverständlich alle Führungsaufgaben in den christlichen Gemeinden nur Männern zukämen. Denn Adam wurde zuerst erschaffen, dann erst Eva. Und nicht

Adam ließ sich verführen, sondern das Weib ließ sich betrügen und kam zu Fall.

Die Herren, die so dachten, übernahmen im zweiten und im dritten Jahrhundert allmählich das Kommando in den Christianervereinen. Aber nicht in allen.

Ein Mann mit Namen Aberkios aus der Provinz Asia (West-Türkei) gab um 200 herum eine Grab-Inschrift in Auftrag, die seine wichtigsten Erlebnisse festhalten sollte. Ein göttlicher Hirte, so Aberkios, der mit großen Augen die Schafe weidet, versehen mit verläßlichem Wissen, habe ihn nach Rom gesandt, um ein Volk zu schauen, das ein glänzendes Siegel bewahre, unter einer Königin in goldenem Gewand. Begleitet auf seiner Fahrt hätten ihn der liebe Paulus und die Frau Pistis. Auch durch Syrien sei er gekommen; überall habe er Glaubensgenossen gefunden und sei mit Mischtrank und Brot bewirtet worden. Wer dies verstünde, möge für Aberkios beten.

Der verschlüsselte Text (*pistis* = Glaube), nur für Eingeweihte verständlich, spielt auf die christliche Abendmahlsfeier an, und freilich auch auf Jesus mit seinem leuchtenden Blick. Daß der Apostel Paulus in Damenbegleitung erscheint, ist offenbar kein Zufall. Der Hinweis auf die römische Königin setzt ebenfalls einen weiblichen Akzent, wobei in der Inschrift auch noch eine makellose Jungfrau erwähnt wird, im Zusammenhang mit der kultischen Mahlzeit.

Die mysterienfromme Kodierung der Frauenbeteiligung am christlichen Vereinsleben in führender Rolle wirkt wie eine Spur, die später sorgfältig verwischt wurde. Lediglich aus gehässigen Bemerkungen der Simon-Fels-Partei läßt sich entnehmen, was vor der konstantinischen Wende gelegentlich Sache gewesen war. Wie frech und anmaßend sie sind, die häretischen Weiber, schrieb der Kirchenschriftsteller Tertullian. Sie unterstehen sich zu lehren, zu disputieren, Exorzismen vorzunehmen, Heilungen zu versprechen, womöglich auch noch zu taufen. Der Verdacht des Irrglaubens spritzte dem Mann zur selben Zeit aus der Feder, in der die Aberkios-Inschrift formuliert wurde. Für Tertullian, einen Juristen aus Nordafrika, hieß eine christliche Gemeindevorsteherin in seiner Heimat nur noch »diese Viper«.

Der Schimpf war kein Einzelfall. Ausgerechnet jene christlichen Kreise, in denen die Frauen noch ein Wörtlein mitreden durften, erhielten von ihren Gegnern das Stigma der moralischen und weltanschaulichen Perversion aufgebrannt. Was die Verunglimpften in Wahrheit gedacht und wie sie in Wirklichkeit gelebt hatten, mußte vor dem Fund von Nag Hammadi mühselig aus den Streitschriften der Glaubens- und Sittenspione rekonstruiert werden. In ihnen tauchten jene bizarren Häresie-Namen auf, die von den Braven nur mit Schaudern in den Mund genommen wurden: Karpokratianer, Barbelo-Gnostiker, Ophiten, Phibioniten, Stratiotiker. Allerlei Schändliches berichtete der streitlustige Bischof Epiphanius in seinem »Arzneikästlein« *(panarion)* gegen die Gifte der Kryptochristen. Unter ihnen sei es Brauch, vollständig nackt zum Gebet zu erscheinen. Nach üppigem Mahl wie Braten und Wein finde dann die buhlerische Vermischung statt. Ein anderer Kenner der Szene, Irenäus mit Namen, ließ an den Abweichlern, die sich selbst für Vollkommene und Pneumatiker hielten, ebenfalls kein gutes Haar. Ein Verführer mit Namen Markus habe in Lyon, wo Irenäus um 180 herum Bischof war, besonders den christlichen Frauen den Kopf verdreht, zunächst durch geschickte Zaubertricks. Durch beschwörende Gebete sei es ihm gelungen, den Kelch mit dem heiligen Wein purpurrot erscheinen zu lassen. Die Frauen hätte er aufgemuntert, die Verwandlungsworte über den Wein zu sprechen, und hernach ihre Kelche in den seinigen zu gießen, bis er überfloß. Zu Prophetinnen habe er so manche Frau ernannt mit den Worten »Öffne deinen Mund, Gnade ist über dich gekommen«. Woraufhin die Unselige unverschämt die größten Dummheiten von sich gegeben habe. Bei alledem sei nicht auszuschließen, daß der Gauner seine Jüngerinnen mit der Aufforderung geködert hätte, zur Aufnahme des Lichtsamens in die Vollkommenheit des heiligen Hochzeitsgemachs einzutreten.

In der gnostischen Bibliothek von Nag Hammadi hingegen findet sich keine einzige Stelle zugunsten eines liederlichen Lebenswandels oder ausschweifender Sitten. Auffällig oft taucht dafür in den theosophischen Konstruktionen dieser exklusiven Geistlichkeit ein weibliches Grundprinzip auf, zugeordnet dem männlichen, bis in die Gottheit hinein, unter verschiedenen Namen, mythographisch dynamisiert, durchwirkt mit Zahlensymbolik.

Aus der Bibel kamen diese Überlegungen mit Sicherheit nicht.

Die höhere Tochter in Rom oder Alexandria, die in den gnostischen Abhandlungen schmökerte, hatte häufig eine gewisse Schwäche für philosophisch gewürztes Lesefutter. Mit dem Christenglauben war sie in der Regel durch ihre Kammerzofe bekannt gemacht worden, die ihr den Bauch massierte. Eine wunderbare Religion, mit einem jugendlichen Hirten als Gott, der ewiges Leben spendet. Bei den Zusammenkünften der Christianer waren die Frauen ganz eindeutig in der Mehrheit. Besonders hoch im Ansehen standen vermögende Damen im besten Alter, jung verwitwet oder von vornherein ledig geblieben, die am Eheleben keinen Geschmack fanden. Sie unterstützten die Armen, besuchten Kranke und empfingen auswärtige Gastredner in ihren Villen – hochgebildete asketische Männer mit visionärem Blick, deren spirituelle Suche eine Inspiration gefunden hatte, die wie ein Ruf aus höheren Sphären klang, endlich nach Hause zu kommen.

Von solchem Kaliber waren die Schulhäupter des pneumatischen Christentums, die später an prominenter Stelle in den Ketzerkatalogen landeten. Basilides, Marcion, Valentinos. Sie sprangen sozusagen aus dem Nichts auf die weltgeschichtliche Bühne, hundert Jahre nach dem Tod Christi, und fanden unter gebildeten Jesusverehrerinnen ein aufmerksames Publikum.

Das griechische Wort für Weisheit *(sophia)*, weiblich dekliniert, taucht in den Lehren dieser Theosophen wie ein Leitmotiv auf, in den vielfältigsten Variationen. Einmal sitzt diese göttliche Sophia auf einem Berg, wird lüstern auf sich selbst, erfüllt sich ihr Begehren und wird davon auch noch schwanger. Ein Mann ist bei diesem schöpferischen Vorgang, in dem die Welt ihren Ursprung hat, nirgends zu sehen. Ein anderes Mal fließt die Gottfrau aus einem anderen weiblichen Wesen, der Pistis, heraus. Oder sie erleidet eine Fehlgeburt, die sich zu einem Monstrum entwickelt, das nichts Gescheiteres zu tun hat, als die Welt zu erschaffen.

Daß sie von Hause aus wollüstig ist, verschweigt die gnostische Sophia keineswegs. Sie verliert sich in allerlei tiefen Wassern, möchte am liebsten mit ihrem Vater ins Bett gehen, aber auch mit ihrem Sohn. Unschuld und Hurenhaftigkeit vereinigen sich in ihr wie im Fall der Lulu von Frank Wedekind. Und um das Maß vollzumachen, wird sie auch noch mit dem heiligen Geist gleichgesetzt, der semitischen *Ruach*, deren Schlangenkraft im Paradies dem Herrn des Gartens ein Schnippchen schlägt.

In einem kurzen Text der Schriften von Nag Hammadi geht dieses weibliche Selbstbewußtsein so weit, in der ersten Person aufzutreten, mit Donnerstimme. Schaut mich an, so fängt das kühne Gedicht an, die ihr über mich nachdenkt. Seid vorsichtig. Ich bin die Erste und die Letzte, die Geehrte und die Verachtete, die Hure und die Heilige, Frau und Jungfrau, Mutter und Tochter. Bin Schweigen, bin Stimme, Schamhaftigkeit und Verführung, in Ängsten und kühn. Überall gehaßt, überall geliebt. Ich bin die Sophia.

Leider ist nicht herauszufinden, ob ein Mann oder eine Frau die Verse zuerst aufgesagt hat, ehe sie zu Papier gebracht wurden, im kleinen Kreis vielleicht, an einem der langen Nachmittage des animierten Gesprächs unter Gleichgesinnten beiderlei Geschlechts, auf einem Landgut in der römischen Campagna zum Beispiel.

Daß bei solchen Zusammenkünften ein diskretes erotisches Fluidum in der Luft lag, ist anzunehmen. Warum auch nicht. Mit der Fortpflanzungstätigkeit hatten solche Kreise sicherlich nichts im Sinn. Die Frauen, unbelastet von Schwangerschaften, Geburtswehen und Stillperioden, blieben jugendfrisch und gepflegt. Die Männer hatten sich die Hörner bereits abgestoßen, was damals mit vierzig häufig der Fall war.

Nur selten wird der Schleier, der über dieser eleganten Frömmigkeit liegt, in der die Frauen noch keine Aschenbrödel waren, ein wenig gelüftet. Gelegentlich fällt ein weiblicher Name im Zusammenhang mit Predigttätigkeit und Gemeindeleitung, zum Beispiel der einer gewissen Marcellina, die um 150 herum in Rom auftauchte. Von einer Frau mit Namen Flora erfährt man lediglich, daß sie einen Lehrbrief gewidmet erhielt. Ansonsten bleiben sie alle anonym, die kultivierten Gottsucherinnen einer esoterischen Christlichkeit, die in den dunklen Jahrhunderten der Völkerwanderungszeit untergegangen ist. An sie erinnert eine Grabinschrift aus Rom, die ein zärtlicher Mann seiner Gattin Flavia Sophia gewidmet hat, im dritten Jahrhundert. Gesalbt in den Bädern Christi, so wird die Verstorbene angeredet, eiltest du zu schauen den Großen Engel, kamst in das Brautgemach und stiegst auf in den Schoß des Vaters, unsterblich.

Das erste Wort auf dem zerbrochenen Stein: Licht.

Jener andere Schüler

Die gottvollste und älteste Schrift der neuen Spiritualität nach Christi Geburt wurde »Das Evangelium des Johannes« genannt, womit kirchlicher Überlieferung zufolge der Apostel dieses Namens gemeint schien. Im Evangelium selbst wird allerdings eine andere Version angeboten. Der Schüler, den Jesus geliebt habe, sei der Verfasser des Büchleins, heißt es in einer Notiz von fremder Hand ganz am Schluß, er sei Zeuge dessen gewesen, wovon er schreibe, und er sage die Wahrheit.

Was er zu Papier brachte, kam als viertes Evangelium in die christliche Bibel. Es fängt folgendermaßen an: Im Anfang war das Wort, und das Wort war bei Gott, und Gott war das Wort.

Daß ein Fischer aus Palästina, Johannes mit Namen, Sohn eines gewissen Zabdi und einer der Zwölf, die um Jesus waren, über eine derartige Sprachkraft verfügte, ist unwahrscheinlich. Zweifelhaft bleibt außerdem, ob der Apostel Johannes überhaupt lesen und schreiben konnte. Sein Name sollte der Schrift des namenlosen Schülers Christi die nötige Autorität verleihen. Sie wurde um das Jahr 100 herum in Umlauf gebracht, zunächst noch ohne Titel, möglicherweise in Ephesos, und wurde dann sehr schnell unter den Christianern beliebt. Allerdings erhoben sich auch kritische Gegenstimmen, und deshalb mögen Verehrer des wundersamen Textes auf die Idee gekommen sein, ihn als Evangelium des Apostels Johannes auszugeben. Derlei Zuschreibungen kamen damals gar nicht so selten vor.

Der eigentliche Verfasser dagegen, jener von Jesus ganz besonders ins Herz geschlossene Schüler, blieb absichtlich anonym, er versteckte sich sozusagen zwischen den Zeilen.

Während einer gemeinsamen Mahlzeit vor jenem für Jesus so verhängnisvollen Osterfest schlüpft der geliebte Schüler erstmals in den Text, er liegt auf dem Sofa so nah beim Meister, daß er seinen Kopf an dessen Brust lehnen kann. Später steht er, als einziger Mann, zusammen mit Christi Mutter und der schönen Maria aus Magdala unter dem Kreuz und schaut zu, wie der Soldat mit seiner Lanze in die Brust seines Lehrers sticht. Am Ostermorgen läuft er dem Apostel Petrus voraus, zum Grab Christi, findet es leer und wird von einer Welle des Glücks überflutet. Zuletzt schließlich sitzt er mit Petrus und einigen anderen Aposteln, unter ihnen auch der Fischer Johannes, in einem Boot auf dem See Gennesaret, erblickt am Ufer eine Gestalt und weiß: Das ist Er.

Eine weitere versteckte Anspielung läßt »jenen anderen Schüler« auf vertrautem Fuß mit dem jüdischen Hohenpriester stehen, was die Angelegenheit noch geheimnisvoller macht.

Zusätzliche Verwirrung stiftet der Anfang des letzten Buches der christlichen Bibel, der Apokalypse des Johannes. Ich, Johannes, schreibt der Verfasser, euer Bruder und Gefährte in der Drangsal, befand mich auf der Insel Patmos, wurde im Geist verzückt und hörte hinter mir eine mächtige Stimme.

Die Überlieferung identifizierte den einsamen Visionär als jenen Apostel, der auch das vierte Evangelium verfaßt hatte. Die moderne Fachwelt, mißtrauisch wie sie ist, glaubt das schon lange nicht mehr. Eingehende Analysen des Stils und der Wortwahl in beiden Büchern haben bewiesen, daß die Apokalypse des Johannes und das Johannesevangelium unmöglich von derselben Hand stammen konnten.

So tauchen hinter der Johannesgestalt, aus der Tiefe der Zeiten, weitere Gesichter auf, undeutlich wie im Nebel, unter ihnen eben auch jener »andere« Schüler, der Jesus noch persönlich gekannt hatte und mit ihm bei Tische lag, während der Apostel Judas den Raum verließ, um die Häscher zu verständigen.

Ziemlich jung muß er damals wohl gewesen sein, wenn er fünfzig oder sechzig Jahre nach dem Tod Christi noch in der Lage war, seine Erinnerungen zu ordnen und das Buch daraus zu machen, dessen Anfang einen erstklassigen Theologen verrät: Im Anfang war das Wort. Auch jene drei Briefe könnte er geschrieben haben, die unter dem Namen des Apostels Johannes in der christlichen Bibel erhalten geblieben sind. In ihnen redet ein alter Mann mit jener Milde, die dem irdischen Treiben längst den Rücken zugekehrt hat. »Dieses schreiben wir, damit unsere Freude vollkommen sei. Und das ist die Kunde, die wir vernommen haben, daß der Gott Licht ist und keinerlei Finsternis gibt es in ihm.«

Sozusagen im Schatten der Großen Artemis, die zu Ephesos ihren weltberühmten Tempel hatte, brachte also ein alter Jude im vertrauten Kreis neue Töne in die Religion, nach der Zerstörung Jerusalems durch die Römer. Es kommt die Stunde und sie hat bereits geschlagen, da werdet ihr weder in Jerusalem noch sonstwo zum Vater rufen, sondern im Geist muß gebetet werden. Gott ist Geist. Was aus dem Fleisch geboren ist, bleibt Fleisch. Was aus dem Geist geboren ist, wird Geist. Der Geist macht lebendig, das Fleisch taugt zu nichts. Der heilige Geist wird euch über alles belehren.

Der Alte, wie er von den Christianern in Ephesos respektvoll genannt wurde, führte für den heiligen Geist einen ungewöhnlichen Namen ein – *parakletos*. Wörtlich übersetzt heißt das »der Herbeigerufene«, womit im Griechischen ein Beistand vor Gericht bezeichnet wurde, ein Fürsprecher, Anwalt, Verteidiger. Die korrekte lateinische Übersetzung lautet daher: *advocatus*. Die juristische Kälte solcher Bedeutung paßt überhaupt nicht in den Wärmestrom der johanneischen Prosa. Authentischer wirkt eine Sinngebung, die von den Kirchenvätern des Ostens bevorzugt wurde und einen gütlichen Ton in das Geistwirken bringt: Tröster. Auch Luther hat später so übersetzt.

Ich werde den Vater bitten, sagt der Jesus des Johannesevangeliums, und er wird euch einen anderen Tröster geben, damit er für immer bei euch bleibt, jenen Geist der Wahrheit, den die Welt nicht empfangen kann, weil sie ihn nicht sieht und nicht erkennt. Im Gedächtnis des alten Mannes in Ephesos mischte sich die Erinnerung an die geliebte Stimme des Meisters mit den Gedanken, wie sie im Lauf eines bewegten Lebens entstehen können. Schreib doch auf, alter Mann, was du uns schon so oft erzählt hast, damit es bestehen bleibt. Schreiben soll ich? Diktieren wäre weniger mühsam.

Was dabei herausgekommen ist, besonders in den Letzten Reden des Johannesevangeliums, wird an Zartheit von keinem anderen Text in der ganzen dicken Bibel übertroffen. Kinder, nur noch eine kleine Weile bin ich bei euch. Ihr werdet mich suchen. Ich gehe, um euch einen Platz zu bereiten. Dann komme ich wieder und werde euch zu mir nehmen. Euer Herz verzage nicht. Bleibt in meiner Liebe. Meinen Frieden hinterlasse ich euch. Ihr werdet weinen und klagen, die Welt aber wird sich freuen. Im Hause meines Vaters sind viele Wohnungen. Es ist gut für euch, daß ich weggehe. Wenn ich nicht weggehe, wird der Tröster nicht zu euch kommen. Wenn er aber kommt, der Wahrheitsgeist, wird er euch zur vollen Einsicht führen.

Der so redete, wußte der Alte, hatte sein Versprechen gehalten. Gekommen sei der Tote in die Mitte seiner Schüler, bei versperrten Türen, am Abend des ersten Wochentages nach seiner Hinrichtung, nicht wie ein Gespenst, sondern aus Fleisch und Blut, habe ihnen die Wundmale gezeigt und mit Schalom gegrüßt. Da freuten sich die Schüler, erzählte der Alte, als sie den Meister wiedersahen. Dann seien sie angehaucht worden von der Erscheinung, mit den Worten: Empfangt den heiligen Geist. Welchen ihr die Sünden nachlaßt, denen bleiben sie nachgelassen.

Und dann? Aber von dieser Begebenheit hatte der alte Mann keine weitere Erinnerung, oder er war müde vom Reden.

Auch Paulus hatte sich in Ephesos aufgehalten, wie die biblische Apostelgeschichte erzählt, und gleich zu Beginn seines Wirkens etlichen Männern die Hände zur Geisterteilung aufgelegt, woraufhin die Gefirmten sofort in den Zungenjubel ausbrachen.

Derlei plötzliche Anwandlungen waren dem Geist Christi, wie ihn jener andere, vielgeliebte Schüler erlebte, eher fremd. An strömendes Wasser dachte der Alte, an mächtige Flüsse, wenn ihm der heilige Geist in den Sinn kam, und seltsamerweise brach diese Gewalt aus dem Leibesinneren des Meisters hervor, zur Stillung des ewigen Durstes. Mag sein, daß dabei die Erinnerung an den Lanzenstich auf Golgota mitspielte. Und es kamen Blut und Wasser heraus.

Zwischen Karfreitag und Ostersonntag war jedenfalls etwas Unglaubliches passiert. Der Tod des Meisters hatte den heiligen Geist zum Strömen gebracht, wobei der Schüler zum Evangelisten wurde, zum Überbringer der guten Nachricht vom unsterblichen Leben. Wer an mich glaubt, besagte das Meisterwort, wird künftig nicht sterben. Was damit gemeint war, hatte der »andere« Schüler in dem Augenblick begriffen, als er die leere Grabkammer betrat, in die der Leichnam des Meisters gelegt worden war. Der Geist macht lebendig. Dem Töstergeist war es gelungen, die Gottnatur des Meisters im vielgeliebten Schüler zum Leuchten zu bringen. Das Licht leuchtet in der Finsternis. Das wahre Licht, das jeden Menschen erleuchtet.

Das Evangelium »nach Johannes«, wie es genannt wurde, verdankte sich einer Erleuchtung, die ohne Speichelfluß, Augenverdrehen und Zungenschlag auskam. Der Geist, in dem es geschrieben war, richtete sich an Gebildete, nicht an Analphabeten. Nicht prophetische Kräfte oder weissagendes Stammeln aktivierte der Tröster des vierten Evangeliums, sondern Einsicht in die letzten Zusammenhänge. Wer die Wahrheit tut, kommt zum Licht.

Leider lieben die Menschen die Finsternis mehr als das Licht, meinte der alte Jude im vertrauten Kreis der Weisheitssuchenden von Ephesos, denn die Taten der Menschen sind in der Regel böse. Wer Böses tut, haßt das Licht, damit seine Ruchlosigkeiten nicht aufgedeckt werden.

Der Alte von Ephesos, der vielleicht mit dem jungen Mann identisch war, der sich so eng an den Meister geschmiegt hatte, erzählte die Geschichte einer unendlichen Liebe. Gottesbegriff und Liebesprinzip waren in dieser Erzählung ein und dasselbe, als Pluspol im grundlegenden Spannungsverhältnis allen Geschehens. Der Minuspol, genannt Welt, bot kein besonders erfreuliches Bild. In ihr herrschten Gier, Haß und Verblendung. Ein letzter Versuch des Liebesprinzips, sich der Welt verständlich zu machen, lag nur ein paar Jahrzehnte zurück. In Palästina war auf den Mann Jesus der Geist herabgestiegen wie eine Taube, zum Zeichen dafür, daß der Erwählte erschienen war, um der Welt die Kunde zu bringen, daß sie von Gott überaus geliebt wurde, allerdings eher vergeblich. Die Welt schenkte der Lichtgestalt keinen Glauben, trotz der Zeichen und Wunder, die der Erwählte wirkte. Ganz im Gegenteil. Judenpriester und Römersoldaten brachten den Gottessohn vor den Richterstuhl des Pontius Pilatus. Auf die Frage, was er verbrochen habe, antwortete Jesus: Mein Reich ist nicht von dieser Welt.

Immer wieder kam der Alte von Ephesos auf diese zentrale Unterscheidung zurück. Am Ende der letzten Mahlzeit vor seiner Gefangennahme habe der Meister seine Augen zum Himmel erhoben, erzählte der Alte, und Worte gebraucht, wie nur ein Gott sie aussprechen kann: Vater, die Stunde ist gekommen. Verherrliche deinen Sohn, damit der Sohn dich verherrliche. Ich habe deinen Namen den Menschen geoffenbart, die du mir aus der Welt gegeben hast. Nicht für die Welt bitte ich, sondern für die, die du mir gegeben hast. Ich bin nicht mehr in der Welt, aber sie sind in der Welt. Ich habe ihnen dein Wort gegeben, und die Welt hat sie gehaßt, weil sie nicht von der Welt sind, wie ich nicht von der Welt bin.

In der Welt, nicht von der Welt.

Die Formel war deswegen unerhört, weil sie zwischen Ich und Nicht-Ich eine Distanz aufbaute, die vorher undenkbar war. Für das griechische Empfinden war die Welt ein schmuckes Umgreifendes, für die jüdische Frömmigkeit eine

Schöpfung Gottes. Und Gott sah alles, was er gemacht hatte, und siehe, es war sehr gut.

Die Theologie des Johannesevangeliums hingegen brachte eine Totalnegation alles Bestehenden ins Spiel, eine Sprache der Unzufriedenheit, die nicht besonders liebenswürdig anmutet. Der johanneische Tröstergeist führte sich in bezug auf die herrschenden Verhältnisse wie ein Staatsanwalt auf, der den gesamten Kosmos als Angeklagten behandelt. Vor Gericht stand der »Fürst dieser Welt«, und das war selbstverständlich der Teufel.

Von der Verteufelung der Welt war es nur noch ein Schritt zum radikal geistlichen Leben. Dieser Schritt sollte in Persien gemacht werden.

Mani

Die Brücke zwischen Jesus und Buddha wurde um 250 nach Christus geschlagen, im Land der beiden Ströme Euphrat und Tigris, von einem bemerkenswerten Mann mit Namen Mani, der sich ausdrücklich auf die Inspiration des Geist-Trösters berief, dessen Wirksamkeit der Alte von Ephesos angekündigt hatte.

Alles, was geschehen ist und was geschehen wird, beteuerte Mani, wurde mir durch den Parakleten geoffenbart. Er offenbarte mir das verborgene Mysterium des Lichts und der Finsternis, das Mysterium der Erschaffung Adams, das Mysterium des Baumes der Erkenntnis, von dem Adam gegessen hat, wodurch seine Augen sehend wurden, ferner das Mysterium der Apostel, die in die Welt gesandt werden, auch das Mysterium der Ausgewählten und der Sünder. Alles, was das Auge sieht und das Ohr hört und das Denken denkt, habe ich durch den Parakleten erkannt.

Der neue Botschafter des heiligen Geistes nannte sich »Apostel des Lichts« und sah sich mit Buddha, Zarathustra und Jesus in einer Reihe, als den letzten, endgültigen und vollendeten Zeugen der ewigen Wahrheit. An Minderwertigkeitskomplexen litt Mani offensichtlich nicht, was mit einer hochadligen Mutter kein großes Kunststück war. Wohlunterrichtet in den altpersischen, indischen, jüdischen, griechischen, christlichen Weisheitslehren, war Mani auch ärztlich, künstlerisch und musikalisch versiert. Behindert von Geburt an durch ein lahmes Bein, mußte er sich von seinen Feinden als Krüppel beschimpfen lassen.

Die Feinde, das waren die Priester in den althergebrachten Feuertempeln, deren Flamme nicht ausgehen durfte. Ihnen galt Mani als Ketzer und Unhold. Schließlich erwischten sie ihn auch, klagten ihn vor König Bahram I. an und erreichten seine Einkerkerung. Mani starb im Gefängnis, im Alter von sechzig Jahren.

Er hinterließ eine Weltreligion, ausgestattet mit heiligen Schriften, ergreifenden Zeremonien, rastlosen Missionaren. Ein halbes Jahrhundert nach dem Tod ihres Stifters hatte die manichäische Kirche ihre Niederlassungen im gesamten römischen Imperium; das erste kaiserliche Edikt gegen sie, von Diokletian unterfertigt, stammt aus dem Jahr 297. Im türkischen Uigurenreich wurde sie 762 Staatsreligion, drang bis nach China vor und verschwand erst im hohen Mittelalter aus der Religionsgeschichte, erschöpft von den gnadenlosen Anfeindungen ihrer zarathustrischen, christlichen, islamischen, buddhistischen, konfuzianischen Konkurrenten. Offensichtlich hatte die Geist-Kirche des Parakleten eine derart fundamentale Querläufigkeit im Programm, daß sie als Massenheilanstalt auf die Dauer nicht bestehen durfte.

Was der Tröster dem Mani eingesagt hatte, löste alle Bedrängnisse des Lebens in der Tat radikal – durch den prinzipiellen, organisierten und unwiderruflichen Verzicht auf Nachkommenschaft. Das Mysterium der Ausgewählten (auf lateinisch: *electi*), die den Inneren Kreis der Geist-Kirche bildeten, stellte diese Männer und Frauen wie Retorten in die Welt, um den kostbaren Lichtstoff aus ihr herauszudestillieren, durch rigorose Minimalisierung aller Vitalfunktionen oraler, manueller, genitaler Art. Einmal am Tag saßen die Vollkommenen, wie sie auch genannt wurden, beim heiligen Mahl, das ihnen von den minderbegabten »Zuhörern« *(auditores)* feierlich aufgetragen wurde. Es bestand aus Wasser und Brot, dazu noch ein wenig Gemüse, besonders Gurken und Melonen, die als besonders lichthaltig galten. Der Verzehr durch die Ausgewählten sammelte die Lichtquanten wie in einem Destillationsgerät. Diese Gottesteilchen entwichen dann aus den Mündern der Vollkommenen, wenn sie einen Seufzer beim Gebet taten und wanderten zurück zum Pluspol.

Die umständliche Prozedur mußte deshalb sein, weil das Weltgeschehen von jener heillosen Trübung bestimmt war, die in den esoterischen Theosophien des nahen Ostens immer wieder beklagt wurde. Das System des Mani drückte diese Lage der Dinge auf militärische Weise aus, als permanenten Kampf zwischen Lichtreich und Schattenland, die miteinander im Kriegszustand lagen. Vor einer halben Ewigkeit war es den Mächten der Finsternis gelungen, die Seele eines Prototypen in ihre Gewalt zu bringen, lang vor der Erschaffung der Welt. Letztere ließ sich dann nicht anders als durch Mischung aus Licht und Finsternis, aus Geist und Materie bewerkstelligen.

Das einzige, worauf es im Weltenkrieg ankam, war die definitive Wiederherstellung des ursprünglichen Zustands der Scheidung von Plus und Minus, Gott und Teufel, Licht und Finsternis, Geist und Fleisch. Was sich nicht zum Positivbereich zurückbringen ließ, sollte schlußendlich auf ewig verklumpt werden, in einem Weltbrand von kosmischen Dimensionen, exakt 1468 Jahre lang, bis zum Abschluß der Endlagerung des Bösen.

Inzwischen blickten die Heiligen der Geist-Kirche zuversichtlich zum Mond empor, der in der Phase des Zunehmens das zerstreute Licht sammelte, um es während des Abnehmens an die Sonne weiterzugeben, die es ihrerseits beim Lauf durch die zwölf Tierkreiszeichen nach noch weiter oben abstrahlte. In der Mondsichel war noch Platz für die Seelen der Ausgewählten, sobald ihre irdische Hülle fiel. Für die Unvollkommenen gab es immerhin den Trost, daß sie nach etlichen Wiederverkörperungen doch noch die allerletzte Reise antreten würden, entronnen dem irdischen Jammertal.

Denn: Leben = Leiden.

Diese Formel hatte erstmals jener Herr Gotama geprägt, der

zum Buddha geworden war, zum »Erwachten«, ohne Staub auf den Augen. Sein Edler Achtfacher Pfad, beschritten von Fluchtwilligen beiderlei Geschlechts, galt im Indien König Aschokas (272–231 v. Chr.) als empfehlenswerteste Lebensregel, ähnlich wie das Christentum im Imperium Kaiser Konstantins sechshundert Jahre später.

Zum Buddhisten war der König nach einem grausamen Eroberungszug geworden. Wenn ein unabhängiges Land unterworfen wird, ließ der König auf einem seiner berühmten Felsen-Edikte einmeißeln, ist das Morden, sind der Tod oder die Deportation der Menschen außerordentlich betrüblich für den Göttergeliebten und lasten schwer auf seiner Seele. Der reuige König soll dann die Haare seines Hauptes und Bartes geopfert und die Mönchskleidung angelegt haben, bis die Regierungsgeschäfte wieder nach ihm riefen. Bald danach tauchte das ockerfarbene Gewand der buddhistischen Mönche überall auf dem Subkontinent auf. Ein Herrscher mit Gewissensbissen war zum Patron einer neuen Kultur geworden, des Lebens im Kloster.

Die Gelbgekleideten wichen nicht nur den Frauen aus, sondern auch allen unnötigen Fragen nach dem Sinn des Lebens, der Existenz Gottes, dem Weiterleben nach dem Tod. Vom althergebrachten Religionsbetrieb mit seinen Litaneien, Ausgießungen, Ziegenschlachtungen hielten sie sich fern. Sie wanderten im Land umher, wie ihr Meister es getan hatte, versehen nur mit den Acht Requisiten – drei Roben, Almosentopf, Schermesser, Nadel, Gürtelband, Wasserfilter. Während der Regenzeit von Juni bis September bezogen sie ein Standquartier, um die Sprüche des Buddha auswendig zu lernen und ihren Körper genau kennenzulernen, durch eingehende Konzentration auf seine verschiedenen Säfte, seine Muskeln und Knochen, auf deren langsamen Verfall nach dem Tod durch Fäulnis und Verwesung.

Diesen Neinsagern mag Mani begegnet sein, als er nach seiner Erweckung durch den Parakleten das Industal besuchte. Von der gelben Farbe scheint Mani nicht viel gehalten zu haben. Er trug zweifarbige Beinkleider in Lauchgrün und Rot, dazu einen Umhang in Himmelblau. Seine Priesterschaft bevorzugte später in Persien das strahlende Weiß, kombiniert mit einer hochragenden Tiara auf dem Kopf.

Aber das Kleid macht nicht den Mönch. Mani war davon überzeugt, in seiner Person den prophezeiten Maitreya zu verkörpern, den Kommenden Buddha, den freundlich gesinnten. Dem stand es frei, die Lebensführung des Inneren Kreises der neuen Geist-Kirche klösterlich zu regulieren, entsprechend den Erfahrungen der indischen Ordensleute. So jedenfalls verstand Mani den Auftrag des Geist-Parakleten. Die Verbindung zwischen Indien und dem Mittelmeer führt über den Iran, und dementsprechend war es ein Perser, der die Bekanntschaft zwischen Jesus und Buddha vermittelte, unter dem Dach der Klosterkultur.

Dem persischen Fragment M^2 zufolge predigte ein gewisser Addas noch zu Lebzeiten des Mani die Lehre des Lichts in Ägypten und gründete zahlreiche Klöster. Gegen diese manichäische Mission erging ein christlicher Hirtenbrief, ebenfalls bereits in der zweiten Hälfte des dritten Jahrhunderts, der den Boten der neuen Kirche vorwirft, gegen die Ehe zu sein. Gewarnt wurde besonders vor Frauen, die von Haus zu Haus im Sinn des persischen Propheten agitierten.

Die knappen Hinweise wirken deshalb überraschend, weil sie den Beginn des nah-östlichen Klosterwesens nicht, wie meist üblich, mit dem Wirken des christlichen Einsiedlers Antonios in Zusammenhang bringen, der um 275 herum in die ägyptische Wüste ging, sondern das neue Lebensmodell als Import aus Persien kennzeichnen, herübergeweht aus buddhistischer und theosophischer Inspiration, somit keineswegs biblischen Ursprungs.

Und tatsächlich. Nirgendwo in den Schriften der ersten Christianer-Generation, den Briefen des Paulus und den Evangelien, wird jener fundamentale Weltekel zum Entsagungsprogramm, ohne den es kein Klosterleben gibt. Vom Nazarener wurde sogar erzählt, er habe gelegentlich ganz gern einen Schluck Wein getrunken, und in der Wüste sei er lediglich vierzig Tage gewesen, um danach vom Teufel versucht zu werden. Der jüdischen Mentalität, aus der die Jesusgeschichten kamen, war die Verachtung des weiblichen Fleisches ebenso fremd wie der Verzicht auf eine fröhliche Kinderschar. Allenfalls die hagere Figur Johannes des Täufers ließ sich als Prototyp des asketischen Zölibatärs reklamieren, aber gegen ihn stand die Zeichnung einer Jesusgestalt, die sich von einer stadtbekannten Prostituierten in aller Öffentlichkeit die Füße massieren ließ. Auch die Herzlichkeit der Gefühle, die dem Nazarener zugesprochen wurden, im Haus des Lazarus und seiner beiden Schwestern beispielsweise, paßte so gar nicht ins Bild eines Mönchsvaters, und erst recht nicht hätte ein Enthaltsamer den liebevollen Jüngling neben sich geduldet, von dem der Alte von Ephesos so anschaulich erzählte.

Nein, nicht von Jesus ging die Idee aus, die Liebe zum Leben abzutöten, sondern vom Geist-Parakleten und Tröster, der die richtige Antwort auf die Daseinsverzweiflung vieler Menschen zwischen Persien und Ägypten bereithielt. Wohinein sind wir geworfen? Der Ruf aus dem lichtvollen Jenseits, wie er in den feinsinnigen Frauenzirkeln gewisser Christianerkreise zirkulierte, riet zur Flucht aus dem Fleisch, zur Absage an die ordinären Vergnügungen der Gladiatorenspiele, zum stillen Studium theosophischer Traktate, zu vegetarischer Kost, zum Rückzug aus Wirtschaft und Politik, zum Verzicht auf Nachkommenschaft. Dies alles zunächst noch im Rahmen gewohnter Häuslichkeit, seit dem zweiten nachchristlichen Jahrhundert, als die Hoffnung auf den Untergang des Bestehenden und die baldige Wiederkunft Christi unter den Christianern gegen null gegangen war. Außerdem hatten so manche Christen Bekanntschaft mit dem Kerker gemacht, waren zur Fron in die Steinbrüche verdammt worden, was auf die Stimmung drückte. Die Welt erwies sich als Feindesland.

Der Tröster wird euch zur vollen Wahrheit führen, hieß es im Evangelium nach Johannes, und die volle Wahrheit lag offensichtlich im Neinsagen, im Verzicht, in der Enthaltung von sinnlichen Freuden, lag im »engelgleichen Leben«, wie die Sache genannt wurde.

In den hundert Jahren vor Mani, bevor er die volle Wahrheit im Geist des Persers aufblitzen ließ, war der Tröster keineswegs untätig geblieben. Da und dort, besonders in Syrien und Anatolien, bis hinüber zum Tigris, an dessen Ufer der junge Mani aufwuchs, in einem dörflichen Glaubensverein mit strengen Reinheitsgeboten und häufigen Waschungen, hatte der Paraklet unter Jugendlichen beiderlei Geschlechts eine entschlossene Gefolgschaft gefunden – sendungsbewußte Zwanzigjährige aus den Christianergemeinden, denen das weiche Brautbett keine Perspektive für ein kühnes Leben bot. Sie rissen von zu Hause aus wie die wilde Thekla in einem Roman, dessen Episoden um 200 herum von Mund zu Mund gingen, mit einem leidenschaftlichen Mädchen als Hauptperson, die im Amphitheater von Antiochia nackt in ein Bassin mit Haifischen sprang und unverletzt blieb. Zur Verwunderung der seßhaften Christianer zogen die jugendlichen Wandervögel von Dorf zu Dorf, sangen ihre geistlichen Hymnen und Teufelsbeschwörungen, bettelten sich durchs Land und kultivierten ihr Anderssein.

Jesus war jung gestorben, und auch Mani fing mit fünfundzwanzig Jahren zu predigen an. Bald begleiteten ihn zwei Dutzend Ausgewählte, durchweg junge Frauen und Männer. Die neue Geist-Kirche begann als Jugendbewegung, kosmopolitisch mobilisiert, ohne Bindung an Heimatstadt und Vaterland und Muttersprache, unterwegs in eine Zukunft ohne Differenz der Geschlechter, mit dem Schwung einer Naivität und Frische des Aufbruchs, dem die Möglichkeitsform das Motto lieferte und nicht der Wirklichkeitssinn. Bereits ab 244 tauchten die ersten Mani-Apostel in Ägypten auf, etliche Jahrzehnte also vor Antonios, dem ersten namentlich bekannten Mönchsvater im Nahen Osten, und richteten Wohngemeinschaften für die Ausgewählten ein, klösterlich abgeschieden von der Welt der Gewalt, der Gier und der Geschlechtlichkeit. Wenn diese Information stimmt, dann verdankt sich das christliche Klosterleben ebenjenem Mani, der später von der Catholica als Irrwisch und Gaukelsack angeschwärzt worden ist. Für den manichäischen Ursprung des Mönchtums spricht auch die Tatsache, daß zur Zeit des ersten Konzils von Konstantinopel im Jahr 381 die meisten ägyptischen Metropoliten und Bischöfe sowie zahlreiche Eremiten Anhänger Manis waren. Und in der

Urne von Nag Hammadi, die 1945 ans Tageslicht kam, wohlgemerkt nur wenige Kilometer vom Standort des ersten namentlich bekannten christlichen Klosters entfernt, lagen die Schriften ebenjener Geistlichkeit, die auch das Denken Manis bestimmte, und nicht die Briefe des Paulus oder die kanonischen Evangelien nach Matthäus, Markus, Lukas und Johannes. Letztere brauchten nicht versteckt zu werden, um 350 herum, als die konstantinische Catholica etabliert wurde.

Vergraben hingegen wurden die radikalen Belege einer Mentalität, deren Kraftfelder zwischen Ganges und Nil spielten, die Formulierungen jener profunden Aussichtslosigkeit, der sich sämtliche Weltreligionen verdanken und als deren allgemeinste und konsequenteste Gemeinschaftsbildung die junge Geist-Kirche des Mani ihre Kreise zog, unter Berufung auf den Zuspruch des Trösters.

Der Gebrauch von Parfums, den Mani seinen Auserwählten erlaubt und empfohlen hatte, ist in den ägyptischen Klöstern allerdings sehr bald in Vergessenheit geraten.

Der beste Teil

Waren das etwa dumme oder stumpfe Menschen, notierte der Philosoph Wittgenstein im August 1946, die früher ins Kloster gingen? Nun, wenn solche Leute solche Mittel ergriffen haben, um weiterleben zu können, kann das Problem nicht leicht sein.

Wittgenstein kannte das Problem aus eigener Erfahrung. Zwei seiner vier Brüder hatten Hand an sich gelegt, der dritte war nach Amerika geflüchtet und nach einem Sprung ins Wasser nicht wieder aufgetaucht. Mit dem Gedanken, seinem Leben ein Ende zu bereiten, war Wittgenstein durchaus vertraut. Die Lösung des Problems des Lebens merkt man am Verschwinden dieses Problems, konstatierte der Philosoph am Schluß seiner berühmten Logisch-philosophischen Abhandlung. Während der Sommermonate 1920, nach einem Jahr tiefer Verzweiflung, arbeitete Wittgenstein als Gärtnergehilfe im Stift Klosterneuburg bei Wien. Aber das Problem des Lebens wollte trotzdem nicht verschwinden. Denn die Daseinsverzweiflung greift nach den Begabtesten wie eine Krankheit zum Tode, und die Mittel gegen sie sind nicht in der Apotheke erhältlich.

Für den Ägypter Antonios, den Prototyp christlicher Einzelgängerei, erwiesen sich die kirchlichen Gnadenmittel offenkundig als zu schwach, um die Bedrängnis des Lebens zum Verschwinden zu bringen. Willst du vollkommen sein, dann verkaufe deinen Besitz, verteile das Geld an die Armen, und dann komm und folge mir nach. Das ist die Aufforderung zum Leben der Ausgewählten, zum Bruch mit der Mittelmäßigkeit, und der junge Bauer, der sie in seiner Dorfkapelle hört, nimmt sie ganz wörtlich. Er verschenkt das ererbte Ackerland und übersiedelt in die Hütte eines alten Weltflüchtlings, abseits der banalen Bedürfnisse und Freuden. Später sperrt er sich in eine Grabkammer ein, versorgt mit dem Nötigsten von einem Freund, und verharrt fünfzehn Jahre lang in der Totenstille.

So beginnt die Biographie des Antonios, verfaßt um 356 vom Kirchenpolitiker Athanasios, Bischof von Alexandria, mitten in den Auseinandersetzungen um die richtige Auffassung von der Gottnatur Christi und des heiligen Geistes. Entsprechend entschieden ließ Athanasios seinen Mönchsvater gegen die Sendlinge Manis auftreten. Unterschlagen wurde dabei die götterweltliche Differenz zwischen Gott-Sohn und Gott-Heiligem-Geist, betreffend die richtige Lebensführung und die volle Wahrheit über sie, vertreten vom Parakleten und Tröster, dem jeglicher Familiensinn abging, im Gegensatz zu Gottvater und Sohn.

Offenkundig war er es, der den Antonios schließlich aus dem Grab scheuchte und noch weiter weg von den Menschen trieb, in eine verlassene Festung am Rand der Nilebene, und zuletzt ganz in die Wüste hinein, wo das Überleben zur Kunst wird. Woher sonst hätte Antonios wissen können, daß sich Gott am besten in der Einöde finden läßt. In der Bibel zumindest findet sich keinerlei Empfehlung für Eremitentum und Klosterwesen. Eine gewisse Hinneigung des Parakleten zur Götterwelt Indiens läßt sich kaum von der Hand weisen.

Berühmt wurde Antonios durch die mannigfaltigen Belästigungen seiner Person von seiten der Dämonen. Unter Langeweile hatte der Einsiedler Athanasios zufolge nicht zu leiden. Scharenweise umlagerte die Unterwelt den tapferen Mann, in der Gestalt von Löwen, Bären, Leoparden, Stieren, Wölfen, Nattern und Skorpionen, angriffsbereit, bedrohlich und laut, mit Gebrüll, Gezisch und Geheul. Athanasios schilderte seinen Gotteshelden als Vorposten in der Wildnis, dem Aufenthaltsort der abgeschiedenen Seelen und der bösen Geister, welch letztere sich durch die Gegenwart des Einsiedlers empfindlich gestört fühlten.

Dieses Szenario verlangte nach einem Sieger, dessen innere Stärke dem Ansturm der finsteren Mächte gewachsen war. Nicht die Schilderung der chronologisch geordneten Abfolge der Vorfälle im Lauf eines Lebens bestimmte den Stil des Biographen, sondern ein literarisches Muster, wie es für die Darstellung der Heiligkeit damals üblich war – die sogenannte Aretalogie, das Wort *(logos)* von den Krafterweisen *(aretai)* des Übernatürlichen.

Entsprechend überwältigend geriet die Beschreibung des Eremiten, der nach zwanzig Jahren beschließt, das verrammelte Tor seiner Zitadelle am Nil zu öffnen und sich den Menschen zu zeigen, die das Gemäuer belagert haben, um den Segen des wunderbaren Mannes zu erbitten, bislang vergeblich. In bester Verfassung sei Antonios vor der Menge gestanden, schrieb Athanasios, weder abgezehrt vom Fasten noch schlaff vom Mangel an Bewegung, mit ausgeglichen heiterer Miene, überhaupt nicht verdüstert wegen des langen Ringens mit dem Heer des Bösen. Kein besonderes Erstaunen über die große Zahl der Besucher sei dem Antonios anzumerken gewesen, auch nicht die geringste Regung des Geschmeicheltseins angesichts der Bewunderung, die ihm entgegenschlug. Bald hätten sich etliche Männer in der Umgebung niedergelassen, um dem Beispiel dieses Athleten Christi nachzueifern.

Über hundert Jahre alt sei Antonios geworden, heißt es dann weiter im Text, und als er starb, habe ihm kein einziger Zahn gefehlt.

Seit 300 nach Christi Geburt vernahmen immer mehr alarmierte Seelen den Ruf aus der Wüste: Bereitet den Weg des Herrn. Das Trainingsprogramm, mit dem sie konfrontiert wurden, war weitaus härter als die Instruktionen des Mani für seine Ausgewählten. Im Wadi an-Natrun, hundert Kilometer südöstlich von Alexandria, wo auch heute noch vier koptische Klöster stehen, arbeiteten die Anachoreten an der Besserung ihrer Person, nach Grundsätzen, die nicht nur die Aushungerung des Geschlechtstriebs bezweckten, sondern auf die Tilgung jeglicher Ichhaftigkeit hinausliefen, ähnlich wie bei den indischen Entsagern. Eine wichtige Rolle spielte die Schlaflosigkeit, und die beliebteste Andachtshaltung erzog den Eremiten zum reglosen Verharren in der prallen Sonne, mit ausgebreiteten Armen, Stunde um Stunde. Unterbrochen wurden die Exerzitien nur durch das Flechten von Körben oder Seilen aus Palmblättern, von deren Verkauf die Einsiedler lebten. Gegessen wurde einmal am Tag, nach Sonnenuntergang, hauptsächlich Brot, das sich gut konservieren ließ, mit wildwachsender Zichorie allenfalls, und Salz gegen die Austrocknung des Körpers, kaum sehr viel mehr als tausend Kalorien am Tag. Die Fortgeschrittenen kamen mit drei oder vier Mahlzeiten pro Woche aus.

So einer, Palamon mit Namen, lebte im oberen Ägypten, einen Tagesmarsch vom Tal der Könige entfernt, in der Gegend des heutigen Nag Hammadi, und war überhaupt nicht erfreut, als eines Tages ein Klopfen an der Tür seine Ruhe störte. Der junge Mann, der ihn schließlich bewog, ihm den richtigen Lebensrhythmus beizubringen, hieß Pachom und blieb sieben Jahre. Dann starb der Alte, und Pachom gehorchte der außerirdischen Stimme, die ihm befohlen hatte, am Ende der wegsamen Welt ein Kloster zu bauen.

Künftig sollte die Anstrengung, das Problem des Lebens zum Verschwinden zu bringen, nicht mehr vereinzelt geschehen, sondern in geschlossenen Anstalten, nach präzisen Regeln und unter dem Kommando eines Oberen, dessen Autorität keinen Widerspruch zuließ.

Zwischen dem heutigen Al-Uqsur (Luxor) und dem 180 Kilometer nilabwärts gelegenen Akhmim hat Pachom, mit dem Zentrum in Nag Hammadi, innerhalb von fünfundzwanzig Jahren neun Klosteranlagen für Männer und zwei für Frauen organisiert, nach einem detaillierten Plan, der nichts dem Zufall überließ und die Person in einer ernsten Geometrie der räumlichen Ordnung aufgehen ließ, in Einheiten des Schlafs, der Arbeit und des Gebets. Jedes Kloster bot Platz für 1440 Menschen, eingeteilt in zehn Verbände von je 144, nämlich vier Arbeitshäuser zu je sechsunddreißig, letztere zerfallend in zwölf Schlafzellen zu je drei Personen. Die Arbeitshäuser waren spezialisiert für verschiedene Handwerke und standen unter dem Befehl eines Meisters, der wiederum dem Abt verantwortlich war, wie die Meisterin der Äbtissin. Nur die Oberen kannten den Code aus den vierundzwanzig Buchstaben des griechischen Alphabets, der jeden Mönch und jede Nonne nach persönlichen Merkmalen registrierte, als raffinierte Benotung.

Denn schwer zu brechen sind Vitalität und Eigensinn, wie Pachom aus eigener Erfahrung wußte. Immer wieder tauchten nackte Frauen aus dem Nichts bei ihm auf, jugendfrisch und lustig, ausgerechnet zur Stunde der Mahlzeit. Man mußte die Augen vor ihnen verschließen, bis sie sich endlich wieder in Luft auflösten. Das Gewoge einer großen Menschenmenge war plötzlich zu vernehmen, und der Ruf: Platz für den unvergleichlichen Gottesmann. Auch zum Lachen versuchten die Phantome den Klostergründer zu reizen, indem sie sich unter allerlei Grimassen abmühten, einen Palmwedel von der Stelle zu bringen, als ob sie es mit einem gewichtigen Felsblock zu tun hätten.

Ein lachender Mönch ist verloren, dekretierte Pachom. Schweigen ist Gold. Geschlafen durfte nur im Sitzen werden, angelehnt an die Wand, und nie länger als drei oder vier Stunden. Rigoros untersagt war jeder Körperkontakt unter den Gottgeweihten, denn unter den Kutten lauerte das Fleisch auf die leiseste Reizung.

Nicht verboten war dagegen die Lektüre erbaulicher Schriften. Deren Inhalt entsprach, wie der Fund von Nag Hammadi zeigt, der linkshändigen Neigung des Alten von Ephesos und auch jener des Mani. Unausgeschlafene Menschen mit einem ständigen Hungergefühl haben wenig Veranlassung, die Welt mit munteren Augen zu betrachten.

Die Fellachen, denen die Klosterbrüder ihre Körbe und Stricke verkauften, hatten ebenfalls wenig zu lachen. Ihre Tagesrationen unterschieden sich kaum von denen der Mönche. Dafür mußten sie mit ihrer Arbeitskraft Frau und Kinder versorgen, und die Launen des Nil brachten so manches Hungerjahr, in dem das Fleisch von Hyänen hinuntergewürgt wurde. Die Klöster dagegen konnten sich eine gewisse Vorratswirtschaft leisten, und die Arbeit auf ihren Feldern war keine Fron für hartherzige Grundbesitzer, sondern Dienst an der Gemeinschaft. Die geistlichen Kasernen Pachoms hatten keinerlei Nachwuchsprobleme.

Der Kirchenschriftsteller und Theologe Hieronymus hatte somit gute Gründe, bei seiner Übersetzung der griechischen Bibel ins Lateinische ein bißchen zu schwindeln. Es ging um eine Begebenheit im Lukasevangelium, die Jesus als Gast im Haus des Lazarus und seiner beiden Schwestern Martha und Maria auftauchen läßt. Maria setzte sich zu Füßen des Herrn, heißt es im Text, und lauschte seinem Wort. Martha hingegen war durch vielerlei Dienste beansprucht. Sie trat hinzu und sagte, Herr, macht es dir nichts, daß meine Schwester die Bedienung mir allein überläßt? Sag ihr doch, daß sie mir helfen soll. Doch der Herr antwortete ihr und sprach: Martha, Martha, du sorgst und beunruhigst dich um viele Dinge. Doch weniges ist notwendig, nur Eines. Maria hat den guten Teil erwählt, der ihr nicht wird genommen werden.

Hieronymus verwandelte in seiner Fassung den guten Teil in den besten (*optimam partem*), denn das Herrenwort galt, vierzig Jahre nach dem Tod des Pachom, bereits als die grundlegende Autorisierung des Klosterlebens. Hieronymus selbst, aus einem Städtchen nördlich vom heutigen Triest gebürtig, hatte nach seiner Studienzeit in Rom auf einer Reise nach Gallien in Trier erstmals das Einsiedlertum kennengelernt und war später zum päpstlichen Sekretär avanciert. Ab 386 ließ er sich in Bethlehem nieder, als Gründer und Abt von vier Klöstern. Das *unum necessarium* seiner Übersetzung des Ausspruchs Jesu wurde für die nächsten tausend Jahre zum geflügelten Wort in sämtlichen Klöstern der Christenheit. Eines nur ist nötig. Maria hat den besten Teil gewählt.

Der beste Teil, das eine Notwendige, die *vita contemplativa* hinter Klostermauern, der Ruf zur Beschaulichkeit einer defensiven Einstellung zum Leben, stand im Gegensatz zum Vielerlei des schlechteren Teils, der *vita activa* des Weltgetriebes, dem Haschen nach Wind.

In solcher Unterscheidung arbeitete die Arroganz der Ausgewählten des Mani, der Elitarismus des Buddha. Auch in den Evangelien fanden sich Spuren dieser Gesinnung. Viele sind berufen, wenige auserwählt.

Wie aber war zu den Massen zu sprechen, die zur Zeit Konstantins in die christlichen Basiliken zu strömen begannen, diese nur oberflächlich getauften Heiden mit ihrer Freude an Wagenrennen, leichten Mädchen, Tavernen, Hasenjagden, Dampfbädern, Gladiatorenspielen?

Der Buddha und Mani behandelten die gewöhnlichen Gläubigen wie kleine Kinder, mit viel Nachsicht. Was sie trieben, war Unsinn, aber sie konnten nichts dafür, weil sie mit zuviel Staub auf den Augen das Licht der Welt erblickt hatten. Die Väter der im Entstehen begriffenen Catholica hingegen verfolgten eine andere Politik. Zwei Wege, schrieb der Hoftheologe Konstantins und Historiker Eusebios, zwei Wege sind demnach von unserem Herrn seiner Kirche vermacht worden. Der eine Weg schließt Heirat und Kindersegen aus, auch Reichtum und Besitz, und übersteigt die natürlichen Kräfte des Menschen. Diesen wiederum kommt der andere, schlichtere Weg entgegen. Er führt ins wohlanständige Brautgemach, zur Sorge um die Nachkommenschaft, zum Regierungsgeschäft, zum Soldatenhandwerk für die gerechte Kriegführung, zu Bodenwirtschaft und Handel, auch zur Stiftung und Verwaltung von Kirchenvermögen. Beide Wege, obgleich unterschiedlicher Nobilität, darüber sollte es keinen Zweifel geben, führten in den Himmel. Deshalb war die Geist-Kirche des Mani, die dem Geschlechtsstrieb mit prinzipieller Verachtung begegnete, unnachsichtig zu verfolgen.

Was auch geschah, tausend Jahre lang.

Dafür durften die radikalen Geistlichen beiderlei Geschlechts, sofern sie den Anweisungen der Catholica folgten, klösterlich reguliert leben, als beständiger Vorwurf an die Adresse der Fleischlichen, die zu schwach für das engelgleiche Leben waren, aber immerhin dem Auftrag des Schöpfergottes gehorchten, dem Seid-fruchtbar-und-mehret-Euch im ersten Kapitel der Bibel.

Ob die zölibatäre Regel auch den Priestern und Seelenhirten der Catholica auferlegt war, blieb lange Jahrhunderte umstritten. Pfaffen und Popen lebten in der Regel am Schnittpunkt zwischen Geistlichkeit und Fleischlichkeit, zwar mit Weib und Kind, aber doch stigmatisiert mit dem Siegel der Ausgewählten. Mit diesem Kompromiß missionierte die Catholica das gesamte römische Imperium, die germanischen und die slawischen Völker im Umkreis des Dreiecks Rom–Byzanz–Moskau.

Zwischen Atlantik und Stillem Ozean schien sich die Weltgeschichte auf eine Ära des Parakleten vorzubereiten, mit blühenden Klöstern von Japan bis Irland. Niemand konnte wissen, daß der nächste Religionsstifter ein Familienmensch war. Anscheinend redete der heilige Geist mit verschiedenen Stimmen und erlaubte dem Mohammed einen Harem, während er den Mani mit dem Prinzip der Enthaltsamkeit getröstet hatte.

Und wirft sie ins Feuer

Am 4. August 1234 verbrachten die Predigerbrüder von Toulouse einen vergnügten Tag. Sie feierten ihren im Juli heiliggesprochenen Ordensstifter Dominikus mit einem Festgottesdienst am Vormittag und schickten sich danach an, im Refektorium ihres Klosters ein Feiertagsessen zu verzehren, als ein Spitzel mit der Nachricht erschien, eine todkranke Ketzerin sei soeben mit der Tröstung ihrer Religion versehen worden. Nichts wie hin. Raimond de Fauga, Dominikanermönch und Bischof der Stadt, ließ seine Genossen vor dem Haus der

Sterbenden warten, gab sich vor der Greisin als Eingeweihter aus und entlockte ihr die entscheidende Formel des Ketzertums. Daraufhin wurde die Delinquentin im Schnellverfahren der Häresie überführt, zum Tod verurteilt, mitsamt ihrem Sterbelager auf einen schnell errichteten Scheiterhaufen getragen und sofort verbrannt. Dann wuschen sich alle gründlich die Hände, kehrten ins Refektorium zurück und verspeisten »freudig, was man ihnen zubereitet hatte«.

Die Tröstung (*consolamentum*), von der in dieser Episode des endlosen Terrors gegen die Geist-Kirche erzählt wird, durfte nur von den Ausgewählten gespendet werden, den Vollkommenen (*perfecti*), mit denen die manichäischen *electi* wiedergekehrt waren, unter den Augen der römisch-katholischen Geistlichkeit, fremdartige Boten einer radikalen Christlichkeit. Wie aus dem Nichts tauchten sie 1143 in Köln auf und erregten Verdacht. Propst Everwin von Steinfeld konnte es nicht fassen, daß auch Frauen im Rang der Perfekten auftraten und predigten. Noch erstaunter war der geistliche Herr, als zwei Männer aus der merkwürdigen Truppe in größter Seelenruhe, ja mit geradezu fröhlicher Miene den Scheiterhaufen bestiegen, den eine aufgebrachte Meute zusammengetragen hatte. Abt Bernhard von Clairvaux, Klostergründer im Reform-Orden der Zisterzienser, dem der besorgte Propst einen Brief mit der Frage geschrieben hatte, wie es denn möglich sei, daß Ketzer ebenjene Heiterkeit im Angesicht des Todes an den Tag legen konnten, wie sie die ruhmwürdigen Blutzeugen der christlichen Frühzeit auszeichnete, beruhigte den Kollegen. Solche Tapferkeit, beschied der gelehrte Mönch seinen Mitbruder, im Verein mit einem keuschen und bedürfnislosen Leben, das den Ketzern nachgesagt werde, beweise lediglich die ganze Heimtücke und Verstellungskunst des Teufels, des heimlichen Meisters dieser gefährlichen Brut.

War es abermals eine Jugendbewegung, frisch wie in den Tagen des persischen Mani, die in wenigen Jahrzehnten so viele adlige Fräulein und Müllerburschen ergriff, von der Rheinmündung bis zu den Pyrenäen und hinüber zum Po? Mit Sicherheit kam die neu-alte Geistesrichtung nicht der Abgeklärtheit der Senioren entgegen, sondern der Trennschärfe junger Augen, denen matte Zwischentöne wenig bedeuten. Klar wie das Licht in den Bergen, hart wie die südliche Sonne ließ die Lehre »Von den Zwei Prinzipien« kein Mittleres zu, kein Gewährenlassen im Kampf zwischen Licht und Finsternis, Güte und Bosheit. Wer bereit war, in der kosmischen Auseinandersetzung Partei zu ergreifen, auf dem Schlachtfeld des eigenen Körpers, durch vegetarische Ernährung, geschlechtliche Enthaltsamkeit und Verzicht auf jede gewaltsame Handlung, durfte zum Empfang der Tröstungsweihe antreten, der Passage in den Rang der Perfekten. Nachdem die Initianden in feierlicher Versammlung das Vaterunser gebetet hatten, legten sie das Versprechen der dreifachen Verzichtleistung ab, beichteten ihre Sünden und knieten sodann vor dem Konsekrator nieder, der ihnen das Evangelienbuch auf den Kopf legte, geöffnet an der Stelle des johanneischen Prologs, welcher mit den Worten beginnt: Im Anfang war das Wort.

Das Ritual rief den Parakleten herab, den im Johannesevangelium angesagten Tröstergeist, und so galt der Akt der Konsolidierung auch als Taufe, allerdings nicht mit Wasser, sondern im Geist-Feuer, was dann von der päpstlichen Inquisition ganz handgreiflich verstanden wurde. Ein gewisser Ekbert, Theologe und Abt des Doppelklosters Schönau (südwestlich von Bonn), empfahl den Scheiterhaufen als bestens geeignete Feuertaufe für alle Ketzer.

Ekbert, der Verfasser von achtzehn Predigten gegen die »Katharer« aus dem Jahr 1163, stigmatisierte die neue Geist-Bewegung mit jenem Namen, der ihr behördlicherseits aufgebrannt blieb. Er fand ihn auf den Häresie-Listen aus alter Zeit, wo von den *catharoi* (= die Reinen) berichtet wurde, die im dritten Jahrhundert eine rigorose Christianer-Fraktion gebildet hatten und hernach unter die Räder gekommen waren, wegen Abweichung vom gepflasterten Mittelweg der Reichskirche. In jenen Katharern witterte Ekbert die Vorfahren der neu erstandenen Irrlehre, eng verwandt mit den Ausgewählten des Mani. Außerdem ähnelte der Katharername einer Bezeichnung, der Nicolas von Cambrai, Bischof dieser Stadt, um dieselbe Zeit auf die Spur kam – »Katter«. Das Wort erinnerte an die Katzen, nach damaliger Vorstellung das Teufelsgetier schlechthin. Im Volk hielt sich das Gerücht, die Andersgläubigen pflegten bei ihren Zusammenkünften eine schwarze Katze unter den Schwanz zu küssen. Aus den katzenküssenden Kätzern und den ruchlosen Katharern aus manichäischer Zeit sind im Volksmund die Ketzer geworden, im Italienischen *gazzari*, ein Schimpfwort der bedrohlichen Art, in dem sich Abscheu und Angst, Grauen und Neugier, Haß und Mordlust mischten.

Die Perfekten, deren Zahl rasch zunahm, machten sich wenig Illusionen über das Risiko, das sie eingingen, wenn sie paarweise durch die Länder zogen, auffällig in ihrem schwarzen Gewand, und die reiche Kirche öffentlich kritisierten. Nur im kultivierten Süden Frankreichs fanden sie aristokratische Gönner und einen wachsenden Anhang aus allen Schichten der Bevölkerung, der ihnen die Ehre erwies und sie *bonshommes* nannte, gute Leute.

So standen einander zwei Geistlichkeiten gegenüber, knapp fünfzig Jahre lang, im Dreieck zwischen Agen, Albi und Carcassonne, den Ländereien der Grafschaft Toulouse, während der Ruhe vor dem päpstlichen Sturm. Auf der einen Seite die waffenlose Bonhomie der Perfekten beiderlei Geschlechts, weltabgewandt heiter, eine Subkultur mit Wurzelfäden im verborgenen Geflecht der Gemeinden des Parakleten. Die andere Seite, verkörpert durch den katholischen Klerus, hatte ebenfalls der Fleischeslust abgeschworen, theoretisch zumindest, blieb jedoch unlösbar verwickelt ins Irdische, mit zwei Dritteln des europäischen Bodens im Kirchenbesitz, eingespannt ins politische Geschäft, dessen blutige Unternehmungen sie dem Schwertarm der Könige und Barone überließ, ihren Komplizen bei der Herrschaft über die Christenheit. Sie selber führte das geistliche Schwert, wie es genannt wurde, in Auslegung eines Bibelspruchs. Hier sind zwei Schwerter. Eines sollte die Leiber, das andere die Seelen der Menschen bändigen.

So wurde deutlich, worum es in der Auseinandersetzung der beiden Geistlichkeiten ging. Beide beriefen sich auf den heiligen Geist. Die päpstliche Seite beanspruchte das Gewaltmonopol, und alle Fragen, die sie an die Perfekten richtete, in den eintönigen Verhören vor den Tribunalen der Inquisition, betreffend die Einstellung zur Bibel, zu den Sakramenten, zum ewigen Leben, zur Ehe, zielten immer nur auf die Bereitschaft, sich der Autorität der katholischen Kirche zu unterwerfen. Der katholische heilige Geist legte Wert auf Glaubensbekenntnisse, auf Formeln und Dogmen, und er hatte damit auf seine göttliche Freiheit verzichtet, seine stürmische Art, seine Unberechenbarkeit. Der katholische heilige Geist glich einem Vogel im Käfig.

Der Tröstergeist der verketzerten Christen Südfrankreichs hingegen brachte ein Nein unter die Leute, eine göttliche Negation der mißglückten Schöpfung, eine Aufforderung zur Liquidation alles Festen. Auch der heilige Geist der Perfekten ließ sich mit einem Vogel vergleichen, der saß allerdings nicht im Käfig, sondern auf einem hohen Baum, und pfiff auf die Welt.

Im Mai 1167 machten die südfranzösischen Perfekten einen Fehler. Sie bereiteten dem Popen Niketas aus Konstantinopel, der in Begleitung einer oberitalienischen Delegation von Perfekten über die Lombardei angereist war, einen großen Empfang. Niketas trat als Verbindungsmann zum Balkan auf, wo sich seit den Tagen des Mani die Lehre »Von den Zwei Prinzipien« gehalten hatte, unter den bulgarischen Christen des Popen Bogomil, aber auch unter den Mönchen der Hauptstadt des byzantinischen Reichs.

In der Burg von Saint Félix de Caraman bei Toulouse durfte Niketas die Herren Robert d'Épernon aus dem nördlichen Frankreich, Sicard Cellerier aus Albi, Bernard Cathala aus Carcassonne begrüßen, die als Vorsteher ihrer Gemeinden erschienen waren, mitsamt einer gar nicht kleinen Schar von Männern und Frauen aus dem Languedoc, die sich vom Gast aus dem Osten zu Perfekten weihen lassen wollten.

Die Öffentlichkeit dieses Ereignisses wurde von der katholischen Seite als Provokation empfunden, als Ketzer-Konzil einer Gegenkirche. War nicht im Johannesevangelium, das die abtrünnigen Christen so hoch in Ehren hielten, das Schicksal aller Ketzer präzise vermerkt? Man kehrt sie zusammen und wirft sie ins Feuer.

Überall Ketzer. Nicht nur in der Grafschaft Toulouse wimmelte es von ihnen, auch in den Erzdiözesen Narbonne, Bordeaux und Bourges, in Nevers, Vézelay, Auxerre, Troyes, Besançon, Metz, Reims, Soissons, Rouen, Arras. Nachrichten von ihrer Wirksamkeit trafen aus den deutschen Bistümern am Rhein, aber auch aus Passau und Wien ein, und freilich besonders aus dem lebhaften Norditalien, von Mailand bis Udine, von Como bis Viterbo. Eine allgemeine Verschwörung gegen die römisch-katholische Kirche. So empfand es die päpstliche Kurie, wo alle Informationen zusammenliefen. Dort herrschte seit 1198 ein energischer junger Herr aus dem Grafengeschlecht der Segni, unter dem Namen Innozenz III. Über den Saustall, den er übernommen hatte, machte er sich keinerlei Illusionen. Er betrachtete sich als Vikar Christi, als Stellvertreter des Herrgotts, und ließ den neuen Titel in seine Bullen hineinschreiben. Der blasphemische Anspruch gab ihm freie Hand zur Ausrottung des Unkrauts im Weinberg des Herrn. Per Dekret definierte er jegliche Ketzerei als Majestätsverbrechen. Seinen entscheidenden Einfall, gegen ein christliches Land zum Kreuzzug aufzurufen, hatte er im März 1208, nach der Ermordung eines gewissen Pierre de Castelnau aus dem Zisterzienserkloster Fontfroide, der als päpstlicher Legat den Grafen von Toulouse exkommuniziert hatte. Erhebt euch, Soldaten Christi, erhebt euch, christliche Fürsten, gürtet euer Schwert, verhindert den Ruin der Kirche, kommt ihr zu Hilfe, vernichtet durch Gewalt und Schwert diese Häretiker, die viel gefährlicher sind als die Sarazenen!

Der Aufruf aus Rom tat seine Wirkung. Ein Jahr später polierten die französischen Ritter ihre Rüstungen. Söldner aus Spanien, Flandern, Bayern und Sachsen wurden angeworben. Im Sommer zogen dann fünfhundert adlige Haudegen mit Knappschaft und Fußvolk das Rhônetal hinunter, unter ihnen Abt Arnaud-Amaury vom Kloster Citeaux, der dem Unternehmen die geistliche Weihe verlieh. Er autorisierte das Massaker von Béziers, wo die gesamte Bevölkerung am 20. Juli 1209 abgeschlachtet wurde.

Seit diesem Tag ließ sich der heilige Geist in Rom ungern antreffen.

Während der nächsten hundert Jahre wurde immer wieder das Holz für die Scheiterhaufen zusammengetragen, auf denen die Perfekten verbrannt wurden, möglichst viele auf einmal. Im Jahr des Herrn 1239, vermerkte der Mönch Aubry de Trois-Fontaines, wurde am Freitag vor Pfingsten ein dem Herrn willkommenes Opfer dargebracht, indem man 183 Ketzer verbrannte, in Anwesenheit des Königs von Navarra und der Barone der Champagne.

Ob die Perfekten wahrhaft getröstet waren, erwies sich in den Stunden des Wartens auf die Hinrichtung, während der letzten Prüfung der Person. In derartigen Lagen stellt sich heraus, ob das Bewußtsein gelernt hat, die endlosen Wortfolgen des inneren Monologs ausklingen zu lassen und den Ich-Kern an die positiven Energiefelder anzuschließen, von denen die Welt voll ist. Fürchtet euch nicht vor denen, die nur den Leib zu töten vermögen. Wer sein Leben retten will, wird es verlieren. Eure Freude kann euch niemand wegnehmen.

Gegenwärtig beschäftigt mich, schrieb Nikolaus Lenau am 24. April 1838 an den Theologen Martensen, ein größeres episches Gedicht, »Die Albigenser«. Die Kreuzzüge gegen die Ketzer unter Innozenz III. sind als das größte Trauerspiel der Kirche einer poetischen Bearbeitung würdig. Der Dichter wollte, im restaurativen Vormärz Metternichs, aus der Niederlage der Katharer den Funken der ununterdrückbaren Freiheitsliebe schlagen. Das Licht vom Himmel läßt sich nicht versprengen.

Damit war ausgedrückt, daß es im Ringen zwischen Pluspol und Minuspol keine Niederlagen geben kann. Dementsprechend offen ließ Lenau denn auch das Ende seiner Ketzergeschichte in Versen, mit den Worten:

Und so weiter.

WAHRHEITSMUND

Zur Verwunderung der Christenheit, die sich vom heiligen Geist keinerlei Überraschungen mehr erwartete, trat in Mekka ein Prophet auf, der immer wieder aus einem göttlichen Buch rezitierte, das sich in sein Herz gesenkt hatte. Dreißig Jahre nach dem Tod Mohammeds herrschten die Muslime vom Jemen bis zum Kaspischen Meer, über Ägypten, Syrien und Persien. Offensichtlich war der Traum Konstantins vom siegreichen Christentum doch nur ein flüchtiger Wink gewesen.

Nacht der Bestimmung

Im Schweigen der Nacht ein Befehl: Lies vor!

Aber der Angesprochene hat kein Buch bei der Hand, aus dem er vortragen könnte.

Dann nochmal die Stimme: Lies vor!

Das Buch, aus dem er vorlesen soll, senkt sich während jener Nacht in das Herz des Propheten herab. Drei Jahre lang wird es dort ruhen, bis der Prophet seine Zweifel überwunden hat und zu rezitieren beginnt aus dem Koran in seinem Herzen.

Im Morgengrauen tritt der Prophet aus seiner Höhle in der Bergeinsamkeit und erblickt am Horizont die riesengroße Gestalt. Wendet sich erschrocken in eine andere Richtung. Wiederum der Gottesengel. Von allen Seiten blickt Gabriel den

Propheten an. Aufrecht stand er da, bezeugte der Prophet, in der Ferne. Näherte sich bis auf zwei Bogenlängen. Gab seinem Diener die Offenbarung. Wer will über etwas streiten, was ganz augenscheinlich ist.

Wir haben den Koran in der Nacht der Bestimmung herabgesandt, rezitierte der Prophet. Wie aber kannst du wissen, was die Nacht der Bestimmung ist? Die Nacht der Bestimmung ist besser als tausend Monde. Die Engel und der Geist kommen in ihr mit der Erlaubnis Gottes herab, bis der Morgen sich rötet.

Der Prophet: Mohammed. Vierzig Jahre alt, verheiratet, Handelsherr in Mekka. Das Jahr seines Bruchs mit den mekkanischen Scheiks markiert den Beginn der islamischen Zeitrechnung. Im Jahr 622 nach Christi Geburt emigrierte der Prophet nach Medina. Niemand vermochte sich später zu erklären, warum aus diesem beiläufigen Vorgang, der vielleicht siebzig Personen betraf, eine Weltreligion entstand.

War der heilige Geist mit den christlichen Kaisern unzufrieden? Sollte die Weissagung des Propheten Jeschu-a in Erfüllung gehen, der den Rechtgeleiteten einen Tröster versprochen hatte?

Ihr Gläubigen, rezitierte der Prophet, nehmet euch nicht die Juden und die Christen zu Freunden. Ungläubig sind, welche sagen, Gott ist einer von dreien.

Wenn der Prophet das Herannahen einer Rezitation spürte, fröstelte er und bat um einen Umhang. Unter dem Umhang war dann sein Stöhnen und Schreien zu hören. Im Jahr seines Todes erwies sich die Wucht der allerletzten Rezitation als so heftig, daß das Reitkamel des Propheten in die Knie gehen mußte.

Wir haben dir eingesagt, rezitierte der Prophet, wie wir eingesagt haben dem Noah und den Propheten nach ihm, dem Abraham, Ismael, Isaak, Jakob und seinen Stämmen, dem Jesus, Hiob, Jonas, Aaron und Salomo. Dem David haben wir einen Psalter gegeben. Das sind diejenigen, denen wir die Schrift, die Urteilskraft und das Köndertum gegeben haben.

Ihr Leute der Schrift, rezitierte der Prophet, warum streitet ihr über Abraham, wo doch die Thora und das Evangelium erst nach ihm herabgesandt worden sind? Abraham war weder Jude noch Christ.

Über den Geist, der sich auf ihn herabgesenkt hatte, sind keine Rezitationen des Propheten überliefert.

Heute habe ich für euch die Religion vollendet, rezitierte der Prophet am Ende seiner letzten Umschreitung der heiligen Kaaba zur Wallfahrtszeit, und meine Gnade an euch habe ich erfüllt. Jetzt bin ich zufrieden, daß ihr den Islam als Religion habt.

Den Christen in Ägypten, Palästina und Syrien bereitete der Islam zunächst keinen besonderen Kummer. Ihnen hatte die Religionspolitik der Nachfolger Konstantins wenig Anlaß zur Freude gegeben. Immer wieder waren die byzantinischen Kaiser als Theologen aufgetreten, mit Verbannungsdekreten für ehrwürdige Gottesmänner, was wiederum die ältesten Gemeinden der Christenheit in Jerusalem, Alexandria und Antiochia erbitterte. Seit dem Konzil von Nikaia sahen sie sich zunehmend in die Ecke der Altgläubigen gedrängt, überrumpelt von neuen Glaubensbestimmungen, die ihnen gegen den Strich gingen. Schließlich war es zum Bruch zwischen den alten Kirchen und Konstantinopel gekommen, im Jahr 451, auf dem Konzil von Chalkedon (heute Kadiköy, Türkei). Die ägyptischen, syrischen, armenischen Christen mußten sich auf einmal als Feinde des amtlichen Glaubens sehen, wegen der Frage des Verhältnisses zwischen der Gottesnatur und dem menschlichen Wesen Christi. In der Folgezeit mischte sich die kaiserliche Kurie immer unverschämter in die Angelegenheiten der traditionsreichsten Patriarchate ein, setzte unbotmäßige Bischöfe ab, steckte renitente Mönche ins Gefängnis.

So erlebten viele Christen im Nahen Osten die Ankunft der Muslime als Befreiung vom Joch Konstantinopels. Hatte nicht 636 in der Schlacht am Yarmuk-Flüßchen (heute die Grenze zwischen Syrien und Jordanien) der arabische Allah über die byzantinische Dreifaltigkeit gesiegt? In Damaskus jedenfalls sicherten sich die Muslime eine Ecke in der christlichen Basilika, um ihre Gebete in Richtung Mekka zu verrichten. Dagegen war wenig einzuwenden.

Immerhin stand im christlichen Glaubensbekenntnis über den heiligen Geist vermerkt: Der gesprochen hat durch die Propheten. Die Muslime hielten Jesus (arabisch: Isa) durchaus in Ehren, als hervorragenden Propheten. Nach ihm war dann eben noch Mohammed gekommen, wie ein letztes Siegel unter die Urkunde des göttlichen Plans mit der Menschheitsfamilie. Für viele christliche Seelen zwischen Jerusalem und Cordoba waren das einleuchtende Argumente, und die Moscheen begannen sich zu füllen.

In Frankreich, Italien und Deutschland dagegen, wo das Kreuz regierte, begannen gehässige Geschichten zu kursieren, die Mohammed als Betrüger hinstellten. Die unterhaltsamste Version ließ einen bösen Priester, der bei der römischen Kurie vergeblich eine fette Pfründe angestrebt hatte, rachsüchtig nach Arabien segeln und die Bekanntschaft Mohammeds machen. Eine Taube habe der Priester gezähmt, dem Mohammed Futterkörner in die Ohren gelegt und die Taube dazu abgerichtet, sich auf die Schultern Mohammeds zu setzen und ihr Fressen aus seinen Ohren zu picken. Dann habe der Pfaffe das Volk zusammengerufen und im Beisein Mohammeds heimlich die zahme Taube losgelassen. Der Vogel sei sofort auf die Schulter Mohammeds geflogen und habe seinen Schnabel an dessen Ohr gehalten. Dies hätte das Volk mit Staunen gesehen und gemeint, der heilige Geist sei gekommen und habe dem Mohammed das Wort Gottes ins Ohr gesagt.

Erzählt wurde auch von einem irrgläubigen Mönch und Archidiakon mit Namen Sergius aus Antiochia, den man aus dem Kloster gewiesen habe. Sergius sei nach Arabien gewandert und habe dort dem Mohammed gar viel aus der Bibel erzählt, was Mohammed später als Offenbarung des Erzengels Gabriel ausgegeben hätte. Selbstverständlich war auch immer wieder von den vielen schönen Frauen im Harem Mohammeds die Rede und auch davon, daß er unter Epilepsie gelitten hätte, was von den Sarazenen als prophetische Verzückung ausgelegt worden sei. So stand Mohammed unter den

Christen Europas bald als Betrüger da, der die Sarazenen an der Nase herumgeführt hatte. Gegen die Muslime rief der Papst zum Krieg, und die Ritter gehorchten.

Diese Respektlosigkeit gegenüber dem heiligen Geist rächte sich freilich. Am Hof Friedrichs II. von Hohenstaufen machte der Witz von den drei Menschheitsbetrügern die Runde – Moses, Jesus, Mohammed. Auch die Parabel von den drei Ringen in Lessings »Nathan der Weise« wurde damals erfunden aus Enttäuschung über die untereinander streitenden Wahrheiten der Juden, der Christen und der Muslime. Der rechte Ring ist nicht erweislich. In Paris spotteten die Studenten der Freien Künste über das Gefabel der Theologieprofessoren, ohne Respekt vor dem Ernst der Religion. Die Neuzeit hatte begonnen.

In ihr traten zwar weiterhin jede Menge Propheten und Prophetinnen auf, aber den Nachzüglern fehlte die Kraft, eine weitere Weltreligion in Gang zu bringen. Nach Mohammed hatte der heilige Geist die Freude an solchen Unternehmungen offenkundig verloren.

Rede, Herr, dein Diener hört

Allahgottes Geisteskraft, die sich in der Begleitung der Engel auf den Mann aus Mekka herabgesenkt hatte, heißt in der arabischen Reimprosa des Korans, *ruch*, verleugnet also keineswegs ihre sprachliche Herkunft von der semitischen Wortwurzel *rwh* (weiblichen Geschlechts, Bedeutung: Luft in Bewegung, im Hebräischen *ruach* ausgesprochen), die zur Bezeichnung jeglichen Kündertums mindestens tausend Jahre vor Mohammed schon im Gebrauch stand, im gelobten Land der Stämme Israels, unter denen die Gottesläufer und Botenfrauen zuerst ihre Reden führten, gegen den Stolz der Könige und den Trug der Priester, mit einer bis dahin unerhörten Rücksichtslosigkeit.

Der Geist, dessen Mundwerk sie waren, hatte am Religionsbetrieb, wie er sich seit dem Ende der letzten Eiszeit eingebürgert hatte, überhaupt kein Interesse. Ganz im Gegenteil.

Er (beziehungsweise sie, die daherbrausende Ruach) attackierte den dunkelsten Punkt aller herkömmlichen Gottesdienstlichkeit, die Ganzbrände auf sämtlichen Opferaltären, das verkohlende Fleisch all der Stiere und Widder, dessen Gestank den überirdischen Instanzen als köstlicher Duft in die Nase stieg, überall auf der Welt, wo Ackerbau und Viehzucht die Menschen ernährten.

Mit diesen heiligen Greueln wollte die Ruach nichts zu tun haben. An euren Speiseopfern habe ich kein Wohlgefallen, ließ sie durch den Kundgeber Amos ausrichten, wurde dann ausführlicher in den Reden des Jesaja, gleich im ersten Kapitel. Was soll ich mit der Menge eurer Schlachtopfer? Satt habe ich die Brandopfer von Widdern und das Fett der Mastkälber. Das Blut von Stieren, Lämmern und Böcken mag ich nicht. Bringt mir nicht länger vergebliche Gaben, ihr Rauch ist mir verhaßt. Eure Neumonde und Festzeiten hasse ich, sie sind mir zur Last geworden. Mögt ihr noch so viel beten, ich höre nicht hin.

Manifesteste Religionskritik also in den prophetischen Texten der Judenheit. Ihre Zusammenfassung findet sich im Buch Hosea, wie ein Paukenschlag: Barmherzigkeit will ich, nicht Opfer! Und freilich findet sich diese Pointe wortwörtlich im Evangelium nach Matthäus, als Zitat aus dem Mund des Propheten Jeschu-a, dessen Kühle gegenüber der Tempelfabrik in Jerusalem mit Händen zu greifen ist.

Kein Wunder, daß die Christianer von den römischen Behörden zwischen Nero und Konstantin als Atheisten identifiziert wurden.

So gesehen reichen die ersten tausend Jahre des heiligen Geistes vom Aufgang des jüdischen Prophetentums bis zu dessen Besiegelung durch Mohammed, mit Jesus Christus dazwischen. Der Schwung dieser Epoche setzte nicht nur die Religionskritik in Bewegung. Auch der Schrei nach Gerechtigkeit für die Armen wurde erstmals gehört, zur Verwunderung der Könige. Darüber hinaus wurde ein Hoffnungsprinzip installiert, das den Menschen einen neuen Himmel und eine neue Erde in Aussicht stellte – konträr zu jeglichem Priesterdienst, ob er nun dem Schiwa diente oder dem Zeus, dem Baal oder dem Osiris, der Kybele oder dem Vitzliputzli, immer im Kreis der Jahreszeiten. Die Propheten hatten den Omegagott des Jüngsten Tages im Auge, ihr Zeitgefühl blickte nach vorn, in die Zukunft. Das brachte eine gewisse Starre in ihren Blick, wie bei allen Visionären der Fall, und sicherlich hörten sie Stimmen.

In einem Punkt sind sich alle Propheten, insgesamt 124000 nach einer islamischen Schätzung, vollkommen einig. Nicht sie sind es, die reden, sondern Gott redet aus ihnen.

Bevor es soweit ist, muß eine Umkrempelung der Person passieren, genannt »Berufung«. Besonders detailliert wird dieser Vorgang in einer alten biblischen Geschichte geschildert, die im heruntergekommenen Wallfahrtsort Schilo nördlich von Jerusalem spielt, wo sich der Priester Eli über seine beiden mißratenen Söhne grämt, die den Dienst im Heiligtum pietätlos verrichten. Samuel, die Hauptperson in der Geschichte, ist von seiner Mutter für den Dienst Jahus bestimmt worden. Er schläft, fast noch ein Knabe, im Kultraum neben der heiligen Truhe, in der die Tafeln mit den Zehn Geboten aufbewahrt werden. Eines Nachts nun die Stimme. Samuel, Samuel! Da muß man aufstehen und zum Priester hinüberlaufen. Hier bin ich. Du hast mich gerufen. Nein, leg dich schlafen. Dann wieder die Stimme. Eli schüttelt den Kopf. Vielleicht hast du geträumt. Zum dritten Mal dann. Samuel, Samuel! Jetzt wird der Alte stutzig. Wenn es noch einmal ruft, dann sprich: Rede, Herr, dein Diener hört.

Samuel gehorcht und sofort funktioniert die Verbindung. Da kam Jahu, heißt es weiter im Text, stellte sich hin und rief wie die vorigen Male. Jetzt weiß Samuel, wie er antworten muß, und Jahu beginnt zu reden. Seine erste Mitteilung ist eine gefährliche Drohung. Ich werde in Israel etwas tun, daß jedem, der davon hört, beide Ohren gellen sollen.

Von da an muß Samuel als Prophet auftreten. Häufig wird das, was er auszurichten hat, für seine Umgebung unangenehm sein. Immer wieder wird sich Jahu hinstellen und Warnungen loslassen, Befehle erteilen, Gnadenerweise ankündigen. Und Samuels Wort hatte Geltung in ganz Israel, schließt der Bericht.

Gelebt haben mag Samuel um das Jahr 1000 vor unserer Zeitrechnung herum, in der späten Eisenzeit Palästinas, als sich die israelitische Eidgenossenschaft anschickte, eine Monarchie einzurichten. Deren erste Repräsentanten, Saul und David, ließen die Geschichten aufschreiben, die im Volk von Samuel erzählt wurden. In ihnen erscheint der strenge Gottesmann als Vorsteher einer ganzen Schar von Ekstatikern, die ihr Haus in Rama haben, zwei Gehstunden von Jerusalem entfernt. Wie es dort zuging, läßt sich einer Episode entnehmen, die König Saul zu einer sprichwörtlichen Figur macht. Er hat Soldaten nach Rama geschickt, wo David sich aufhält, der ihm den Thron streitig macht. Die Kriegsknechte platzen in eine Tanzübung der Prophetenschule, werden prompt vom Geist Jahus gepackt und geraten in Verzückung. Zwei weiteren Kommandos, die Saul in Marsch setzt, ergeht es ebenso, bis sich der König in eigener Person aufmacht, um David in Gewahrsam zu nehmen. Kaum ist er in Rama, wird auch er von der Ruach gepackt, gerät in prophetischen Taumel, reißt sich die Kleider vom Leib und bleibt schließlich nackt liegen, einen Tag und eine Nacht lang. Deshalb das Sprichwort: Gehört auch Saul zu den Propheten?

Die merkwürdige Geschichte schlägt einen Bogen von der urtümlichen Schamanenraserei bis zu den Derwischen späterer Zeiten, und das Prophetische in ihr bleibt wortlos. Nicht einmal die Grenze zur Besessenheit wird deutlich gezogen, denn in einer anderen Version der Überwältigung Sauls springt der Jahu-Geist auf ihn wie ein Raubtier auf die Beute und verwandelt ihn in einen anderen Menschen.

150 Jahre später ist die Vorläuferin des heiligen Geistes immer noch ziemlich wild. Diesmal hat sie sich den Elija ausgesucht, der 450 Baalspropheten umbringen läßt, am Fuß des Karmel (in der Nähe des heutigen Haifa). Dabei fällt auf, daß die Konkurrenten Elijas ebenfalls als Propheten bezeichnet werden, wenngleich in fremdem Dienst befindlich. Sie bringen sich blutende Schnittwunden am Körper bei und geraten dabei in Trance. Gegen Elija, der dem stürmischen Jahu verpflichtet ist, haben sie keine Chance. Im starken Kontrast zum Gewalt-

exzeß an der Genossenschaft des Gottes Baal steht eine Begebenheit im Elija-Zyklus, die den Gottesmann auf den Horeb bringt, den Gottesberg, besser bekannt unter dem Namen Sinai, auf welchem Jahu dem Moses die Zehn Gebote gegeben hatte. Ebendiesem Jahu schildert Elija die Lage, in der Stille des Gebirges. Deine Altäre haben sie niedergerissen. Deine Propheten haben sie mit dem Schwert umgebracht. Ich allein bin übriggeblieben, und jetzt stellen sie auch meinem Leben nach.

Elija soll vor die Höhle treten, in welcher er übernachtet hat, heißt es weiter, aber vorher geht ein gewaltiger Sturm los, doch Jahu ist nicht in dem Sturm. Nach dem Sturm ein Erdbeben, doch Jahu ist nicht im Erdbeben. Nach dem Erdbeben ein Feuer, doch Jahu ist nicht im Feuer. Zuletzt läßt sich ein leises, sanftes Säuseln vernehmen, und sofort schlägt Elija den Mantel vors Gesicht, um sich vor Gott zu schützen, und tritt ins Freie.

Die Pointe ist deutlicher kaum zu setzen. Je ruhiger die bewegte Luft, von der die Ruach ihren Namen hat, desto eher materialisiert sich in ihr der Geist Gottes.

Elija hat keine schriftlichen Botschaften hinterlassen. Er trug einen Zottelpelz nach der Sitte des tanzenden, springenden, zuckenden Kündertums aus der Tiefe der Zeiten. Der König über Israel, mit dem Elija im Clinch lag, hieß Achab (871–852 v. Chr.). Dessen Frau, eine phönizische Prinzessin, förderte die Baalsgottesdienste, die über den ganzen Nahen Osten verbreitet waren, bis hinüber nach Karthago, wo dem Baal jährlich zwanzigtausend Babys geopfert wurden. Die Jahu-Gottesdienstlichkeit, vertreten von Elija, befand sich auf der Seite des weltgeschichtlichen Fortschritts, also in Opposition zum Opfer-Syndrom. Ein Pluspunkt für Elija, aus der heutigen Sicht der Dinge.

Und so weiter. Was soll ich noch sagen, fragt der Verfasser des christlichen Hebräerbriefs. Die Zeit würde mir fehlen, wollte ich erzählen von Gideon, Barak, Simson, Jiftach, David und Samuel und den Propheten, die durch Glauben Königreiche niederrangen, Gerechtigkeit übten, Verheißungen erlangten. Andere wurden auf die Folter gespannt, wieder andere mußten Spott und Geißelhiebe und obendrein Fesseln und Kerker erfahren, sie wurden gesteinigt, zersägt, starben den Tod durchs Schwert, zogen umher in Schafspelzen und Ziegenfellen, darbend, geängstigt, mißhandelt, irrten umher in Einöden und Gebirgen, in Höhlen und Klüften der Erde.

Sehr einladend klingt diese Darstellung der Propheten-Laufbahn nicht. Tatsächlich hat sich der eine oder andere Kandidat für das prophetische Wirken dem göttlichen Ruf widersetzt, wie erzählt wird, angesichts der trüben Aussichten bei solcher Erwählung. Am bekanntesten ist die Geschichte des Jona, der als Bußprediger nach Ninive reisen soll, jedoch lieber auf ein Schiff geht, um vor Jahu zu flüchten und im Bauch eines Fisches landet. Dann erst sieht er ein, daß er gehorchen muß, wird prompt an Land gespuckt und erfüllt den Auftrag.

Jeremia wiederum, Sohn des Priesters Hilkijahu im Land Benjamin, versucht sich mit Hinweis auf sein zartes Alter aus der Affäre zu ziehen. Ach, Herr Jahu, ich weiß nicht zu reden, ich bin zu jung. Sag nicht, ich bin zu jung, lautet die barsche Antwort. Wohin immer ich dich sende, dahin wirst du gehen, und was immer ich dir befehle, wirst du reden.

Jeremia wird unter die schriftlichen Propheten gereiht, er gehört zu den literarisch tätigen Kündern im heiligen Land, deren Meisterwerke zwischen 750 und 500 v. Chr. produziert worden sind. Das ist eine heftige Prosa, vibrierend von erlebter Jenseitigkeit. Seine Gottesbeziehung erfährt Jeremia wie einer, der verführt, ja vergewaltigt worden ist. Vergeblich nimmt er sich vor, die drängenden Stimmen zu vergessen. Da brannte es in meinem Inneren wie ein verzehrendes Feuer, eingeschlossen in meinem Gebein. Verflucht sei der Tag, an dem ich geboren.

Als der Zimmermannssohn ins Wasser des Jordan tauchte, waren die Weisungen des Mose, und die Sprüche der Propheten längst zur heiligen Schrift geworden, fixiert auf Papyrusblättern zum Auswendiglernen für die Juden, und kein Jota durfte im Text geändert werden. Ob der Mann aus Nazaret das alles gelesen hat, und dazu auch noch die Erbauungsliteratur seiner Zeit mit ihren Visionen vom baldigen Weltende, läßt sich nicht mit Sicherheit sagen. Was er in den Jahren zwischen seiner Kindheit und seinem Auftreten als Gottesbote getan hat, wird von den Evangelien verschwiegen.

Kaum aber hat der Nazarener mit seinen Teufelsaustreibungen, Krankenheilungen, Totenerweckungen begonnen, sagen die Leute sofort: Ein großer Prophet ist unter uns aufgestanden, Gott hat sein Volk heimgesucht, Elija ist zurückgekommen.

Oder auch nicht. Das Markusevangelium läßt eine Theologen-Kommission aus Jerusalem anreisen, um die Rechtgläubigkeit des galiläischen Wundermannes zu prüfen. Ihr Urteil ist bemerkenswert schroff. Durch den Fürsten der Dämonen treibt er die Dämonen aus, befinden die Schriftgelehrten, der Exorzist aus Nazaret ist selbst besessen.

Gegen diese Infamie wird ein Spruch mobilisiert, dessen dunkle Wut auch bibelfeste Christenmenschen vor ein Rätsel stellt: Jede Blasphemie ist verzeihlich, nur eine einzige nicht; wer gegen den heiligen Geist lästert, bleibt ewig von der Vergebung ausgeschlossen.

Der strenge Befund legt den Nerv bloß, der unverletzt bleiben muß. Die Vollmacht des Nazareners ist die, welche dem Moses und dem Elija den Mund geöffnet hat, auch dem David und den übrigen Propheten, deren Worte sich jener einzigartigen Einhauchung verdankten, gegen die keinerlei Skepsis gestattet ist. Nicht einmal dann, wenn der Geistesmensch in seiner letzten Schande am Holz hängt und das Publikum gründlich enttäuscht. Wir wollen sehen, ob Elija kommt, ihn zu retten.

Elija ließ sich bekanntlich nicht blicken.

Aber der Nazarener hatte vorgesorgt. Markus erzählt, daß Jeschu-a seine drei engsten Vertrauten auf einen Berg führte, sie ganz allein, nämlich den Schim-on, welcher genannt wurde der Fels, und das Brüderpaar Ja-akob und Jochanan, die Söhne des Zabdi, genannt die Ungestümen. Oben angelangt, nimmt Jeschu-a die drei Fischer in die selige Zeitlosigkeit der Beschauung mit. Während die Sinnesorgane schweigen, erscheint Jeschu-a lichtdurchwirkt im gottinnigen Gespräch mit Moses und Elija. O ja. Drei Hütten werden wir bauen, flüstert Schim-on, eine für dich, Rabbi, eine für Mose und eine für den Elija. Dann die Wolke und aus ihr die Stimme. Mein Sohn, mein geliebter. Auf ihn müßt ihr hören.

So etwas läßt sich nicht vergessen. Aber der Nazarener schärft den Genossen ein, ihr Erlebnis erst dann weiterzusagen, wenn der Menschensohn von den Toten erstanden sei. Was damit gemeint ist, verrät er ihnen nicht.

Der heutigen Bibelwissenschaft, die solchen Geschichten mit der höflichen Reserviertheit des Irrenarztes lauscht, dem ein Patient seine Erlebnisse erzählt, muß die Verklärung Christi zur literarischen Gattung werden, deren Kunstform vom Verfasser benutzt wurde, um eine dogmatisierbare Wahrheit zu illustrieren. Wie sollte auch ein europäischer oder amerikanischer Theologe, mit sauber geschnittenen Fingernägeln und umgeben von Büchern, auf den aberwitzigen Gedanken kommen, der Stifter des Christentums könnte ein Ekstatiker gewesen sein, wie irgendein Medium in Salvador da Bahia oder auf Haiti, wo bereits die Kinder wissen, auf welche Weise die Welt zum Verschwinden gebracht werden kann.

Daß der Nazarener mitunter in den hellen Schlaf hinüberwechselte, mit offenen Augen, ist in den Evangelien durchaus erwähnt – für die Eingeweihten mit eigenen Erfahrungen der besonderen Art. Wenn Jeschu-a Kraft für eine Wundertat benötigt, dreht er die Augen nach oben und holt Luft, so heftig, daß es wie ein Stöhnen (*stenagmos*) klingt, wie ein schnaubendes Geräusch (*enebrimesato*), verknüpft mit starker Erregung (*etaraxen heauton*). Dasselbe passiert, wenn er den heiligen Geist kommen spürt, vor einem Kraftwort, das heraus will. Und er jubelte auf (*egalliasato*) im heiligen Geist (*to pneumati to hagio*). Wer den Kode kennt, kann mühelos entschlüsseln, wann der Text den seelischen Ausnahmezustand des inspirierten Kündertums signalisieren will, mit den Wendungen »im Geist«, »in der Kraft des Geistes«. Sie weisen auf die Außeralltäglichkeit der Schwingungsverhältnisse hin, die den Propheten in Fahrt bringen.

Auch seine Schüler?

Sie werden, so die Evangelien, Dämonen austreiben, Kranke heilen, Tote aufwecken.

Wie man das lernt, ist leider nicht überliefert. Jedenfalls erwähnt Paulus dreißig Jahre nach dem Tod Jesu die Prophetengabe als gar nicht so seltenes Geschenk des heiligen Geistes zur Erbauung der frommen Gemeinde, und auch in der ersten Christenschar zu Antiochia sollen Propheten aufgetreten sein, die mit Namen genannt werden. Offensichtlich hatte der Nazarener seine ungewöhnlichen Begabungen weitergegeben.

Eine Frage der Trennschärfe

Je mehr Propheten, desto schwieriger die Herausfilterung des richtigen Programms aus dem Wellensalat der Gotteskanäle. In der griechisch gefärbten Alltagskultur der Städte rund um das Mittelmeer war *prophetes* ein geläufiges Wort, vor und nach Christi Geburt. Die *prophetai*, männlich und weiblich, sagten für ein kleines Trinkgeld jeder Kundschaft die Zukunft voraus, an Straßenecken und in Markthallen. Wenn sie dabei die Augen verdrehten und mit veränderter Stimme sprachen, um so besser. Im Volksmund hießen sie deshalb *engastrimuthoi*, Bauchredner. Gutgewachsene und aufgeweckte Knaben, so meinten manche, ließen sich ohne weiteres als Gottestrichter heranziehen, weil die angeborene Vorausahnungskraft in ihnen noch nicht verdorben war. Sie bekamen ein frischgewaschenes Hemd übergezogen, wurden parfümiert und mit Flötenmusik eingestimmt. Dann genügte eine leichte Berührung der Stirn, und schon begann ein *daimon* aus ihnen zu reden, kein böser, eher eine Verstimmlichung der immateriellen Kausalnetze, Korrelationen, Interdependenzen, Matrizen des Schicksalsraums, der alles mit allem verknüpft und in dem ein bewegter Schmetterlingsflügel einen Taifun auslösen kann.

Aus solchem Jenseits drangen nur mehrdeutige Botschaften ans menschliche Ohr. Dann steckten Tanten und Großmütter ihre Köpfe zusammen, und waren doch häufig so ratlos wie zuvor. Ärgerlich auch, wenn ein Medium seiner nachlassenden Inspiration durch eigenen Witz auf die Sprünge half und anstatt übernatürlich bewirkter Wahrsagung spiritistischen Unsinn absonderte. Immerhin hatte es bereits Kaiser Augustus für notwendig befunden, mehr als zweitausend Abschriften anonymer prophetischer Schriften einsammeln und verbrennen zu lassen.

In der prophetischen Inflation hatte es der heilige Geist nicht ganz leicht, sich gegen die starke Konkurrenz durchzusetzen. Von allem Anfang an warnten die christlichen Grundschriften ihre Leserschaft vor Gaukelsäcken, Schwarmgeistern und Lügenrednern.

Hatte nicht in den fünfziger Jahren (n. Chr.) ein Wundermann aus Ägypten und selbsternannter Prophet viertausend Narren um sich versammelt und zum Marsch auf Jerusalem gebracht, nur um von den Soldaten des Prokurators Felix auf dem Ölberg zusammengehauen zu werden?

Wenn also geschrien wird, hier der Messias, dort der Messias, dann ist Mißtrauen angebracht. Diese Warnung des Nazareners war im explosiven Palästina durchaus aktuell, wo die Putschisten ihre Sprüche klopften, untereinander zerstritten und schnell mit dem Messer zur Hand. An ihren Früchten werdet ihr sie erkennen, ermahnte Jeschu-a seine Genossenschaft. Während in Palästina etliche Propheten mit dem Dolch im Gewande herumliefen, ging ihnen in Korinth der Mund über. Sie prophezeiten wild durcheinander, so daß in der Christenversammlung das Chaos ausbrach. Paulus ermahnte daher die Propheten brieflich, sie sollten einander nicht unterbrechen. Zwei oder höchstens drei Propheten bei einem Gottesdienst seien genug. Wenn ein Prophet, der noch nicht geredet hat, eine Offenbarung kommen spürt, möge der Vorredner schweigen. Frauen sollten auf jeden Fall den Mund halten.

Durch den Ausschluß der Frauen vom Kündertum hatten diejenigen, denen die »Unterscheidung der Geister« anvertraut war, ein Problem weniger. Was vom weiblichen Geschlecht an prophetischer Rede produziert wurde, konnte von vornherein als unziemlich beiseite geschoben werden, jedenfalls in Korinth. Ganz korrekt war das sicherlich nicht.

Denn die Schwestern durften sich ohne weiteres auf den Propheten Joel berufen, der die »Töchter« ausdrücklich in die Geistesausgießung einbezogen hatte, was von Simon Fels auch gern zitiert wurde, mit der Hinzufügung: In den letzten Tagen.

Ob in Palästina und Syrien, in Anatolien oder Griechenland, stets führte das freie Kündertum der Jesusgläubigen den kosmischen Kraftakt im Munde, das A und O der frohen Botschaft vom baldigen Kommen des Reichs. Die Posaune wird erschallen. Die Toten werden als Unverwesliche aufstehen. Wir, die Lebenden, werden verwandelt, im Nu.

Daraus ergab sich eine einfache Regel für die Auswahl des richtigen Senders im Äther der prophetischen Ausstrahlungen. Wer vom Jüngsten Gericht nichts wissen wollte, konnte kein echter Prophet sein.

Also Vorsicht. Bauchreden allein genügt nicht, es kommt auch auf den Inhalt an. Glaubt nicht jedem Geist, lasen die Christianer der zweiten Generation in den Episteln, die den Gemeinden zur Erbauung dienten. Prüft die Geister, ob sie aus Gott sind! Denn viele falsche Propheten sind unterwegs. Daran erkennt ihr den Geist Gottes: Jeder Geist, der Jesus als den im Fleisch gekommenen Messias bekennt, ist aus Gott; jeder Geist, der Jesus verleugnet, ist nicht aus Gott, ist der Geist des Antichrist, von dem ihr gehört habt.

Ein furchtbarer Verdacht. Unter dem Prophetenmantel konnte sich ein Satansbraten verbergen. Und war den antichristlichen Lügenmäulern nicht die raffinierteste Verstellung zuzutrauen, das Simulieren des Glaubensbekenntnisses, um arglose Gemüter auf die Leimrute zu locken?

Eben diese Frage spaltete die Christianervereine ab der Mitte des zweiten Jahrhunderts in zwei Lager.

Ausgelöst wurde die Glaubenskrise durch einen Christenmenschen mit Namen Montanus aus der Landschaft Phrygien (in der heutigen Türkei südlich von Eskisehir), einer abgelegenen, gebirgigen Gegend. Die Stimme, der Montanus gewürdigt wurde, redete in der ersten Person Einzahl. Ich bin wach, während der Mensch im Schlummer liegt. Ich spiele auf ihm wie ein Musikant, der seine Leier schlägt.

Das ist der Tröster, den Jesus versprochen hat, sagte sich Montanus, der offenbar das Evangelium nach Johannes gelesen hatte. Der Tröster meldete sich auch bei zwei Frauen aus dem Bekanntenkreis des Montanus, Priscilla und Maximilla, aus deren Mündern sich der heilige Geist wie in den alten Tagen vernehmen ließ, worauf sich in den Bergdörfern die Kunde zu verbreiten begann, ein drittes Testament sei im Entstehen begriffen.

Nicht im Heiligen Land, lautete die unerhörte Botschaft, werde das Neue Jerusalem vom Himmel auf die Erde herabsteigen, sondern in Pepuza. Der Flecken war so klein, daß die Archäologen bislang vergeblich nach ihm gesucht haben. In Pepuza also würde demnächst das Tausendjährige Reich Christi beginnen, prophezeiten Montanus und seine beiden Prophetinnen. Das sprach sich herum. Von weither kamen Wallfahrer, um die weissagenden Frauen zu hören, deren Sprüche keinerlei Rücksicht nahmen, auf laxe Bischöfe zum Beispiel, die den christlichen Jungfrauen das Tragen kurzer Kopftücher gestatteten.

Feministisch angehaucht war der neue Advent aus den phrygischen Bergtälern sicherlich. Gelobt wurde Eva, die Mutter der Menschheit, wegen ihrer Weisheit, und auch die Schwester des Moses galt als Prophetin aus eigener Machtvollkommenheit, keineswegs im Schatten des Bruders stehend. Weißgekleidete Mädchen, mit Fackeln in Händen, verliehen den Zusammenkünften der Gebirgschristen einen weiblichen Stolz, der sich dann auch rasch verbreitete und sogar per Schiff reiste, bis nach Karthago, wo er den prominenten Theologen Tertullian zum Sprecher gewann.

Selbstverständlich wehrten sich die meisten Kirchenväter erbittert gegen die prophetische Gleichberechtigung der Frauen. In Lyon gelang der Gegenpartei ein Achtungserfolg. Sie schmuggelte etliche Traktate der Gebirgsfraktion ins Gefängnis, wo eine Schar Christianer auf die Hinrichtung wartete. Die Todeskandidaten, als künftige Märtyrer mit höchstem Prestige ausgestattet, verwarfen die phrygischen Lehren, was wiederum den Bischof von Rom stutzig machte, der von dem Gutachten unterrichtet wurde.

Der geschickteste Schachzug gegen die phrygischen Tendenzen war philologisch geführt. Ohne ekstatische Entpersönlichung, so lief das Argument, hätten Montanus und seine Prophetinnen nie als Leier des heiligen Geistes zu funktionieren vermocht. Nun aber suche man in der griechischen Bibel vergeblich nach einer Stelle, in der das Wort *ekstasis* eindeutig mit dem Begriff der Inspiration durch den heiligen Geist verknüpft sei. Also könne die Entraffung des phrygischen Propheten und seiner Gehilfinnen nur von dämonischer Besessenheit kommen.

Anathema, zum Teufel damit. Das christliche Bergbauerntum aus der asiatischen Provinz wurde von den Hütern der Rechtgläubigkeit zur fanatischen Sekte erklärt, die in der Catholica keinen Platz haben durfte, geriet auf die Ketzerlisten und damit ins Abseits einer Kirche, die eine Massenbasis suchte. Mit der Montan-Prophetie war, prinzipiell genug, jegliche Geistbesessenheit als Schwärmertum stigmatisiert und abgewehrt, für die nächsten tausend Jahre des Sacrum Imperium konstantinischer Prägung. Die Gottesläufer und Botenfrauen verschwanden im Untergrund, der heilige Geist wurde zu einer theologischen Abstraktion, und die Liturgie in den Basiliken verlief ohne weitere Unterbrechung.

Weder Kaiser noch Papst konnten ahnen, daß die nächste Störungsfront aus Mekka kommen und ihnen die halbe Welt abspenstig machen sollte.

Für Mohammed standen Juden und Christen definitiv als Bibelgläubige auf der Bühne der Weltgeschichte. Streitet mit den Leuten der Schrift (*ahl al-kitab*) nie anders als auf eine möglichst gute Art, ermahnte der Prophet die Rechtgeleiteten, und saget, unser und euer Gott ist ein und derselbe. Auch die Muslime hatten ihr letztgültiges Buch. All das, was der heilige Geist den Kündern ins Ohr gesagt hatte, war in der Thora, im Evangelium und im Koran für ewige Zeiten festgeschrieben. Die drei Buchreligionen bewahrten ihre Gottesdiktate wie einmalige und unersetzliche Kostbarkeiten. Wer über eine Kopie der ehrwürdigen Texte verfügte, galt als Respektsperson.

Die Hüter des prophetischen Erbes, alle die Rabbiner, Exegeten, Theologen, Imame, Philologen, Muftis, Religionswissenschaftler waren und sind in ihrer Art glückliche Menschen, abgeschirmt vom Lärm der Welt in ihren Bibliotheken und Studierzimmern, allein mit den Stimmen der Toten, lesend und schreibend, nur selten gestört von wißbegierigen Studenten. Ihr Lebensprogramm unterscheidet sich kaum von dem der modernen Literaten, Schriftsteller, Publizisten, wie Jean-Paul Sartre erkannt hat. »Das Sakrale wurde aus dem Katholizismus weggenommen«, schrieb der Philosoph in seinen Kindheitserinnerungen, »und in die Belletristik versetzt, und es erschien der Mann der Feder als Ersatz jenes Christen, der ich nicht sein konnte… Der Andere blieb, der Unsichtbare, der Heilige Geist, der meinen Auftrag garantierte und mein Leben durch große, anonyme und geheiligte Kräfte regierte… Ich war glücklich.«

Auch die Verwalter der göttlichen Wörter benötigen den heiligen Geist. Sie wissen, daß sie keine Propheten sind, daß authentisches Kündertum nicht mehr möglich ist, nach dem Abschluß der Offenbarung. Ihre Aufgabe muß darin bestehen, das bereits Gesagte zu deuten, auszulegen, anzuwenden. Deshalb bedürfen sie des heiligen Geistes, als der besonderen Kraft, die sich auf die Propheten stürzte. Wie sonst sollten sie verstehen, was die mitunter dunklen, vieldeutigen, tiefsinnigen Wörter und Sätze der heiligen Schriften aussagen sollen, wenn nicht unter Anleitung ihres Urhebers.

Nicht mehr auf freiem Feld, in der Wüste und im Gebirge würde der heilige Geist fortan rumoren, sondern auf subtilere Weise, durch Einsicht, geistgeleitete Einsicht: *intelligentia spiritualis*. Der heilige Geist war zum Schriftsteller geworden, der gelesen werden wollte, immer wieder gelesen, bis der Augenblick eines neuen Verständnisses kam und der Exeget zur Feder griff, um am Rand des unverbrüchlichen Textes eine weitere Glosse anzubringen. Die Bibliotheken von Persien bis Irland begannen sich mit Kommentaren, Glossaren, Katechesen, Sentenzensammlungen zu füllen, und in den Bibliotheken saßen die Schriftgelehrten, um die vorhandenen Glossen mit zusätzlichen Bemerkungen zu versehen. Je länger der Betrieb dauerte, desto schwerfälliger und geistloser wurde er. Die in ihm Beschäftigten werkten an einem Bau, der nicht fertig werden durfte.

»Ich habe mich geändert«, notierte Sartre im Alter von fünfzig Jahren. »Ich habe den Heiligen Geist im Keller geschnappt und ausgetrieben; der Atheismus ist ein grausames und langwieriges Unterfangen; ich glaube ihn bis zum Ende betrieben zu haben... Seit ungefähr zehn Jahren bin ich ein Mann, der geheilt aus einem langen, bitteren und süßen Wahn erwacht und der sich nicht darüber beruhigen kann und der auch nicht ohne Heiterkeit an seine einstigen Irrtümer zu denken vermag und der nichts mehr mit seinem Leben anzufangen weiß ... Ich habe das geistliche Gewand abgelegt, aber ich bin nicht abtrünnig geworden: Ich schreibe nach wie vor. Was sollte ich sonst tun?«

Der »Andere«, wie Sartre seinen heiligen Geist nannte, den unsichtbaren Regenten seines Lebensprogramms, blickte auch einem Schriftsteller und Meisterdenker über die Schulter, dem der christliche Dienst am Wort Gottes seine grundlegenden Orientierungen verdankt. Er hieß Origenes (gest. 254) und wurde *adamantios* (= der Stählerne, der Diamantene) genannt. Die Härte dieses bemerkenswerten Mannes zeigte sich früh, als er sich in jungen Jahren selbst kastrierte, um unabgelenkt arbeiten zu können. Sein Vater, Elementarlehrer in Alexandria, wurde als unverbesserlicher Christianer hingerichtet. Der Sohn mußte mit achtzehn Jahren sich und die Familie mit Unterrichtgeben durchschlagen. In der Untergrundkirche seiner Heimatstadt war Origenes als Katechet tätig und schloß sich bald dem Schülerkreis des Esoterikers Ammonius Sakkas an, der eine Art platonischer Theologie unterrichtete, freilich ohne Bezug auf die Bibel. Zum Ausgleich nahm Origenes ein philologisches Mammutunternehmen in Angriff, die Herstellung einer verläßlichen Ausgabe der gesamten jüdischen Bibel in sechs Kolumnen, die den hebräischen Text in hebräischen Buchstaben, den hebräischen Text in griechischen Buchstaben und vier griechische Übersetzungen nebeneinanderher laufen ließ.

Das sprach sich herum. Origenes fand einen Gönner, der ihm eine Mannschaft von Schnellschreibern und Kopisten zur Verfügung stellte, die seine Diktate aufnahm und vervielfältigte, sozusagen Tag und Nacht, denn der rastlose Mensch hat mindestens zweitausend Arbeiten publiziert, wenn nicht noch mehr. Kaum eine Stelle der jüdischen und der christlichen Bibel ließ Origenes unberücksichtigt, in kurzen Erklärungen schwieriger Stellen (*scholia*), Lehrvorträgen (*homiliai*) und gelehrten Kommentaren (*tomoi*). Auch auf seinen ausgedehnten Reisen, die ihn bis Arabien führten, diktierte Origenes seinen Tachygraphen, was ihm gerade durch den Kopf ging – Briefe, Polemiken, Gutachten. Zwischendurch ließ er sich zum Priester weihen, überwarf sich mit dem Bischof von Alexandria und gründete ein Kolleg in der Hafenstadt Caesarea (heute Horbat Qesari, Israel), wo er ein fünfjähriges Curriculum unterrichtete, das von Logik und Dialektik über Physik, Geometrie, Arithmetik und Astronomie zu Ethik und Theologie führte, um schließlich in die Bibelauslegung zu münden. Seinen letzten Härtetest bestand Origenes mit fünfundsechzig Jahren, als er während einer Razzia gegen die Christianer in der Haft gefoltert wurde. Ein paar Jahre später ist er dann gestorben, berühmt als prominentester Repräsentant christlicher Intelligenz.

Anderthalb Jahrhunderte später fanden sich dann etliche Gewagtheiten in seiner Theologie, weshalb Origenes nie zum Heiligen und Kirchenlehrer befördert wurde. Aber auch ohne amtliche Anerkennung wirkten die Gedanken des Stählernen fort, sie gelangten über Ambrosius von Mailand und Augustinus von Hippo in den Blutkreislauf der abendländischen Theologie und Bibelgelehrsamkeit. Es gibt in der Kirche keinen Denker, befand der Theologe Hans Urs von Balthasar (gest. 1988), der so unsichtbar-allgegenwärtig geblieben wäre wie Origenes.

Sein Geheimnis: Er interessierte sich für Geschichte ebensowenig wie für Frauen.

Als Ägypter war Origenes (= »Sohn des Horus«) von Haus aus götterweltlich orientiert. Im Vergleich zur souveränen Hofhaltung der Jenseitigen verblaßten die menschenweltlichen Veranstaltungen zum belanglosen Wechsel von Frieden und Krieg, Wohlfahrt und Hunger, an- und abschwellend wie der Nil. Nur das Reich hatte Bestand. Die Pharaonen kamen und gingen, besser gesagt, sie verließen nach flüchtigem Auftritt ihren Palast und wurden über den Nil nach Westen gebracht, wo die Ewigkeit anfing.

Was sollte ein auch nur halbwegs belesener Mensch in Alexandria mit den banalen Nomadengeschichten der hebräischen Bibel anfangen, verfaßt in einem unbeholfenen Stil, voll von Semitismen noch dazu, gespickt mit Abschreibefehlern und redaktionellen Ungereimtheiten? Wer auch nur eine Zeile von Platon gelesen hatte, würde nach einem flüchtigen Blick die Bibel gelangweilt beiseite legen, diese konfuse Sammlung von Anekdoten über David und Goliath, Esau und Jakob. Die gebildeten Eliten rund um das Mittelmeer fragten sich allmählich, wie ein intelligenter Zeitgenosse es bei den Christianern aushalten konnte, die bei ihren Zusammenkünften irgendwelchen Erzählungen lauschten, bei denen auch ein Handwerksbursche nur mühsam das Gähnen unterdrückte. Weg mit dem ganzen Zeug, forderten bereits hundert Jahre vor Origenes feinsinnige Christenseelen wie jener Marcion, der seiner Anhängerschaft nur das Lukasevangelium und ein paar Paulusbriefe zumutete.

Dann kam Origenes. Sein Geniestreich rettete die Bibel vor dem Lächerlichwerden, indem er den Wortsinn ihrer

Geschichten für belanglos erklärte. Gott und sein heiliger Geist konnten unmöglich die Mitteilung wüster Metzeleien oder ehelicher Seitensprünge beabsichtigt haben, als sie ihren Kündern die heiligen Texte einsagten, bestimmt zur Niederschrift für eine erlösungsbedürftige Menschheit. Noch im kleinsten Detail der alten Sagen aus Palästina mußte ein verborgener Sinngehalt stecken, eine übertragene Bedeutung.

In einer seiner Homilien zum Beispiel behandelte Origenes eine Stelle im Buch Genesis. Dort wird erzählt, daß Isaak verschiedene Brunnen habe freilegen lassen, die von den Philistern zugeschüttet worden waren. Erst nach mehrmaligen Versuchen sei es ihm geglückt, ohne Reibereien mit anderen Hirtenstämmen eine ergiebige Wasserstelle zu finden, die er »Ausweitung« genannt habe, weil Gott ihm freien Raum zur Ausbreitung gegeben habe.

Die kurze Geschichte war schnell erzählt. Die Zuhörerschaft wollte offensichtlich mehr hören, denn Origenes wandte sich alsbald den »Geheimnissen« zu, die aus der Brunnengeschichte zu holen waren, wie ein erfrischender Trunk für durstige Münder. Blickt auf unseren Isaak, den Herrn Jesus. Das war der entscheidende Sprung aus dem Judenland ins römische Imperium, wo die christliche Kirche ihre »Ausweitung« suchte, aus der Vergangenheit in die Gegenwart und in die Zukunft, vom Wortsinn einer flüchtigen Episode in die spirituelle Dimension eines überzeitlichen Sinns. Letztere ließ sich nur von solchen erkennen, denen der heilige Geist »inwendig« eine Lampe anzündete, wie Origenes beteuerte. Ohne solche Erleuchtung bleiben wir Philister, die das sprudelnde Naß mit Erde verstopfen, Wortklauber, Begriffsstutzige, Fleischliche. Möge also unser Herr und Erlöser unsere Herzen erleuchten, dem Ruhm und Macht gebührt von Ewigkeit zu Ewigkeit.

Amen. Nicht mehr auf die »jüdischen Fabeln«, wie der stahlharte Prediger sie nannte, war künftig zu achten, nicht auf die Frage jedenfalls, wie es denn damals zugegangen sei in Jerusalem und Umgebung, als Abraham seine Herden auf die Weide schickte und Salomo mit der Königin von Saba plauderte. Sondern »im Geist« hatte die Lektüre der heiligen

Schriften zu geschehen, um ihnen jene Bedeutungen zu entlocken, die der göttliche Autor in den Judengeschichten versteckt hatte, hinweisend auf die Erfüllung des Heilsplans in Christus und seiner Kirche.

Origenes war arrogant genug, derlei Sinnverständnis nur den einigermaßen intelligenten Christgläubigen zuzutrauen, den »Geistlichen« (*pneumatikoi*), von denen er sich allerdings auch eine strenge Lebensführung wünschte. Die schlichten Gemüter, denen die tiefere Bedeutung der Bibel verborgen blieb, mußten mit dem Glaubensbekenntnis zufrieden sein. Hundert Jahre später würden sie die Basiliken der Catholica unter Kaiser Konstantin füllen. Wer dann noch den heiligen Geist suchte, mußte sich in die ägyptischen Klöster bemühen.

Veränderungen im Gehirn

Die Auslegungskunst des Origenes, in jeglicher Prophetie aus der Tiefe der Zeiten einen verborgenen Sinn aufzuspüren, war keineswegs vom Himmel gefallen. Im alten Hellas war die Berufsbezeichnung *exegetes* (Ausleger, Dolmetscher) etliche hundert Jahre vor Christi Geburt bereits heimisch, für die offiziellen Interpreten des sakralen Rechts, der Orakelsprüche und Göttergeschichten. Sie hatten eine Menge zu tun, und ihr Schutzpatron war kein Geringerer als der flinke Hermes, der zwischen Göttern und Menschen vermittelte. Was in den verehrungswürdigen Schriften Homers und Hesiods über die olympischen Götter erzählt wurde, enthielt gar nicht so selten unerbauliche Details, etwa die zahlreichen Seitensprünge des erhabenen Zeus, die der heranwachsenden Jugend nicht unbedingt zum Vorbild dienen sollten.

Auch die jüdischen Schriftgelehrten hatten längst ihre Regeln entwickelt, nach denen sie Mose und die Propheten deuteten. Einer von ihnen, Philo von Alexandria, verschmolz bereits im ersten nachchristlichen Jahrhundert das griechische Exegeseprogramm mit den rabbinischen Überlieferungen. Seine Publikationen wiederum waren es, die das Denken des Origenes auf Trab brachten.

Das Denken. Sie alle, die griechischen, jüdischen, ägyptischen, christlichen und später die muslimischen Exegeten wären ohne einen hohen Intelligenzquotienten für ihre Arbeit untauglich gewesen. Der Geist, dem sie ihre Einfälle verdankten, war nicht mehr ganz derselbe wie der Brausegott des Wunders von Pfingsten, nicht mehr die wilde Ruach, deren Überfälle Samuel ereilt hatten, und dem göttlich verursachten Wahnsinn, der die sibyllinischen Prophetinnen zum Rasen gebracht hatte, glich er nur noch von ferne. Sein Betätigungsfeld im Zentralnervensystem hatte sich verändert.

Allerdings nicht von heute auf morgen, und auch nicht überall zur selben Zeit. Die deutlichsten Spuren für einen langsam einsetzenden Vergeistigungsprozeß innerhalb der Menschheitsfamilie führen nach Griechenland, wo die homerischen Epen gesungen wurden, ein paar hundert Jahre lang, um schließlich aufgeschrieben zu werden, im achten vorchristlichen Jahrhundert. Viele Generationen von Griechischlehrern haben sich seither bemüht, Ilias und Odyssee in jugendliche Köpfe zu pauken. Aber erst in letzter Zeit hat die Forschung eine fundamentale Mangelerscheinung in den homerischen Epen entdeckt. Was ihnen abgeht, ist das Ich-Bewußtsein im heutigen Sinn. Im Denken der homerischen Helden gibt es kein Wort für »entscheiden«, keine Zukunft, keine Vokabeln für »Geist« oder »Seele« in der Bedeutung personenhafter Instanzen. Was es gibt, sind Ausdrücke wie »mein Herz«, in denen sich dunkel ein Gefühl der Ichkräfte ankündigt, ohne aber zur Reflexion seiner selbst vorgedrungen zu sein. Auch die für moderne Menschen selbstverständliche Trennung zwischen Subjekt und Objekt, zwischen Bewußtseinsstrom und Außenwelt sucht man in den homerischen Epen vergebens, ebenso ein nüchtern planendes Kalkulieren, die Abstraktionsfähigkeit mitsamt den logischen Operatoren vernunftgemäßer Rede und Schriftlichkeit. Weder der blonde Achill noch der listenreiche Odysseus verfügten über ein Selbst.

Dafür hörten sie Stimmen.

Just im heikelsten Augenblick einer scharfen Auseinandersetzung zwischen Agamemnon und Achill beispielsweise, während das wackere Schwert schon gezogen ist, spürt der wütende Krieger sich von hinten ins Haar gefaßt. Achill dreht sich um und blickt, er allein, der Göttin ins schreckliche Auge, vernimmt den klaren Befehl, Ruhe zu geben, und gehorcht.

Noch ausführlicher wird geschildert, wie Achill aus einer schweren Verstörung geholt wird, durch seine verstorbene Mutter. Rasend vor Schmerz über den Verlust eines Freundes, dem der trojanische Hektor den Garaus gemacht hat, tötet er den Feind und läßt dessen Leichnam nach erfolgter Schändung liegen. Das wiederum stört den Konvent der Götter, die vom Olymp zugeschaut haben, wie Achill die Leiche Hektors, immerhin eines Königssohnes, am Pferd festbindet und über den Erdboden schleift.

Daraufhin sieht Achill plötzlich seine Mutter neben sich im Zelt sitzen und ihm gut zureden. Lieber Sohn, wie lange vor Gram wehklagend und seufzend willst du das Herz dir verzehren? Nachdem die Erscheinung verschwunden ist, liefert Achill sofort den Leichnam Hektors an dessen Vater aus, wie ihm die Göttlichen befohlen haben, durch den Mund seiner Mutter.

Kurzum, die Götter spielen die Rolle des Bewußtseins. So lautet der Befund des Princeton-Psychologen Jaynes, der das bislang kühnste Konzept zur Erklärung für das langsame Auftauchen unserer heutigen Ich-Instanzen vorgelegt hat.

Achill, so die Grundannahme dieser Theorie, sei als Repräsentant einer Mentalität anzusehen, die vor viertausend Jahren in allen bekannten Hochkulturen verbreitet war, von Ägypten bis Mesopotamien, und entsprechend zeitversetzt im Industal, am Jangtse-Fluß, in Mittelamerika und im Hochland der Anden – überall dort, wo es größere Städte gab und ein sakrales Königtum, mit Tempeln und Götterstatuen. In diesen Zivilisationen, so Jaynes, verfügte das Gehirn der Untertanen über zwei Sprachzentren: das linke (genauer gesagt: dominante) war wie heute für die Alltagssprache zuständig, das rechte (nicht-dominante) für die Sprache der Götter; es verbalisierte in Streßsituationen das Erfahrungswissen der Vorfahren, die Kommandos der verstorbenen Häuptlinge, der vergotteten Königinnen und Könige.

Daß dergleichen möglich ist, wird jeder Nervenarzt bestätigen, der mit Schizophrenen zu tun gehabt hat.

In der linken Hirnhälfte, das steht außer Streit, sitzen die drei Sprachzentren, ohne die kein Mensch ein Wort herausbringen kann. In der rechten Hemisphäre, meint Jaynes, wäre zur Zeit der alten Pharaonen ein »Halluzinationszentrum« lokalisiert gewesen, das jene königlich-göttlichen Befehle produzierte, die dann von der linken Hemisphäre als Stimmen registriert wurden. Als Kabel zwischen den beiden elektrochemischen Komplexen hat Jaynes einen Strang von drei Millimeter Durchmesser ausgemacht, die sogenannte vordere Kommissur. »Hier haben wir nach meinem Dafürhalten«, schreibt der Professor, »jenen schmalen Steg vor uns, über den die Direktiven kamen, auf denen unsere Kultur und die Weltreligionen gründen; die Stelle, wo die Götter sich den Menschen offenbarten und Gehorsam ernteten, weil sie der menschliche Wille waren.«

Einen strengen Beweis für diese forsche Behauptung kann es deshalb nicht geben, weil die Gehirne der Vorfahren längst zu Staub zerfallen sind. Deshalb mußte der Psychologie-Professor die schweigenden Relikte der versunkenen Zivilisationen inspizieren, deren Handel und Wandel von den Archäologen rekonstruiert wird. Bei seinen Exkursen in die Kulturgeschichte stieß Jaynes auf die Überreste eines palästinensischen Dorfes, das 1959 entdeckt wurde, zwanzig Kilometer nördlich vom Gennesaret-See, aus der Zeit um 9000 v. Chr., woselbst »der erste Gott« begraben lag, nach derzeitigem Wissensstand, laut Jaynes. Es handelt sich um ein Skelett. »Meine Vermutung geht dahin«, schreibt Jaynes, »daß der auf sein steinernes Ruhekissen aufgestützte tote König in den Halluzinationen seines Volkes noch immer Befehle ausgab … In paradigmatischer Form war hier vorgebildet, was die kommenden acht Jahrtausende bringen sollten. Ist der König tot, wird er zum lebendigen Gott.«

Damit wird jegliche Metaphysik, werden Transzendenz und Übernatur auf hirnelektrische Vorgänge reduziert, denen »da draußen«, wo das Göttliche webt, nichts korrespondiert. Religion entpuppt sich nach Jaynes als quälende Sehnsucht nach den rechtshemisphärischen Stimmen, die im Lauf der Zeit immer schwächer wurden, um schließlich ganz zu verstummen.

Jaynes führt die einsetzende Stille im Rechtshirn unter anderem auf Naturkatastrophen (wie den verheerenden Vulkanausbruch in der Ägäis) zurück, die im Lauf des zweiten vorchristlichen Jahrtausends ein soziales Chaos auslösten, auf das die Götterwelt mit Schweigen reagierte – aus dem einfachen Grund, weil die überlieferten Autoritäten keine Antwort auf die neuen Gegebenheiten bereit hielten. Besser gewappnet waren Menschen, deren unstetes Leben sie gelehrt hatte, weniger auf jenseitige Stimmen zu hören als auf sich selbst: Kaufleute und Soldaten. Archilochos, der erste griechische Dichter, dessen Texte die Ichform verwenden, war Söldner. Er lebte um 650 v. Chr., also gar nicht so lang nach der schriftlichen Fixierung der Taten Achills. Gleichwohl ist der Unterschied zwischen den beiden Soldaten beachtlich. Der eine konnte lesen und schreiben, der andere nicht.

Außerdem hatte Archilochos, im Gegensatz zu Achill, seinen Sold in Form kleiner Edelmetallbarren bei sich, und bald nach seinem Tod begannen die ersten geprägten Geldmünzen zu zirkulieren. Mit der Ausbreitung von Schriftkultur und Geldverkehr begann der Verfall des Orakelwesens, aus Propheten wurden Bauchredner, aus Sibyllen Hysterikerinnen.

Ob es die Menschen-ohne-Ichbewußtsein, wie Jaynes sie beschreibt, mitsamt ihren rechtshemisphärischen Kommandostimmen je in der Häufigkeit gegeben hat, wie sie für die soziale Organisation ganzer Zivilisationen nötig ist, muß freilich zweifelhaft bleiben, ebenso wie die »Verwandtschaft« Achills mit heutigen Schizophrenen. Am Ende seines dicken Buches gesteht sich der Professor nicht ohne Selbstironie ein, daß er eine eher ausgefallene Theorie produziert hat. Mit der Verneinung der Frage, ob »da draußen« etwas Göttliches walte, hat er sich in die Kälte des Weltalls katapultiert, und blickt von dort eher mißvergnügt auf die letzten viertausend Jahre Kulturgeschichte herab. Wir sind einem Irrtum aufgesessen, meint der Professor.

Die Erforschung schizophrener Halluzinationen bleibt von solchen Überlegungen unberührt. Patienten, die Stimmen hören, werden zum Beispiel gebeten, immer dann einen Knopf zu drücken, wenn die Stimme sich meldet, und der Tomograph zeichnet die entsprechenden Hirnaktivierungen auf. Wenn jemand alle zehn Sekunden aus dem Nichts gehässige Vorwürfe hören muß, auch wenn niemand im Zimmer ist, und dies trotz Medikation, dann benötigt er einen Arzt und nicht einen Kulturphilosophen. Der Unterschied zwischen Krankheit und »göttlich verursachtem Wahnsinn« war bereits zur Zeit Platons bekannt.

Sechzehn Kugeln für Bruder Malcolm

Malcolm Little, geboren 1925 in Omaha, Nebraska, als Sohn eines baptistischen Geistlichen, litt nie unter Halluzinationen, verachtete das Zungenreden und erlebte seine religiöse Bekehrung in einer Gefängniszelle, ganz ohne überirdische Stimmen. Gleichwohl wurde er Anfang der sechziger Jahre neben Martin Luther King zum bekanntesten Repräsentanten des erwachenden Selbstbewußtseins der *negroes*, wie er sie in seiner Autobiographie nennt. Bei seiner Trauung im Januar 1958 schrieb er in die Rubrik »Religionsbekenntnis«: Muslim.

Seine Karriere begann Malcolm »X«, wie er sich später nannte, um an den unbekannten Familiennamen seiner afrikanischen Herkunft zu erinnern, als *hustler* in Harlem. Das unübersetzbare Wort bezeichnet die Rastlosigkeit einer Existenz, die im Geschiebe und Gedränge des Nachtlebens ständig auf der Jagd nach dem schnell verdienten Dollar unterwegs ist, nicht unbedingt unter den Augen der Polizei, mit einer Schachtel Marihuana-Zigaretten in der Tasche und im Kopf die Telefonnummer einer Madame, die Mädchen vermittelt. Hinter Gitter kam der junge Mann schließlich wegen bewaffneten Einbruchs. Das Urteil: zehn Jahre, von denen Malcom X sieben absaß, 1946 bis 1952. Von den anderen Häftlingen wurde er »Satan« genannt, aufgrund seiner religionsfeindlichen Einstellung.

Die Verwandlung eines nahezu illiteraten Kleinkriminellen in den Missionar der »Nation of Islam«, dem es innerhalb von zehn Jahren gelang, eine Sekte von vierhundert Seelen zu einer funktionierenden Organisation von vierzigtausend Mitgliedern zu machen, geschah keineswegs mit der Plötzlichkeit, wie sie in Heiligenlegenden beliebt ist. Nicht die Hinwendung zur Religion war der erste Schritt, sondern die Eroberung der geschriebenen Wörter. Zunächst belegte der Sträfling einen Korrespondenzkurs in Englisch, auf den Rat eines alten Knastbruders, der die wache Intelligenz seines Mitgefangenen erkannte und ihn auf die Existenz der Anstaltsbibliothek aufmerksam machte.

Vorerst allerdings hüteten die Bücher ihre Geheimnisse. Viele Wörter, die der Lesende unter die Augen nahm, waren ihm unbekannt. Das Wörterbuch, das er schließlich verlangte, erschien ihm so wichtig, daß er es Seite für Seite abschrieb, um sich den Inhalt besser anzueignen. So viele Wörter, von deren Existenz der Lesende keine Ahnung gehabt hatte. Und allmählich begannen die Bücher zu sprechen, verständlich. Auch nach dem Abschalten des Lichts in seiner Zelle las der Häftling in der Nacht weiter, im Schein der Gangbeleuchtung, die durch das kleine Fenster in der Zellentür kam, bis um drei oder vier Uhr in der Früh. Das Gefängnis war meine Universität, hat Malcolm X später gesagt.

Auch die Stimme des Propheten aus Mekka erreichte den späteren Wahrheitszeugen im Gefängnis, zunächst als klarer Befehl. Kein Schweinefleisch, keine Zigaretten. Überbringer der Weisung war Reginald, einer der Brüder Malcolms. Ich werde dir zeigen, wie du hier rauskommst, schrieb Reginald, und hör sofort auf, Schweinefleisch zu essen und zu rauchen. Malcolm gehorchte, in der Hoffnung auf die Freiheit.

Als Reginald auf Besuch kam, war Malcolm bereits um eine Erfahrung reicher. Durch die Weigerung, Schweinefleisch zu essen, hatte er die Aufmerksamkeit des ganzen Gefängnisses auf sich gelenkt. Neger können ohne ihr Schweinefleisch nicht existieren, sagten die Weißen. Das war die Regel. Ich bin die Ausnahme von der Regel, sagte sich Malcolm, und außerdem wollte er von Reginald den Trick erfahren, wie er durch den Verzicht auf Schweinefleisch aus dem Gefängnis herauskäme.

Reginald erschien im dunklen Anzug mit Krawatte, plauderte über die übrigen Geschwister und machte keinerlei Anstalten, das große Geheimnis zu verraten, das er offenbar kannte. Malcolm hütete sich, ihn zu drängen. Dann fiel, fast nebenbei, zum ersten Mal der Name dessen, der alles weiß: Allah.

Malcolm hörte zu, in der sicheren Annahme, daß noch mehr kommen würde.

Allah hat 360 Grad Wissen, sagte Reginald, während der Teufel nur 33 Grad hat.

Der Teufel?

The white man is the devil, sagte Reginald, und verabschiedete sich.

So begann die theologische Ausbildung des Malcolm X. Bald kamen täglich zwei Briefe, von den Geschwistern (Wilfred, Philbert, Reginald, Hilda). Sie alle gehörten bereits zur Gefolgschaft des Ehrenwerten Elias Muhammad, des Gründers der »Nation of Islam«, deren Tempel Nummer Eins in Detroit eingerichtet worden war, bevor Elias eine fünfjährige Haftstrafe wegen Wehrdienstverweigerung antreten mußte. Zur Zeit lebte Elias in Chicago, um dort seinen Tempel Nummer Zwei aufzubauen, erzählte Hilda gelegentlich eines Besuchs in der Prison Colony (Norfolk, Massachusetts), wohin Malcolm Ende 1948 verlegt worden war, auf Betreiben Hildas. In Norfolk gab es Einzelzellen mit Wasserklosett, keine Gitter, viel Grün und gute Luft, eine große Bibliothek mit den Schwerpunkten Geschichte und Religion. Die Geschwister hatten Geld zusammengelegt, um den Besuch Hildas zu finanzieren.

Möchtest du hören, wie der weiße Mensch auf den Planeten Erde gekommen ist, fragte Hilda. Das war »Jakubs Geschichte«, die grundlegende Lektion des Ehrenwerten Elias.

Zuerst trennte sich der Mond von der Erde, erzählte Hilda. Dann kamen die ersten Menschen. Sie waren schwarz, und sie gründeten Mekka. Unter den 24 Weisen, die es gab, befand sich einer, dessen Auffassungen von denen der übrigen Weisen abwichen. Er stand am Beginn des mächtigen Stammes Schabazz, von dem wir Neger in Amerika abstammen. Dann wurde Mister Jakub geboren, vor etwa 6600 Jahren, in Mekka, mit einem ungewöhnlich großen Kopf. Er gehörte zu den Unzufriedenen und hatte mit achtzehn Jahren alle Schulen und Universitäten absolviert. In den Straßen Mekkas predigte er den Aufruhr gegen Allah, und wurde deshalb mit 59999 Anhängern auf die Insel Patmos verbannt. Dort fing er mit der wissenschaftlichen Züchtung der braunen, roten, gelben und schließlich der weißen Rasse an, was jeweils zweihundert Jahre in Anspruch nahm. Mister Jakub starb unterdessen, im Alter von 152 Jahren. Die Weißen, wilde und nackte Teufel mit kalten blauen Augen, die auf allen vieren liefen und auf den Bäumen lebten, kehrten sechshundert Jahre nach ihrer Erzeugung von Patmos nach Mekka zurück, wo sie unter den Schwarzen durch Lügenmärchen Unfrieden stifteten, bis sie des Landes verwiesen wurden und in Europa ankamen, um zweitausend Jahre lang in Höhlen zu leben. Allah schickte ihnen Mose, um sie aus den Höhlen zu holen und zu zivilisieren, denn es stand geschrieben, daß sie die Welt sechstausend Jahre lang beherrschen würden. Die Juden waren die ersten Weißen, die dem Mose gehorchten. Daß ein Teil der schwarzen Menschen als Sklaven nach Nordamerika gebracht wurde, um die wahre Natur der weißen Teufel besser kennenzulernen, stand ebenfalls geschrieben. Zuletzt erschien, im Jahr 1931, Master Wallace D. Fard in Detroit, welcher dem Elias Muhammad die Botschaft Allahs überbrachte, daß die Jahrtausende der weißen Herrschaft bald vorüber sein würden.

Der Ehrenwerte Elias, schloß Hilda, ist auf einer Farm in Georgia aufgewachsen. Ein kleingewachsener, sanfter Mann. Schreib ihm einen Brief. Er wird sicherlich antworten. 6116 South Michigan Avenue, Chicago.

Willkommen unter den Wissenden, schrieb Mr. Muhammad. Nicht wir sind die Verbrecher, sondern die Weißen, die uns anständige Jobs vorenthalten und uns damit in die Kriminalität treiben. Unterschrieben war der Brief mit dem Titel: Botschafter Allahs. Das beeindruckte den Empfänger, und außerdem freute er sich über den Fünfdollarschein, der beigelegt war.

Gleichzeitig begannen die Geschwister zu drängen. Unterwirf dich Allah, schrieben sie immer wieder. Bete in der Richtung nach Osten.

Das war das Schwierigste. Bislang hatte Malcolm seine Knie nur dann gebeugt, wenn es nötig war, beispielsweise, um ein Türschloß zu knacken. Eine Woche lang zwang sich der Häftling in seiner Zelle, niederzuknien, nur um sofort wieder aufzuspringen, überwältigt von Scham und verletztem Stolz.

Als er endlich die Gebetshaltung schaffte, hatte er keine Ahnung, was er zu Allah sagen sollte.

Die richtigen Formeln wurden später nachgeliefert. Entscheidend war der Moment, in dem die Knie auf dem Boden blieben. Islam heißt: Unterwerfung, Hingabe.

Die rechte Hirnhemisphäre war damit vollkommen zufrieden.

Der Schriftsteller Alex Haley, dem Malcolm X seine Lebenserinnerungen anvertraute, schrieb über seinen Gesprächspartner: *The man had charisma, and he had power*. Wortgewalt, Ausstrahlung. In biblischen Zeiten verdankte sich derlei Begabung dem Wirken des heiligen Geistes. Zwanzig Jahrhunderte später war die linke Hirnhemisphäre dominant geworden; sie war es, die trainiert werden mußte, um aus Malcolm X einen gefragten Versammlungsredner und radiotauglichen Agitator zu machen. Woher aber kamen Power und Charisma?

Nicht von den »afrikanischen Instinkten«. Sie erwähnt Malcolm X lediglich im Rückblick auf seine Zeit als wilder Tänzer in Boston und New York, als Count Basie, Lionel Hampton, Duke Ellington aufspielten, um 1940 herum. So gut konnte Malcolm tanzen, daß eine Blonde mit eigenem Auto auf ihn aufmerksam wurde, offensichtlich sehr interessiert an afrikanischen Instinkten.

Ein einziges Mal verkörperte sich der Andere, der Auftraggeber. Er saß auf einem Stuhl neben dem Nachtlager Malcolms, und sagte kein einziges Wort. Die Geschichte passierte nach dem Ausschluß Reginalds aus der »Nation of Islam« wegen unerlaubter Beziehungen zur Sekretärin des Tempels in New York. Malcolm saß immer noch im Gefängnis, und die Demütigung seines liebsten Bruders beschäftigte ihn sehr. Er betete zu Allah, anstatt zu schlafen, und plötzlich bemerkte er den Besuch in seiner Zelle. Dunkler Anzug, hellbraune Gesichtsfarbe, fettiges schwarzes Haar, irgendwie asiatisch.

War das Gott?

Jedenfalls hatte Malcolm keinerlei Furcht empfunden. Nach einer Weile verschwand der Fremde ebenso unvermittelt, wie er aufgetaucht war. Später dachte Malcolm, daß es sich um Master Fard gehandelt hatte, den Botenläufer Allahs, der den Ehrenwerten Elias Muhammad zum Letzten-Botschafter-Gottes-Unter-Den-Schwarzen-In-Nordamerika bestellt hatte. Die Kette des Prophetentums war noch immer nicht abgerissen.

Master Fard war der Messias, erzählte Mr. Elias Muhammad später. Das war nach der Entlassung Malcolms aus dem Gefängnis, während der vielen Gespräche, die der Ehrenwerte dem ehemaligen Sträfling gewährte. Master Fard hat uns 1934 verlassen, ohne sich zu verabschieden, spurlos.

Zu den Männern und Frauen der »Nation of Islam« sagte der Ehrenwerte Elias während einer Versammlung in Chicago, daß Bruder Malcolm ihm täglich einen Brief aus dem Gefängnis geschrieben habe. Jetzt ist er frei, und viele Versuchungen warten auf ihn. Ich glaube, daß er seinen Vorsätzen treu bleiben wird.

Wenige Monate später erhielt Bruder Malcolm sein »X« verliehen, zum Zeichen seiner formellen Mitgliedschaft in der »Nation of Islam«. Er arbeitete in einer Autofabrik in Detroit und verbrachte seine Abende damit, in den schwarzen Vierteln der Stadt, an den Straßenecken und in den Billard-Salons Propaganda für den Tempel Nummer Eins zu machen. Das war ein ehemaliges Geschäftslokal, neben einer Schweineschlächterei. Das Quieken der Tiere grundierte die Ausführungen des Predigers. Bald durfte Bruder Malcolm seine erste Ansprache halten.

Die christliche Religion unserer Sklaventreiber hat die Gehirne der Schwarzen gewaschen, predigte Bruder Malcolm. Wir haben geglaubt, daß uns nach dem Tod Flügel wachsen, damit wir in den Himmel fliegen, während die Weißen ihren Himmel bereits auf der Erde hatten. Denkt an die Schreie der vergewaltigten schwarzen Frauen, die von ihren weißen Herren genommen wurden, auf dem Feld, in der Küche. Schaut euch an! Je heller eure Haut, desto mehr weiße Teufel haben eure Mütter, eure Großmütter vergewaltigt.

Ein Jahr nach seiner Entlassung war Malcolm X hauptberuflicher Prediger der »Nation of Islam« und eilte von einer Stadt zur anderen, um neue Tempel zu gründen. Die Nation wuchs. Das waren die disziplinierten jungen Schwarzen, die innerhalb einer halben Stunde wie aus dem Nichts vor der Polizeistation auftauchten, wenn einer von ihnen grundlos zusammengeschlagen worden war, in tadellosen Anzügen mit Krawatte, und schweigend warteten, bis ihr Sprecher vorgelassen wurde. In Harlem, wo Malcolm X sein Hauptquartier hatte, waren die »Muslims« bald ein fester Begriff.

Ende 1959 erfuhr ganz Amerika, wer die Schwarzen Muslims waren, durch eine Fernseh-Dokumentation der Mike Wallace Show unter dem Titel »The Hate That Hate Produced«. Bei Malcolm X begannen die Telefone zu läuten. Wütende Reporter wollten vom Prediger wissen, warum er Haß verbreite, warum er gegen Rassen-Integration sei. Der Wolf fragt das Schaf, gab Mr. Malcolm X zurück, ob es unfreundliche Gefühle hat. Der Vergewaltiger fragt die Vergewaltigte, ob sie ein Problem hat. Und warum werden die Garden der Schwarzen Muslims in Karate trainiert? Auch die weißen Pfadfinder lernen Karate. Warum nicht auch wir? Gibt es nicht viele Weiße, die sich für die Schwarzen eingesetzt haben? Ich kenne nur zwei, Hitler und Stalin. Der Weltkrieg hat vielen Schwarzen gute Jobs in der Rüstungsindustrie verschafft.

Bald waren es nicht mehr zweihundert Brüder und Schwestern, die den Worten des Ehrenwerten Elias Muhammad lauschten, sondern zehntausend und mehr – in der Uline Arena von Washington, D. C., im Coliseum von Chicago. Polizeieskorten für Mr. Muhammad vom Flugplatz zum Veranstaltungsort. Weißen war der Zutritt verboten. Trennen wir uns von den Weißen, predigte der Ehrenwerte Elias Muhammad. Wir wollen einen eigenen Staat, ein separates Territorium, wo wir für uns selbst sorgen können. Lehre uns, Botschafter Allahs, schrie die Menge.

Bruder Malcolm, sagte der Ehrenwerte Elias, du sollst eine bekannte Persönlichkeit werden. Deine Bekanntschaft wird meine Bekanntschaft fördern. Aber eins mußt du wissen. Je bekannter du wirst, desto mehr Neider wirst du haben.

Ein prophetisches Wort. Im November 1963 erteilte der Ehrenwerte Elias dem Bruder Malcolm ein zunächst auf drei Monate befristetes Redeverbot, wegen einer unziemlichen Bemerkung über die Ermordung Präsident Kennedys. Im Hauptquartier der »Nation of Islam« saßen ein paar Leute, die eifersüchtig auf Bruder Malcolm waren, und außerdem erschien ihnen seine Einstellung zu rigoros, in bezug auf das Verhalten der obersten Führung. Gewisse Vorkommnisse, gewisse Unregelmäßigkeiten. Bruder Malcolm wußte zuviel.

Ein Urlaub würde ihm guttun. In Miami, auf Einladung des Boxers Cassius Clay, durfte sich Malcolm X mit Familie zum ersten Mal seit dem Gefängnis entspannen. Nur seine Gedanken entspannten sich nicht.

Ich habe mein ganzes Vertrauen in Mr. Muhammad gesetzt, sagte Malcolm X zu Alex Haley. Gerüchte über unerlaubte Beziehungen Mr. Muhammads zu seinen Sekretärinnen gab es seit 1955. Ich weigerte mich, so etwas zu glauben. Im Vorjahr verdichteten sich die Hinweise. Ich befragte drei ehemalige Sekretärinnen Mr. Muhammads, und sie bestätigten mir, daß sie von ihm schwanger geworden waren. Letzten April besuchte ich ihn. Noah war einmal betrunken, sagte ich zu Mr. Muhammad, aber er hat die Menschheit vor der Sintflut bewahrt. Lot schlief mit seinen Töchtern, aber er rettete die Gerechten aus dem Strafgericht über Sodom. David beging Ehebruch, aber er erschlug Goliath. Ja, mein Sohn, sagte Mr. Muhammad zu mir, ich bin Noah, ich bin Lot, ich bin David. An mir müssen alle diese Prophezeiungen in Erfüllung gehen.

Ich weiß mittlerweile, sagte Malcolm X zu Alex Haley, daß ich zum Abschuß freigegeben bin.

Im April 1964 trat Malcolm X die Wallfahrt nach Mekka an und kehrte als Hadschi Malik zurück. Ich war ein Zombie, sagte er zu einem Fotoreporter. Jedermann darf aus sich einen Narren machen, solang er dafür bezahlt. Mir hat meine Dummheit zwölf Jahre des Lebens gekostet.

Vor der Presse erklärte Hadschi Malik, daß seine Reise nach Mekka ihm die Augen geöffnet habe. Rassismus jedweder Art sei ein Unsinn, auch jener der Schwarzen gegen die Weißen. Allerdings müßten die Weißen erst noch beweisen, daß auch sie zur Menschheitsfamilie gehörten – durch eine humane Behandlung der Schwarzen. Im übrigen sei der Islam mit religiösem Sektierertum unvereinbar.

Am Sonntag, den 21. Februar 1965 sollte Malcolm X im Audubon Ballroom zwischen Broadway und St. Nicholas Avenue sprechen. Nachdem er die Bühne betreten hatte, eröffneten mehrere Männer aus der ersten Reihe das Feuer auf ihn. In seinem Körper wurden sechzehn Kugeln gefunden.

So bewahrheitete sich, was geschrieben steht beim Propheten Jesaja: Er wurde durchbohrt wegen unserer Sünden.

ZEITENSINN

Es war höchste Zeit für eine neue Welt. Nach dem Tod Friedrichs II. von Hohenstaufen war Europa der Kreuzzüge müde geworden. Schon ging die Rede von einem zweiten Christus, der aus Assisi stammte und die fünf Wunden des Gekreuzigten auf seinem Körper trug. Unter seiner Autorität sollte die Menschheit in eine neue Weltordnung eintreten, die des Heiligen Geistes.
In solcher Hochstimmung wurde der greise Abt Pietro del Murrone zum Papst gewählt, der das Hauptkloster seiner Genossenschaft dem Heiligen Geist geweiht hatte.
Dieser Engelpapst, wie er genannt wurde, blieb nur fünf Monate im Amt. Sein Amtsverzicht, der einzige dieser Art, geschah am 13. Dezember 1294.
So wurde deutlich, daß die alte Weltordnung noch immer recht stabil war.
Deshalb segelten zweihundert Jahre später ein paar Abenteurer über den Atlantik und entdeckten die Neue Welt in Amerika.

Wann? Das Gespräch zwischen Richard Löwenherz und Joachim von Fiore am Beginn des Jahres 1191 in Messina kreiste um staatsmännische Fragen von allerhöchster Bedeutung. Es ging um die Stellung Sultan Saladins im göttlichen Heilsplan und damit um die Chancen des nächsten Kreuzzugs. Der berühmte Abt Joachim aus Kalabrien, den der englische König als Experten konsultierte, bezog sein Wissen aus dem letzten Buch der christlichen Bibel, der Johannes-Apokalypse, genauer aus deren zwölftem Kapitel, wo vom großen, feuerroten Drachen mit den sieben Köpfen die Rede geht. Diese Drachenhäupter, erläuterte Joachim, bedeuten die Christenverfolger seit Herodes und Nero, von denen fünf bereits untergegangen seien, und Saladin sei der sechste Widersacher, dem es gelungen sei, am 2. Oktober 1187 die Stadt Jerusalem in seine Gewalt zu bekommen, aber nicht für lange Zeit, denn bald würde er sie wieder verlieren.

Wann wird das sein?

Wenn sieben Jahre nach der Einnahme Jerusalems verstrichen sind.

Dann ist mein Unternehmen verfrüht, sprach Löwenherz.

Nein. Sieg über die Feinde ist dir gleichwohl beschieden, und dein Name wird heller glänzen als der Ruhm aller übrigen Fürsten.

Nach diesem Bescheid habe der selige Abt sich über das siebente Drachenhaupt zu verbreiten begonnen, den letzten und furchtbarsten Feind der heiligen Kirche, genannt Antichrist, welcher bereits geboren sei und den Stuhl Petri besteigen würde.

Der gegenwärtige Papst?

Nein.

Mehr wollte der Abt nicht verraten. Im April segelte Richard Löwenherz mit seinen Rittern nach Palästina, eroberte unterwegs Zypern, ließ nach der Einnahme Akkons dreitausend gefangene Sarazenen abschlachten, weil das Lösegeld für sie nicht rechtzeitig eingetroffen war, erfocht im September bei Jaffa einen Sieg über Saladin, mußte um Neujahr herum einen

Vorstoß auf Jerusalem abbrechen und schloß schließlich, nach etlichen weiteren Scharmützeln, im September 1192 mit Sultan Saladin einen Waffenstillstand für drei Jahre.

Der von Joachim vorausgesagte Termin für die Rückeroberung Jerusalems verstrich ohne besondere Vorkommnisse.

Auch in bezug auf den Antichrist hatte sich Joachim etwas verrechnet. Die zwei Monstren des dreizehnten Kapitels der Apokalypse, die der Antichrist für den Endkampf benötigt, sollten erst siebenhundert Jahre später auftauchen, in Braunau am Inn und in Gori, Georgien.

Bald!

Der Geist und die Braut sprechen: Komm! Und der Zeugnisgebende spricht: Ja, ich komme bald.

Die Dringlichkeit in den letzten Zeilen der Johannes-Apokalypse war deutlich genug, und sie verdankte sich der Inspiration des Geistes (der *ruach*, des *pneuma*), welcher (welche, welches) ab 200 vor Christi Geburt die Judenheit auf den Jüngsten Tag vorbereitet hatte, mit allerlei Geheimschriften alarmierter Seelen, denen die Zeit schneller verging als den einigermaßen behaglich Lebenden. Für die Apokalyptiker hatte der Countdown bereits begonnen, in der Gotteswelt tickte die kosmische Uhr ihrem letzten Stündlein entgegen, die Zornesengel griffen nach den himmlischen Posaunen, und auch der altböse Drache tauchte herauf, zum Endkampf mit den Heerscharen des Guten. Die letzten Dinge (griechisch *ta eschata*, davon »eschatologisch«) wurden in den Apokalypsen voller Lust am Untergang ausgemalt, ausschweifend visionär wie im Irrenhaus, gewalttätig destruktiv – eine Kaskade männlicher Wutphantasien, wie unter Termindruck geschrieben. Denn der Zeitpunkt ist nahe.

Eine Abschrift der Johannes-Apokalypse lag auch auf dem Tisch Joachims, des Grüblers aus dem kalabrischen Hinterland. Die monastische Laufbahn dieses wichtigsten Geschichtstheologen seit Aurelius Augustinus begann 1171 mit seinem Eintritt in das Kloster Corazzo in Kalabrien, wo er bald zum Abt avancierte. Das war keine besondere Ehre, denn die kleine Niederlassung stand eher kümmerlich da und bedurfte dringend einer Patronanz. Deshalb verfügte sich Joachim 1183 in die von französischen Zisterziensern bewirtschaftete Abtei Casamari (sechzehn Kilometer östlich von Frosinone, Lazio), wo er zu Ostern und Pfingsten die entscheidenden Eingebungen seines Lebens hatte, betreffend die Auslegung der Apokalypse des Johannes und die Absichten der allerheiligsten Dreifaltigkeit mit der Menschheitsgeschichte.

Er war, schrieb Joachim, beim zehnten Vers des ersten Kapitels der Apokalypse steckengeblieben, wo es heißt: Und ich ward verzückt im Geist.

Denn: Was bedeutet »im Geist«?

In der Mitte der Nacht auf den Ostermontag, fuhr Joachim fort, zur Stunde der Auferstehung Christi von den Toten, schreckte ich auf (*excitato a somno*).

Alsbald begannen die Gedanken des Mönchs in der Stille seiner Zelle um die Geheimnisse der Apokalypse zu kreisen, die ihn nicht losließ, und es war wie ein Kampf, den er erlebte (*quasi quedam pugna gerebatur in mente mea*), als plötzlich die Offenbarung über jenen Vers aus dem ersten Kapitel der Apokalypse, an den er gar nicht gedacht hatte, wie ein innerer Augenaufschlag passierte (*subito mihi meditanti aliquid quadam mentis oculis intelligentiae claritate percepta*), nämlich die Einsicht in den vollständigen Sinngehalt (*plenitudo*) der Apokalypse und in die Übereinstimmung der jüdischen und christlichen Bibel (*tota veteris ac novi testamenti concordia*).

Dann bimmelte die Glocke zur nächtlichen Mette der Mönche, und Joachim sang im Chor der Klosterbrüder: Alleluja.

Das erste Buch, das Joachim nach der nächtlichen Eingebung in Casamari zu schreiben anfing, heißt *Liber Concordiae* und begründete den Ruhm des Abtes unter den Männern der Kirche. Joachim wollte zunächst eine breit angelegte Darstellung der Interpretationsregeln in Angriff nehmen, nach denen er die verschiedenen Sinn-Ebenen der biblischen Schriften zu dechiffrieren gedachte. Dann kam Pfingsten.

Ich war in der Kirche, schrieb Joachim, um Gott dem Allmächtigen die Andacht zu erweisen, als mich eine Ratlosigkeit im Glauben an die Dreifaltigkeit ergriff (*accidit in me velut hesitatio quedam de fide Trinitatis*). Erschrocken verstärkte ich mein Gebet, ja ich fühlte mich gedrängt, den Heiligen Geist anzuflehen, dessen Fest an jenem Tag gefeiert wurde, mir das Geheimnis der heiligen Dreifaltigkeit zu zeigen (*oravi valde, et conterritus vehementer compulsus sum invocare Spiritum Sanctum cuius sacra solemnitas presens erat ut ipse mihi dignaretur ostendere sacrum mysterium Trinitatis*). Ich fing an, die vorgesehenen Psalmen zu rezitieren, und im selben Augenblick erschien meiner Seele die Form einer Harfe mit zehn Saiten, und in ihr leuchtete das Geheimnis der Dreifaltigkeit so klar, daß ich ausrufen mußte: Wer ist so groß wie unser Gott (*ocurrit animo modo forma Psalterii decachordi et in ipsa tam lucidum et apertum sacre mysterium Trinitatis ut protinus compellerer clamare: Quis Deus magnus sicut Deus noster*). So eindrucksvoll war das Erlebnis, daß Joachim eine Zeichnung der Dreifaltigkeitszither anfertigte. Sie wirkt so konventionell wie das Tafelbild eines pedantischen Lehrers. Offenbar ließ sich die Qualität der geistlichen Erleuchtung nicht so ohne weiteres einfangen.

Joachim ging auf die Fünfzig zu. Er blieb noch ein gutes Jahr in der gastlichen Abtei, vollendete seinen *Liber Concordiae* und begann mit der Niederschrift seiner *Expositio in Apokalypsim* und des *Psalterium decem chordarum*. In diesen drei Werken hat der kalabresische Abt seine österlichen und pfingstlichen Intuitionen mit viel Fleiß ausgebreitet. Dabei erwies sich der Blick Joachims auf die Menschheitsgeschichte als so originell, daß seine Sicht der Dinge bis heute das westliche Denken bestimmt:

Erstens, die Geschichte macht Sinn.

Zweitens, die Geschichte verläuft in drei aufeinanderfolgenden Perioden.

Drittens, die Geschichte gehorcht dem Gesetz des Fortschritts.

Damit hatte Joachim gezeigt, daß die grausamen und bedeutungslosen Nachrichten aus der Vergangenheit, diese idiotischen Geschichten, wie Shakespeare sie nennt, zum

Muster eines wunderbaren Designs zusammentreten, wenn sie »im Geist« betrachtet werden. Das war, nicht nur für Joachim, die Lösung des Rätsels der Welt.

Zwischendurch, während der Arbeit an seinen Schriften im Kloster von Casamari (es steht heute noch), wurde Joachim zum Papst gebeten, im Mai 1184. Der alte Herr, Lucius III. mit Namen, hatte diplomatische Sorgen vor seinem Gipfeltreffen mit dem staufischen Kaiser Friedrich I. Barbarossa in Verona, das für November geplant war. Die Gespräche mit Joachim fanden in Veroli statt, zwei Gehstunden von Casamari, wo die Päpste wegen der guten Luft in den Bergen gern den Sommer verbrachten. Offensichtlich hatten die Mönche von Casamari, mit ihren guten Verbindungen zur päpstlichen Kurie, den Tiefsinn ihres Gastes aus Kalabrien gerühmt. Zur Debatte stand eine anonyme Weissagungsschrift, die im Nachlaß des kürzlich verstorbenen Kardinals Matthäus von Angers aufgetaucht war. Der kurze Text gab sich als sibyllinischer Orakelspruch aus und stellte der Kirche unruhige Zeiten in Aussicht.

Joachim identifizierte den rotbärtigen Staufer sofort als Repräsentanten der Gegengewalt, den im Buch Ezechiel angekündigten *Rex Babiloniae*, welcher unter verschiedenen Namen vom Zentrum des Negativpols her agierte. Der Negativpol, genannt Babylon, stünde im Kampf mit dem Positivpol, genannt Rom, dozierte Joachim, unter Berufung auf die Johannes-Apokalypse, und es sei im Heilsplan Gottes nicht vorgesehen, dem Babel-König politischen Widerstand entgegenzusetzen. Duldend und leidend wie Christus habe sich die heilige Kirche zu verhalten, nicht wie eine Militärmacht.

Also keine Allianz des Heiligen Stuhls mit den lombardischen Städten gegen den Kaiser?

Nein.

Zustimmendes Nicken. In der Umgebung des Papstes gab es eine starke Fraktion, die das hundertjährige Ringen zwischen Nord und Süd, Deutschland und Italien, Kaiser und Papst um die Herrschaft über die Völker friedlich beilegen wollte. Dieser Auffassung neigte auch Papst Lucius zu. Von nun an stand Joachim bei der päpstlichen Kurie in hohem

Ansehen, und auch die weltlichen Monarchen begannen auf ihn aufmerksam zu werden.

Seine Autorität bezog der Abt aus Kalabrien aus einem wuchtigen Prinzip. Er war davon überzeugt, daß der Grundriß des gesamten Geschehens seit Adam und Eva in einem einzigen Buch aufgeschrieben sei, in der Bibel. Die göttliche Planskizze lag im Buch der Bücher allerdings nicht offen zutage, erkennbar auch für das flüchtigste Auge, sondern vielfach verschlüsselt. Wer den Sinn des Lebens, den Sinn der Welt, den Sinn der Geschichte begreifen wollte, mußte sich wie ein geduldiger Leser verhalten, dem der Inhalt seiner Lektüre nicht sofort einleuchten will.

Der größte Fehler beim Lesen der Welt bestand darin, sie wörtlich zu nehmen.

Wer zum Beispiel das Wort »Jerusalem« in den Mund nahm, meinte damit zunächst die Stadt dieses Namens, mit ihren Häusern, Straßen und Mauern, ein Reiseziel für den Pilger ins Heilige Land, wie auch Joachim einer gewesen war, bevor er ein Klosterbruder wurde. Das war der wörtliche Sinn dieses Namens, und man brauchte ihn, um nach dem richtigen Weg zu fragen.

Aber der Pilger sucht nicht Häuser, Straßen und Mauern. Wenn er endlich am Ziel seiner Wallfahrt angelangt ist, hat er ein anderes Jerusalem im Sinn, eine himmlische Stadt des Friedens für immer. *Caelestis urbs Ierusalem, beata pacis visio.* Die geographische Bezeichnung ist in einen Wunschinhalt übergegangen.

Mindestens vier solcher Bedeutungsebenen hatte jeder mittelalterliche Theologe im Kopf. Neben dem wörtlichen Sinn gab es drei Arten von übertragenen Bedeutungen, die bei der Auslegung der biblischen Texte von Fall zu Fall angewendet wurden. Die Verwandlung des irdischen ins künftige Jerusalem gehörte in die »anagogische« (= hinaufführende), die Sicht Jerusalems als Inbegriff der heiligen Kirche in die »allegorische« (= anders redende) Sinngebung. Schließlich gab es auch noch eine »moralische« Sinngebung, die am Beispiel Jerusalems einen Appell ans Gewissen fand, gottgefällig zu leben.

Miteinander führten die drei übertragenen Bedeutsamkeiten zum geistgeleiteten Verständnis (*intelligentia spiritualis*) der Bibel, im Gegensatz zu einer Lektüre, die den Text wörtlich nahm (*sensus litteralis*, auch: *historica interpretatio*).

Zwischen den verschiedenen Ebenen der Bedeutung bewegte sich Abt Joachim mit staunenswerter Behendigkeit. Er führte neue Verständnisweisen ein (bis zu fünfzehn Sinngebungen hat er gefunden), jonglierte mit Symbolen und Zahlenangaben. Es konnte vorkommen, daß der Abt einem Kaiser aus der Bibel bewies, er habe sich als Negativ-Kraft zu betrachten, wie der Fall mit Heinrich VI. während der Belagerung von Neapel im Sommer 1197. Vier Jahre später, vor seiner Krönung in Palermo, erinnerte sich der Kaiser sehr genau an sein Gespräch mit dem Abt und attestierte ihm ein hohes Maß an Genauigkeit bei seinen Prognosen.

Damals lebte Joachim bereits auf tausend Meter Höhe im wilden Sila-Gebirge, wo er ein Kloster gegründet hatte, San Giovanni in Fiore. Der Name der Niederlassung läßt an blühende Bergblumen denken, und freilich auch an eine schönere Zukunft, die nach den Berechnungen Joachims in Bälde aufgehen sollte, unter der Patronanz der dritten Gottperson, als Zeitalter des Heiligen Geistes.

Der entscheidende Einfall Abt Joachims gliederte den Ablauf der Menschheitsgeschichte seit Adam und Eva in drei Zustandsformen (*status*), entsprechend den göttlichen Personen der christlichen Trinität. Gottvater hatte den Gang der Dinge von Adam und Eva bis Christi Geburt bestimmt. Von diesem Zeitpunkt an war Gottsohn mit der Regierung der Welt beschäftigt. Gott Heiliger Geist, bislang eher im Hintergrund tätig, war für die letzten Tage der Menschheit an der Reihe, ab 1200 ungefähr, und möglicherweise würde seine Herrschaft nicht sehr lange dauern, ein halbes Jahr vielleicht nur, bis zum Termin des Jüngsten Gerichts.

Schon lag der monströse Antichrist in den Windeln, dessen Auftreten die furchtbarste Anfechtung der Christenheit einläuten würde. Sein Untergang sollte dann ein glückseliges Zeitalter ermöglichen, das Dritte Reich des Heiligen Geistes, eine kurze Frist unter der Führung der Geistlichen Menschen, denen der höhere Sinn der heiligen Schrift aufgegangen war. Diese *viri spirituales* wurden seit den Tagen des Mönchsvaters Benedikt auf ihre Aufgabe vorbereitet, in der kontemplativen Stille ihrer Klosterzellen, und je tiefer diese Stille war, desto besser. Joachim wußte, daß dem Bösen nur »im Geist« wirksam begegnet werden kann und war deshalb in die Sila-Berge gestiegen, um menschenfern mit einer Handvoll entschlossener Genossen den Positivpol der Welt zu stärken.

Das Jahr 1200 verging ohne besondere Vorkommnisse. Joachim besuchte den sechsjährigen Friedrich II. von Hohenstaufen, der in Palermo unter der Vormundschaft von Papst Innozenz III. stand, und machte anschließend sein Testament. Er war davon überzeugt, daß Innozenz III. der letzte Papst sein würde.

Tatsächlich hat das Papsttum nie wieder die Machtfülle erreicht, mit der Innozenz regierte. Geirrt hatte Joachim lediglich in bezug auf die Dauer der Neuzeit, deren Beginn er spürte. Sie ging erst im Jahr 1989 zu Ende, mit dem Fall der Berliner Mauer. Danach schien die Menschheit hauptsächlich mit dem Betrieb von Rechenautomaten beschäftigt.

Mehr wollten wir nicht haben

Als Joachim im März 1202 starb, war ein gottvoller Mann bereits auf der Welt. Er hieß Giovanni Bernardone und wurde von seinem Vater »Francesco« gerufen, kleiner Franzose. Sein Elternhaus stand in Assisi, er war eben zwanzig Jahre alt geworden und arbeitete im Geschäft seines Vaters, der im Tuchhandel ausgezeichnet verdiente. Nichts deutete darauf hin, daß Francesco wie eine Sonne über dem neuen Jahrhundert aufgehen sollte.

Aber der Geist (die *ruach*, das *pneuma*) kam über ihn, und zwar ganz ohne die Heftigkeit der weissagenden Raserei aus den Zeiten der Sibyllen und Propheten von einst, auch nicht in der Form des pfingstlichen Lallens oder der erkenntnistheoretischen Volltrunkenheit. Die Inspiration machte sich vielmehr als überwältigende und ruhevolle Gefühlsregung bemerkbar, die den jungen Francesco ganz unerwartet befiel, nach einem festlichen Essen mit seinen Freunden, die ihn zum Tafelmajor gewählt hatten. Angeheitert zog die ganze Partie durch die Stadt, eher grölend als singend, mit Francesco am Schluß, der eine Art Zeremonienstab schwang. Da plötzlich berührte ihn Gott, heißt es im Text, und eine derartig süße Freude erfüllte sein Herz, daß er sich weder regen noch bewegen konnte. Nur jene Süßigkeit (*dulcedo, dolcezza*) fühlte er, und zwar so intensiv, daß seine Wahrnehmungsfähigkeit ausgeschaltet war. Das dauerte so lange, bis der beschwipste Verein merkte, daß sein Capo zurückgeblieben war. Was ist los mit dir? Hast du ein hübsches Mädchen im Kopf? Kann schon sein, murmelte Francesco verlegen, und es gab ein allgemeines Gelächter.

Die Verwandlung des unbeschwerten jungen Mannes aus gutem Hause in einen Jahrhundertmenschen nahm vier Jahre in Anspruch. Francesco hörte Stimmen, begann zu grübeln. Es sprach sich herum, daß er eines Tages im Leprosen-Asyl unterhalb von Assisi erschienen sei und jedem Aussätzigen die Hand geküßt habe, ehe er ihm ein Geldstück überreichte. Als ich in Sünden lebte, schrieb Francesco in sein Testament, kam es mir sehr bitter an, Aussätzige zu sehen. Aber Gott führte mich unter sie, und ich erwies ihnen Barmherzigkeit. Als ich von ihnen ging, ward mir dasjenige, was mir vorher bitter vorgekommen war, in Süßigkeit der Seele und des Leibes verwandelt (*fu convertito in dolcezza dell'anima e del corpo*).

Damit ist die paradoxe Intention, der Schlüssel zur epochalen Persönlichkeit des Franz von Assisi, wie in einer Weltformel ausgedrückt. Francesco hatte erkannt, daß jenes profunde Glücksempfinden am Anfang seines neuen Lebens sich stets dann wieder einstellte, wenn er das Gegenteil von dem tat, was ihm der gesunde Hausverstand nahelegte. Nicht um ein jenseitiges Gut ging es dabei, sondern um die »wahre und vollkommene Freude« (*vera et perfecta laetitia*), das Allerwichtigste im menschlichen Leben. Eines Tages, so wurde erzählt, wanderte Francesco mit einem treuen Gefährten von

Perugia nach Assisi, zur Unterkunft seiner »Minderen Brüder« (*fratres minores*), die es damals bereits gab. Es war Winter, und die beiden froren bitterlich. Da rief Francesco seinen Begleiter, der vor ihm ging, und sprach also: Bruder Leo, auch wenn die Minderen Brüder allenthalben ein leuchtendes Beispiel des heiligen Lebens geben und viele Menschen erbauen, so merke wohl und schreibe es sorgfältig auf, daß darin nicht die vollkommene Freude liegt!

Nach einer kleinen Weile rief Francesco abermals und sprach: Auch wenn die Minderen Brüder die Blinden sehend machen und die Krüppel gerade, wenn sie Teufel austreiben und Tote aufwecken, so merke wohl und schreibe es sorgfältig auf, daß darin nicht die vollkommene Freude liegt!

Noch mal rief Francesco, während sie weitergingen: Auch wenn die Minderen Brüder mit Engelszungen predigen und alle Ungläubigen bekehren, wenn sie den Lauf der Sterne und die Heilkraft der Kräuter verstehen, die Schätze der Erde und die Eigenschaften der Vögel, Fische und sämtlicher anderen Tiere kennen und sogar das Wesen der Bäume und Steine, der Wurzeln und Gewässer erfassen können, so merke wohl und schreibe es sorgfältig auf, daß darin nicht die vollkommene Freude liegt!

Nachdem die beiden unter solchen Worten etwa zwei Meilen gegangen waren, ergriff Bruder Leo in großer Verwunderung das Wort und sprach: So sag mir endlich in Gottes Namen, worin dann die vollkommene Freude liegt! Francesco antwortete: Wenn wir, durchnäßt vom Regen und steif vor Kälte, vor unserem Quartier anlangen, schmutzig und von Hunger gepeinigt, und an die Tür klopfen, und der Pförtner schaut mißmutig heraus, erkennt uns nicht, hält uns für Landstreicher, macht die Tür zu und läßt uns draußen stehen in Schnee und Regen, und wir ertragen dies freundlich und ohne Murren, dann, Bruder Leo, schreibe es auf, liegt darin die vollkommene Freude!

Wenn wir dann noch mal klopfen und der Pförtner wütend herauskommt, erbost über die abermalige Störung, und uns Ohrfeigen gibt, und wir still und geduldig bleiben, dann, Bruder Leo, schreibe es auf, liegt hierin die vollkommene Freude! Wenn wir schließlich, weil es schon Nacht geworden, unter Tränen ein letztes Mal klopfen, und der Pförtner mit einem Stock erscheint und uns jämmerlich verprügelt, und wir auch diese Unbill gelassen ertragen, dann, Bruder Leo, schreibe es auf, liegt darin und hierin die wahre und vollkommene Freude!

Auf den ersten Blick bleibt dieses Programm der Selbsterniedrigung im herkömmlichen Rahmen der virtuosen Weltflüchtigkeit, die von den Gelbkutten des Buddha über die Erleuchteten des Mani in den christlichen Westen gelangt war. Gleichwohl war etwas Umwälzendes passiert, nämlich die manifeste Identifikation der franziskanischen Lebensführung mit jenen *minores* der damaligen Gesellschaft, die den Minderen Brüdern des Franz von Assisi den Namen gaben. Das waren, im Gegensatz zu den besseren Kreisen (*maiores*), alle jene minderbemittelten kleinen Leute in den Slums der europäischen Städte, die vom Land in die Stadt gedrifteten Taglöhner, Handlanger und Eckensteher, die Leichenwäscher und Totengräber, Lumpensammler und Hundefänger, Waschfrauen und Kleingewerbler, wild angesiedelt vor den Mauern, unrasiert und verdreckt, schnell mit dem Messer bei der Hand, respektlos und immer hungrig, ein wachsendes Niedervolk ohne Wurzeln, unzufrieden und daher gefährlich für den *popolo grasso*, die Fettbäuche der Aristokratie und des Besitzbürgertums.

Aus letzterem kam Francesco.

Die schroffe Geste, mit der er sich von seiner Herkunft verabschiedete, geschah vor aller Augen, im Beisein des Bischofs von Assisi, der den abtrünnigen Sohn mit seinem Vater versöhnen wollte. Anfang 1207 hatte die Geduld des Vaters mit den Bizarrerien Francescos ein Ende. Die ganze Stadt war mittlerweile überzeugt, daß der junge Herr verrückt geworden war. Der alte Bernardone wandte sich an den Bischof, und der wiederum inszenierte eine Art Tribunal vor dem Eingang der Kirche Santa Maria Maggiore. Der Streitpunkt war eine Geldsumme, die Francesco für die Renovierung einer alten Kapelle ohne Erlaubnis aus dem Geschäft abgezweigt hatte.

Der Bischof sitzt auf einem Stuhl vor dem Kirchenportal, im violetten Mantel, mit der Mitra auf seinem Kopf, und ermahnt den jungen Mann vor ihm, seinem Vater das Geld zurückzuerstatten.

Nicht nur das Geld, antwortete Francesco. Er verschwindet kurz im bischöflichen Palazzo und kehrt bald zurück, nur mit seiner Unterhose bekleidet. Bislang habe ich Pietro di Bernardone meinen Vater genannt. Mitsamt seinem Geld gebe ich ihm auch die Kleider zurück, die ich von ihm habe, und sage von nun an: Vater Unser im Himmel.

Ob Francesco auch noch seine Unterhose abgelegt hat, wie ein Biograph berichtet, kann offenbleiben. Der heilige Geist jedenfalls, unter dessen Leitung Francesco so offenkundig stand, hatte am Klassenverrat seines Auserwählten überhaupt nichts auszusetzen.

Ein Jahr später erhielt Francesco, dem bereits die Kinder auf der Straße nachliefen, wann immer er sich in Assisi zeigte, die letzte Gewißheit über das Wesen von Geld und Privatbesitz. Zur Erheiterung der Stadt hatte er damit angefangen, die Kapelle San Damiano unterhalb von Assisi, deren Renovierung ihm sehr am Herzen lag, mit eigenen Händen auszubessern. Als er damit fertig war, bettelte er weitere Steine zusammen, um die beiden verfallenen Kirchlein San Pietro della Spina und Santa Maria degli Angeli in der Umgebung Assisis instand zu setzen. Im Februar 1208, während einer heiligen Messe, der Francesco beiwohnte, hörte er dann jene Worte des Evangeliums, die seinem Leben die endgültige Richtung gaben.

Der Priester las: In jener Zeit sandte Jesus die Zwölf vor sich her, gebot ihnen und sprach: Gehet nicht auf den Weg zu den Heiden und betretet auch keine Stadt der Samariter. Gehet vielmehr zu den verlorenen Schafen des Hauses Israel. Gehet und prediget, indem ihr sprecht: Das Himmelreich ist nahe gekommen! Heilet Kranke, weckt Tote auf, macht Aussätzige rein, treibt Dämonen aus. Umsonst habt ihr empfangen, umsonst sollt ihr geben. Habt weder Gold noch Silber noch Geld in euren Gürteln, auch keine Reisetasche, auch nicht zwei Röcke, weder Schuhe noch Stab. Denn der Arbeiter ist seiner Nahrung wert.

Francesco hörte: Kein Gold, kein Silber, kein Geld! Keinen Proviantbeutel! Nur eine einzige Kutte! Keine Schuhe, keinen Wanderstecken!

Damit war alles klar. Geldgebrauch, Grundbesitz, Seßhaftigkeit waren dem heiligen Geist zuwider. Die Ethik ohne Eigentum wurde zum Grundprinzip der Genossenschaft, die Francesco um sich sammelte. Als dann der Herr Gott mir Brüder gab, schrieb Francesco in sein Testament, war niemand da, der mir zeigte, was ich tun solle, sondern der Allerhöchste selbst offenbarte mir, daß ich nach der Form des Evangeliums leben solle. Ich ließ es in wenigen, einfachen Worten aufschreiben, und der Herr Papst bestätigte es mir. Die dann kamen, um dieses Leben zu wählen, gaben alles, was sie besaßen, den Armen, und sie waren zufrieden mit einer innen und außen geflickten Kutte, mit einem Strick als Gürtel und Unterhosen. Mehr wollten wir nicht haben.

Mit der päpstlichen Predigterlaubnis, die Francesco 1209 erwirkte, beginnt die Geschichte der franziskanischen Bewegung. In den siebzehn Jahren bis zum Tod Francescos (1226) wuchs sie auf etliche tausend Mindere Brüder, mit Niederlassungen in ganz Italien, in Frankreich, Spanien, Portugal, Deutschland, Ungarn und England. Tausend Jahre früher, im Zeitalter des Sohnes, wäre daraus vielleicht eine Weltreligion geworden. Für die kommende Epoche des heiligen Geistes empfahl sich ein weniger anspruchsvolles Auftreten. Francesco wollte seine Truppe anonym und unauffällig unter die Leute bringen, wie herumziehende Straßenmusikanten, deren Repertoire ein einziges Thema variierte – die göttliche Liebe. Diese hatte auf die besitzanzeigenden Fürwörter verzichtet, und damit auf den landläufigen Glücksbegriff, der mit dem Habenwollen identisch ist. Francesco hingegen, in seinem berühmt gewordenen Lobgedicht auf Gott und die Welt, pries die Sonnenstrahlen, das Mondlicht, die Sterne, das flackernde Feuer. Wind und Wasser, leuchtende Blumen und duftende Kräuter wurden für den Mann aus Assisi zum Gegenstand einer allumfassenden Dankbarkeit, die auch das Widrige in sich aufnahm, alle denkbaren Leiden und Krankheiten, selbst den Tod, *per lo Tuo amore*, unter Berufung auf ein umgreifendes Liebesprinzip, das keinerlei Ausschließungsgrund kannte.

Einen Augenblick lang war der Beutevogel vom Himmel verschwunden, das Wappentier aller Obrigkeit, samt Schnabel und Krallen. Der Lärm des dritten Innozenz und des zweiten Friedrich war in den Wäldern, wo Francesco mit seinem Gott weinte und lachte, nicht zu hören.

Die langweilige Differenz zwischen Geist und Macht ließ sich durch Flucht allein freilich nicht beseitigen. Je berühmter der exzentrische Poverello wurde, desto mehr interessierte sich die hohe Geistlichkeit für ihn.

Deshalb kam es zur denkwürdigen Predigt des Franz von Assisi vor dem Heiligen Kollegium in Rom, über Einladung des Kardinals Hugolin von Ostia, der den Minderen Brüdern wohlgesonnen war. Der Heilige Vater persönlich habe gewünscht, der Liebhaber der Armut möge einige Worte der Erbauung an ihn und die Fürsten der Kirche richten, sprach Hugolin, und deshalb möge Francesco die Rede auswendig lernen, die der Kardinal vorsichtshalber konzipiert hatte.

Als Francesco am festgesetzten Tag vor den Papst und die Kardinäle geführt wurde, so der Bericht weiter, konnte er sich plötzlich an nichts mehr von dem erinnern, was Hugolin aufgesetzt hatte. In der allergrößten Verlegenheit, nachdem der Segen erteilt worden war, griff er zu seinem Gebetbuch, schlug es auf und traf auf die Stelle des Psalms, wo es heißt: Immerfort ist vor mir meine Schmach, Schamröte bedeckt mein Gesicht.

Francesco übersetzte den lateinischen Text in die Volkssprache und begann dann im Dialekt seiner Heimat vom Übermut der Prälaten zu reden, und wie durch ihr schlechtes Beispiel der heiligen Kirche viel Schmach zugefügt werde. Denn die Prälaten seien füglich als Antlitz der Kirche aufzufassen, und was wäre Gott lieber, als daß dies Antlitz in voller Schönheit erstrahle, nicht schamrot wegen jämmerlichen Versagens.

Während Francesco so redete, heißt es weiter, geriet er in solche Hitze des Geistes (*cum tanto fervore spiritus loqueba-*

tur), daß sich seine Füße wie im Tanz zu rühren begannen, bis er schließlich vor der erlauchten Versammlung selbstvergessen herumsprang, außer sich vor freudiger Erregung.

Nachdenklich seien die Herren auseinandergegangen, schließt der Bericht. Einen kostbaren Augenblick lang war der heilige Geist aus den theologischen Folianten herausgeflattert, ausnahmsweise sogar in Rom, vor dem Stuhl Petri. Anschließend bestätigte Papst Honorius III. mit der Bulle »Cum dilecti« den Minderen Brüdern ihre Rechtgläubigkeit.

Das war allerdings etwas voreilig. Zwar galt der Sohn des Pietro di Bernardone in den letzten Jahren seines Lebens allenthalben als exemplarisch begnadeter Mensch, und wo immer er auftrat, um eine Predigt zu halten, lief das Volk scharenweise zusammen. Aber im Kern dieser Heiligkeit steckte bereits das Dynamit für die bürgerlichen Revolutionen der kommenden Jahrhunderte.

Ausdrücklich hatte der »allerkleinste Bruder« (*picciolino Fra Francesco*) seiner Bewegung eine Umgangsform empfohlen, die ohne hierarchische Befehlsketten auskam (*et nullus vocetur prior*), eine herrschaftsfreie Lebensführung mitten im starren Feudalwesen (*non habeant potestatem vel dominationem inter se*). Gleichheit und Brüderlichkeit (*egalité, fraternité*), wie diese Maximen später genannt wurden, waren damit unwiderruflich in den Wunschkatalog der aufsteigenden Schichten Europas gelangt. Im »katholischen Garten«, wie Dante ihn nannte, begannen Samenkörner zu keimen, die niemand bestellt hatte.

Jedes Jahr zu Pfingsten trafen sich die Minderen Brüder zu einer Vollversammlung in einem Wäldchen unterhalb von Assisi, genannt Porziuncola. Im Jahr 1221, fünf Jahre vor seinem Tod, erklärte Fra Francesco der überraschten Genossenschaft bei ihrem Treffen, daß er nicht mehr länger den Chef spielen wollte. Von nun an bin ich tot für euch, soll der merkwürdige Mensch erklärt haben, und alle Führungsfunktionen lagen künftig bei den sogenannten Ministern, die sich um die laufenden Angelegenheiten des Ordens zu kümmern hatten.

Denn ein Orden sollte der Verein der Franziskaner werden, nach dem Willen der päpstlichen Kurie, mit einer verbindlichen Regel, wohldefinierten Eintrittsbedingungen, festgesetzten Zeiten für die Gebete, Studienordnungen und Disziplinarvorschriften.

Das alles lag nicht im Sinn des Erfinders. Der einzige Minister, den er für seine Bewegung anerkannte, war für Francesco der heilige Geist (*generalis minister Religionis, Spiritus Sanctus*), und der ließ sich nicht reglementieren. Der hundertjährige Konflikt der Franziskaner mit dem römischen Kirchenkonzern war damit vorprogrammiert.

Ein anderer Konflikt im Leben des Fra Francesco, nämlich jener zwischen irdischer und himmlischer Liebe, wurde dagegen »im Geist« gelöst. Als Francesco es endlich wagte, einige Wochen in der Nähe jener Frau zu verbringen, der er im Namen Gottes die Haare abgeschnitten hatte, war er ein schwerkranker Mann und nahezu blind. Chiara di Offreduccio, so hieß die adlige Dame, lebte mit ihrer Mutter Ortolana und ihren beiden Schwestern Agnes und Beatrice armselig genug beim Kirchlein von San Damiano, das Francesco eigenhändig restauriert hatte. Zwei weitere Frauen, ebenfalls aus gutem Hause, vervollständigten den kleinen Konvent. Jederzeit hätten die Damen in ihre Palazzi zurückkehren können, aus denen sie geflüchtet waren. Das Leben im Geist (*vita dello spirito*) war ihnen offensichtlich wichtiger.

In der entscheidenden Nacht, seit der es einen weiblichen Zweig der Franziskaner-Bewegung gab, war die damals achtzehnjährige Chiara aus ihrem Elternhaus davongelaufen, begeistert von der Radikalität Francescos, hinunter ins Tal, wo sie bereits von den Minderen Brüdern erwartet wurde. Die Szene im Fackelschein, die dann folgt, vibriert von religiöser Erotik. Francesco tritt vor und greift ins Haar des Fräuleins, um die *sacra tonsura* zu schneiden, jene grausame Verwandlung der weiblichen Biologie in die Geschlechtslosigkeit des engelgleichen Lebens.

Anschließend durfte man einander nicht wiedersehen.

Die Härte der Trennung wäre Chiara unzumutbar vorgekommen, heißt es in einer volkstümlichen Legende, die im Winter spielt und die beiden Heiligen in eine stille Landschaft versetzt, während einer letzten gemeinsamen Wanderung vor dem endgültigen Abschied. Wann werden wir einander wiedersehen, habe Chiara gefragt. Im Sommer, wenn die Rosen blühen. Und plötzlich seien ringsum die Wacholdersträucher von Rosen bedeckt gewesen.

Am Ende seines Lebens ließ sich ein erschöpfter Francesco in einem Unterstand aus Schilfmatten an der Außenwand des Klösterchens von San Damiano nieder. Starke Augenschmerzen ließen ihn selten Schlaf finden, und außerdem plagten ihn eine Menge Mäuse, die ihn nicht einmal beim Essen in Ruhe ließen. Fünfzig Tage habe er sich in San Damiano aufgehalten, heißt es in einem Bericht, der kein Wort über die Gründe verliert, warum es Francesco nach San Damiano zog. Ein anderer Text drückt die Gefühle Francescos deutlicher aus: Er habe einzig und allein Chiara geliebt.

Eine Vereinigung der Liebenden war auch im Zeitalter des heiligen Geistes nicht vorgesehen. Die geistgeleiteten Menschen (*spirituali*) sollten nach Geschlechtern getrennt in die Zukunft marschieren.

Die letzte Pointe im Leben des Franz von Assisi wurde auf dem Berg La Verna im Toskanischen gesetzt, wo die Minderen Brüder eine Einsiedelei eingerichtet hatten. Dann und wann zog sich Francesco für ein paar Wochen in die zerklüftete Wildnis zurück. Er stand vor Tagesanbruch auf, geweckt vom Schrei eines Falken, betete mit den anwesenden Genossen die Psalmen und verschwand nach dem Frühstück im Wald. Dann konnten seine Vertrauten aus der Entfernung die Seufzer und lauten Reden hören, mit denen der einsame Mann die Stille unterbrach.

Im September 1224 erhielt Francesco eine sehr deutliche Antwort, während eines Aufenthalts auf dem La Verna. Die Berichte von der Vision sprechen von einer schönen Mannesgestalt mit den sechs Flügeln der Seraphim, schwebend in der Position des Gekreuzigten. Gütig und liebreich habe die Erscheinung geblickt, bis Francesco an seinen Händen und Füßen etwas zu spüren begann. Vier Nagelwunden und eine weitere Öffnung in der rechten Brusthälfte hätten sich dann gebildet und seien nicht wieder verschwunden, sehr zur Bestürzung Francescos, dem der ganze Vergottungsprozeß eher peinlich war.

Danach hatte der Stigmatisierte noch zwei Jahre zu leben. Magen, Leber und Herz waren stark angegriffen, dazu kamen Wassersucht, ständige Kopfschmerzen und eine fortschreitende Erblindung. Mit diesem Schmerzensmann erhielten die Minderen Brüder und Schwestern, was sie brauchten – einen alt-neuen Gottmenschen als Wegweiser in eine hoffentlich bessere Zukunft.

Überraschung in Pisa

Man will alles genau kennen, wofür Menschen je zu sterben bereit waren, hat Elias Canetti notiert.

In der Anfangszeit der Francesco-Bewegung kamen Todesbereitschaft und vollkommene Freude einander sehr nahe. Die Frauen hungerten sich in ihren engen Klausuren fast zu Tode. Die Männer wünschten sich unter die Sarazenen, wie jene sechs, die 1219 nach Nordafrika wollten, um von den Muslimen umgebracht zu werden. Einer wurde krank und mußte umkehren. Die übrigen fünf, in Sevilla angelangt, liefen sofort in eine Moschee und fingen an, den Koran zu verwünschen. Sie wurden von den wütenden Gläubigen verprügelt. Am nächsten Tag sah man sie auf einem Minarett, von wo sie herabschrien, Mohammed sei ein Betrüger und Teufelsknecht. Aus der Stadt verwiesen, setzten sie ihre Wanderung fort und gelangten nach Marokko, wo sie festgenommen und vor den Emir Abu Jakub Jusuf II. in Marrakesch gebracht wurden. Vor ihm erklärten sie, daß der Koran eine Lügenschrift sei, worauf sie ausgepeitscht wurden. Ein spanischer Diplomat intervenierte für sie, eine Eskorte brachte die Minderbrüder an die Küste, aber sie entkamen ihren Bewachern, eilten zurück nach Marrakesch, drangen in die Moscheen ein und verwünschten den Propheten und seine Lehren. Vergeblich bot ihnen der Emir großzügige Geschenke an. Erst als er ihnen die Todesstrafe androhte, schienen sie zufrieden. Am 20. Januar 1220 wurden Beraldo, Pietro, Adjuto, Accurso und Otho enthauptet. Ihre Leichen kamen nach Coimbra, in die Kirche der Augustinermönche, wo bald die Menschen zusammenströmten, um den ersten Blutzeugen aus den Reihen der Franziskaner die Ehre zu geben.

Hundert Jahre später wurden vier Franziskaner in Marseille öffentlich verbrannt, wegen Abweichung von der christlichen Lehre. Verehrt werden durften sie nicht. Zwischen beide Hinrichtungen fällt der denkwürdige Konflikt jenes Flügels der Minderen Brüder, der zu keinen Kompromissen mit der römischen Kirche bereit war. Die strenge franziskanische Richtung wünschte sich ausschließlich an den Weisungen des heiligen Geistes zu orientieren. Deswegen nannte man sie die »Spiritualen«. Ihr Leben war ihnen weitaus weniger wichtig als dessen Sinn.

Der Gegenspieler der Geist-Fraktion hieß Elias und war der erste General-Minister der Minderen Brüder nach dem Tod des Francesco aus Assisi, welcher das Ideal der Geringfügigkeit gepredigt und vorgelebt hatte, als wiedergekehrter Christus für eine korrupte Kirche im Abendland.

Frater Helias Coppi, wie er auf der Inschrift seiner Grabstätte in Cortona genannt wird, beförderte die kleine Leiche Francescos sofort in die Verehrungsbereitschaft der Völker Europas. In dem Rundbrief, der unter seinem Namen überall verbreitet wurde, schrieb Frater Elias: Wahrhaftig! Die Gegenwart unseres Bruders und Vaters Franziskus war ein Licht, nicht nur für uns, die wir dabei waren. Noch niemals hat die Welt ein solches Zeichen vernommen, außer beim Sohne Gottes, Christus dem Herrn. Nicht lange vor seinem Tode erschien unser Bruder und Vater als ein Gekreuzigter. Er trug die fünf Wunden, die in Wahrheit die Stigmata Christi sind, an seinem Leibe.

Trotz seiner schönen Worte wurde der General-Minister Elias von den Minderen Brüdern auf der Jahreshauptversammlung zu Pfingsten 1227 nicht wiedergewählt. Dafür erhielt er vom Papst den Auftrag, in Assisi einen machtvollen

Bau zur Ehre der sterblichen Überreste Francescos hochzuziehen, was selbstverständlich eine Menge Geld kostete. Wie noch heute zu sehen ist, wurden zwei komplette Kirchen übereinander gewuchtet, sehr zur Bestürzung derer, die den Willen des zweiten (und letzten) Christus respektierten, ihres geistgeleiteten Poverello, dessen Liebe zu verlassenen Kapellen den Frater Elias mitsamt seinem päpstlichen Gönner zu Verrätern an der franziskanischen Sache stempelte.

Vergeblich zerschlugen ein paar Getreue den Behälter aus Marmor auf der Baustelle in Assisi, der als Opferkasten für die Geldstücke der Gläubigen diente. Elias ließ die Attentäter auspeitschen und aus der Stadt weisen.

Inzwischen hatte Papst Gregor IX. dekretiert, daß das Testament Francescos, mitsamt den klaren Passagen über die Besitzlosigkeit, keinerlei bindende Kraft für die Franziskaner haben sollte.

Nach der Fertigstellung des riesigen Komplexes aus Doppel-Basilika und Klosteranlage wurde ein Besucher gemeldet. Bruder Egidio, einer der ersten Genossen Francescos, war von Perugia herübergewandert, um sich ein wenig umzusehen. Voller Stolz zeigte man ihm die gesamte Anlage. Egidio betrachtete alles genau und bemerkte im Weggehen: Jetzt fehlen euch nur noch die Frauen.

Ihren theologischen Schwung erhielt die Geist-Fraktion durch einen jener Zufälle, die den gewöhnlichen Gang der Dinge wie spielerische Gedanken Gottes durchkreuzen. 1241, im Todesjahr von Papst Gregor IX., der Francesco noch persönlich gekannt und später heiliggesprochen hatte, kontrollierten die Truppen Friedrichs II. von Hohenstaufen den Kirchenstaat, mit Ausnahme Roms und etlicher fester Städte wie Bologna. Kaiser und Papst beschuldigten einander wechselweise, der Antichrist zu sein. Die meisten Franziskaner standen auf der päpstlichen Seite, während Frater Elias ins kaiserliche Lager hinübergewechselt war.

Da erschien eines Tages bei den Franziskanern von Pisa ein Gast, der kostbare Bücher vor den Kaiserlichen in Sicherheit bringen wollte. Der Ankömmling, Abt eines in Richtung Lucca gelegenen Klosters, gehörte zum Orden des seligen Joachim von Fiore, und dessen Werke waren es auch, die er im Gepäck mit sich führte.

Die Minderen Brüder von Pisa hatten ein paar helle Köpfe in ihrem Konvent, bibelbelesene Gotteswissenschaftler und graduierte Redemeister. Sie begannen, in den Folianten des Florenserabtes zu blättern, zunächst weil sie neugierig waren. Aus der Lektüre wurde ein Studium, aus dem Studium eine Sucht. Denn der Alte aus Kalabrien, das stellte sich sehr bald heraus, hatte in großer Hellsicht bereits zu seiner Zeit die Umrisse der Gestalt aus Assisi erspäht, ihr den Namen und Titel eines *novus dux* zugeteilt und damit die Führungsqualitäten Francescos für den Marsch ins Reich der Freiheit beschrieben. Auch der Name der Minderen, auf den sie so stolz waren wie andere auf ihr adliges Wappen, tauchte in der helldunklen Prosa Joachims bereits auf, wie ein lockendes Signal im Nebel der Unübersichtlichkeit. Der Siegeszug des Kleinbürgertums aller Zeiten war nicht mehr aufzuhalten.

Ziemlich genau siebenhundert Jahre später, im Jahr 1947, nach dem größten Krieg der Menschheitsgeschichte, den ein Kleinbürger aus Österreich angezettelt hatte, veröffentlichte der aus Wien gebürtige Religionsphilosoph und ordinierte Rabbiner Jacob Taubes (1923–1987) seine Dissertation »Abendländische Eschatologie«. Sie enthält eine Passage, in der die Glut des Geistes von Pisa so heiß ist wie einst. Es sind Geistliche nötig, schrieb Taubes, welche die Menge trennen können und sie zu einzelnen machen. Geistliche, die nicht zu große Ansprüche stellten an das Studieren, und nichts weniger wünschten, als zu herrschen; Geistliche, die, womöglich gewaltig beredsam, nicht minder gewaltig wären im Schweigen und Erdulden; Geistliche, die, womöglich Herzenskenner, nicht minder gelehrt wären in Enthaltsamkeit von Urteilen und Verurteilen; Geistliche, die Autorität zu brauchen wüßten, nicht durch Macht, nichts weniger, nein, durch den eigenen Gehorsam; Geistliche, die vor allem alle Unarten des Kranken geduldig leiden, ohne gestört zu werden, so wenig wie der Arzt gestört wird von dem Schelten und Stoßen des Patienten während der Operation. Denn das

Geschlecht ist krank und, geistig verstanden, krank bis zum Tode. Zeit ist Frist, schrieb Taubes. Wer christlich zu denken glaubt, und dies ohne Frist zu denken glaubt, ist schwachsinnig.

Zeit ist Frist. Das Theologen-Quartett in Pisa, Fra Gerardus, Fra Salimbene, Fra Bartholomäus und Fra Rudolphus, das zur Keimzelle der neuen Geistlichkeit unter den Minderen wurde, stieß in den Traktaten Joachims auf einen Termin für den Anbruch der Weltordnung des heiligen Geistes, des Dritten Reichs der geweissagten Heilsperioden. Mit dem Jahr 1260 sollte laut Joachim das Toben des Antichrist endigen und das neue Zeitalter der geistlichen Freiheit beginnen, unter der Führung der treugebliebenen Franziskaner. Kein Zweifel auch, daß der Antichrist mit Kaiser Friedrich II. identisch war, in dessen engster Umgebung sich der abtrünnige Frater Elias herumtrieb, sehr zum Schaden der Sache des wiedergekehrten Christus aus Assisi.

Die Ideen der vier aus Pisa verbreiteten sich schnell. Johannes von Parma, der 1247 zum General-Minister der Minderen Brüder gewählt wurde, verkündete sie in allen Konventen der Franziskaner von Spanien bis England, die er zu Fuß visitierte, drei Jahre lang.

Dann allerdings passierte ein großes Malheur, weil Friedrich II. am 13. Dezember 1250 starb, nach den Berechnungen der Geist-Fraktion um zehn Jahre zu früh.

Einer der vier von Pisa, Fra Salimbene, hörte die Nachricht in Ferrara, wo Papst Innozenz IV. im September 1251 eine Predigt hielt. Ich stand neben dem Papst, berichtete Salimbene, so daß ich ihn hätte berühren können. Der Heilige Vater sprach über die Vorsehung Gottes, die ihn auf seiner Rückreise von Lyon, wohin er vor dem Kaiser geflüchtet war, gnädig behütet habe. Dann habe der Papst den Bürgern von Ferrara Frieden gewünscht mit der Hinzufügung, daß der ehemalige Kaiser, der die Kirche so bös verfolgt habe, ja nun tot sei. Da stieß mich Fra Gerardinus von Parma, fuhr Salimbene fort, in die Seite und flüsterte mir zu, hast du gehört, der Kaiser ist tot! Laß deinen Joachim fahren!

Fra Salimbene beschloß daraufhin, nur noch an das zu glauben, was er mit eigenen Augen sah, und blieb ungeschoren. Sein Mitbruder Gerardus kam weniger glimpflich davon. Er veröffentlichte in Paris eine Schrift unter dem Titel »Einführung in das ewige Evangelium«, die 1256 als häretisch gebrandmarkt wurde und ihrem Autor lebenslängliche Kerkerhaft in Sizilien eintrug. Ein Jahr später wurde Johannes von Parma vom Papst gezwungen, als General-Minister abzudanken. Er kam vor ein theologisches Tribunal und verschwand danach für den Rest seines Lebens im Konvent der Franziskaner in Greccio. Als er im März 1289 starb, war die Frist für die Heraufkunft des Reiches der geistigen Freiheit längst verstrichen.

Aber auch ohne festen Termin im Programm blieb die Vision der franziskanischen Spiritualen aufregend genug. Mehr und mehr Weltleute wollten die neue Geistlichkeit kennenlernen, in Oberitalien, Südfrankreich und Katalonien. Auf einem Ansitz zwischen Marseille und Nizza trafen sich beispielsweise Notare, Ärzte und andere Gebildete im Studierzimmer des gelehrten Fraters Hugo von Digne, der alle Schriften des Abtes Joachim besaß und dafür bekannt war, daß er kein Blatt vor den Mund nahm. In Lyon las er dem Papst und den Kardinälen die Leviten, »als ob er zu spielenden Kindern spräche«, wie Fra Salimbene zufrieden notierte. Dieser Hugo war es auch, der als erster die Bezeichnung »Spiritualen« in Umlauf brachte, mit deutlicher Spitze gegen die Prälaten, die bei Braten und Wein den armen Herrn Jesus vergessen hatten und die fleischliche Kirche repräsentierten, über deren Korruption sich niemand Illusionen machte. Auch unterm Handwerksvolk zirkulierte das eine oder andere Blatt aus der Produktion der franziskanischen Geist-Fraktion, wurde kopiert und unter der Hand weitergereicht, trotz der immer zahlreicher werdenden Erlässe, Fachgutachten und Verdammungsurteile gegen eine Theologie, die mit der dritten Gottperson ein neues Hoffnungsprinzip installierte, nicht für ein blasses Jenseits, sondern innerhalb des diesseitigen Zeithorizonts.

Eine besonders freundliche Aufnahme fand dieser heilige Geist unter den aufgeweckten Frauen jener unruhigen Epoche des Übergangs vom Kuhhandel zum Kapitalismus. Sie bevölkerten die Frauenhäuser in Köln und Paris, übersetzten biblische Schriften aus dem Lateinischen in die Volkssprachen, wollten keinem Mann untertänig sein und verkehrten lieber mit Jesus Christus als mit irgendeinem nach Pferdestall stinkenden Landjunker. Man nannte sie Beginen, Bizoken, Papelarden, vergewaltigte sie im Straßengraben, wenn sie unbeschützt auf Wanderung waren, warf ihre Bücher ins Feuer, nötigte ihnen engstirnige Priester als Kontrolleure auf, überantwortete sie der Inquisition.

Sie unterscheiden zwei Kirchen, schrieb der Inquisiteur Bernard Gui über sie, nämlich die fleischliche, womit sie die römische Kirche meinen, welche die Menge der Verworfenen betreffe, und die geistliche Kirche, zuständig für jene Menschen, die sie Geistliche und Evangelische nennen und die das Leben Christi und der Apostel führen; diese Kirche halten sie für die ihrige.

Das Leben Christi und der Apostel hinwiederum, wie es der Mann aus Assisi begriffen hatte, kam ohne Privateigentum aus. Dies war die Maxime, nach der Auffassung der linken Franziskaner und ihres wachsenden Anhangs, mit der sich die Christenheit ins angesagte Reich des heiligen Geistes schwingen sollte.

Oder eben nicht. Im Jahr 1309 berief Papst Clemens V. eine Kardinalskommission ein, zum Zweck der Schlichtung des prinzipiellen Konflikts zwischen Möglichkeitsform und Wirklichkeitssinn, zwischen spiritueller und konventioneller Lebensauffassung, innerhalb und außerhalb des Ordens der Minderen Brüder. Beide Fraktionen waren in der Kommission vertreten, und die Delegationen erhielten zunächst einen Fragebogen, um ihre Argumente möglichst deutlich vorbringen zu können. Im Zentrum stand das Problem des Privateigentums. Der denkwürdige Armutsstreit, wie er später genannt wurde, hatte begonnen.

Zunächst schien der heilige Geist im Kampf um die grundlegenden Werte für den Marsch Europas in die Neuzeit gute Chancen zu haben. Die rund zwanzigtausend Franziskaner waren inzwischen so reich, daß auf dem Marktplatz und in der Literatur längst über sie gespottet wurde. Ein gutes Dutzend päpstlicher Bullen hatte die Ethik des Poverello in ein komplexes System legalistischer Normen verwandelt. Der Orden selbst stand im Dienst der Inquisition, gemeinsam mit den Dominikanern, verfügte in den wichtigen Universitätsstädten über modernste Studienhäuser und stellte eine Reihe maßgebender Theologieprofessoren. Dies alles nahm Ubertino von Casale, der Wortführer der Spiritualen-Fraktion, in seiner Eingabe an die päpstliche Kommission, als Indizienkette für den Abfall der Minderen vom Willen und Vermächtnis des seligen Francesco, und verlangte die Rückkehr zum besitzlosen Zustand der Anfänge.

Daraufhin fertigte der Papst eine Bulle an, in der die Beschwerden der Spiritualen prinzipiell anerkannt wurden. Die südfranzösische Geist-Fraktion erhielt drei Konvente (Narbonne, Béziers, Carcassonne) zugewiesen, unter dem Protektorat des Heiligen Stuhls. Sehr viel mehr als ein Waffenstillstand war das nicht. Er hielt bis zum Jahr 1317.

Inzwischen war Papst Clemens V. gestorben. Sein Nachfolger, ein kleinwüchsiger und cholerischer alter Herr, nannte sich Johannes XXII. und ging sofort zum Angriff auf die Geist-Fraktion über. Er zitierte fünfundsechzig führende Spiritualen an den päpstlichen Hof von Avignon. Von ihnen unterwarfen sich vierzig Mann dem Diktat der Kurie. Der Rest wurde der Inquisition übergeben. Diese verhängte vier Todesurteile, die am 7. Mai 1318 in Marseille auf dem Scheiterhaufen vollstreckt wurden. Die übrigen Angeklagten erhielten lebenslang Kerker. Weitere Dekrete exkommunizierten die häresieverdächtigen Beginen in Südfrankreich und die oppositionellen Franziskaner in Italien. In Narbonne kamen 1319 drei unbußfertige Spiritualen ins Feuer, zwei Jahre später brannten dort siebzehn Geist-Brüder zu Asche. Weitere Exekutionen geschahen in Carcassonne und Toulouse.

Vor diesem Hintergrund des Terrors arbeitete eine achtköpfige Professorenkommission in päpstlichem Auftrag an einem Gutachten über das gefährlichste Buch der Spiritualen-Theologie, dem Kommentar zur Apokalypse des 1298 verstorbenen Pierre de Jean Olieu (Petrus Johannis Olivi). Die

Herren brauchten nicht lange, um die Lehre Olivis von den Weltaltern und der kommenden Geist-Zeit als irrig zu brandmarken. Schwer taten sie sich lediglich mit der zentralen Frage nach der Einstellung Christi zu Eigentum, Geldgebrauch und Besitz. Olivi sei im Recht, befand die Kommission, wenn er behauptet, daß die Armutsauffassung des heiligen Franz von Assisi genau der Lebensweise Christi und der Apostel entspräche. Olivi irre, fuhr das Gutachten fort, wenn er behauptet, der Papst habe deshalb keinerlei Gewalt über diese Grundregel der Franziskaner, weil sie mit dem Evangelium Gottes identisch sei, welches bekanntlich über dem Papst stünde.

Mit dieser Tüftelei war für den Papst das ganze Gutachten Makulatur. Er entschloß sich daher im März 1322 zu dem ungewöhnlichen Schritt, die strittige Preisfrage möglichst knapp und klar zu formulieren und alle interessierten Stellen, also in erster Linie den Orden der Minderen Brüder, aber auch die theologischen Fakultäten Europas, um Antwort zu ersuchen. Die Frage: Ob die Behauptung, Christus und die Apostel hätten weder als Einzelpersonen noch als Gemeinschaft etwas besessen, eine Irrlehre sei.

Zum Verdruß des Papstes rafften sich die Franziskaner zum Gegenangriff auf. Sie beriefen ein sogenanntes General-Kapitel nach Perugia, wo die versammelten Ordensoberen ein Rundschreiben an die gesamte Christenheit verabschiedeten, in welchem die päpstliche Preisfrage mit Nein beantwortet wurde. Die Auffassung, Christus und die Apostel hätten weder persönliches noch gemeinsames Eigentum und auch kein Verfügungsrecht über ihre Besitztümer gehabt, sei gesunde und rechtgläubige katholische Lehre, schrieben die Franziskaner.

Am 8. Dezember 1322 ließ der Papst eine Bulle an das Portal der Kathedrale von Avignon nageln, wie einen Hammerschlag gegen die Ethik ohne Eigentum. Sollten seine Vorgänger, fragte der Papst ironisch, wirklich so dumm gewesen sein, den Franziskanern das Eigentumsrecht an jedem Stück Käse abzusprechen, das sie zum Nachtmahl verzehrten? Die Auffassung der Minderen Brüder, sie hätten formell auf das Besitzrecht über all ihre Liegenschaften und Häuser verzichtet, fuhr der Text fort, sei eine Fiktion, mit der es nunmehr ein Ende habe.

Ein knappes Jahr später fiel die dogmatische Entscheidung der Armutsfrage. Die Behauptung, Christus und die Apostel hätten weder gemeinsamen noch privaten Besitz gehabt, sei häretisch, erklärte der Papst am 12. November 1323 für alle Zeiten.

Damit war der Heiland der Christenheit definitiv in den Geldkreislauf eingespannt, und der heilige Geist verschwand wieder im Untergrund der Weltseele, aus dem er aufgetaucht war.

Auf der Höhe der Zeit

Aber nicht für immer. Am 13. Oktober 1806 schrieb der deutsche Philosoph Georg Wilhelm Friedrich Hegel an seinen Freund, den Theologen Friedrich Immanuel von Niethammer: Den Kaiser, diese Weltseele, sah ich durch die Stadt zum Rekognoszieren hinausreiten; es ist in der Tat eine wunderbare Empfindung, ein solches Individuum zu sehen, das hier auf einen Punkt konzentriert, auf einem Pferde sitzend, über die Welt übergreift und sie beherrscht.

Gemeint war Napoleon. Der Brief kam aus Jena, wo der Franzosenkaiser am 14. Oktober die Preußen besiegte. Hegel saß gerade über den Druckfahnen seiner ersten gewichtigen Buchveröffentlichung, der »Phänomenologie des Geistes«. Sie erschien in einer Auflage von 750 Stück.

In dieser Abhandlung war der Tod Gottes bereits vorausgesetzt. Dem »Geist« im Titel des Buches machte das überhaupt nichts aus. Lediglich auf seine Heiligkeit hatte er verzichten müssen. Der heilige Geist hieß fortan, zumindest in den besseren Kreisen Deutschlands, »Weltgeist« oder auch »Absoluter Geist«. Als »Zeitgeist« war er auf der Höhe seiner Zeit, in den Intelligenzblättern sorgte er für das »Geistesleben«, in der höheren Bildung für die Pflege der »Geisteswissenschaften«, im Kulturbetrieb für eine allgemeine »Vergeistigung« oder schlicht für »das Geistige« im Gegensatz zum ordinären »Materiellen«. Das Geistige (Theaterbesuch, Lektüre, Hausmusik, Bildungsreise) wurde vom Bürgertum gepflegt, in Weimar (Goethe, Schiller, Herder) zum Beispiel.

Nach Weimar gingen die Bittbriefe des Privatdozenten Hegel an den zuständigen Minister Goethe um Gehaltszuschüsse. Der Philosoph konnte sich erst mit einundvierzig Jahren die Gründung einer Familie leisten, in Nürnberg, wo ihm Niethammer eine Stelle als Gymnasialdirektor verschaffte.

Die Familie. In ihrer bürgerlichen Gestalt verlieh sie dem Jahrhundert seine unverwechselbare Signatur. Für sie wurden im deutschen Bayreuth und im brasilianischen Manaus pompöse Opernhäuser gebaut. Ihretwegen wurden Daguerreotypie und Photographie erfunden, zur Verewigung ihrer würdevollen Beständigkeit. Hygiene und Gasbeleuchtung dienten ihr ebenso wie die Keuschheitsgürtel gegen die kindliche Onanie, Empire und Biedermeier möblierten ihre Wohnungen. Ihr war die Trennung in öffentliche und private Sphäre zuzuschreiben, jene Tyrannei der Intimität, die schließlich unter den Augen eines Wiener Nervenarztes ihr schmutziges kleines Geheimnis preisgeben mußte. In den bürgerlichen Salons pflegten die schönen Seelen ihre Empfindlichkeit für die höheren Werte der Humanität, während überall die Fabriken rauchten und der Reichtum der Völker aus den Kolonien nach Europa geschafft wurde.

Das Wunschbild der bürgerlichen Familie hieß: Liebe. In der Liebe hat der Mensch sich selbst in einem andern wiedergefunden, schrieb Hegel. Allerdings nicht auf Dauer. Die Vereinigten trennen sich wieder, aber im Kind ist die Vereinigung selbst ungetrennt worden.

Damit war, im Dreieck von Vater, Mutter und Kind, die Trinität des christlichen Glaubens aus dem Himmel auf die Erde gebracht und dynamisiert. Hegel spürte die schweigenden Energien hinter den Fassaden der Bürgerhäuser in Frankfurt, Jena, Nürnberg, Berlin. Was sich zwischen Papa und Mama abspielte, dieses Drängen der Gegensätze zur Versöhnung in einem Dritten, neun Monate nach der Hochzeitsnacht, kam nur vorübergehend zur Ruhe, schuf neue Beziehungen und Konflikte, die ihrerseits weiterarbeiten mußten, bis eine Lösung gefunden war.

Einmal erkannt, ließ sich die Liebesdialektik überall antreffen, wo Leben war. Das Weltganze hatte System. Es brauchte nur noch zu Papier gebracht werden.

Im September 1806, kurz vor dem Eintreffen Napoleons in Jena, sagte Hegel in seiner Vorlesung: Wir stehen in einer wichtigen Zeitepoche, einer Gärung, wo der Geist einen Ruck getan hat, über seine vorige Gestalt hinausgekommen ist und eine neue gewinnt. Es bereitet sich ein neuer Hervorgang des Geistes.

Mit dem Ruck war die Französische Revolution gemeint, als deren Repräsentant Napoleon anrückte, nicht als Liebender, sondern mit Kanonen. Die Weltseele in Uniform, auf einem Pferde sitzend, verkörperte die Gewaltsamkeit eines Geschehens, dessen Sinnhaftigkeit der Philosoph in seinem Bewußtsein hatte, während die französischen und die preußischen Truppen sich hauptsächlich vor einem Bauchstich fürchteten. Das Rote Kreuz war noch nicht erfunden. An den Druckfahnen der »Phänomenologie des Geistes« zeigten sich die Soldaten, denen der Philosoph Zutritt in seine Junggesellenwohnung gewähren mußte, nicht interessiert. Nach der Schlacht blieb Hegel ohne Gehalt und mußte sich nach Bamberg absetzen, wo er in der Redaktion der dortigen Zeitung arbeitete und den Druck seines Buches überwachte. Der neue Hervorgang des Geistes verlief für den Philosophen unter eher mißlichen Umständen.

Um so bemerkenswerter war der Karrieresprung des heiligen Geistes aus dem christlichen Credo ans Ruder der Menschheitsgeschichte, zunächst allerdings nur auf dem Papier des Verlagshauses Joseph Anton Goebhardt, Bamberg und Würzburg.

Hegels Geist verstand sich nur noch bedingt als der Dritte im Bund der allerheiligsten Dreifaltigkeit, innerhalb der Grenzen christlicher Religion. Letztere hatte der junge Hegel am eigenen Leib erlebt, während des Studiums der evangelischen Theologie im Tübinger Stift, zusammen mit Friedrich Hölderlin und Friedrich Wilhelm Joseph von Schelling. Beim Nippen am Abendmahlskelch empfand Hegel den Gedanken, ein Kommilitone mit Syphilis könnte den Keim der Krankheit am liturgischen Gefäß zurückgelassen haben, als unverträglich mit dem Liebesideal des Nazareners.

So also nicht. Eher schon eine unsichtbare, eine geistliche Kirche schwebte den drei Jünglingen vor, wenn sie in der freien Natur das Unermeßliche spürten, unterm blassen Schimmer des Gestirns der Nacht. Der Freundschaftsbund, den sie schlossen, hielt nicht sehr lange. Hölderin erkrankte an einem Leiden, das später Schizophrenie genannt wurde. Schelling veröffentlichte Gedanken, die Hegel nicht billigen mochte. Was blieb, war die gemeinsam erlebte Distanzierung vom Glauben der Väter, und dessen Aufhebung im (deutschen) Geist.

Nur im Deutschen erhielt der Geist seinen bestimmten Artikel, mit dem er auf die philosophische Bühne sprang und das »idealistische« Denken aufs Programm setzte, innerhalb von nur fünfzehn Jahren, vom »Versuch einer Kritik aller Offenbarung« (Johann Gottlieb Fichte, 1792) bis zur Hegelschen »Phänomenologie«, die im April 1807 an den Buchhandel ging. Bei Hegel, schrieb ein Rezensent, zeigt sich die Vernunft in ihrer ganzen Stärke. Sein Bestreben geht dahin, der Philosophie die strenge Form der Wissenschaft zu geben.

Vorzugehen war mit äußerster Kälte. Hegels Geist konnte sich nicht mit der sentimentalen Betrachtung von Einzelschicksalen aufhalten. Sterbende Soldaten, obdachlose Frauen und Kinder, Oppositionelle im Kerker interessierten ihn nicht. Er war nur mit sich selbst beschäftigt, voranschreitend zu immer höheren Formen der Klarheit des Wissens, vom stummen Sein der Natur über das unglückliche Bewußtsein vergangener Kulturen zum Selbstbewußtsein einer Zukunft, um derentwillen der ganze Betrieb in Gang gekommen war.

Die Zukunft hatte bereits begonnen, mit Napoleon. So deutlich wollte Hegel das allerdings nicht in seine Phänomenologie hineinschreiben. Er begnügte sich damit, an jedem Jahrestag der Französischen Revolution still für sich eine Flasche Rotwein zu leeren.

Die Vorsicht war durchaus berechtigt. Als der Philosoph 1818 in Berlin eintraf, um eine höchst ehrenvolle Stelle als preußischer Universitätsprofessor anzutreten, hatte der Wiener Kongreß die gekrönten Häupter Europas für die nächsten hundert Jahre wieder fest installiert. Napoleon saß auf der Insel Sankt Helena fest. Der Weltgeist ließ sich nicht drängen.

Hegels Vorlesungen waren gut besucht. Abgespannt, grämlich saß der Vortragende da, schrieb ein Hörer, mit niedergedrücktem Kopf in sich zusammengefallen, blätterte und suchte immer fortsprechend in den langen Folioheften vorwärts und rückwärts, unten und oben; das stete Räuspern und Husten störte allen Fluß der Rede, jeder Satz stand vereinzelt da und kam mit Anstrengung zerstückt und durcheinandergeworfen heraus; jedes Wort, jede Silbe löste sich nur widerwillig los, um dann in schwäbisch breitem Dialekt, als sei jedes das wichtigste, einen wundersam gründlichen Ausdruck zu erhalten.

Der Weltgeist, davon war Hegel überzeugt, hatte seine Zuflucht in Deutschland gefunden, wo er nach den Aufregungen der letzten drei Jahrzehnte endlich die Chance bekam, über sich nachzudenken, besonders in Berlin, mit staatlicher Unterstützung. Diese Morgenröte eines gediegeneren Geistes begrüße ich, sagte der neue Philosophieprofessor bei seiner Antrittsvorlesung am 22. Oktober 1818. Karl Marx, geboren am 5. Mai dieses Jahres in Trier, lag noch in den Windeln.

Von der theologischen Fakultät wurde Hegel mit Mißtrauen beäugt. Der evangelische Gottesmann Friedrich Daniel Ernst Schleiermacher, bekannt durch seine »Reden über die Religion, an die Gebildeten unter ihren Verächtern«, hatte in seiner Eigenschaft als Rektor der Universität die Berufung Hegels zu hintertreiben versucht. Der Philosoph rächte sich vier Jahre später mit einer scharfen Attacke auf Schleiermachers Begriffsbestimmung der Religion als Gefühl der »schlechthinnigen Abhängigkeit«. Gründet sich die Religion, schrieb Hegel, im Menschen nur auf ein Gefühl, so hat solches richtig keine weitere Bestimmung, als das Gefühl seiner Abhängigkeit zu sein, und so wäre der Hund der beste Christ, denn er trägt dieses am stärksten in sich, und lebt vornehmlich in diesem Gefühle.

Nur der freie Geist hat Religion, fuhr Hegel fort. Die Religion befreit den Menschen von der Last seiner selbst; sie befreit ihn aber auch von dem Wahne, in Gott ein ihm fremdes Wesen sich gegenüber zu haben. Die Theologen reden so gern von der Wärme des Herzens. Aber die Religion ist nicht bloß ein Erwärmen der Individualität, vielmehr ist sie das absolute Feuer, in welchem das Herz verbrennt und der Geist aus solcher Vernichtung dessen, was an ihm nichtig, zur Einheit mit Gott als dem heiligen Geiste aufersteht.

Entschiedener ließ sich kaum dekretieren, was vom heiligen Geist zu halten war. Solang er als Person der Dreifaltigkeit das gläubige Bewußtsein bestimmte, blieb er, als fromm verehrtes Wesen, ein fremder Gott, eine unbegreifliche Instanz aus dem Jenseits. Im Zeitalter der bürgerlichen Revolutionen war es mit dem Untertanenverhältnis zwischen Menschheit und Gottheit tendenziell vorbei. Nicht mehr die donnernde Stimme vom Sinai, nicht die von oben geschenkten Pfingstflammen für die ekstatische Gemeinde waren maßgeblich für die anbrechende Menschheitsepoche. Sondern Gottgeist würde endlich zum vollen Selbstbewußtsein erwachen, und zwar in den Ich-Subjekten emanzipierter Menschen. Der Geist des Menschen, von Gott zu wissen, erklärte Hegel, ist der Geist Gottes.

Damit war ausgedrückt, daß sich der heilige Geist zunächst einmal mit Sicherheit im Geist Hegels artikulierte. Im Kollegenkreis blieb diese Arroganz nicht unbemerkt. Hegels Hörer wiederum, jedenfalls die helleren Köpfe unter ihnen, fühlten sich unter dem Einfluß der Geistesphilosophie ihres Meisters mehr und mehr vom sonntäglichen Kirchgang dispensiert. Einer von ihnen hieß Ludwig Feuerbach. Ich war zwei Jahre lang sein Schüler, schrieb Feuerbach, sein aufmerksamer, ungeteilter, begeisterter Zuhörer. Er war der einzige Mann, der mich fühlen und erfahren ließ, was ein Lehrer ist.

Als Feuerbach 1841 sein Hauptwerk (»Das Wesen des Christentums«) veröffentlichte, war Hegel bereits zehn Jahre unter der Erde. Dann ging alles sehr schnell, zumindest in Deutschland und auf dem Papier. Karl Marx konzipierte 1845 seine Thesen über Feuerbach. Deren elfte und letzte lautete: Die Philosophen haben die Welt nur verschieden interpretiert; es kommt aber darauf an, sie zu verändern.

Seit fünfzig Jahren, spottete Wladimir Iljitsch Uljanow, genannt Lenin, haben die Marxisten Marx nicht verstanden. Wer die »Wissenschaft der Logik« von Hegel nicht durchstudiert hat, wird »Das Kapital« von Marx nie begreifen. Im April 1917 reiste Lenin in einem plombierten Waggon von Zürich nach St. Petersburg mit dem Vorsatz, den deutschen Geist in die russische Praxis zu übersetzen. Ein Jahr später telegrafierte Lenin an Jewgenija Bosch, die Vorsitzende des Gouvernementkomitees der Stadt Pensa, sie möge »zwielichtige Personen« in Konzentrationslager einsperren. In den nächsten siebzig Jahren lernten viele Menschen Hegels Geist von seiner unangenehmsten Seite kennen. Einer von ihnen hieß Alexander Solschenizyn (geb. 1918). In seinem Roman »Krebsstation« steht der Satz: Oft werden Bücher gepriesen, die es gar nicht verdienen.

Die Antwort auf die theologischen Fragen der Gegenwart liegt unter dem sibirischen Schnee. Dort sind die Strafgefangenen begraben, in deren Bewußtsein laut Hegel der heilige Geist zu sich selbst finden sollte.

FRAUENFREUND

Im Zweiten Weltkrieg starb die französische Schriftstellerin Simone Weil an Auszehrung. Ihre Vorläuferinnen aus dem Mittelalter, je nach den Umständen als Hexen verschrien, als Heilige verehrt oder als Verrückte betrachtet, erlebten ihre Begnadigungen so heftig, daß sie häufig auf das Essen vergaßen. In ihren glücklichsten Augenblicken versank diese Schwesternschaft im göttlichen Geist wie die Träne im Ozean.

Aber nein, aber nein, sprach sie

Sie war so schön, sie war so schön. Sie war das allerschönste Kind, das man in Polen findt. Aber nein, aber nein, sprach sie, ich küsse nie.

Im Soldatenlied vom Polenmädchen trifft das männliche Verlangen auf eine weibliche Verweigerung, die um so reizender wird, je weniger sie bereit erscheint, sich brechen zu lassen. Beim Singen freundet sich die marschierende Truppe mit den Bildern an, die zur Vergewaltigung der Frauen drängen. Was im Frieden verpönt ist, bleibt im Krieg straflos. Daß im Geschlechterverhältnis immer Krieg herrscht, hat die Truppe längst begriffen. In dieser zeitlosen Ordnung der Dinge bleibt das Polenmädchen ohne wirkliche Chance.

Ich küsse nie. Wider Erwarten treten, wie aus dem Nebel kommend und noch ohne scharfe Konturen, weibliche Gestalten in die Geschichte der Paarbeziehungen, Neinsagerinnen von hartnäckigerer Art als das Polenmädchen der soldatischen Phantasie. Das tägliche Brot dieser Frauen kommt nicht aus der Mühle. Sie reden, durch die Jahrhunderte, mit einer einzigen Stimme.

Zum Beispiel so: Er trat in mein Zimmer und sagte, Unglückliche, die nichts versteht. Komm mit mir, und ich werde dich Dinge lehren, von denen du nichts ahnst. Ich folgte ihm. Er nahm mich in eine Kirche mit. Sie war neu und häßlich. Er führte mich vor den Altar hin und sagte zu mir, knie nieder. Ich sagte zu ihm, ich bin nicht getauft. Er sagte zu mir, falle auf die Knie an dieser Stelle, aus Liebe, an dem Ort, wo die Wahrheit ist. Ich gehorchte. Er hieß mich hinausgehen und zu einer Dachkammer hinaufsteigen, von wo man durch das offene Fenster die ganze Stadt sah, ein paar hölzerne Baugerüste, den Fluß, wo Schiffe entladen wurden. Er hieß mich niedersitzen. Wir waren allein. Er redete. Zuweilen trat jemand ein, mischte sich ins Gespräch und ging wieder fort. Es war nicht mehr Winter. Es war noch nicht Frühling. Die Zweige der Bäume waren kahl, ohne Knospen, die Luft kalt und voller Sonne. Das Licht nahm zu, wurde strahlender und schwand, dann traten die Sterne und der Mond ins Fenster. Dann stieg von neuem das Morgenrot herauf. Zuweilen hielt er inne, holte aus einem Schrank ein Brot, und wir teilten es. Dieses Brot schmeckte wirklich nach Brot. Niemals mehr habe ich diesen Geschmack wiedergefunden. Er schenkte mir und schenkte sich Wein ein, der nach Sonne schmeckte und nach der Erde, auf der diese Stadt gebaut ist. Zuweilen streckten wir uns am Boden der Dachkammer aus, und die Süßigkeit des Schlafes senkte sich auf mich herab. Danach erwachte ich wieder und trank das Sonnenlicht. Er hatte mir eine Lehre versprochen, aber er lehrte mich nichts. Wir plauderten von allen möglichen Dingen, ohne Vorbehalte, wie es alte Freunde tun. Eines Tages sagte er zu mir, nun geh. Ich fiel ihm zu Füßen, umschlang seine Knie, ich flehte ihn an, mich nicht fortzujagen. Aber er warf mich die Treppe hinab. Wie ich hinunter kam, weiß ich nicht, das Herz war mir wie in Stücke gerissen. Ich wanderte durch die Straßen. Da fiel mir ein, daß ich gar nicht wußte, wo sich jenes Haus befand. Ich habe niemals versucht, es wiederzufinden. Ich begriff, daß er mich aus Versehen mitgenommen hatte. Mein Platz ist nicht in jener Dachkammer. Manchmal kann ich nicht anders, als mir unter Angst und Gewissensbissen etwas von dem zu wiederholen, was er zu mir gesagt hat. Wie soll ich wissen, ob ich mich genau erinnere? Er ist nicht da, um es mir zu sagen. Ich weiß wohl, daß er mich nicht liebt. Wie könnte er mich lieben? Und dennoch kann irgend etwas in meinem Inneren nicht aufhören, furchtbebend daran zu denken, daß er mich vielleicht trotz allem liebt.

Simone Weil (1909–1943), Gymnasiallehrerin, wollte den Text an den Anfang eines geplanten Buches stellen, wie einen Prolog. Ihre Schriften begannen dann nach ihrem Tod zu erscheinen (seit 1988 in einer auf sechzehn Bände geplanten Gesamtausgabe). Auf den Fotos, die es von ihr gibt, blickt sie ganz munter in die Welt. Aber der Schein trügt. Da waren die chronischen Kopfschmerzen, da war die chronische Geldknappheit. Und immer das Hungergefühl. Auf den Totenschein der Simone Weil kam der Vermerk: Versagen des Herzens infolge Herzmuskelschwäche, verursacht durch Hunger und Lungentuberkulose.

Das Hungern, geübt von jungen Frauen bis zur tödlichen Entkräftung, wird von der (in diesem Fall eher hilflosen) medizinischen Wissenschaft *Anorexia nervosa* oder Magersucht genannt. Im Herbst 1906 folgte der französische Nervenarzt Pierre Janet einer Einladung der Harvard Medical School zu einer Vorlesungsreihe, in welcher der berühmte Psychiater auch über die Anorexie sprach. Zunächst, führte Janet aus, klagen die Mädchen über unbestimmte Magenschmerzen und nehmen willig die verordneten Medikamente. Später, weil die Medikation nichts nützt und die familiäre Umgebung ärgerlich wird, erbrechen die Mädchen alles, was ihnen eingeflößt wird. Diese Phase kann bis zehn Jahre dauern und ist von Hyperaktivität der Patientinnen begleitet. Zuletzt, so Janet, gibt es fast keinen Harn und ständige Stuhlverstopfung, der Atem stinkt, die Haut wird trocken und rissig, der Puls beschleunigt sich, die Mädchen müssen im Bett bleiben, sie beginnen zu delirieren. Manche von ihnen begreifen im letzten Augenblick, wie es um sie steht, gehorchen den Anweisungen der Ärzte und kommen wieder zu Kräften. Die anderen sterben.

Während der zweiten und längsten Phase der Anorexie fiel den behandelnden Ärzten die merkwürdige Euphorie ihrer Patientinnen auf. Janet verglich diese gehobene Stimmung mit den Bewußtseinszuständen ekstatischer Heiliger. Die Anorexie, folgerte der Vortragende, müsse auf psychische Gegebenheiten zurückgehen, die er zur Zeit noch nicht aufhellen könne.

Der Vergleich mit den Ekstatikerinnen kam nicht von ungefähr. Vor seiner Amerikareise befand sich, seit 1896, eine Frau in Janets Behandlung, die ihren Namen mit »Sündenbock« (*le bouc*) angab, weil sie für die Sünden der Welt büßen müsse. Auf den Fotos, die Janet von seiner Patientin machte, war eine zierliche und hübsche Person in leichten Sandalen zu sehen, auf ihren Zehenspitzen stehend und ihren Kittel ein wenig lüpfend, als ob sie die Wölbung ihrer Beine betonen wolle. Gelegentlich erschienen auf ihrem Körper die Wundmale des Gekreuzigten, zweimal 1896, fünfmal 1897, zehnmal 1899. Die Wunden wurden verbunden und heilten ab, traten aber an denselben Stellen wiederum auf, meist unmittelbar vor der Menstruation. Man mußte die Patientin zwingen, wenigstens ein kleines Stück Brot zu essen und Milch zu trinken, einmal am Tag. Auch diese bescheidene Nahrungsaufnahme unterblieb, wenn die Frau in Ekstase geriet, was zwei oder drei Tage dauerte.

Nach sechseinhalb Jahren stationären Aufenthalts in der Pariser Heilanstalt Salpêtrière entließ Janet seine Patientin. Sie war damals 47 Jahre alt. Nach ihrem Tod 1921 begann Janet mit der Abfassung ihrer Geschichte in zwei Bänden, unter dem Titel: Von der Angst zur Ekstase. Sehr viel mehr als einen vagen Zusammenhang zwischen Nahrungsverweigerung und Ekstasebereitschaft vermochte der Nervenarzt beim Studium seiner Patientin nicht zu konstatieren. Ihre Ekstasen, schrieb Janet, weisen die wesentlichen Charakteristika aller Ekstasen der echten Mystiker auf. Offenbar war Madeleine, wie Janet seine Patientin nannte, zur falschen Zeit auf die Welt gekommen. Sie hatte ihren Platz im Mittelalter. Die mittelalterliche Mystik ist heute ohne Bedeutung, meinte der Professor.

Wer weiß. Die weibliche Nahrungsverweigerung ist keine Erfindung neuzeitlicher Primaballerinen und Models. Sie läßt sich ins Mittelalter zurückverfolgen, bis zu Chiara von Assisi, einer Hungerkünstlerin ersten Ranges, deren Ruf sich weit über Italien hinaus rasch herumsprach. In Prag beispielsweise stiftete die Königstochter Agnes ein Kloster nach dem Muster der Armen Frauen von Assisi, in das sie zu Pfingsten 1234 eintrat. Sie fastete so exzessiv, daß Chiara sich veranlaßt sah, sie vor Übertreibungen zu warnen. Wir sind weder aus Bronze noch aus Granit gemacht, sondern leider recht zerbrechlich und schwach, schrieb Chiara nach Böhmen.

Das war nur der Anfang. In den folgenden Jahrhunderten mußten sich die Beichtväter in ganz Europa mit Frauen befassen, deren demonstratives Hungern die Fastenbräuche der männlichen Orden wie Völlerei erscheinen ließ. Mehr als die Hälfte von 170 italienischen Frauen seit 1200, die vom Vatikan zur Verehrung freigegeben wurden, waren anorektisch. Die berühmteste unter ihnen, die heilige Katharina von Siena (gest. 1380), erbrach alles, was sie ihrem Beichtvater zuliebe zu essen versuchte, und starb mit dreiunddreißig Jahren an Entkräftung. Die Szene ihrer visionären Hochzeit mit Christus war im Trecento so beliebt, daß sie auf Hunderten von Gemälden verewigt ist.

Gelegentlich wurde auch geschwindelt. Eine junge Frau, Sybilla mit Namen, zog um die Mitte des 13. Jahrhunderts im Städtchen Marsal (nordwestlich von Nancy, Frankreich) die Aufmerksamkeit durch besonders eifrigen Besuch der Frühmessen auf sich. Auch erzählte sie von himmlischen und höllischen Besuchen, zog sich häufig ohne Speise und Trank in ihr Bett zurück und wurde so zum Gesprächsstoff der Leute. Der Bischof von Metz trug sich bereits mit dem Gedanken, für sie eine Kapelle zu bauen, damit das Volk die wunderbare Lebensführung der Sybilla besser bewundern könne. Dann allerdings wurde ein Ordensmann mißtrauisch, der durch eine Ritze in der verschlossenen Tür spähte, hinter der die fromme Frau hörbar im Kampf mit den Dämonen lag. Er erblickte Sybilla, die in aller Ruhe ihr Bett machte und dabei das Gegröle und Gezische der Teufelsbrut simulierte. Eine Inspektion der Unterkunft brachte einen Vorrat von Lebensmitteln unter dem Bett ans Licht, bereitgestellt von einem jungen Geistlichen, der die Büßerin nächtens versorgte. Der erzürnte Bischof ließ die falsche Heilige einkerkern und verhungern.

Die Männerwelt blieb wachsam. Das Auftreten der weiblichen Hochleistungsmystik zwischen 1200 und 1600 engagierte die Beichtväter in einem Theater sublimer Erotik, von der sie nicht die leiseste Ahnung hatten.

Amore!

Stets ist es ein übernatürlicher Geliebter, dem Chiara, Katharina, Madeleine, Simone begegnen. Etwas in meinem Inneren kann nicht aufhören, furchtbebend daran zu denken, daß er mich vielleicht trotz allem liebt. Chiara und Katharina wissen, daß es Christus ist, der ihnen im Spiegel ihrer Seele erscheint. Madeleine läßt in der Irrenanstalt durchblicken, wie unvergleichlich die Wonnen sind, die Gott ihr mit seinen brennenden Händen bereitet. Nur die ungetaufte Simone nennt den Namen des Anderen nicht.

Was soll die Umgebung, was sollen die Beichtväter, Inquisitoren, Nervenärzte zu derlei Extravaganzen sagen?

In den Gassen von Siena wurde ein Spottgedicht gegen das exaltierte Fräulein aus dem Haus Benincasa vorgetragen. Hielt sich Katharina für heiliger als die Apostel, die den Rat Jesu befolgten, alles zu essen, was ihnen vorgesetzt würde? Hungerte sie aus Geltungssucht? *Si lo Spirito ti mena, non cercar loda terrena.* Wenn der heilige Geist dich leitet, ist dir kein irdisches Lob bereitet.

Das war die Frage, die auch die heilige Inquisition interessierte. Sprach aus den Virtuosinnen des Hungers und der Ekstasen der heilige Geist oder der Teufel? Hatte man es mit Heiligen oder mit Hexen zu tun?

Der Andere konnte bisweilen sehr direkt sein. Lege dich über mich, befahl er seiner Dienerin, wie der Prophet Elischa über den Knaben. Lege deine Hände in meine Hände, deine Augen auf meine Augen, jedes deiner Glieder auf meine Glieder.

Derartige Wünsche von höherer Stelle erinnerten gefährlich an die Tricks der gefallenen Engel, die zu schändlichem Tun ins Bett mancher Frauen schlüpften, während der Gatte daneben schnarchte.

Die Inquisitoren wollten alles wissen, und möglichst genau. Wenn beim Verhör nichts herauskam, zeigten sie der Verdächtigen die Folterwerkzeuge. Half auch das nichts, begann die Tortur. Sie brachte jene Klarheit, auf die es den Inquisitoren ankam. Ja, ich habe beim Hexensabbat den Teufel auf den Hintern geküßt.

Gegen die allgegenwärtige Gefahr, als Hexe vor Gericht zu kommen, half den Liebhaberinnen Gottes ein ständiger Beichtvater, der aus intimer Kenntnis ihres Seelenlebens das günstige Leumundszeugnis bereithielt, falls es nötig war. Ohne solchen Schutz war die heilige Frau so hilflos wie die Dirne ohne Zuhälter. Katharina hatte einen gewissen Raymund, Madeleine ihren Janet.

Ich, die ich so schamhaft ihre Seele verbarg, wie konnte ich mich Ihnen in einer Weise öffnen, wie ich es noch niemandem gegenüber getan habe? So klagt Madeleine, verzweifelt über die Verständnislosigkeit des Mannes, der ihr einziger Gesprächspartner ist. Nie wird er sich erlauben, ihr zu nahe zu treten. Er trägt keine Soutane, aber er ist geblieben, was seine Vorgänger waren, ein Ohr hinter Gittern, in die unaussprechliche Geständnisse geflüstert werden.

Der Beichtvater wiederum hat nur jene eine Frage im Kopf, deren unübertreffliche Formulierung von Sigmund Freud stammt: Was will das Weib?

Auch der Andere möchte erfahren, welchen Wunsch er seiner Geliebten erfüllen soll. Berühmt geworden ist die Antwort der Maria Magdalena de' Pazzi (1566–1607) aus Florenz. *Pati non mori.* Leiden, immer mehr leiden, aber ohne dabei zu sterben. Dreihundert Jahre später erhält Madeleine Le Bouc in der Patientenkartei Professor Janets, die er sein Herbarium nennt, den Namen der Passionsblume. Ihre Leiden und ihre Ekstasen bedingen einander, wechseln einander ab, werden geradezu austauschbar. Körperliche Schmerzen können zu Lustempfindungen werden. Das vergilbte Etikett des weiblichen Masochismus, erfunden von der Männerwelt, löst das Rätsel der Leidensgeschichten aus achthundert Jahren avancierter Selbstfindung geistestrunkener Frauen mitnichten.

In dieser Welt, schrieb Simone Weil drei Wochen vor ihrem Tod an die Eltern, sind allein die Wesen, welche bis zum letzten Grad der Erniedrigung gefallen sind, befähigt, die Wahrheit zu sagen. Alle anderen lügen.

Der Brief stammt aus gottlosen Zeiten. Die beiden antichristlichen Monstren waren, wie vorausgesagt in der Apokalypse, aus der Tiefe gestiegen und hatten sich auf der Welt breitgemacht. Simone mußte wegen ihrer jüdischen Herkunft vor Hitler flüchten. In England meldete sie sich sofort bei den »Forces de la France Libre«, um als Partisanin nach Frankreich geschickt zu werden. General de Gaulle ging sie mit ihren Vorschlägen dermaßen auf die Nerven, daß er sagte: Das sind Verrücktheiten.

Von der Theologie verstand Simone mehr als vom Widerstandskampf. Der Gottlosigkeit ihres Jahrhunderts begegnete sie mit einer abwartenden Haltung. Ich kann sagen, schrieb sie, daß ich mein ganzes Leben lang niemals und in keinem Augenblick Gott gesucht habe. Die Initiative mußte vom Anderen ausgehen.

Der Andere glänzte durch Abwesenheit.

Simone wartete auf Godot. Warum kam er nicht? Beckett will uns zu verstehen geben, meinte Sartre, daß wir zu schlaff sind, um Godot wirklich zu brauchen, daß uns jener buchstäblich verrückte Starrsinn fehlt, der allein in der Lage wäre, aus uns einen dringlichen Fall zu machen.

Über diesen buchstäblich verrückten Starrsinn verfügte Simone Weil. Sie war als Atheistin aufgewachsen, was sie davor bewahrte, in die Falle der Beichtväter zu gehen. Für Simone blieb der Atheismus eine Art Reinigungsübung von hohem Wert, ein Talisman gegen die Verblendung, sich Illusionen zu machen.

Dann allerdings, mit siebenundzwanzig Jahren, in Assisi: Etwas, das stärker war als ich selbst, zwang mich zum ersten Mal in meinem Leben, niederzuknien.

Das war aber auch schon alles. Ein Dominikanerpater in Marseille, mit dem sich Simone anfreundete, merkte bald den Widerstandsgeist dieser Frau, die 1936 nach Spanien gefahren war, um den Kommunisten gegen Franco zu helfen. Das Institutionelle, auch wenn es katholisch daherkam, konnte Simone nicht verführen. Sie blieb, trotz starker Sehnsucht nach dem Genuß des Christusleibes in der Brotgestalt, ungetauft. Ihr genügte der Anblick des schmächtigen und leichten Gotteskörpers am Kreuz, um das Gewicht der Welt zu vergessen.

Etwas, das stärker war als ich selbst. Für die mittelalterlichen Schwestern der Simone Weil war es der heilige Geist gewesen, der ihren Seelen ein Segel gesetzt hatte. In der Ernüchterung des gottlos gewordenen Europa hatte er seinen Namen verloren. Verschwunden war er deshalb noch lange nicht.

Ein Geschmack, süsser als Honig

Professor Janet, dessen Genauigkeit bei der Beobachtung seiner hospitalisierten Mystikerin in der Salpêtrière unübertroffen geblieben ist, glaubte nicht an den heiligen Geist. Dafür protokollierte er detailliert, was seine Madeleine in der Ekstase erlebte.

Das: Ich koste überall die Süße dieser Küsse. Der Genuß im Mund und auf den Lippen ist endlos, er läßt sich mit nichts anderem vergleichen, er ist süßer als Honig. Ich verspüre einen frischen und süßen Geschmack, meine Zunge ergötzt sich wie noch niemals zuvor. Diese Süße in meinem Mund ist berauschend. Was ist das für ein süßer und berauschender Likör, der meinen Mund füllt? Er ist wie Honig, den ich nicht zu schlucken wage, es ist, als ob ich Zuckerzeug äße. Und das:

Ich empfinde eine ungeheure Süße auf den Lippen und im Bauch, der sich in wahrhaft göttlichen Spasmen zusammenzieht. Etwas geschieht mit meiner Blase, die Öffnung wird verschlossen, und diese Unfähigkeit, Wasser zu lassen, ist keine Qual, sondern eine Lust. Gott hat mit seinen Küssen überall ein Siegel angebracht, und ich werde niemals wieder Wasser lassen können.

Ferner: Welch unbeschreibliche Lust, sich fortzubewegen, ohne daß die Füße den Boden berühren, nichts kann die Vorstellung von der Süße vermitteln, die man empfindet, wenn man auf diese Weise überallhin fliegen kann.

Der Professor tilgte aus Gründen der Schicklichkeit »die allzu derben Ausdrücke« in den Aussagen seiner Patientin. Immerhin läßt sich ahnen, daß Madeleine die göttliche Süße nicht nur im Mund spürte. Sie verlangte, auch das hielt der Professor fest, vor dem Herannahen der ekstatischen Entraffungen nach süßen Getränken. In Indien, wo die Kompetenz für mystische Erfahrungen höher entwickelt ist als in Europa, hätte das keine Verwunderung erregt. Dort weiß jedes Kind, daß die Swamis eine Schwäche für Schleckereien haben. Madeleine war im falschen Land auf die Welt gekommen.

Und auch zur falschen Zeit, wie bereits erwähnt. In der »Summa theologiae« des Thomas von Aquin (gest. 1274), dieser mittelalterlichen Bravourleistung der Gotteskunde, gehörte die ekstatische Süße noch zum selbstverständlichen Wissensbestand. Jegliche Gotteserfahrung (*cognitio divinae bonitatis seu voluntatis affectiva seu experimentalis*) wird dort als Geschmack göttlicher Süße (*dum quis experitur in se ipso gustum divinae dulcedinis*) bezeichnet. Ein Zeitgenosse und Kollege des Aquinaten, der Kardinalbischof Bonaventura aus dem Franziskanerorden, definierte die Sache noch kürzer. Die beste Weise, Gott zu erkennen, schrieb der einflußreiche Mann, geschieht in der Erfahrung der Süße (*optimus enim modus cognoscendi Deum est per experimentum dulcedinis*).

Die zwei Meisterdenker, im Gegensatz zu vielen ihrer heutigen Kollegen, befleißigten sich einer rigorosen und präzisen Terminologie, entsprechend den hohen Standards des damaligen Universitätsbetriebs. Nicht als blumige Redewendung setzten die beiden Professoren den Geschmack der göttlichen Süße in ihre Traktate, sondern als geläufigen Fachausdruck.

Außerdem wußten sie, ebenfalls im Gegensatz zu den gegenwärtigen Mystik-Experten, wovon sie redeten, weil ihnen die Frömmigkeit über alles ging. Ob sie selbst das eine oder andere Mal in den Genuß dessen kamen, wovon sie schrieben, ist eine nebensächliche Frage. Entscheidend bleibt, daß die avancierte Gottseligkeit für die wissenschaftlichen Autoritäten im hohen Mittelalter außer Frage stand, und daß sie mit bestimmten Geschmacksempfindungen in Verbindung gebracht wurde – mit einer gewissen Süße (*dulcedo*), die sechshundert Jahre später immer noch spürbar war, in der Nervenklinik des Professors Janet.

Ab 1300 mehrten sich die Anzeichen, daß vornehmlich Frauen in den Genuß der *dulcedo* gelangten – am Rhein und in der Toskana, südlich der Pyrenäen und östlich der Elbe. Manche der Virtuosinnen der Gottinnigkeit zogen als freiwillige Bettlerinnen durch halb Europa, andere lebten unter dem Dach eines Frauenhauses. Für die Theologen an den Universitäten von Paris und Bologna, Oxford und Köln wurden die *mulieres religiosae* oder *sanctae*, wie sie genannt wurden, allerdings mehr und mehr zu einem Problem, und auch am päpstlichen Hof wurden Stirnen gerunzelt. Falls sich nämlich herumsprach, daß die göttliche Süße viel besser schmeckte als die Sakramente der heiligen Mutter Kirche, dann war die Macht der Priester ernstlich bedroht.

Am 1. Juli 1310 starb eine wohlgeborene Dame auf dem Scheiterhaufen, deren einziges Vergehen darin bestand, ein Buch geschrieben und verbreitet zu haben. Der Bischof von Cambrai hatte es im Beisein der Autorin in Valenciennes öffentlich den Flammen übergeben und der Verfasserin eingeschärft, ihre Ideen künftig für sich zu behalten. Marguerite Porète, so hieß die Schriftstellerin, schickte Kopien ihres Traktats an drei angesehene Gottesgelehrte und erhielt positive Gutachten. Weil sie weiterhin ihre Auffassungen verbreitete, wurde sie verhaftet und nach Paris überstellt, wo ein Inquisitor namens Wilhelm Humbert ihren Fall übernahm. Der Mann hatte sehr viel zu tun, weil er damit beschäftigt war, für die französische Krone einen Schauprozeß gegen den reichen Orden der Templer zu inszenieren. Für die Delinquentin aus dem Hennegau blieb wenig Zeit. Immerhin ließ Frater Wilhelm aus dem Erbauungsbuch der Marguerite ein paar gewagte Sätze zusammenstellen und beauftragte eine Kommission von einundzwanzig Theologen der Pariser Universität mit der Prüfung dieser aus dem Zusammenhang gerissenen Thesen. Die Kommission entschied einstimmig auf Häresie, und der Rest war Routine.

Fortan kursierte »Der Spiegel der einfachen vernichtigten Seelen und jener, die einzig im Wollen und Verlangen der Liebe verbleiben« anonym in den Klöstern Europas, als gern gelesener Reiseführer ins Jenseits des Diesseits. Abschriften des altfranzösischen Originals, aber auch lateinische, altitalienische, mittelenglische Übersetzungen blieben auf diese Weise erhalten, bis es einer Historikerin nach dem Zweiten Weltkrieg gelang, Marguerite Porète als Autorin des Seelenspiegels zu identifizieren. Veröffentlicht wurde die sensationelle Zuschreibung pikanterweise im Vatikanblatt »Osservatore Romano«, am 16. Juni 1946.

Außer dem, was in den Inquisitionsakten über sie steht, ist von der Porète nichts bekannt. Daß sie hochgebildet sein mußte, geht aus dem Inhalt ihres Werks hervor, das die damaligen literarischen Stilmittel benutzt, etwa das fingierte Streitgespräch (*débat*) zwischen Liebe und Vernunft, die wie Personen auftreten. Sich selbst bezeichnete die Porète in ihrem Buch als armselige Bettlerin (*mendiant creature*), was kaum wörtlich zu nehmen ist und eher auf ihre Zugehörigkeit zur Bewegung der Beginen hinweist, die vom hohen Klerus wegen ihrer unreglementierten Lebensweise wiederholt mit Verdammungsurteilen belegt wurden. Ihr öffentliches Betteln (»Brot für Gott«) war Ausdruck eines Programms, das den armen Jesus und seine Apostel zum Vorbild nahm, im Gegensatz zur reich gewordenen Kirche. Von der geistlichen Polizei wurde die Porète jedenfalls als Verschwörerin identifiziert, als falsche Nonne und Lügenschwester ohne Statut und behördlichen Ausweis.

Dazu kam, daß das Buch der Porète Elemente eines Denkens transportierte, das von den Organen der Rechtgläubigkeit als untergründige Freigeisterei bewertet wurde.

Tugend, ich nehme Abschied von euch, schrieb die Porète. Entkommen bin ich aus eurer Gewalt, in Frieden verbleibe ich nun.

In den Augen der Obrigkeit war das als Absage an die geltenden Normen des Anstands und der guten Sitten zu verstehen, womöglich als Aufforderung zu Liederlichkeit, Unzucht und Männertausch.

Auffällig war auch, daß Marguerite seitenweise und immer wieder den heiligen Geist als Auftriebskraft für ihr Höhenruder beim Start in die Sphären der seligen Entgrenzung auftreten ließ: Und was ist los mit einer solchen Seele, spricht die heilige Kirche, oh allerliebster heiliger Geist? Oh heilige Kirche, spricht der heilige Geist, ich werde euch sagen, was diese Seele will. Sie will nur ein Ding, nämlich dies, daß sie nichts will.

Hatte der heilige Geist einen Hauch von Indien ins christliche Europa geblasen? Die Seele hat Schluß gemacht mit der Welt, schrieb Marguerite, die Welt hat von ihr Abschied genommen. Ist verborgen in Gott, hat keinerlei Willen, keinerlei Mißbehagen wegen der Sünden, die sie begangen hat.

Die »vernichtigten Seelen« (*ames anienties*) der Porète hatten sich vom heiligen Geist dahin bringen lassen, angesichts der Vielfalt heiliger Bräuche, Vorschriften, Übungen weder Appetit noch Abscheu zu empfinden. Sie hingen nicht mehr an der Angel der Religion. Gottesdienst, Predigt, Wallfahrt, Beichte, Gebet erübrigten sich in der sanften Ekstase jener Liebe, die im Buch der Porète das letzte Wort behält.

Den geliebten Anderen nennt die Autorin In-der-Ferne-und-doch-so-vertraut (*loingprès*), nach der Art der Troubadourpoesie und der damaligen Romanliteratur mit ihrer in die Ferne gerichteten Liebe (*amour loingtaine*), der feinen (*fine*), reinen (*pure*), edlen (*noble*), wahren (*vraie*), vollkommenen (*parfaicte*), hohen (*haulte*) Liebe eines Schmachtens und Sehnens, das den ordinären Geschlechtsakt den Stalldirnen und Pferdeknechten überläßt. Der Aufstieg in die höheren Sphären ist mühsam. Erst auf der fünften Sprosse der Seelenleiter begegnet die Liebende zum ersten Mal ihrem Freund. Er ist ein Entführer, packt seine Beute und reißt sie hinauf in den sechsten Zustand (*estat*). Das geschieht häufig, aber immer nur augenblickshaft, im berühmten mystischen Nu, wie eine blitzartige Öffnung (*ouverture*) und sofortige Schließung (*closure*), beinahe ließe sich an einen Fotoapparat denken. Klick!

Marguerite nennt ihre Höhepunkte den Blitz (*esclar*), darüber läßt sich nicht reden. Nicht einmal die in solchen Dingen wohl erfahrenen Beginen finden Worte, um die geistliche Liebesekstase zu beschreiben, betont sie. Nach dem Blitz dauert es noch eine Weile, bis die Hirnwellen ihre normale Frequenz erreichen, und während dieses Nachklingens fühlt sich die Seele angenehm ungebunden, gelöst, willenlos, ruhig, entspannt in der Erinnerung an den Vertrauten, der sich wieder in seine Ferne zurückgezogen hat. Er wird wiederkommen.

Was den siebenten und letzten Zustand anlangt, so ist er erst im Augenblick des Todes zu erreichen. Die Hinrichtung der Marguerite Porète auf der Place de Grève in Paris habe die große Menge der Zuschauer zu Tränen gerührt, bemerkte der Chronist.

So also war er beschaffen, der neue und freie Geist unter den adligen Damen und Bürgerstöchtern, die zu stolz waren, sich den Heiratsplänen ihrer Elternhäuser zu fügen. Heilig war dieser Geist überhaupt nicht, zumindest nach dem Urteil des großmächtigen Albert (Albertus Magnus, gest. 1280), der 121 kecke Behauptungen in sein theologisches Zielfernrohr nahm. Daß es in Nördlingen Leute gab, die sich für vergottbar hielten, mußte den Lehrmeister des Thomas von Aquin ebenso schockieren wie die Auffassung, das Besessensein durch den heiligen Geist versetze den Menschen in einen Zustand jenseits von Gut und Böse.

Allenthalben kursierten, in der alphabetisierten Oberschicht zumindest, anspruchsvolle religiöse Schriften, verfaßt von Ungeweihten in den Umgangssprachen nördlich und südlich der Alpen, und der Inhalt dieser Traktate paßte überhaupt nicht ins Konzept eines Gottesgnadentums von Thron und

Altar, das tausend Jahre hindurch funktioniert hatte. Der heilige Geist des konstantinischen Glaubensbekenntnisses war unter der Hand zum Prinzip eines Selbstbewußtseins geworden, gegen das sich kein Kreuzzug mobilisieren ließ, wie 1209 gegen die südfranzösischen Ketzer. Der Freie Geist (*spiritus liber*), wie er in einer Bulle Bonifaz' VIII. vom 1. August 1296 genannt wurde, entzog sich jeglicher Lokalisierung, weil er nicht in einer organisierten Partei (*secta*) auftrat. Das Konzil von Vienne zog es deshalb im Mai 1312 vor, eine Konstitution gegen die Beginen loszulassen und deren angebliche Irrtümer bezüglich des Standes der Vollkommenheit zu verdammen. Im Punkt 6 dieses Dokuments taucht der Abschied vom Tugendweg, wie ihn Marguerite Porète formuliert hatte, wortwörtlich auf.

In Wirklichkeit sollten die Frauen dazu gebracht werden, ihren Anspruch auf Gottunmittelbarkeit schleunigst aufzugeben. Ab sofort wurden die Punkte der Konstitution in die Handbücher der Inquisitoren aufgenommen, als Fragebogen bei der Einvernahme verdächtiger Mystikerinnen. Ja oder Nein. Ist sie der Auffassung, geistliche Vollkommenheit entbinde vom Gehorsam gegen die Kirche? Meint sie, der Mensch könne die ewige Glückseligkeit bereits auf Erden erlangen? Glaubt sie, der Geschlechtsverkehr sei keine Sünde?

Manche Inquisitoren fügten noch die eine oder andere Frage hinzu. In Böhmen erkundigte sich zum Beispiel der berüchtigte Walter Kerlinger (aus dem Orden der Dominikaner) bei einem der Freigeisterei angeklagten Mann, ob Jesus Christus nach seiner Auferstehung mit Maria Magdalena den Liebesakt vollzogen habe.

In die verschlossenen Gärten der weiblichen Esoterik kam die päpstliche Geheimpolizei nie hinein. Ein versperrter Park ist meine Schwester, steht in der Bibel geschrieben, meine Braut ist ein versiegelter Quell. Zutritt fanden allenfalls Männer wie der Meister Eckhart (gest. 1328, aus dem Orden der Dominikaner). Er löffelte im Refektorium des Klosters Saint Jacques zu Paris die Suppe gemeinsam mit jenem Magister Berengar, der in der Theologenkommission gegen Marguerite Porète tätig geworden war. Worüber die beiden Männer ein

Jahr nach der Hinrichtung der gottbegeisterten Autorin geplaudert haben, ist nicht überliefert. Als sicher darf jedoch gelten, daß Eckhart mit den Gedanken Marguerites sympathisiert hat. Deren »Vernichtigung« kehrt in den Texten Eckharts wieder, eher noch radikalisiert. So bitten wir Gott, predigte Eckhart, daß wir Gottes ledig werden.

Von Paris wurde Eckhart nach Straßburg versetzt, wo er bald berühmt wurde, unter den Nonnen in den zahlreichen Frauenklöstern des oberen Rheintales, als Kanzelredner inspiriertester Art, der die deutsche Sprache nachhaltig verfeinerte. Daß er mitunter verstiegen war, wurde bemerkt. Der weise Meister Eckhart will uns das Nichts nahebringen (*von nihte sagen*), dichtete eine Nonne, und wer das nicht versteht, *der mac es gote klagen*. Aber die Frauen spürten genau, daß dieser Mann im schwarz-weißen Habit der Dominikaner kein Inquisitor war, daß seine Sprache ins Offene führte, flüssig und nicht verstockt, geistlich beflügelt.

Geistlich (lateinisch *spiritualis*, mittelenglisch *ghostly*). Nicht als Standesprivileg für die Klerisei tauchte das Wort in der weiblichen Frömmigkeit des Spätmittelalters auf, sondern als Herkunftsbezeichnung von Bewußtseinslagen, denen der heilige Geist auf die Sprünge geholfen hatte.

Die Aufnahmeprüfungen in die höhere Schule der neuen Geistlichkeit waren streng.

Bevor der Seelengast sich herabließ, aus der Ferne und doch so vertraut, mußte die Minimalisierung der gewohnten Vorlieben geübt werden, weitaus härter als in der herkömmlichen Klosterzucht. Was die aufstiegswilligen Frauen sich antaten, um die ersten paar Sprossen der Seelenleiter zu erklimmen, wirkt auf heutige Normalverbraucher uneingeschränkt skandalös. Nimm Bitteres für Süßes, hatte der Poverello aus Assisi erkannt. Die Einzelkämpferinnen in Klöstern, Bürgerhäusern, Beginenhöfen nahmen die Maxime sehr wörtlich.

Chiara von Assisi, das weibliche Gegenstück Francescos, trug unter ihrem Habit aus grobem Wolltuch eine Weste aus Schweinehaut, mit den Borsten nach innen. Montag, Mittwoch, Freitag aß sie nichts, an den übrigen Tagen nur wenig.

Den längeren Teil der Nacht blieb sie wach im Gebet. Solang ihre Kräfte reichten, arbeitete sie wie eine Dienstmagd und wusch die Nachtgeschirre der bettlägerigen Genossinnen aus. Daß sie eine kleine Katze in San Damiano duldete, wirkt wie ein heller Fleck auf einem dunklen Gemälde.

Jedoch: Dieselbe Chiara berichtete, sie sei einer Schauung gewürdigt worden, die sie einen Topf mit heißem Wasser mitsamt einem Handtuch zu ihrem geistlichen Gefährten, dem seligen Francesco bringen ließ. Leichten Fußes, als sei sie über ebenes Gelände gegangen, wäre sie eine steile Treppe hinaufgestiegen. Oben habe Francesco ihr seine Brust angeboten und sie eingeladen, an ihr zu saugen, zwei Mal, und was sie so zu sich nahm, war überaus angenehm und süß. Hernach sei ihr die Rundung der Brustwarze (*rotondità ovvero bocca de la poppa*) im Mund geblieben. Habe das Kügelchen in die Hand genommen und betrachtet, wobei es ihr wie lauteres Gold erschien, in dessen Glanz sie sich selber erblickte, ganz wie in einem Spiegel.

Im Jahr 1224, mit einunddreißig Jahren, erkrankte Chiara und mußte neunundzwanzig Jahre lang fast immer im Bett bleiben, bis zu ihrem Tod. Wie oft das Bettzeug gewechselt wurde, ist nicht bekannt.

Verbürgt ist hingegen der Gestank, den die heilige Margherita von Cortona (gest. 1297) verbreitete, weil sie sich weigerte, ihre Kleidung zu reinigen. Ehe sie zur Bußfertigen wurde, war sie etliche Jahre die Mätresse eines Edelmannes aus Montepulciano. Nach dessen Tod fand sie mit ihrem Kind Obdach im Palazzo zweier mildtätiger Damen in Cortona, als reumütige Sünderin, und arbeitete als Hebamme. Ihre Schönheit muß auffallend gewesen sein. Margherita besorgte sich ein Rasiermesser und bat ihren entsetzten Beichtvater um Erlaubnis, sich die Nase abschneiden zu dürfen. Sie bestand darauf, allein zu essen, was sie am Nachmittag tat, in winzigen Portionen (Brot, Nüsse, rohes Gemüse). Ihre Entraffungen erinnern an die Vorgänge auf italienischen Bühnen. Ohne weiteres unterbrach die Frau eine Predigt mit dem Ruf, wo denn der Gekreuzigte versteckt worden sei, schrie am Karfreitag durch die Gassen, krümmte sich am Boden, klapperte mit den Zähnen. In der höchsten Ekstase schließlich bat sie der angenagelte Gott, ihre Hände auf seine zu legen. Dann öffnete sich Christi Brust, und in der blutigen Finsternis schlug das Herz der Welt, überaus heftig.

Der Herrenleib (*frônlîchnam*) ist bekanntlich eßbar. Sein Festtag (heute: Fronleichnam) geht auf das Betreiben einer Visionärin zurück, die in Lüttich ein Leprosenheim leitete. Margherita war nicht die einzige, die sich am liebsten nur von der Hostie ernährt hätte. Eine andere italienische Berühmtheit, Angela von Foligno (gest. 1309) beschrieb ihre Wahrnehmungen beim Empfang der Kommunion recht genau. Sie spürte, wie sich die Hostie in ihrem Mund ausdehnte, sie schmeckte nicht nach Brot, sondern eher nach Fleisch, aber doch ganz anders und jedenfalls köstlich süß. Nur weil es Vorschrift war, schluckte sie den Leib Christi hinunter. Gern hätte sie ihn länger im Mund behalten. Ähnliche Empfindungen stellten sich ein, als sie im Spital San Feliciano einem Aussätzigen die Füße wusch. Das Fleisch des Kranken war bereits so verfault, daß sich Stücke des Gewebes ablösten und in die Wasserschüssel gelangten. Angela schickte sich an, die Brühe zu trinken, und alsbald war der unvergleichliche Gottesgeschmack wieder da.

Die Beichtväter wiederum spielten mit den Frauen, untersagten ihnen aus nichtigem Anlaß den Empfang der Engelsspeise und genossen so ihre Macht.

Vergeblich. Weder Scheiterhaufen noch Gewissensterror vermochten die erwachende Weiblichkeit zu bändigen. Der heilige Geist, unter dessen Führung sie stand, war ein Schmeichler. Die besagte Angela hörte ihn deutlich während einer Wallfahrt nach Assisi, mitten in den Weinbergen von Spello. Meine Liebste, mein Tempel, meine Lust, meine Braut. Gegen den göttlichen Verführer waren die Beichtväter entschieden im Nachteil.

Im zweiten Drittel des Seelenspiegels der Marguerite Porète hat die Vernunft (*raison*) ausgespielt: Ha, bei Gott, spricht die Vernunft. Wie kann man es wagen, so etwas auszusprechen? Ich getraue mich nicht einmal, es mir anzuhören! Mir wird wahrlich schwach ums Herz. Frau Seele, wenn ich euch höre, versagt mir das Herz. Mein Leben ist aus.

Der Seele kann das nur recht sein. So lange ich euch hatte, Frau Vernunft, bemerkt die Seele, so lange konnte ich über mein Erbe nicht frei verfügen, über das, was mein war und ist.

Ein gewagter Satz. Francisco de Goya, in aufgeklärten Zeiten, schrieb auf eine der Zeichnungen in seinem Zyklus »Caprichos«: Der Schlaf der Vernunft (*razon*) produziert Monstren. Auf der Zeichnung ist allerlei nächtliches Geflügel zu sehen. Die Taube des heiligen Geistes ist nicht darunter. Im Vordergrund ist eine männliche Gestalt dargestellt, die am Schreibtisch eingeschlafen ist, mit dem Kopf auf den verschränkten Armen. Sie verkörpert, im Wachzustand jedenfalls, das kritische Denken, dem vor dem Einbruch des Irrationalen graut. Das Herrschaftswissen der Männer sträubt sich gegen jene Öffnung der Bewußtseinsgrenzen, die es für eine weibliche Schwäche hält.

Marguerite Porète hingegen bringt die Vernunft nicht deshalb zur Ruhe, weil sie die Monstren des Unbewußten freisetzen will, sondern weil der innere Monolog des Nachdenkens suspendiert werden soll. Gegen Ende ihres Buches, in einer Art Zusammenfassung des Gesagten, entschuldigt sich Marguerite bei jenen Leserinnen, die bereits im liebevollen Nichts des sechsten Zustands angelangt sind und mit »menschlicher Wissenschaft« nicht mehr viel anfangen können. Not kennt kein Gebot, so die Autorin, und deshalb mußte sie vernunftgemäß schreiben, sich den Konventionen diskursiver Rede und Niederschrift fügen, und damit auch den Standards der »Gottesgelehrtheit«, von welcher sie nicht sonderlich viel hält: Alles, was man von Gott sagen oder schreiben kann, und über das Sagbare hinaus über ihn zu denken vermag, gleicht eher einer Lüge als einer wahren Aussage.

Soweit Marguerite Porète. Vom mystischen Klick ist auf den zweihundert Blatt ihres Traktats nur ein einziges Mal die Rede, eher nebenbei, versteckt zwischen den Zeilen. Nicht auf ihn kommt es an. Ohne Diskretion (vom lateinischen *discernere* = auseinanderhalten, unterscheiden) sollte über die feineren Umgangsformen mit dem Jenseits besser nicht gedacht, geredet, geschrieben werden.

Denn das Terrain der Außeralltäglichkeit, mit ihren Entraffungen, Trancen, Ekstasen, Himmelsreisen, ist keineswegs ungefährlich. Schamaninnen und Schamanen verbringen (so lang es sie noch gibt) Jahre der Ausbildung, um sich die halbwegs sicheren Wege auf ihrer Fahrt einzuprägen und den Labyrinthen, Sackgassen, Falltüren ausweichen zu lernen, die ganz gewiß auf sie warten, sobald sie aus dem Häuschen geraten sind.

Im Vergleich zum Expertentum der Schamanenkultur muten die christlichen Kenntnisse über Erfahrungen im Reich der Geister eher bescheiden an. Flugerlebnisse galten den Priestern als Hexenwerk, Visionen konnten vom Teufel kommen. So kam es, daß die zahlreichen Frauen des europäischen Spätmittelalters, denen Kirchgang und Kinderkriegen zuwenig waren, ihre Abenteuer mit der Übernatur eher allein bestehen mußten, ohne Anleitung und kundige Führung. Was sie von ihren literarisch ambitionierten Reisegenossinnen zu lesen bekamen, war nicht sonderlich aufschlußreich. Kommt die arme Seele zu Hof, schrieb Mechthild von Magdeburg, benimmt sie sich verständig und wohlerzogen. Dann sieht sie ihren Gott frohgemut an. Ei, wie liebevoll wird sie empfangen! Nun hält sie sich still und hat unbändiges Verlangen nach seinem Lob. Da zeigt er ihr in großem Verlangen sein göttliches Herz, das ist wie rotes Gold, das in starkem Kohlenfeuer glüht. Ein andermal tanzt die Seele im Wald herum, mit einem schönen Jüngling, der nicht näher beschrieben ist. Nur selten wird die verschlüsselte Prosa direkt und deutlich, wenn sie den Rat der Beichtväter in den Wind schlägt. Mechthild (gest. 1282) lebte als Begine in Magdeburg, bis sie in das

Zisterzienserinnenkloster Helfta bei Eisleben kam, in die Gesellschaft Gertruds »der Großen« und Mechthilds von Hackeborn, hochbegabten Kolleginnen mit visionären Erfahrungen, deren Publikationen bald in ganz Europa gelesen wurden.

In Helfta hatten nur Edelfräulein Zutritt. Das Anwesen lag in freundlicher Landschaft. Ich setzte mich beim Weiher nieder, schrieb Gertrud, und gab mich der Lieblichkeit dieses Ortes hin. Die Klarheit des dahinströmenden Wassers, das Grün der umstehenden Bäume, der freie Flug der Vögel und besonders der Tauben, vor allem aber die trauliche Ruhe des abgeschiedenen Ruhesitzes beglückten mich.

Aber der Teufel schläft nicht. Die Hackeborn, mitgenommen vom Tod ihrer älteren Schwester, die das Kloster als Äbtissin geleitet hatte, geriet in den schwersten Mißtrost und hatte dazu unter rasendem Kopfweh zu leiden, das sie bei Tag und Nacht peinigte, einen Monat lang. Ihre verzweifelten Schreie, Gott möge sich wiederum ihrer annehmen, hallten durchs Haus. Dann, zur Verwunderung der Genossinnen, fiel sie nach der Frühmesse unvermittelt in eine Beseligung ruhevollster Art, unansprechbar mit geschlossenen Augen, etliche Stunden lang, was sich öfter wiederholte. Das war der Anlaß der Entstehung des berühmten *Liber specialis gratiae*, des Buchs der speziellen Begnadigung, mit dem die Frau berühmt wurde, im Alter von fünfzig Jahren. Gertrud die Große und eine weitere Nonne protokollierten alles, was Mechthild von Hackeborn ihnen mitteilte. Die Niederschrift geschah in lateinischer Sprache, und der Inhalt war ziemlich sensationell:

An einem Sonnabend sah sie Jesus sich vom Himmel herabneigen und ihr mit ausgebreiteten Armen entgegengehen, um sie zu empfangen. Sie wurde dabei in Gott gänzlich verschlungen (*absorpta*) und verlor ihr Bewußtsein (*se deficeret*), so daß sie aus der Kirche getragen werden mußte. Mit so unbeschreiblichem Glück war sie erfüllt, daß sie es eine ganze Woche hindurch empfand.

Oder: Der Herr rief die Seele zu sich und legte seine Hände auf ihre Hände, seine so gütigen Augen auf ihre Augen, seine Ohren zu ihren Ohren, seinen Mund auf den Mund der

Seele. Zuletzt vereinigte er sein honigfließendes Herz mit dem Herzen der Seele. In solcher Weise vollzog sich die Einigung ihrer seligen Seele mit dem Geliebten.

Nicht nur die Nonnen saßen im Kreis um Mechthild von Hackeborn herum, wenn sie ihre Erfahrungen preisgab. Der Zulauf von Neugierigen, die von ihr Auskunft über das Los verstorbener Angehöriger erbaten, mußte schließlich unterbunden werden.

Zu spät. Der Andrang des Publikums ließ die Visionen Mechthilds immer einförmiger werden. Pünktlich erschien ihr Christus während der Messe, er hielt die Gießkanne, wenn der Weinberg zu wässern war, weckte sie zur vorgesehenen Stunde aus dem Schlaf.

Derlei Routine drohte langweilig zu werden. Ab und zu mußten deshalb die Visionen immer kühner werden, bis Mechthild, wegen ihrer schönen Stimme mit dem Amt der Vorsängerin betraut, sich am Fuß des Throns der allerheiligsten Dreifaltigkeit wiederfand und die Jungfrau Maria ersuchte, an ihrer Stelle zu psalmodieren, was alsbald geschah.

Damit allerdings war die Entraffung konventionell geworden, sie bediente sich des Bildprogramms, das die Maler und Schnitzer der Zeit im Repertoire hatten. Konvention war auch das Wiegen des Jesuskindleins, das Mechthild anvertraut wurde, und freilich nicht nur ihr, sondern auch anderen Visionärinnen.

Mechthild aus Magdeburg hatte für derlei Exaltationen ein scharfes Auge. Das ist eine kindische Liebe, schrieb sie in ihrem Buch »Das fließende Licht der Gottheit« über die Schwäche ihrer Kolleginnen für das Christkind.

Das strenge Urteil überrascht durch sein psychologisches Feingefühl. Professor Janet wird ein paar Jahrhunderte später nicht viel weiter gekommen sein. Was soll er dazu sagen, wenn seiner Patientin um Weihnachten herum die Brüste schwer werden. Sie muß das Jesuskind stillen, aber nicht nur das, sie wird zwischendurch selbst wieder zum Kind, macht saugende Mundbewegungen, während sie unbeweglich auf ihrem Stuhl verharrt, mit geschlossenen Augen. Sie liegt im Schlaf an der Brust Mariens, wie das göttliche Kind.

Alles fließt. In der visionären Prosa der deutschen Mystikerinnen wird Gott verflüssigt (*o du vliessender got*), geschmolzen (*o du smelzender got*). Da kann auch die liebende Seele nicht mehr so pedantisch auf ihren Grenzen bestehen, läßt sich durchströmen (*ein süsses giessen*), gibt nach wie erhitztes Wachs, verliert ihre feste Gestalt. Nicht immer ist es dann leicht, zwischen Mystik und Wahnsinn zu unterscheiden, für die besorgte Umgebung und auch für die Betroffenen selbst, wie beispielsweise der Fall bei Angela von Foligno, die sich zeitweilig für verrückt hielt.

Jedenfalls konnte der heilige Geist recht wild mit seinen Bräuten umspringen, wobei dann jegliche Fassung verlorenging. Sie wiederzufinden, war deshalb wichtig, weil ansonsten der Verlust der Ichkräfte drohte. Eine Begine aus dem Land Brabant, wo die Geschichte von Lohengrin und Elsa spielt, kannte sich in diesen Dingen besonders gut aus. Die Dame, womöglich von herzoglichem Geblüt, fand ihren Befreier bereits im Alter von zehn Jahren, nämlich den *heyleghen gheest*. Ansonsten ist von ihr wenig bekannt, weder die Eckdaten noch die Umstände ihres Lebens, und auch die hochadlige Herkunft kann nur erschlossen werden. Ihre Trouvère-Lyrik weist auf einen Hauslehrer in der Kunst des Minnegesangs, und den konnte man sich nur in den obersten Gesellschaftsschichten leisten. Hadewijch, wie sie genannt wurde, hinterließ Briefe an eine Freundin, eine autobiographische Darstellung ihrer Visionen und fünfundvierzig strophische Gedichte. Weil in ihren Schriften ein gewisser Meister Robert (»Le Bougre«, ein gefürchteter Inquisitor) erwähnt wird, der zwischen 1235 und 1238 in Flandern war, könnte die Hadewijch um diese Zeit gelebt haben. Ihr literarischer Nachlaß ist jedenfalls erst um 1350 veröffentlicht worden, in der mittelniederländischen Sprache. Aus letzterer kommt das Schlüsselwort *orewoet*, als Indiz für die Heftigkeit weiblicher Erotik, wenn sie unter Hochspannung steht.

Raserei, Wut (*woet*) verbindet sich in dieser sprachlichen Neuprägung mit Wind, Sturm (lateinisch *aura*, altfranzösisch *ore*) zum Inbegriff eines Tobens, das ausdrücklich mit den Lustqualen der Liebe (*van minnen*) verknüpft ist. Mein Herz und meine Adern, schrieb Hadewijch, alle meine Glieder zitterten und bebten vor Begierde, und mir war so zumute, wie schon so oft, so rasend und so schrecklich, daß mir alle die Glieder, die ich hatte, einzeln zu brechen schienen, und alle meine Adern bewegten sich, eine jede voller Schmerz. Ich begehrte, meinen Geliebten vollkommen zu besitzen und zu erkennen und seine Menschennatur im Genuß ganz und gar zu schmecken... Danach kam er selbst zu mir und nahm mich ganz in seine Arme und zwang mich an sich, und alle Glieder, die ich hatte, fühlten die seinen in all ihren Wonnen nach meines Herzens Begehren, nach meiner Menschennatur. Da ward ich von außen zur Gänze zufriedengestellt.

Die *orewoet* kann eine halbe Stunde dauern, im Ausnahmefall auch drei Tage. Anschließend ist das gewöhnliche Elend einer alleinstehenden Frau wiederum da, einen ganzen Winter lang. *Ic was in orewoete*, notiert Hadewijch, und die Versuchung, *orewoete* mit Orgasmus zu übersetzen, liegt nahe.

Weniger dumm wäre der Versuch, nach den Spuren eines Infarkt-Geschehens zu suchen, falls die sterblichen Überreste der gottseligen Frauen für eine anatomische Inspektion zur Verfügung stünden. Eine Zeitgenossin Hadewijchs, die Nonne Beatrijs van Tienen (gest. 1268), lenkt jede Ermittlung auf den lebenswichtigen Muskel in der Brust. Sie schreibt: Zu Zeiten beherrscht die Minne, wenn sie so ungestüm (*verwoedlike*) und mächtig das Herz berührt, so ohne Maß und so überwältigend die Seele, daß diese bedünkt, das Herz sei vielfach schwer verwundet, und die Wunden würden täglich unter Schmerz und Qual neu aufgerissen.

Pfeil und Herzwunde tauchen in der Liebesliteratur wie ein Leitmotiv auf, beim Minnesang und unter den Visionärinnen, bis hin zur prominentesten unter ihnen, der heiligen Teresa von Avila (gest. 1582), deren Verletzung durch den lächelnden Engel in der Kirche Santa Maria della Vittoria in Rom besichtigt werden kann, als Marmordenkmal von Gian Lorenzo Bernini. Gern wurde geglaubt, Chirurgen hätten Teresas Herz lang nach ihrem Tod untersucht und an ihm eine Narbe von anderthalb Zoll festgestellt.

Wie auch immer. Um sich zu stabilisieren, brachte Hadewijch ihre Visionen in eine gewisse Ordnung. Erstens, zweitens, drittens und weiter bis zum letzten Kapitel. Damit ist die Möglichkeit des Vorankommens, des Reifens angedeutet. Die Liebespfeile jedoch werden bis ganz zuletzt abgefeuert.

Deshalb fällt es Hadewijch schwer, ihren Wirklichkeitssinn halbwegs intakt zu halten, gegen die visionäre Welt, in der sie am liebsten verschwinden möchte. In ihr steht sie im Mittelpunkt des Geschehens. Sonne, Mond und Sterne müssen in ihrem Lauf innehalten, die Heiligen im Himmel ihre Lobpreisungen unterbrechen, nur damit der Entrückten eine gewaltige Offenbarung mitgeteilt werden kann, selbstverständlich von Jesus Christus persönlich.

Es spricht für die seelische Gesundheit der Visionärin, daß sie nicht süchtig nach Entraffungen wird. Ihr Leben muß sich im Alltag bewähren, in der Gottverlassenheit des Mißtrostes, der dunklen Nacht der Seele, wenn alle Gewißheiten verschwunden sind und selbst die Erinnerung ans visionäre Geschehen zum faden Theaterpomp wird, zum Augentrug, zur Verblendung. Wer kann dann noch sicher sein, daß die Namen, mit denen die Überwirklichkeit belegt wird, mehr sind als ein Vokabular der Hilflosigkeit angesichts eines Abgrunds von Verzweiflung. Zu mir war Gott grausamer, als es je ein Teufel war. Das steht im ersten Brief Hadewijchs an ihre Freundin, zum Hausgebrauch für sie und die übrigen stillen Beginenfrauen in Antwerpen, wo Hadewijch gelebt haben könnte. Ihr Fazit: Auf die Liebe kommt es an (*minne es al*). Auch gegen Gott, wie sich hinzufügen läßt.

Ohne die liebevolle Gegenwart einer Bezugsgruppe von Gleichgestimmten kann auch die begabteste Visionärin in Schwierigkeiten geraten. Die arme Madeleine, genannt Sündenbock, mußte in der Gottlosigkeit der französischen Belle Époque unweigerlich dort landen, wo die Irrenärzte schon auf sie warteten.

Professor Janet, der das Vorleben seiner Patientin protokollierte, war diskret. Das Elternhaus hat man sich irgendwo in Nordfrankreich vorzustellen. Es gehört einer begüterten

Industriellenfamilie. Drei Geschwister. Madeleine ist am liebsten allein. Die geringsten Geräusche, das Knarren neuer Schuhe etwa, lassen sie in Ohnmacht fallen. Wochenlang gerät sie, bereits mit fünf Jahren, in tiefste Traurigkeit. Sie soll Schmerzen leiden, stellvertretend für andere, wird ihr gesagt. In der Schule ist sie brav, während der Ferien verliebt sie sich in einen Altersgenossen, das Tanzen macht ihr Vergnügen.

Das darf nicht sein. Sie verbietet sich den Alkohol, das Naschen, die Musik. Sie hat eine Bestimmung, und deshalb verläßt sie, nach erfolgreich abgeschlossener Ausbildung als Lehrerin, ihre Eltern, um den Bedürftigen zu dienen. In Deutschland ist sie ein Zimmermädchen, aber man verwöhnt sie zu sehr. Sie flüchtet in ein Kloster, aber dort herrscht wenig Disziplin. Sie arbeitet, wieder in Frankreich, als Magd und Krankenpflegerin, dann in der Fabrik, bis sie endlich ihr Glück findet, bei der Pflege einer krebskranken Frau, neun Jahre hindurch. Ich empfand ständig eine innere Freude, erzählt sie später ihrem Professor.

Dann beginnt der Abstieg. Weil sie, einer Inspiration gehorchend, die Nacht auf einer Parkbank verbringt, wird sie verhaftet. Dem Richter verschweigt sie ihren Namen, um die Familie nicht zu kompromittieren, und wird wegen Vagabondage und Aussageverweigerung zu einem Jahr Gefängnis verurteilt. Entlassung nach sechs Monaten, neuerliche Festnahme und Haft (Landstreicherei, Betrug, Prostitution, Bettelei). Die Liste der Vergehen ist von jenem stereotypen Ritual diktiert, das jedes auffällige Verhalten als Vergehen gegen die öffentliche Ordnung verdammen muß. Nach weiteren fünf Monaten ist die Frau abgestempelt.

Visionen hat Madeleine seit ihrer Kindheit gehabt. In der Obdachlosigkeit mischen sich Wahnvorstellungen in das Geschaute. Madeleine schreibt Briefe an Parlamentarier, warnt vor einer Verschwörung gegen Frankreich. Schließlich, bereits unter polizeilicher Überwachung, geht sie nur noch auf ihren Zehenspitzen durch Paris.

Das muß untersucht werden. In den Spitälern vermutet man eine ehemalige Operntänzerin in ihr, die ihren Beruf verheimlichen möchte. Güsse und Magnetisierung bleiben erfolglos.

Im Alter von vierzig Jahren landet Madeleine schließlich in der Salpêtrière, betreut vom Professor.

Die letzten zwanzig Jahre ihres Lebens sind ruhig verlaufen. Eine anonyme Wohltäterin hat ihr eine anständige Wohnung verschafft. Madeleine bekommt eine Stelle in einer Armenschule, geht nicht mehr auf Zehenspitzen. Für den Professor bleibt sie eine geheilte Irre.

Ein halbes Jahrhundert später ist das Universitätswissen weniger borniert. Wenn es von »veränderten Wachbewußtseinszuständen« spricht, von Trancen und Ekstasen, dann nicht bloß unter dem Eindruck der Krankengeschichten aus europäischen und nordamerikanischen Nervenkliniken. Völkerkundliche Forschung und Kulturenvergleich haben den Begriff der seelischen Normalität erweitert, in ihm ist jetzt Platz für den Erfahrungsreichtum indischer Yogis, brasilianischer Besessener, sibirischer Schamanen, australischer Traumwandler. Wenn der Kontext förderlich ist, können Visionen und Flugerlebnisse ein Ausdruck von Wahrnehmungen sein, deren Erkenntniswert nicht unbedingt unter Null gehen muß.

Ein kanadischer Psychiater ging noch einen Schritt weiter. Er fand heraus, daß mystische Erfahrungen auch unter Industriemenschen vorkommen und daß sie dem seelischen Gleichgewicht zuträglich sein können. Ein Pluspunkt für Madeleine und ihre mittelalterlichen Schwestern.

Was normal ist und was nicht, dies das Fazit einer halbwegs unbefangenen Einschätzung der weiblichen Ausnahmemenschen von einst, gilt immer nur innerhalb bestimmter kultureller (sozialer, gesellschaftlicher, politischer) Konventionen und Zwänge. An sie hielt sich der *heyleghe gheest* in Antwerpen ebensowenig wie *lo spirito* in Siena, um 1300 herum. Wer ihn deshalb gleich für wahnsinnig erklärt, sympathisiert lediglich mit der Polizei.

Blasphemischer Unsinn. So urteilte 1957 ein Fachmann über die Schrift eines oder einer Unbekannten aus dem Spätmittelalter. Gegenstand des professoralen Ärgers war ein alemannischer Text anonymer Herkunft, datierbar um 1320, unter dem etwas umständlichen Titel: *Daz ist Swester Katrei Meister Ekehartes Tohter von Strazburc.* Die harte Ablehnung macht neugierig.

Es handelt sich um eine Beziehungsgeschichte zwischen dem berühmten Meister Eckhart und seinem Beichtkind, der Beginenfrau Katrei (Katharina), die sich bald als freigeistige Persönlichkeit reinsten Wassers entpuppt. Zunächst kommt sie noch ganz unterwürfig daher und wird vom Seelenführer ermahnt, die Zehn Gebote zu halten und nicht mehr zu sündigen. Bei der nächsten Zusammenkunft ist sie schon kecker, gibt sich mit der Nachfolge Christi nicht länger zufrieden und faßt das höchste Ziel aller Mystik ins Auge, die Vereinigung mit Gott, wobei ihr der heilige Geist behilflich sein soll. Sie trennt sich von ihrer Familie und allen materiellen Sicherheiten, wählt ein mittelloses Wanderleben in fremden Ländern. Nach ihrer Rückkehr ist sie verwandelt. So sehr hat sie sich verändert, daß der Meister sie nicht mehr erkennt und einen Engel in ihr erblickt. Er sucht und findet sie in einer Kirche, wo sie ihm gesteht, noch immer nicht fähig zu sein, die mystische Vereinigung als Dauerzustand zu erreichen. Das ist der Moment, in dem sich der Beichtvater als Eingeweihter erweist und der Frau jenen Rat erteilt, den sie in ihrer Lage benötigt. Sie müsse auf jegliches Wünschen verzichten. Bald versinkt Katrei ins Nichts, in die Weiselosigkeit und Gelassenheit der Spiritualität Eckharts, und hat es geschafft. *Herre, fröwent üch mitt mir, ich bin gott worden.* Sie fällt in eine dreitägige Tieftrance, aus der sie mit dem Vorsatz erwacht, künftig so unauffällig wie möglich zu leben, ohne wilde Abtötungen, bescheiden und hilfsbereit. Ihre Wunschlosigkeit ist so radikal, daß ihr die Alternative zwischen Himmel und Hölle gleichgültig geworden ist. Auf die Frage des Meisters, ob sie nun auf Dauer »in der nackten Gottheit« verschwunden sei, antwortet sie: Ja.

Blasphemischer Unsinn? Zumindest in der Theorie war die radikale Position der Schwester Katrei vom Ordensgründer und Philosophen Samkaracarya, der um 720 n. Chr. der Welt entsagte, längst ausformuliert. Dieser berühmteste Denker Indiens lehrte einen rigorosen Monismus (*advaita*), das heißt, nur das pulsierende, alles durchdringende, selbstbewußte kosmische Geistprinzip (*brahman*) ist wirklich, während alles übrige (Sterne, Moleküle, Götter, Engel, Tiere, Menschen, Pflanzen, heilige Schriften, Aktien, Folterungen, Königswürden usw.) eine Illusion (*maya*) darstellt. Sogar in Indien wurde diese gedankliche Kost als schwer verdaulich empfunden. Sie machte Schluß mit personifizierten (und verehrbaren) Gottheiten, was für die herkömmliche Religion nicht eben zuträglich war. Den gelbgewandeten Entsagern war das vollkommen gleichgültig. Sie strebten, als Europa noch mit der Völkerwanderung beschäftigt war, bereits nach der mystischen Vereinigung (*samadhi*) und bedienten sich dabei aus dem bereitliegenden Fundus zahlreicher und hoch elaborierter Versenkungsmethoden, im Vergleich zu denen die christlichen und islamischen Frömmigkeitskulturen recht unterentwickelt erscheinen.

Die mystische Vereinigung mit dem *brahman* war die praktische Antwort auf den theoretischen Illusionismus des Samkaracarya und seiner Schule. Wer zur letzten Wirklichkeit vordringen wollte, mußte in ihr verschwinden.

Eben davon ist im Büchlein der Schwester Katrei die Rede, unverhohlen genug. Das wirkt um so erstaunlicher, als ein Kontakt mit der indischen Verwandtschaft nicht erkennbar ist. Das Programm der Katrei ist christlich kodiert, mit *gott* an der Stelle des *brahman*. Aber der Sache nach paßt die Katrei eher ans Ufer des Ganges als nach Straßburg. Daß die Hauptperson des Traktats als Frau erscheint, macht die Angelegenheit noch verwirrender. Für die klassische Spiritualität Indiens wäre eine derartige Zuschreibung unannehmbar gewesen.

Des Rätsels Lösung liegt im transkulturellen Wesen der authentischen Mystik. Sie ist nicht nur in ihrer Heimat Indien aufgetaucht, sondern auch unter Juden, Christen, Muslimen.

Weil sie dazu neigt, die Festsetzungen der Glaubensfamilien für Blendwerk zu halten, ist sie allen Dogmatikern unbehaglich. Am 26. März 922 n. Chr. wurde der Derwisch Husain ibn Mansur al-Hallaj deshalb hingerichtet, weil er den Jubelruf der Katrei auf arabisch geäußert hatte. Meister Eckhart entging nur durch sein rechtzeitiges Ableben einem vergleichbaren Schicksal. Daß die Schwester Katrei fiktiv ist, macht ihr Programm nicht weniger brisant.

Für die authentische Mystik schlug der renommierte Religionswissenschaftler und ordinierte Mönch Agehananda Bharati (geb. 1923 als Leopold Fischer in Wien, gest. 1991), einer der wenigen Mystik-Experten, die diesen Namen verdienen, den Ausdruck »Null-Erfahrung« vor. Sie tritt, wie Bharati immer wieder betonte, nur sehr selten auf. Er selbst erlebte sie zum ersten Mal ganz unverhofft und spontan als katholisch getaufter Gymnasiast, der eine starke Neigung zur indischen Kultur entwickelte. Ich war eben am Einschlafen, schrieb Bharati, als die ganze Welt zur Gewißheit unzertrennbarer Einheit zusammentrat, in deren Zentrum ich mich befand, für den Bruchteil einer Minute etwa, ohne Gefühl, ohne Wahrnehmung, ohne inhaltliche Bestimmung. Dann, während einer fünfminütigen Phase des Abklingens, kehrten Gesichtssinn und Reflexionsvermögen zurück, zusammen mit dem sicheren Wissen, dies sei nicht das letzte Mal gewesen.

Bharati erlebte den Null-Zustand noch drei Mal – während des Weltkriegs in Südfrankreich, dann in Indien, wo er acht Jahre verbrachte und in einen Mönchsorden aufgenommen wurde, und zuletzt in den USA als angehender Hochschullehrer. Die Zusammenfassung seiner Erfahrungen und seines Wissens in bezug auf authentische Mystik ist eher lakonisch formuliert: Der Null-Zustand ereignet sich unabhängig von allen Bemühungen, ihn zu erreichen; denen, die ihn sehr inständig und sehr ausdauernd anstreben, wird er eines Tages gewährt. Ihn auf Dauer zu stellen, bleibt ein unerfüllbarer Wunsch.

Nicht als Tatsachenbehauptung wäre demnach die Aussage der Schwester Katrei zu lesen, sie sei definitiv in die nackte Gottheit eingegangen, sondern als Zielvorstellung allerkühnster Art, entstanden in den Kreisen der freigeistigen Beginenfrauen aus Straßburg zur Zeit Eckharts. Die theologische Pointe dabei ist ebenso deutlich wie riskant. Erst wenn die Person auf ihrer religiösen Suche aufhört, den Gegenstand ihrer Verehrung außerhalb von sich selbst zu setzen, hat sie das Lernziel erreicht. Es gibt dann keinen Anderen mehr – nicht im Sinn einer ausgeglühten Gottlosigkeit, die nichts mehr kennt, womit sie verschmelzen möchte, sondern als freudvolle Aufhebung von Gegensätzen, die in der Lösung enthalten bleiben.

Das Jahrhundert solcher Unbändigkeit war von Pest, Hunger und Krieg bestimmt. An seinem Ende hatte sich die Bevölkerung Europas von dreiundsiebzig auf fünfundvierzig Millionen verringert. Das goldene Zeitalter der christlichen Frauenmystik war ein einziger Totentanz.

Die indische Alternative offerierte einen Fluchtweg aus dieser trübseligen Welt. Was befiehlst du, Herr? So fragte Mechthild von Magdeburg ihren Gott, und bekam zur Antwort: Frau Seele, ihr sollt euch ausziehen. Ihr seid so sehr mit mir vereinigt (*genaturt in mich*), daß zwischen euch und mir nichts mehr sein kann.

In der verborgenen Kammer dieser Hochzeit hat der heilige Geist auf das Blasen verzichtet. *Nirwana* kann mit Windstille übersetzt werden. Was sich draußen abspielt, ist unerheblich. *Der mensche ist tot aller werlt und lebet in gote und got in ihm.* Auch der angenagelte Christus, mit dem die ekstatischen Frauen so gern verschmolzen, ist für die Welt unerreichbar, aus dem einfachen Grund, weil er bereits tot ist. Was hat es dann noch zu bedeuten, wenn unter dem Kreuz die unbestatteten Pestleichen stinken? Lediglich aus der Herzkammer Gottes, die vom Lanzenstich geöffnet ist, tröpfelt noch Blut.

Im Oktober 1942 brachte Simone Weil ihren dringlichsten Wunsch zu Papier. Nur Gott konnte ihn erfüllen. Sie wollte in Nahrung verwandelt werden.

Vater, im Namen Christi gewähre mir. So fängt das unglaubliche Gebet an, in dem Simone präzis all das aufzählt, worüber sie verfügt – um jene zu füttern, die sonst an Leib und Seele verhungern müßten.

Simone will auf ihre Beweglichkeit verzichten. Was zurückbleibt, ist ein vollständig gelähmter Körper, der nicht einmal mehr in der Lage ist, den Antrieb zum Rühren des kleinen Fingers zu spüren.

Dann kommt die Wahrnehmungsfähigkeit an die Reihe. Weg damit. Keine Farben, keine Töne.

Zuletzt wird das Denkvermögen angeboten. Nicht die geringste Fähigkeit, zwei Gedanken miteinander zu verbinden, will Simone behalten.

Die Verarbeitung des Angebots in verwertbare Stoffe wird Gottvater anvertraut. Er soll die Lebenskräfte Simones verschlingen und in »die Substanz Christi« umwandeln, welche dann dem Menschheitskörper zugeführt wird.

Der Zeitpunkt des Beginns dieser Chemie: Sofort.

Sechs Monate später erfuhr Simone Weil, daß sie Tuberkulose hatte.

Die Ärzte im Middlesex-Spital (London) verordneten kräftigende Kost. Die Patientin, obwohl stark abgemagert und schwach, aß trotzdem nur wenig. Temperatur: 38. Hatte sie einen besonderen Wunsch? Ja, vielleicht ein paar Kirschen.

Die Lektüre der Simone Weil, in den letzten Monaten ihres Lebens, war die Bhagawadgita, mit dem Sanskrit-Lehrbuch daneben. Der indische Krischna, der ägyptische Osiris, der jüdische Jesus ließen die sterbende Frau nicht allein. Besuch erhielt Simone ferner von einem katholischen Geistlichen, dessen Segen sie empfing, von Maurice Schumann, dem Politiker, und vom Genossen Giugui aus der Gewerkschaftsbewegung. Das Rauchen, ihr einziges Laster, war selbstverständlich verboten.

Von mir soll nichts übrig bleiben, hatte Simone von Gott verlangt. Dieser Wunsch wurde nicht erfüllt.

Auf die Idee, ihre Bestrebungen in der Sprache der Religion auszudrücken, war Simone erst spät gekommen. Warum hätte die junge Gymnasialprofessorin, die 1931 ihren ersten Posten in Le Puy antrat, nach Absolvierung der berühmten École Normale Supérieure, in die Kirche gehen sollen? Im Mittelalter gab es keine Gewerkschaften. Die rote Jungfrau, wie sie seit ihrer Studentenzeit genannt wurde, marschierte mit einer Delegation von hundert Arbeitslosen zum Bürgermeister und in den Gemeinderat, was nach Meinung der konservativen Presse ein Skandal war. Die Polizei wollte wissen, ob sie tatsächlich mit einigen Arbeitern ins Café gegangen sei, und der Schulinspektor forderte eine Erklärung für ihr Benehmen. Die Unterrichtsbehörden, schrieb die Weil im Bulletin der Lehrergewerkschaft Haute-Loire, hinken etliche tausend Jahre hinter der menschlichen Zivilisation her, sie leben immer noch im Kastensystem.

Im folgenden Schuljahr war die unbequeme Lehrerin nach Auxerre versetzt. Weil sie von Prüfungen nichts hielt, fielen zwei Drittel ihrer Schülerinnen beim Abschlußexamen durch. Die nächste Station: Roanne an der Loire. Selbstverständlich demonstrierte die Genossin Weil Anfang Dezember 1933 mit den Bergarbeitern gegen Lohnkürzungen und durfte dabei die rote Fahne tragen. Wir müssen uns gegen den Faschismus bewaffnen, schrie sie vom Podium des großen Saales im Arbeitsamt von Saint-Etienne, und das meine ich wörtlich.

Die Liste derer, mit denen Simone Weil politisch verbunden war, liest sich wie ein Almanach der französischen Linken. Thévenon, Guérin, Bataille, Serret. In Rosa Luxemburg sah Simone eine verwandte Seele. Ihr Leben, ihre Arbeit, ihre Briefe bejahen das Leben und nicht den Tod, schrieb Simone. Rosa wollte handeln, nicht sich zum Opfer bringen. Insofern ist ihr Temperament unchristlich.

Mit Trotzki gab es Differenzen. Der aus Rußland verbannte Revolutionär weilte seit Juli 1933 in Frankreich, unter der strikten Auflage, an keinen politischen Zusammenkünften teilzunehmen. Das hinderte ihn keineswegs, einen Artikel Simones scharf zu attackieren, den sie im August dieses Jahres in der Zeitschrift »Révolution prolétarienne« veröffentlicht hatte. Simone war der Auffassung, daß das kommunistische Regime in der Sowjetunion den faschistischen Diktaturen Europas recht ähnlich sah. Trotzki war wütend. Simone Weil spricht majestätisch von unseren Illusionen, schrieb er in »La Verité«. Es werden viele Jahre vergehen müssen, bis sie und ihresgleichen sich von den allerreaktionärsten kleinbürgerlichen Vorurteilen befreit haben werden.

Unter den Linken wurde Trotzki »Papa« genannt. Papa hat mir die Ehre erwiesen, schrieb Simone ihrer Mutter in Paris, mich anzugreifen. Schade, daß ich ihn nicht kennenlernen kann.

Es kam anders. Simone hatte erfahren, daß Trotzki eine Gelegenheit suchte, sich mit politischen Freunden zu treffen. In dem Haus, wo Simones Eltern wohnten, stand eine Wohnung frei, die den Weils gehörte. Nach den Weihnachtsfeiertagen 1933 erschien Trotzki mit seiner Frau und zwei Leibwächtern in der Rue Auguste-Comte. Um nicht erkannt zu werden, hatte er seinen Bart abrasiert. Nach einem Kinobesuch blieb Papa mit seiner Entourage prompt im Lift stecken. Dann begann die Geheimkonferenz. Zwischendurch diskutierte Simone mit Trotzki. »Papa« war keineswegs bereit, sich von einem Bürgertöchterchen dafür kritisieren zu lassen, daß er 1921 den Schießbefehl gegen die Matrosen von Kronstadt unterschrieben hatte, und begann zu schreien.

Auf diesem Stuhl da hat er gesessen, sagte Simone ein paar Tage später ganz stolz zu einem Genossen. Dann waren die Weihnachtsferien vorbei, und Simone mußte zurück nach Roanne.

Dort, während der nächsten paar Monate, wurde ihr klar, daß der politische Aktionismus nichts für sie war, angesichts eines Verhängnisses, das sie deutlicher kommen sah als ihre Genossen aus der syndikalistischen Bewegung. Inzwischen hatte sich unter der Linken herumgesprochen, daß Simone Weil über den klarsten Kopf seit Rosa Luxemburg verfügte. Der lange Essay, an dem Simone ein Jahr lang arbeitete, sollte ihr Abschied vom Marxismus werden, ihr Testament, wie sie ihn scherzhaft nannte. Gedruckt wurde er nicht.

Ich kannte sie sehr gut, schrieb Trotzki in einem Brief vom 30. Juli 1936 an den Genossen Victor Serge, ich habe lange Gespräche mit ihr geführt. Einige Zeit hat sie mehr oder weniger mit uns sympathisiert, dann hat sie allen Glauben an das Proletariat und den Marxismus verloren. Es ist möglich, daß sie sich von neuem nach links wendet. Aber lohnt es die Mühe, noch länger davon zu reden?

Doch, doch. Mitten in der zunehmenden Verdunkelung Europas ließ sich eine hochbegabte Intellektuelle für ein Jahr studienhalber vom Schuldienst beurlauben. Ihre Studien begann Simone Weil am 4. Dezember 1934 in einer Fabrik der Elektrofirma Alsthom, als Hilfsarbeiterin. Sie lernte, schwere Induktionsspulen aus Kupfer in den Hochofen zu schieben und wieder herauszuholen, ohne sich dabei allzusehr die Hände und Arme zu verbrennen.

Sie bringt sich um, sagte ihr Vater zu einem Freund. Simone wollte wissen, wie man mit dem Lohn einer Fabrikarbeiterin durchs Leben kommt. Wenn sie bei ihren Eltern zum Abendessen eingeladen war, legte sie den Geldbetrag auf den Tisch, den sie im Restaurant ausgegeben hätte. Sie lernte, was es bedeutet, entlassen zu werden und keine neue Arbeit zu haben. Ihren letzten Posten fand sie bei Renault, als Fräserin, von Anfang Juni bis Ende August 1935. Dann war der Studienurlaub beendet. Die gewonnenen Erkenntnisse über die Arbeitsbedingungen in der Fabrik ließen sich in einem Wort zusammenfassen: Unmenschlich.

Und: Dieses Jahr hat meine Jugend getötet.

Simone Weil war auf der vierten Sprosse der Seelenleiter angelangt, wie von Marguerite Porète beschrieben.

Auf die fünfte Sprosse gelangte Simone erst drei Jahre später, im November 1938. Wieder einmal ruinierten die Kopfschmerzen jeden klaren Gedanken. Da half nur ein Gedicht, verfaßt von dem Engländer George Herbert (gest. 1633), das Simone ans Herz gewachsen war. Sein Titel: *Love*.

Während Simone sich das Gedicht aufsagte, mit tobendem Schädel, war auf einmal, aus der Ferne und doch so vertraut, der Andere da, höchstpersönlich, gestaltlos, evident, zärtlich, überwältigend. Simone nannte ihn: Christus. Die Kopfschmerzen blieben. In Deutschland waren im selben Monat sechshundert jüdische Synagogen zerstört worden, während einer einzigen Nacht.

In dunkler Nacht entrann ich ungesehen, hatte der spanische Mystiker Juan de la Cruz (gest. 1591) gedichtet, dessen Texte Simone später las. Den Weg, der aus der verfinsterten Welt hinausführt, nannte Juan geistliche Verneinung (*el camino de la negacion espiritual*). Ohne rigorose Verneinung kein glückseliges Ja. Simone übertraf auf diesem Weg ihren Kollegen aus dem katholischen Spanien an Konsequenz, weil sie begriff, daß auch die Kirche geistlich verneint werden mußte, die römische Kirche mit ihrem Choralgesang, ihrer heiligen Messe in der lateinischen Sprache, ihren heiligen Hostien.

Ostern 1938 war Simone mit ihrer Mutter nach Solesmes gefahren, um zehn Tage lang der Liturgie der Benediktiner zu lauschen, die für die Schönheit ihrer gregorianischen Choralgesänge berühmt waren. Mit der Lehrtätigkeit war es damals für Simone endgültig vorbei, wegen der immer ärger werdenden Kopfschmerzen. Jeder Ton traf mich wie ein Schlag, schrieb Simone später über die Gottesdienste in der Abteikirche, aber mit größter Konzentration gelang es mir, den Schmerz von mir abzuspalten und eine reine und vollkommene Freude zu finden.

In Marseille, wohin Simone Weil mit ihren Eltern vor den Deutschen geflüchtet war, im Herbst 1940, wartete die letzte und subtilste Versuchung auf die Philosophin. Es handelte sich um einen Dominikanerpater mit Namen Jean-Marie Perrin. Der asketische Mann war beinahe blind, seine Stimme sanft. Simone faßte sofort Vertrauen zu ihm. Er war ihr empfohlen worden, weil sie auf dem Land arbeiten wollte, bei den Bauern. Perrin vermittelte Simone an den katholisch engagierten Schriftsteller Gustave Thibon weiter, der in der Provence einen Bauernhof hatte. Dennoch ging Simone immer wieder zu dem vielbeschäftigten Seelsorger, wartete geduldig, bis sie an die Reihe kam. Bald brachte Perrin die heilige Taufe ins Gespräch.

Nein. Wie sollten in einer Kirche, die sich als die allein seligmachende behauptete, der indische Krischna, der ägyptische Osiris Platz finden, all die Religionen der Völker, denen sich Simone verbunden fühlte.

Diese Schwierigkeiten würden mit der Zeit an Bedeutung verlieren, meinte der Priester.

Simone befand sich bereits im katholischen Magnetfeld, angezogen durch die gregorianische Musik, bezaubert vom Poverello aus Assisi. Sie sehnte sich nach dem Genuß der kleinen weißen Scheibe aus Weizenmehl, in deren Gestalt der Leib Christi sich darbot, zur Stillung des übernatürlichen Hungers, ohne Belastung der Verdauungsorgane.

Aber die Priester, deren gesalbte Finger die Hostien austeilten, stellten gewisse Bedingungen. Über sie wollte Simone Klarheit. Dabei stieß sie, beim Studium der katholischen Dogmen, immer wieder auf zwei Wörtlein: *Anathema sit*.

Das war die Verfluchung der Andersdenkenden, als Formel seit den Anfängen der Catholica in Gebrauch. Ausgeschlossen, dem Teufel überantwortet, im Banne – wie immer auch das Anathema übersetzt wurde, es zog eine Grenze, richtete Mauern auf, unterschied zwischen drinnen und draußen. Falls Simone es für denkmöglich hielt, daß die Zweite Person Gottes sich nicht nur im Fleisch des Nazareners verwirklicht hatte, sondern auch in der Gestalt Krischnas (zum Beispiel), dann kam das Anathema.

Warum wollte sie alles so genau wissen? Simone löcherte die Priester mit Fragen über die Verdammung eines Häretikers aus dem dritten Jahrhundert, an dessen Namen sie sich nur vage aus der Studienzeit erinnerten. Schließlich riß einem Benediktinerpater die Geduld. Einer Ketzerin mußte die Taufe verweigert werden.

Bevor Simone mit ihren Eltern Marseille verließ, schrieb sie an Pater Perrin einen langen Brief. Seit der Ausrottung der Albigenser habe die katholische Kirche in Europa ein System totalitärer Herrschaft installiert; ohne Bereitschaft zu einer grundlegenden Veränderung sei sie für ein Wirken in der Gegenwart untauglich.

Die »Maréchal-Lyautey« dampfte am 14. Mai 1942 mit den

Emigranten ab, nach Casablanca. Beim Abschied von ihren Freunden zeigte Simone lächelnd auf das Meer. Was für ein schönes Taufbecken, falls wir torpediert werden.

In den Erinnerungen eines Schulfreundes an Simone Weil steht der Satz: Sie kam uns vor wie eine Heilige aus dem Mittelalter.

FREIHEITSLUFT

Am 11. Februar 1990, drei Monate nach dem Fall der Berliner Mauer, wurde Nelson Mandela in Südafrika nach siebenundzwanzigjähriger Haft aus dem Gefängnis entlassen. Er sagte: Wir haben zu lange auf unsere Freiheit gewartet. Wir können nicht länger warten.
Mit diesen Worten begann ein neues Kapitel der alten Story, in der die langen Wartezeiten nur selten durch Freudentage unterbrochen wurden, in der es viele Rückschläge und Niederlagen gegeben hatte. Am Anfang der Geschichte stand ein Wunsch, den der Mann Mose dem ägyptischen Pharao vorgetragen hatte. Let my people go.
Das Wunder der Verwandlung eines Sklavenvolks in eine selbstbewußte Eidgenossenschaft passierte nicht über Nacht. Die Kraft, die es bewirken sollte, wird in der Bibel »Geist« genannt.
Die entsprechenden Stellen aus den Büchern des Mose wurden dann besonders aufmerksam gelesen, wenn Befreiungskämpfe angesagt waren – beispielsweise in England zur Zeit des Oliver Cromwell, als das erste gekrönte Haupt Europas unter dem Schwert des Henkers fiel.
Von den Engländern, ihrer Besatzungsmacht, übernahmen die Schwarzen in Südafrika die Bibel, und wandten deren Botschaft gegen ihre Zwingherren. Wir mußten lernen, sagte Mandela, daß wir keine andere Wahl hatten, als uns zu bewaffnen; die Unterdrücker zwangen uns dazu.

Die Toten kommen wieder, schrieb der marxistische Philosoph Ernst Bloch nach dem Ende des Ersten Weltkriegs, in der Hoffnung auf ein kommunistisches Deutschland. Die Toten kommen wieder, ihr Tun will mit uns nochmals werden.

Der Satz wurde 1921 gedruckt, in den Buch »Thomas Münzer als Theologe der Revolution«. Als die Arbeit erschien, war sie bereits zu einem Nachruf auf die Träume vom bevorstehenden Sieg der Arbeiterklasse geworden. In der Zeit zwischen Niederschrift und Veröffentlichung hatten sich die Schatten der Toten schon wieder verflüchtigt, bis zur nächsten Gelegenheit.

Einer der Wiedergänger, die im Grab keine Ruhe fanden, jener Thomas Müntzer, dessen Kopf am 27. Mai 1525 nach der Hinrichtung »ins Feld« gesteckt wurde, vor der Stadt Mühlhausen, klopfte bei Bloch in der Gesellschaft Lenins an. Als unerbittlicher Organisator im deutschen Bauernkrieg, meinte Bloch, war Müntzer dem russischen Revolutionär durchaus ebenbürtig. Der Blick nach Moskau schien deshalb geboten, weil Bloch seiner Zeit eine hochbedeutende Schwangerschaft attestierte. Die letzte irdische Revolution steht in Geburt, schrieb der Philosoph, die Erben der Webergesellen und Tuchknappen stehen auf dem revolutionären Plan, sie sind nicht mehr zu vertreiben.

Die Toten kommen wieder. In seinem Hauptwerk »Das Prinzip Hoffnung«, geschrieben 1938 bis 1947 in den USA, ließ Bloch sämtliche Weltverbesserer aufmarschieren, nicht nur die martialischen Befreiungskämpfer. Hinter Müntzer erschienen Jesus und Mose, angeleuchtet vom brennenden Dornbusch, der nicht zu Asche werden durfte, als frühester Appell zur Revolte gegen Sklavenpeitsche und Herrenhaus.

Martin Luther, Zeitgenosse und Gegenpol Müntzers, befand sich nicht unter den Toten, denen Bloch eine Wiederkehr wünschte.

In die Vereinigten Staaten hatte Ernst Bloch (1885–1977) wegen seiner jüdischen Abstammung flüchten müssen. 1949 folgte er einem Ruf der Universität Leipzig, blieb bis zum Bau der Berliner Mauer in der Deutschen Demokratischen Republik und lebte dann von 1961 bis zu seinem Tod in Tübingen. Was er schrieb, kann als Kommentar zu Beethovens »Fidelio« gelesen werden. Beim Trompetensignal im zweiten Akt wurden dem Philosophen immer die Augen feucht.

Während der sechziger Jahre wuchs der Name des linken Denkers schnell, nicht nur im deutschen Sprachraum. Wo immer der alte Herr (weiße Mähne, dicke Brillengläser, Adlergesicht) auftrat, rissen sich die Journalisten um ein Gespräch mit dem Meister. Der hatte dann eine Pfeife zur Hand und formulierte Antworten, die keiner Nachbesserung bedurften: Daß die Welt selbst noch nicht weiß, wo ihr der Kopf steht. – Wir sind der letzte Akt. – Der Sozialismus hat noch nicht einmal angefangen. – Der Marxismus ist ja sozusagen weit älter als Marx. – Es gehört zur Hoffnung, daß sie enttäuscht werden kann. – Wir müssen wieder deutsche Phantasie in den Marxismus bringen. – Und also die Hegelsche Philosophie sozusagen keinen Platz hat für Zukunft. – Geburtshilfe ist der Tenor in allen Büchern, die ich geschrieben habe. – Wir haben eine sehr dürftige Zeit. – Das Böse kommt unbemerkt. – Eine siebzehnjährige Schauspielerin war mir bedeutend wichtiger als der Philosophieprofessor Lipps. – Jedenfalls ist Studentenbewegung besser als gar nichts.

Ende August 1968, Bloch hielt eben sein Referat vor dem Weltkongreß für Philosophie in Wien, schob man ihm einen Zettel zu: Panzer in Prag. Bloch legte los, und die gesamte Fraktion der Philosophen aus dem Ostblock verließ geschlossen den Saal.

Gleichwohl beharrte Bloch auf dem, was er in »Prinzip Hoffnung« geschrieben hatte: Ein Ende des Tunnels ist in Sicht, gewiß nicht von Palästina her, aber von Moskau; ubi Lenin, ibi Jerusalem. Zionismus mündet in Sozialismus, oder er mündet überhaupt nicht.

Das Neue Jerusalem der Apokalypse blieb für den Philosophen mit dem Namen Lenins verknüpft, mit der Oktoberrevolution, mit der Brautzeit des Sozialismus, wie Bloch die Sache ausdrückte. Was die Russen in Prag angestellt haben, sagte Bloch in Wien, war das Gegenteil von Marxismus.

Daß Brautzeit und Schwangerschaft zu einer Fehlgeburt geführt hatten, konnte den Geist, dem Bloch treu blieb, nicht anfechten. Wie viele Schiffe waren auf der Fahrt ins Reich der Freiheit schon untergegangen. Noch im Sinken aber nagelte das Prinzip Hoffnung seine Fahne an den Mast. Aufbruch war wichtiger als Ankunft.

Ebenfalls im Jahr 1968 erschien das Buch Blochs, in dem der rote Faden der Bibel freigelegt wurde, unter dem provokanten Titel »Atheismus im Christentum«. Gemeint war ein theologisches Programm, das ohne autoritären Himmelsvater auskam. Blochs Gott klopfte als Leibesfrucht im Weltenbauch, unter dem Motto: Was nicht ist, kann noch werden. Dem herrenkirchlich gebrauchten Bibeltext hielt der Philosoph eine andere Lesart entgegen, gegen den Strich gebürstet, mit überraschenden Konsequenzen.

Was als Gottes Wort auf den christlichen Altären liegt, war für Bloch ein manipulierter Text, eine geglättete Fassung, der alles Revoltieren ein Greuel war. Die Passage im Buch Numeri beispielsweise, wo die Zusammenrottung unter Korach beschrieben wird, inklusive schaurigem Strafgericht Gottes gegen die Lästermäuler, ließ sich auch andersherum lesen, nämlich als Restbestand von Aufmüpfigkeit, von verschollener Gesinnung politischer Rebellion, wie eine Insel im Meer der Korrektheit. Solche Inseln sah Bloch als Berggipfel eines untergegangenen Landes, dessen Erforschung so aufregend war wie eine Tiefseeexpedition.

Inspirieren ließ sich der Philosoph bei seinem Unternehmen von den Zukurzgekommenen aller Zeiten, deren Murren durchaus vernehmbar blieb, wenn das Ohr nicht verstopft war. Die Mühseligen und Beladenen des Evangeliums, die Erniedrigten und Beleidigten Dostojewskijs machten immer noch zwei Drittel der Weltbevölkerung aus, von Kairo und Delhi bis Mexiko City. Zumeist fehlten ihnen die Worte, um ihre Beschwerden theologisch, moralisch, politisch zu begründen. Deshalb las Bloch die Heilige Schrift als *biblia pauperum*, als Bibel der Armen, suchte in ihr jene Stellen, die sich gegen die Chefs wenden ließen und auch immer wieder zitiert worden waren, wenn die Bürde zu schwer wurde. *Let my people go.*

Unter den marxistischen Denkern war Bloch der einzige, dem die Bibel kein Wegwerfbuch war, sondern ein Fahrplan ins Reich der Freiheit. Wo Hoffnung ist, ist auch Religion, schrieb der linke Denker, ausdrücklich in der Gegenwartsform, mit ebenso ausdrücklicher Spitze gegen die marxistische Mehrheit, der jegliche Religion herzlich zuwider war, ein pfäffisches Überbleibsel aus feudalen Verhältnissen, in dem allenfalls ein gewisses Vorläufertum der sozialistischen Idee auszumachen war, beim Studium der europäischen Ketzergeschichte.

Nicht so für Bloch. Unter den Ketzern, Dissidenten, Schwarmgeistern und Rebellen von einst wirkte der biblische Trotz weiterhin fort, bis dato und in die Zukunft hinein. Er sollte, sozusagen tröpfchenweise, die Lehrbücher des Marxismus-Leninismus mit jenem irrationalen Öl versorgen, ohne das die revolutionäre Prosa zum ideologischen Geklapper verkommt.

Eine besondere Vorliebe entwickelte Bloch, sehr zur Verwunderung der Parteiphilosophen, für die Schlange im Paradies, deren Rat so schwere Folgen nach sich gezogen hatte. Daß sie gelogen hatte, stand nirgendwo geschrieben. Einer spätantiken christlichen Sekte galt sie als vernünftige Gegenspielerin des despotischen Gottes, was von Bloch mit größtem Vergnügen ausgegraben wurde, zum Beleg für seine These von den »subversiven Bruchstellen der Bibel«.

Ebensogern widmete sich Bloch dem »Exoduslicht«, das den Kindern Israels den Weg ins Gelobte Land gezeigt hatte, in nicht mehr rückgängig zu machender Weise.

Im Jahr 1970 veröffentlichte der peruanische Priester Gustavo Gutiérrez seine »Anmerkungen für eine Theologie der Befreiung«. Er schrieb: Die Armen, die Verdammten dieser Erde haben kaum Probleme mit der Religion oder ihren philosophischen Voraussetzungen; ihre Fragen richten sich vielmehr an die wirtschaftliche, gesellschaftliche und politische Ordnung, die sie in Unterdrückung hält und zu Randexistenzen macht.

Und der chilenische Jesuit Gonzalo Arroyo fügte hinzu: Der christliche Humanismus mit seiner Zielvorstellung des Gottesreiches und der marxistische Humanismus mit seiner Zielvorstellung der klassenlosen Gesellschaft müssen die inspirierende Kraft der Gesellschaft sein.

Blochs Zukunftsphilosophie hatte Gesellschaft bekommen, wenngleich ohne atheistische Pointe.

Nach 1989 hatte die Zukunft keine gute Presse. Die Vorstellung der klassenlosen Gesellschaft war dermaßen blamiert, daß sie fast nur noch auf chinesisch verbreitet wurde, in den Parteihochschulen des Reiches der Mitte. Ein rundes Dutzend subventionierter Untergrundarmeen sah sich plötzlich ohne Nachschub aus Moskau. Dafür gab es zwei neue Slogans – den von der neuen Weltordnung und den von der Informationsgesellschaft. Die Frage, welche Automatik dafür sorgen würde, daß auch der ärmste Schlucker zu seiner Sozialwohnung käme, war irgendwie in Vergessenheit geraten. Hatte sich der rote Faden der Menschheitsgeschichte im Internet versteckt?

Eines schönen Tages wird »Atheismus im Christentum« von Ernst Bloch auch über Computer abrufbar sein. Auf Knopfdruck erscheint dann der Satz auf dem Bildschirm: Was immer wahrhaft schöpferisch ist, hat als Subjekt den in uns sich ausgießenden – heiligen Geist.

Ach, lieben Herren

Am Morgen des 13. Juli 1524 zog der Prediger und Seelwarter Thomas Müntzer, Pfarrer an Sankt Johannis im sächsischen Allstedt, sein bestes Gewand an. Er war auf das Schloß bestellt, um vor dem Bruder und Mitregenten des Landesfürsten eine Art Probepredigt zu halten. Der Herzog hatte auch seinen Sohn, den Kurprinzen Johann Friedrich mitgebracht, der wie sein Vater und sein Onkel der lutherischen Sache anhing und an theologischen Fragen interessiert war.

Müntzer, katholisch geweihter Priester und Magister der Freien Künste, fünfunddreißig Jahre alt und seit kurzer Zeit verheiratet, war für die hohen Herren kein unbeschriebenes Blatt. Nicht nur seine Eheschließung widersprach dem geltenden Recht. In Zwickau, wo Müntzer ein Jahr lang tätig gewesen war, hatte der heftige Mann auf der Kanzel zur Gewalttätigkeit gegen altgläubige Priester aufgerufen, woraufhin seine Zuhörerschaft einen Geistlichen namens Hofer mit Steinen bewarf und durch die Straßen hetzte. Ein »schwirmig geyst« sei dieser Müntzer, wurde gesagt, was den Mann in eine gewisse Nähe zum Ausschwärmen der Bienen brachte und freilich auch zu deren Stechbereitschaft.

Unangenehm aufgefallen war Müntzer ferner durch seine scharfen Ausfälle gegen ein Wallfahrtskirchlein vor den Toren Allstedts, woraufhin ein paar Männer das Heiligtum in Brand steckten, ausgerechnet am Gründonnerstag, was eine Beschwerde in der Kanzlei des Kurfürsten auslöste.

Auf dem Weg zum Schloß mußte dem Prediger klar sein, daß ihm die abgebrannte Kapelle einen Minuspunkt eingebracht hatte. In seinem Konzept stand deshalb ein Hinweis auf die verzärtelten Pfaffen einer verstockten Christenheit, deren Abgötterei sich auf Gnadenbilder richtete, anstatt die Bibel zu treiben tagtäglich mit Singen, Lesen und unterweisender Rede.

Erwartet wurde Müntzer von einem halben Dutzend ernster Männer in feinem Tuch, den beiden Fürstlichkeiten und ihrer Begleitung, darunter der kursächsische Kanzler Brück. Erschienen war auch Hans Zeiß, der Amtmann von Allstedt. Zunächst wurde den Herren das zweite Kapitel des Propheten Daniel vorgelesen, zuerst auf lateinisch, dann auf deutsch. Das war der Text, den Müntzer den Fürsten auslegen wollte, die Geschichte von dem mächtigen Wüterich Nebukadnezar, Babylons König und Herrn, dem ein lebhafter Traum keine Ruhe mehr ließ, bis Daniel ihm die Bedeutung des Steins offenlegte, welcher die Reiche der Erde zerschmettert.

Deutlicher ließ sich die Grundregel nicht formulieren, die das Verhältnis zwischen Gottes Botenläufern und den Gewalthabern dieser Welt regulierte, den »großen Hansen«, wie

Müntzer sie gerne nannte. Ihre einzige Chance, nicht vernichtet zu werden, lag in der Bereitschaft, sich mutig auf Christum zu stellen. Ach, lieben Herren, so Müntzer, wie hübsch wird Gott mit der eysernen Stangen die alten Töpff zerschmeissen, wie geschrieben im zweiten Psalm. Darumb, yr allertheuersten, liebsten Regenten, lerndt euer Urteyl recht auß dem Munde Gottis. Die armen Leien und Bauren sehn viel scherffer denn yr.

Diese Fürstenpredigt, die bald auch gedruckt vorlag, mag an die zwei Stunden gedauert haben. Ihr Hauptstück handelt von dem »heiligen geyst«, den die Schriftgelehrten zum Spottvogel gemacht haben, wie Müntzer es ausdrückte.

Die Schriftgelehrten saßen für Müntzer nicht nur in Rom, sondern auch in Wittenberg, dem Hauptquartier Luthers. Für bizarre Gestalten, die ständig unter Strom standen und ihre Eingebungen an den Straßenecken hervorsprudelten, gab es dort keinen Platz. Der Tuchmacher Nicolaus Storch aus Zwickau beispielsweise, ein inbrünstiger Gottestrichter mit einigem Anhang, war bei Luther kläglich abgeblitzt, als Rottengeist und Gaukelprophet, während Müntzer ihm attestierte, »er hab Den Heyligen geyst.«

In seiner Predigt vor den allerteuersten Regenten hütete sich Müntzer, Storchs Namen zu nennen. Noch stand der Tumult höheren Orts in Erinnerung, den Müntzer und Storch unter den Tuchknappen Zwickaus angestiftet hatten, mit kecken Reden gegen die geistliche Obrigkeit. Die Leyen mussen unser Prelaten und Pfarrer werden, hatte Müntzer erklärt, und die Kanzel von Sankt Katharinen dem Storch überlassen, der nur allzugern die Ankunft des pfingstlichen Feuers unter den kleinen Leuten beteuerte, hier und jetzt in den allerhöchsten Wehen der letzten Tage vor dem Umsturz der Werte.

Das war drei Jahre zuvor passiert. Jetzt hatte Müntzer Gelegenheit, seine Geist-Theologie vor denen auszubreiten, die über den Gang der Reformation in Sachsen entschieden, und auch über die Zukunft des unbequemen Mannes, dem sie zuhörten. Der legte den Finger auf das Evangelium nach Johannes, Kapitel 6, Vers 63, wo es heißt, der Geist ist es, der Leben schafft. Müntzer fuhr fort, daß die lieben Brüder die

Offenbarung Gottes täglich zu gewärtigen hätten, die edle Kraft, die erfarne Ankunfft des heyligen geystes, des meysters der Forcht Gottis.

Das klang recht erbaulich. Für feine Ohren allerdings enthielt die Lehre von der Geistesgegenwart jene Anmaßung und Ordnungswidrigkeit, die der letzten Saudirne Hoffnung machte, ein Landeplatz für die himmlische Taube zu werden, eher als den aufgeblasenen Universitätsprofessoren oder Kanzleiräten, die sich ans Geschriebene hielten und den Visionen, Träumen und Entraffungen der Winkelpropheten mit größter Zurückhaltung begegneten.

Immerhin steht geschrieben im Buch Daniel, so Müntzer, daß sogar der heidnische Despot einen Wahrtraum gehabt hatte, ebenjener Nebukadnezar, der die fünf Zeitalter der Geschichte sichtete, eine Botschaft von größter prophetischer Kraft, und die Schriftgelehrten, die der König konsultierte, waren ratlos geblieben.

Wie also zwischen falschen und wahren, eingebildeten und übernatürlich bewirkten Gesichten und Eingebungen unterscheiden? Die gängige Meinung, der heilige Geist habe seit den Tagen des Herrn Jesus und seiner Apostel die Tätigkeit eingestellt, ließ Müntzer nicht gelten.

In aller Ruhe, als ob sie sich mit einer spirituellen Frage zu befassen hätte und nicht mit einer brisant politischen, in der sie mit Luther über Kreuz war, knüpfte die Fürstenpredigt an die Lehren der deutschen Gottesfreunde an, an die Forderung nach strengster Abgeschiedenheit von allen Annehmlichkeiten des Lebens als die Voraussetzung für das Eintreffen des klaren Gotteswortes im Seelengrund. Nu fragstu villeicht, wie kumpt es dann ins Hertz? Es kumpt von Gott oben her nidder in eyner hochen Verwunderung. Und wilcher Mensch dieses nit gewar und empfindtlich worden ist durch das lebendige Gezceugnis Gottis, der weiss von Gotte nichts gründtlich zu sagen, wenn er gleich hunterttausent Biblien hett gefressen.

Das war deutlich. Offensichtlich distanzierte sich der Prediger vom Schriftprinzip Luthers, vom Rekurs auf die Verläßlichkeit der Bibel, und beanspruchte für sich eine inspirierte

Autorität, die aus ihm einen neuen Daniel machte und aus seinen Zuhörern die Nachfahren des babylonischen Königs, dessen Herrschaft auf tönernen Füßen stand. Ihnen zu sagen, was Sache war, ein Jahr nach dem Aufstand der Ritter unter Franz von Sickingen und wenige Monate vor dem deutschen Bauernkrieg, konnte nur unter ausdrücklicher Berufung auf den Gottesgeist geschehen, welcher itzt vilen ausserwelten frumen Menschen offenbart, eine treffliche unuberwintliche zukünfftige Reformation muss vollführet worden. Mit der Gewalt des Schwertes, fügte Müntzer hinzu, um nur ja kein Mißverständnis über die Absichten des heiligen Geistes aufkommen zu lassen, ganz im Sinn jener höchlichen Verwunderung, die der Prediger in seinem erlauchten Zuhörerkreis erreichen wollte.

Noch Einwände? Alhie werden mir unser Gelerten die Gütigkeit Christi vorhalten, fuhr Müntzer fort, mit einen Seitenblick auf den Bruder Sanftleben in Wittenberg, der davor zurückschreckte, das Evangelium mit Blutvergießen zu verfechten. Mußte der heilige Geist die fürstlichen Herren ausdrücklich an die Bedeutung des Schwerts erinnern, das sie stets an der Seite trugen, mit der rechten Hand auf dem Knauf? Sie hatten es deshalb erhalten, um die Abgöttischen nicht länger leben zu lassen, Buch Exodus im 22. Kapitel. Wer das Schwert rosten läßt, dem wird es genommen.

Also Krieg. Um abzusondern die Gottlosen von den Auserwählten. Eine Säuberungsaktion. Anders mag die christliche Kirche zcu yrem Ursprung nicht widder kummen. Man muß das Unkraut aussreuffen auss dem Weingarten Gottis in der Zceyt der Erndten, dann wirt der schöne rothe Weytz bestendige Wortzeln gewinnen und recht auffgehn. Die Engel aber, wilche yre Sicheln darzu scherffen, seint die ernsten Knechte Gottis, die den Eyfer götlicher Weyssheit volfüren. Sollen das unser theuren Veter die Fursten thun, die Gotlosen zu vertilgen. Seyt noer keck! Und er, dem alle Gewalt ist gegeben im Hymmel und auff Erden, Matthei am Letzten, der bewar euch Allerliebsten ewigk. Amen.

Über die Reaktion des erlauchten Auditoriums steht nichts in den Quellen. Lediglich eine Unterredung zwischen Müntzer und dem Kanzler Brück ist vermerkt, der dem itzig Pfarrer oder Prediger zu Allstedt einschärfte, nichts ohne vorherige Genehmigung durch die landesfürstliche Behörde drucken zu lassen.

In der Nacht vom 7. auf den 8. August nahm der Allstedter Pfarrer Abschied von seiner jungen Frau, stieg über die Stadtmauer und wanderte in Richtung Westen. Dem Gemeinderat schrieb er einen kurzen Brief, er habe wegen seiner Sach über Land ziehen müssen.

Die Sache, um die es ihm ging, führte ihn nach Mühlhausen, wo das politische Barometer bereits auf Sturm stand.

Luther, der von dem Ortswechsel erfahren hatte, schickte sofort einen Brief an den ehrsamen und weisen Herrn Bürgermeister, den Rat und die ganze Gemeinde der Stadt Mühlhausen. Nachdem es erschollen ist, schrieb Luther, wie sich einer, genannt Magister Thomas Müntzer, zu euch in eure Stadt zu begeben willens sei, wollen wir euch hierinnen treulich raten und warnen vor seiner Lehre. Bitte derhalben, wöllet gar fleissig euch fürsehen vor diesem falschen Geist und Propheten, der in Schafskleidern dahergehet und ist inwendig ein reissender Wolf.

Einen längeren Text gegen Müntzer hatte Luther bereits im Juli abgefertigt, an die Fürsten zu Sachsen von dem aufrührerischen Geist. Der ausgetriebene Satan, hieß es da, hat sich in Euer Fürstlich Gnaden Fürstentum niedergelassen und zu Allstedt ein Nest gemacht. Treibt die allerunerschrockensten Worte als wäre er dreier heiliger Geister voll. Muß ein schlechter Geist sein, der sich nicht anders beweisen kann als mit Kirchenzerbrechen und Heiligenverbrennen.

Im November schlug Müntzer zurück, mit einen Pamphlet, das in Nürnberg gedruckt und sofort beschlagnahmt wurde: Hoch verursachte Schutzrede und Antwort wider das gaistlose, sanftlebende Fleysch zu Wittenberg, welches mit verkärter Weysse durch den Diepstal der heiligen Schrift die erbermdliche Christenheit also gantz jämerlichen besudelt hat.

In der Kontroverse zwischen Luther und Müntzer ging es um eine einzige Frage: Ob der heilige Geist eine revolutionäre Kraft sei.

Die früheste Beschreibung revolutionärer Politik findet sich im Buch des Auszugs (Exodus) der Bibel, aus dem ersten vorchristlichen Jahrtausend. Es schildert die Versklavung der Kinder Israels in Ägypten, die Berufung des Mose, die zehn Plagen, den Aufbruch und den Zug durch das Rote Meer, die Wüstenwanderung und den Bundesschluß mit den Zehn Geboten, den Zwischenfall mit dem Goldenen Kalb und die Einrichtung des Gotteszeltes. Ergänzt und weitergeführt wird die Erzählung im Buch Numeri, mit den Berichten über die Ankunft der Israeliten im Land Kanaan, dem späteren Palästina.

Die akademische Geschichtsforschung ist längst davon abgerückt, die Auszugsgeschichten als Tatsachenberichte aufzufassen. Die ältesten Texte der Bibel über Mose und den Exodus wurden erst dreihundert Jahre nach den geschilderten Ereignissen zu Papier gebracht, und es dauerte weitere fünfhundert Jahre, bis die endgültige Fassung vorlag. Sie enthält zahlreiche Ungereimtheiten und Widersprüche. Eine auch nur halbwegs verläßliche Rekonstruktion dessen, was um 1200 vor Christus herum zwischen Nil und Jordan passiert sein könnte, ist bislang nicht geglückt.

Das tut der Sache, die Müntzer über Land ziehen ließ, überhaupt keinen Abbruch. Als der Allstedter Pfarrer vor die Fürsten trat, um ihnen die Leviten zu lesen, spielte er eine Rolle, die schon oft inszeniert worden war, auch im Buch Daniel, das den geistesmächtigen Propheten vor den babylonischen Wüterich stellt. Die Rolle war im Jahr 1524 ebenso aktuell wie zur Zeit Ramses' II. Ihre Erstfassung konfrontiert den allmächtigen Pharao, den Herrn über Leben und Tod, mit dem Mann Mose und dessen politischer Forderung nach dem definitiven Ende der Unterdrückung des Volkes. Das ist das Skript, an das Müntzer sich hält, wenn er sagt, die armen Leien und Bauren sehn viel scherffer als yr. Ob die Uraufführung des Stücks genau so stattgefunden hat wie in der Bibel beschrieben, ist demgegenüber unerheblich. Was zählt, ist das Skript der Begegnung zwischen Herrn und Knecht, mit dem befreienden Trompetenstoß aus dem Hintergrund.

Im Skript steht ausdrücklich, daß Mose nicht aus eigener Kraft dem Pharao gegenübertritt. Der körperlosen Stimme, die ihn bedrängt, hält Mose immer wieder entgegen, er sei für die Aufgabe, die ihm zugemutet wird, völlig ungeeignet. Nur widerwillig, wie unter Zwang, fügt er sich schließlich. Das Umstürzlerische der gebieterischen Stimme aus dem brennenden Dornbusch steht deshalb außer Zweifel, weil ihr Vorhaben unerhört ist. Sie stellt etwas in Frage, was zur Welt gehört wie das Wetter – den Gegensatz zwischen Freien und Sklaven. Eine derartige Taktlosigkeit wäre nicht einmal den Göttern in den Sinn gekommen. Nicht aus ihrer Zuständigkeit kommt die Stimme. Sie gibt sich einen neuen Namen, dessen Verwendung sie streng verpönt, um ihn nicht zum Kleingeld im Religionsbetrieb verkommen zu lassen.

Der Prozeß, den sie in Gang setzte, ist fortschrittlich. Nicht die schließliche Rückkehr ins vertraute Zuhause, nach langer Irrfahrt wie im Fall des Odysseus, ist angesagt, sondern der Marsch ins Unbekannte. Das Ziel wird zwar in freundlichen Farben geschildert, kann aber erst dann erreicht werden, wenn alle gestorben sind, die Ägypten noch erlebt haben.

Das Skript hat die Juden zu habituellen Emigranten gemacht. Der Eid, unter dem sie stehen, läßt sie in dem Land nie ganz seßhaft werden, das sie schließlich erreichen. Jedes Jahr müssen sie Aufbruch feiern, wo immer sie sind, zur Zeit des ersten Vollmonds im Frühling. Dann fragt der Jüngste im Familienkreis, warum diese Nacht sich von allen anderen Nächten unterscheide, und der Hausherr antwortet, wir waren Sklaven in Ägypten, da führte uns der Ewige von dort heraus mit starker Hand und ausgestrecktem Arm. Sonst wären wir dienstbar geblieben. Wer vom Auszug erzählt, der ist lobenswert. Dies deshalb, weil in Kanaan fast nichts von dem eintraf, was verheißen war. Auf der Höhe ihrer Macht gebärdeten sich David und Salomo wie Despoten, und dann hatten die Baalspfaffen Oberwasser, bis zur Auslöschung des Königtums im Gelobten Land durch die Großmächte Assyrien und Babylon. Von Autonomie keine Rede, dafür von Deportation und Emigration, bis auf weiteres. Um so überschwenglicher dann die Hoffnung auf einen ultimativen Gesalbten, den Messias und sein Friedensreich ohne Gewalt und Bedrückung, wo der Säugling am Schlupfloch der

Natter spielt und die schlimme Menschheitsgeschichte ein Ende hat.

Dabei handelt es sich freilich bereits um ein anderes Skript, um die Verwandlung der konkreten Befreiungspolitik des Exodus in jenes grandiose Szenario der Apokalyptik, das Müntzer den Kopf kostete.

In den Exodusgeschichten taucht der Geist, von dem Müntzer sich ergriffen wußte, nur andeutungsweise auf, noch ohne Heiligkeitsprädikat. Er »ruht« auf dem Mann Mose (Numeri 11, 17), wird auf die siebzig Männer »gelegt«, die Anführer des Volkes, und versetzt sie in prophetische Verzückung (Numeri 11, 25), worauf Mose den Wunsch äußert, das ganze Volk möge von diesem Geist gepackt werden (Numeri 11, 29). Der Wunsch geht nicht in Erfüllung.

Ein weiterer Text würdigt die Siebzig sogar der Anschauung Gottes (Exodus 24, 9–11), was sonst unter Todesstrafe steht. Die Vision ereignet sich auf dem berühmten Berg, der manchmal Sinai, manchmal Horeb heißt, dem Ort der Herabkunft der Zehn Gebote unter Donner und Blitz. Ob die Siebzig ständig unter Strom blieben, ist nicht vermerkt.

Ansonsten wirken die Exodusgeschichten, trotz Gottesnähe und Wunder-Inflation, wie die Chronik eines mühsamen Unternehmens, mit vielen Rückschlägen. Die Auszügler meckern immer wieder gegen Mose und seine Depeschen aus dem fernen Hauptquartier, zweifeln am Sinn des endlosen Herumziehens im Geröll einer abweisenden Welt, tanzen ums Goldene Kalb. Revolten gegen Mose müssen grausam niedergeschlagen werden. Die revolutionäre Avantgarde (Mose und die Siebzig) sieht weiter. Sie weiß, daß dem Volk die Sklavenmentalität ausgetrieben werden muß, bevor das Gelobte Land in Sicht kommen kann. Sogar Mose darf es nur aus der Ferne betrachten, fast wie eine Fata Morgana. Das Thema der Exodusgeschichten, nach der Darstellung des ursprünglichen Überschwangs der Befreiung, ist das mühselige Werk der Umerziehung von Menschen, die entweder an die Fleischtöpfe Ägyptens zurückdenken oder möglichst rasch in das Land gelangen möchten, dessen Reichtum an Milch und Honig ihnen versprochen wurde. Sie sind »grob«, wie Müntzer es ausdrückte, sie müssen »entgröbert« werden.

Die Exodusgeschichten sehen für diese Verwandlung vierzig Jahre der Wüstenwanderung vor. Das Zeitbudget des Revolutionstheologen war weitaus knapper. Im August 1524 übergab Müntzer dem Buchdrucker Hans Hut in Bibra eine Schrift zur Veröffentlichung, die der elenden, erbarmungswürdigen Christenheit ihre Irrsal vor Augen führen sollte, nebst kurzgefaßtem Programm für den allgemeinen Umschwung des Denkens, ab sofort. Neun Monate später diktierte der Verfasser im Gefängnis der Burg Heldrungen seinen letzten Brief, adressiert an die Bürger von Mühlhausen, mit der Bitte, sie sollten sich über seinen Tod nicht ärgern. Das Volk habe ihn nicht recht verstanden, alleyne angesehen eygen nutz. Nicht einmal der heilige Geist hatte den Eigennutz der Menschen zu entgröbern vermocht. Die Antwort der Fürsten auf die Predigt des Allstedter Pfarrers war hingegen sehr wirksam formuliert, mit der Artillerie.

Schwertler und Stäbler

Das ganze deutsche, franzosisch und welsch Land ist wach, schrieb Müntzer Ende April an seine Allstedter Pfarrkinder. Der Meyster will Spiel machen. Die Böswichter müssen dran. Zu Fulda sind in der Osterwoche vier Stiftskirchen verwüstet. Die Bauern im Klegau, Hegau und im Schwarzwald sind auf, dreimal tausend Mann stark, und der Haufe wird je länger je größer. Nun dran, dran, dran, es ist Zeyt, wir mussen nit lenger slaffen. Lasset euer Schwerth nit kalt werden. Schmidet pinkepanke auf den Ambossen Nymroths, werfet ihne den Thorm zu Bodem. Man kan euch von Gotte nit sagen, dieweyl sie uber euch regiren.

Der letzte Satz könnte von Baron Holbach oder Karl Marx stammen. Müntzer durchschaut und verwirft Religion als Moment in einem politischen System, das auf Unterdrückung basiert. Das Stichwort für deren Beseitigung taucht erst hundertfünfzig Jahre nach Müntzer auf, während der »Glorious

Revolution« in England. In den Schriften Müntzers kommt der Revolutionsbegriff noch nicht vor. Dessen Sache freilich hat der friedlose Mann durchaus im Auge gehabt. Was ihm fehlte, war ein tüchtiger Feldhauptmann und zwei Dutzend Kanonen.

Die Aktionen, an denen sich Müntzer beteiligte, wirken militärisch unprofessionell, disziplinlos, wirrköpfig. Da ist von vierhundert Mann die Rede, versehen mit einem weißen Fähnlein, darin ein Regenbogen stund, welche von Mühlhausen nach Langensalza marschieren, dort eine Weile palavern, zwei Faß Bier austrinken, auf dem Rückweg das Kloster Volkenrode überfallen, früh am Morgen. Alle Fenster des Kruzgange ausgestossen, dy library ganzlich vorterbet, alle Behausung elent zerbrochen, Wyn, Korn, Bier, Gersten, Hafern und Fleysch hynwegefurt, ein grosse Anzal des Vihes hinweggetriben.

War mit solchen Leutchen ein Krieg zu gewinnen? Gegen die Aufstandsbewegung zwischen Bodensee, Rhein und Thüringen machten ein paar hochadlige Herren mobil, der Truchseß von Waldburg, der Landgraf Philipp von Hessen, die Herzöge Heinrich von Braunschweig und Georg von Sachsen, mit angeworbenen Landsknechten und Berittenen unter straffer Führung, samt ausreichendem Geschütz.

Vor der Stadt Frankenhausen kam es dann am 15. Mai zu jenem Gefecht, daß gar keines war, weil die Bauern, denen Müntzer bis zuletzt Mut gemacht hatte, nach der Eröffnung des Geschützfeuers auf ihre Wagenburg nach allen Seiten davonliefen und von den fürstlichen Truppen abgestochen wurden, mehrere tausend Mann. Müntzer wurde erwischt, gefangengesetzt, verhört, peinlich befragt. Mit der Hinrichtung wurde gewartet, bis Mühlhausen sich ergeben hatte. Das letzte Wort, das von Müntzer überliefert ist, bereits in Gegenwart des Scharfrichters, richtet sich an die Fürsten, die der Exekution am 27. Mai zusahen: Sie sollten Libros Regum lesen.

In den Königsbüchern der Bibel tritt der Prophet Elija dem abgöttischen König Achab entgegen, worauf Müntzers Fürstenpredigt bereits hingewiesen hatte. Achab trachtet dem

Propheten nach dem Leben, aber schlußendlich lecken die Hunde sein Blut.

Mit der Firmung der Christenheit ging es also eher langsam voran. Die Firmung (*confirmatio* = Festigung), nach altchristlicher Auffassung eine Art Besiegelung der Taufe durch den heiligen Geist, galt als »Sakrament«, dessen Gnadenwirkung an bestimmte rituelle Formeln gebunden war, und auch an Verrichtungen wie das Auflegen der Hände und die Salbung mit Öl. So entstand die Unterscheidung zwischen Form und Materie der Sakramente. Ohne Wasser keine Taufe, ohne Öl keine Firmung.

Ohne Waffen keine Revolution, lehrte Müntzer. Seine Geist-Theologie hatte eine Art kollektiver Firmung im Auge, nicht als liturgischen Akt, sondern als Umwälzung erniedrigender Verhältnisse. Dazu bedurfte es der Seufzer des heiligen Geistes, aber auch der Kriegstechnik.

So weit die Theorie.

Daß sie auch in der Praxis funktionierte, war erstmals in Böhmen demonstriert worden, durch den Ritter Jan Žižka (gest. 1424), der im Alter von sechzig Jahren zum wichtigsten Kopf des militärischen Widerstands gegen Kaiser und Papst wurde, mit Erfolg. Er nannte sich »Bruder vom Kelch« (*bratr z Kalichu*), wegen der Forderung nach Gewährung des konsekrierten Weins für alle Christenmenschen. An dieser Parole lagerten sich die Kristalle der Unzufriedenheit an, besonders nach der Hinrichtung des Prager Universitätsrektors Jan Hus anno 1417 auf dem Konstanzer Konzil.

Sein erstes Gefecht gewann Žižka am 14. Juli 1420 gegen die Truppen König Sigmunds, der zur Belagerung Prags angerückt war, mit dem Segen der Kirche, die das Unternehmen als Kreuzzug gegen die hussitische Ketzerei deklarierte. Insgesamt fünf solcher Kreuzzüge konnten von den Tschechen abgewehrt werden; dann wurden sie einigermaßen in Ruhe gelassen, fast zweihundert Jahre lang.

Žižka stellte sein bäuerliches Feldheer im südböhmischen Tabor zusammen. Der Ort, benannt nach dem Berg der Verklärung Christi, war eine Neugründung, entstanden aus dem

Glauben an die baldige Wiederkunft des Herrn Jesus, zu dessen Begrüßung sich die Landbevölkerung eingefunden hatte, in einem Lager unter freiem Himmel zunächst. Aus ihr rekrutierte Žižka seine Fußtruppen.

Auch der Schlachtgesang der Taboriten ist überliefert, ein wuchtiger Ausdruck einheitlichen Willens, vorgetragen von ein paar tausend Männerstimmen, jeder Ton wie ein Hammerschlag. Die da Gottes Kämpfer sind. (Die tschechischen Wörter für Gott und für Kampf beginnen mit der gleichen Silbe *bo*, sie verstärken einander.)

Žižka setzte gepanzerte Trainwagen ein, und auch Geschütze. Beispielgebend für das gesamte mitteleuropäische Militärwesen wurde seine »Kriegsordonnanz« von 1423, eine rigorose Heeresverfassung, die jedem Mann seinen Platz zuwies, nach einer Art eidgenössischem Prinzip der beteiligten Gemeinden und Stände. Den eher chaotisch operierenden Kreuzheeren der Gegner war Žižkas Truppe damit klar überlegen.

Also wurdent nun die Behem als stark und als mechtig, schrieb ein Chronist, und ward ir Übermuot als gross, dass man si allenthalben forcht. Nach Žižkas Tod überschritten die Gotteskämpfer die Grenzen Böhmens und kamen bis Leipzig, Bamberg, Nürnberg. In den Schriften, die über ihre Mentalität Auskunft geben, ist vom heiligen Geist kaum die Rede. Offensichtlich verließen sie sich lieber auf ihre Kanonen. Sie waren »Schwertler«, wie man hundert Jahre später in Nikolsburg (Mikulov) sagte, im Gegensatz zu den friedfertigen »Stäblern«.

Die schwertlerische Kompetenz, im Nahkampf von Mann zu Mann mit der Hellebarde einen blitzschnellen Bauchstich zu setzen, vertrug sich nur schwer mit der Bereitwilligkeit, im Grund der Seele den klaren Zuspruch des heiligen Geistes zu vernehmen. Ebendies hatte Müntzer verlangt, dessen Entgröberungspädagogik auf die Kombination von kriegerischer Schlagfertigkeit und innerer Sammlung hinauslief, wie bei den Meistern der martialischen Künste in China und Japan. Nirgendwo in Europa wurde jedoch ein Trainingsprogramm angeboten, das Meditation und Waffenübung kombinierte, und dementsprechend schroff blieb der Gegensatz zwischen Spiritualität und Waffenerprobtheit. Der heilige Geist war eher unter den Stäblern zu finden.

Im September 1524 schrieb Konrad Grebel, humanistisch gebildeter Bürger aus dem Zürcher Patriziat, einen Brief an Thomas Müntzer, gemeinsam mit mehreren Gleichgesinnten, die weder mit Zwingli noch mit Luther zufrieden waren. Es hat uns wunderbar erfreut, hieß es in dem Schreiben, daß wir einen gefunden haben, der es wagt, den evangelischen Predigern ihre Fehler vorzuhalten... Man soll das Evangelium und seine Anhänger nicht mit dem Schwert schirmen, und sie sollen es auch selbst nicht tun. Wie wir vernommen haben, ist das auch Deine Meinung und Haltung. Rechte gläubige Christen sind Schafe mitten unter Wölfen, Schafe zum Schlachten, müssen in Angst und Not, Trübsal, Verfolgung, Leiden und Sterben getauft werden, sich im Feuer bewähren und das Vaterland der ewigen Ruhe nicht durch Erwürgen leiblicher Feinde erlangen.

Grebel war unter den ersten, die im Januar 1525 unter Zittern und Zagen das Ungeheuerliche wagten, indem sie einander mit dem Schöpflöffel aus der Wasserschüssel einen Guß über den Kopf verabreichten, als Protest gegen die Kindertaufe. Zwei Jahre später wurde deshalb einer dieser Männer vom Zürcher Rat zum Tod verurteilt und in der Limmat ertränkt.

In Müntzer hatten sich Grebel und Genossen freilich getäuscht. Müntzer war ein (theoretischer) Schwertling, wogegen die Zürcher Wiederholungstäufer zu den überzeugten Stäblern gehörten, die eher die andere Backe hinhielten als zurückzuschlagen. Ihre Lehre »durchkroch« bald die deutsche, österreichische, böhmische, niederländische Christenheit, wie Sebastian Franck 1531 notierte, und wurde äußerst rüde gedämpft. Gegen die jetzt kürzlich newen aufgestanden Irsal und Sect des Widertauffs beschloß der zweite Reichstag von Speyer bereits 1529 die Todesstrafe. Einige hat man gereckt und gestreckt, hieß es in einer Chronik mährischer Täufer, so daß die Sonne durch sie hindurchscheinen konnte, einige sind an der Folter zerrissen und gestorben, einige sind zu

Asche und Pulver als Ketzer verbrannt worden, einige mit glühenden Zangen gerissen, einige an Bäumen aufgehängt, einige mit dem Schwert hingerichtet worden.

Für die Opfer war solch geistloses Vorgehen eine Bestätigung ihrer Überzeugung, daß jede willkürliche Körperverletzung zum fleischlichen Bereich gehörte – ob nun behördlich verfügt oder von aufmüpfigen Rottenmeistern ins Werk gesetzt. Das Regiment der Obrigkeit, hieß es in einer Grundsatzerklärung der Täuferischen, ist nach dem Fleisch, das der Christen nach dem Geist.

Letzterer trieb seine Erwählten wieder einmal zum Exodus an, diesmal auf Schweizerdeutsch. Ihr Aufbruch wurde als Austritt (*usszegan*) vollzogen. Zurückgelassen wurde der kirchliche Glaube, ob nun altbacken katholisch oder frisch reformiert, beheimatet in den Münstern und Kathedralen der Vorderen, mit Taufe der Neugeborenen und sonstiger Handgreiflichkeit im Umgang mit Gott. In der Sicht der Täufer galt all dieser Aufwand als Rückfall ins Ägyptische. Damit freilich stellten sie sich außerhalb der Gesetze, revolutionär genug, gefährlicher als mit Dreschflegeln in der Hand.

Gleichwohl blieb der Gegensatz zwischen Stäblern und Schwertlern unüberbrückt, besonders im südmährischen Nikolsburg, wohin sich Täufergruppen aus Tirol und Süddeutschland geflüchtet hatten. Beide Fraktionen hatten dort ihre Parteigänger. Die einen, gehärtet im deutschen Bauernkrieg, hatten ihre Spieße mitgebracht, die anderen nur einen Wanderstab. Unter den Kriegsdienstverweigerern wiederum agitierte ein Mensch aus Tirol, Jakob Huter mit Namen, der seine Bibel genau gelesen hatte, und predigte die urchristliche Gütergemeinschaft. Hatten alles miteinander gemeinsam, wie geschrieben in der Apostelgeschichte.

Die Idee des geistlichen Kommunismus schlug ein. Die Huterischen organisierten ihr Leben auf »Bruderhöfen« ohne Privateigentum. Zahlreiche Kommunen, zu je zweihundert oder dreihundert Personen, autark in der landwirtschaftlichen Produktion, siedelten in Mähren nach denselben Prinzipien, die vier Jahrhunderte später von den Kibbuzim in Israel praktiziert wurden, allerdings nicht ganz so lammfromm.

Die Huterischen blieben stäblerisch bestimmt, bis heute. 1917, inzwischen in Nordamerika, richteten sie an den US-Präsidenten eine Bittschrift mit Bezug auf den Militärdienst. Unsere Gemeinschaft ist von einem Lande zum anderen getrieben worden, schrieben die Huterer, bis sie endlich 1874 von Rußland hierher auswanderten. Unsere jungen Männer könnten nicht ein Teil der militärischen Einrichtungen werden, ohne unsere Grundsätze zu verletzen.

Dem Ansuchen wurde entsprochen, und die Huterer leisteten ihren Ersatzdienst als Wildhüter in den Naturparks, bis zur Abschaffung der allgemeinen Wehrpflicht im Jahr 1973. Ihre Bruderhöfe in South Dakota, Montana und im kanadischen Alberta florieren. Gekleidet sind die 25 000 Huterischen immer noch wie im 16. Jahrhundert. Sie verstehen sich als Körperschaft göttlichen Rechts, gestiftet vom heiligen Geist. Gegen Traktoren hat der heilige Geist keine Einwände. Das Fernsehen dagegen ist ihm ein Greuel.

Die schwertlerischen Täufer erlitten ihre grausamste Schlappe anno 1535 in Münster. Am Turm der dortigen Lambertikirche hängen immer noch drei eiserne Käfige, in denen die Leichen dreier prominenter Radikalchristen ausgestellt waren, »allen unruhigen Geistern zur Warnung«. Der erste dieser Männer hieß Jan Bockelson, war von Beruf Schneidergeselle und stammte aus Leiden. Als er zur Hinrichtung geführt wurde, war er für den Chronisten einfach »der König«. Hernach wurde der Tuchhändler Bernd Knipperdolling, Bürgermeister der Stadt und »Schwertführer« des Königs, langsam zu Tode gemartert. Zuletzt mußte Bernd Krechting, Hofrat des Königs, unter den glühenden Zangen sterben.

Der hohe, scharfe, tausendkünftige Geist würde es nicht so tölpisch und grob fürgenommen haben, befand Luther über die Vorgänge in Münster. Muß man es doch an der Wand greifen, daß der Teufel daselbst leibhaftig Haus hält, und gewißlich ein Teufel auf dem anderen, wie die Kröten sitzen.

Auch von der altgläubigen Seite bestand kein Zweifel an der dämonischen Verursachung der wiedertäuferischen Raserei. Es war dies die Sicht der Sieger, nach fünfzehnmonatiger Belagerung der revoltierenden Stadt durch die Truppen des Fürstbischofs Franz von Waldeck, der seine Herrschaft erhalten wollte und dabei von lutherischer Seite unterstützt wurde. Also ist die Stadt, heißt es in einem Bericht an den Magistrat von Frankfurt, allein aus besonderer Gnade Gottes und gar nicht aus Geschicklichkeit des Kriegsvolks erobert worden.

Und durch Verrat – was die unparteiische Beurteilung des heiligen Experiments von Münster zusätzlich kompliziert.

Dabei fing die Geschichte ganz arglos an. Liebe Freunde, schrieb ein ernüchterter Täufer dreißig Jahre nach der Katastrophe, wir waren alle unversucht, einfältig, unschuldig, ohne jede Bosheit oder Arglist und wußten von keinen falschen Gesichten, Prophezeiungen und Offenbarungen. Meinten in Schlichtheit, wenn wir uns vor Papisten, Lutherischen und Zwinglischen hüteten, wäre alles gut und wir brauchten keine Sorgen zu haben.

Prophezeit war für das Jahr 1532, daß zu Straßburg das Neue Jerusalem herabsteigen sollte, die endgültige Gottesregierung vor der Wiederkunft Christi, mit der Macht des Geistes. Doch der Termin verstrich, und so erhob sich ein Bäcker aus Haarlem, genannt Jan Matthys, der ließ seine Frau sitzen und nahm sich eine Brauerstochter, schön und belesen im Evangelium, lockte sie von ihren Eltern mit heiligen Worten weg. Führte sie heimlich nach Amsterdam, gab vor, stark vom heiligen Geist getrieben zu sein, brachte Sendboten auf den Weg, zu zweien, auch nach der Stadt Münster, unter ihnen den Jan Bockelson aus Leiden. Ihm nach zogen weitere Friesen und Holländer, wiederum getaufte Christenmenschen nach Münster, zum Pfaffen Rothmann, welcher die Stadt mit Predigen eingenommen hatte, boten ihm den Frieden, und wurden angenommen, etliche hundert Seelen.

Anfang Januar 1534 wurden in Münster bereits 1400 Täufer gezählt, die das neue Zion aufrichten wollten, ganz ohne Zwang und Gewalt, aber der Fürstbischof schlug Ende Februar in Telgte sein Hauptquartier auf, mit zweihundert Reitern, und so wurde es Ernst.

Gott weiß, hieß es nun, daß unser herzlicher Vorsatz bei der Taufe war, um Christi willen zu leiden, was man uns antun würde; aber es hat dem Herrn anders gefallen und gefällt ihm auch noch, daß wir und alle rechten Christen zu dieser Zeit nicht nur die Gewalt der Gottlosen mit dem Schwert abwehren, sondern er will auch seinem Volk das Schwert in die Hand geben, zu rächen alles, was ungerecht ist.

Deshalb liefen bewaffnete Täufer frühmorgens am 27. Februar durch die Straßen, stießen mit ihren Hellebarden die Türen auf und riefen: Heraus, ihr Gottlosen. Trieben alle, die sich der Wiedertaufe verweigerten, aus der Stadt hinaus, bei Regen und Schnee, ohne Habe und Vorrat. Dann wurde drei Tage lang auf dem Marktplatz getauft.

Nicht zu verschweigen, daß manches Gesindel den Trubel benutzte, um in Klöster und Kirchen einzudringen und sein Wesen zu treiben. Die einen setzten die Nonnen von Niesing in Schrecken, die andern griffen die Brüder zum Springborn an, raubten Kleider, Geld, Hausgerät, heilige Gewänder, Kelche. Zerschlugen die kostbare Uhr der Domkirche mit Hämmern und Beilen, rissen die Orgelpfeifen heraus, beschmierten wertvolle Bücher mit Exkrementen.

Unterdessen sprangen manche in die Luft, als wollten sie fliegen, wie der Schneider Georg es vortat. Die Zimmermännische schrie Buße durch die Gassen. Knipperdolling redete in seinem Haus gegen die Wand. Viele weissagten voller Freude, auch Kinder darunter.

Im März wurde klar, daß die Stadt Münster von den Truppen des Fürstbischofs ringsum eingeschlossen war. Inzwischen hatte sich der wortgewaltige Jan Matthys mit seiner bibelkundigen Frau eingefunden. Er erklärte Münster definitiv zum Neuen Jerusalem und setzte Ostern als Termin für den Weltuntergang fest. In Wahrheit hatte er seinen eigenen Tod vorausgesagt, denn er fiel bei einem Schießgefecht und wurde von den Feinden in Stücke gehackt, so daß die Brüder einen Korb brauchten, um den Leichnam wegzutragen. Hernach wurde Jan Bockelson aus Leiden der oberste Prophet, nahm die Frau des verstorbenen Matthys zur Gattin und verkündete der ganzen Bürgerschaft, daß ab sofort eine neue Verfassung geoffenbart sei, nämlich ein Rat aus zwölf gesetzten Männern, die er selber bestimmte. Ihnen oblag die Entscheidung aller öffentlichen, privaten, geistlichen und weltlichen Angelegenheiten, insbesondere auch die Verteidigung der Stadt.

Deren Befestigung, ohnehin in ausgezeichnetem Zustand, wurde zügig kriegsfertig gemacht und von 1500 wehrfähigen Männern verteidigungsbereit gehalten, eingeteilt in Bataillone und Kompanien, unter dem Kommando von Fähnrichen und Hauptleuten. Knipperdolling sorgte dafür, daß jeder Mann wußte, wo er zu stehen hatte, sobald die Sturmglocke zu läuten begann. Auf die geringste Disziplinlosigkeit stand die Todesstrafe.

Die fürstbischöflichen Belagerer mit achttausend Söldnern mußten im Mai und im August schwere Niederlagen hinnehmen, was die Position Bockelsons so sehr stärkte, daß seiner Proklamation zum König nichts mehr im Wege stand.

Die Frauen, die er in seine Hofhaltung nahm, mehr als ein Dutzend, mußten alle jung und angenehm fürs Auge sein. Sie logierten im Haus des Domprobstes, gleich neben der Kurie des Domkellers, wo der König residierte. Auch die zugereisten Täufer aus Holland lebten mit mehreren Gattinnen zusammen, entsprechend dem Auftrag der Bibel: Wachset und mehret euch.

Im November erschien der lutherische Prädikant Dietrich Fabricius als Gesandter des Landgrafen von Hessen vor der Stadt, wurde eingelassen und von Bockelson empfangen. Er sei ins Rathaus geführt worden, schrieb Fabricius in seinem Bericht, und als er darin war, sei ein prächtiger Aufzug gekommen. Zuerst etwa zwanzig Trabanten und sechs Lakaien, in Samt und Seide gekleidet und mit goldenen Halsbändern, darauf zwei Buben, einer ein goldenes Schwert, der andere ein Buch dem König vorantragend. Der König selbst sei in einem schwarzsamtenen Leibrock gekommen, darüber einen weißen Mantel aus Damast, eine goldene Kette doppelt um den Hals, an welcher ein Wappen, darinnen ein schwarzer Reichsapfel mit zwei goldenen Ringen kreuzweis übereinander, oben mit einem goldenen Kreuz und zwei überzwerch durchgestoßenen goldenen Schwertern. Dem König folgend dann Marschall Knipperdolling und die übrigen Räte, mit dem ganzen Hofgesinde ungefähr zweihundert Personen.

Im Januar 1535 begann die Nahrung in Münster knapp zu werden. An lebendem Vieh wurden nur noch zweihundertzwanzig Kühe und sechsundneunzig Pferde gezählt. Man briet Katzen und Mäuse. Roggen und Gerste gingen zu Ende. Liebe Einwohner, schrieb ein Deserteur an die Zurückgebliebenen, weil es sich begeben hat, daß mir Gott die Augen geöffnet hat und ich gesehen habe, wie falsch und vergiftet der Handel eingebrockt ist, den man jetzt in Münster treibt, ist meine demütige Bitte, daß ihr einmal euer Treiben ansehen wollet, daß es klar wider Gott ist. Daß ihr armen, dummen Menschen nicht merken könnt, daß es allzusammen Betrug und Verleitung ist, womit ihr umgeht.

An Ostern wird die Erlösung sein, verkündete Bockelson, dann kommen hunderttausend holländische Brüder zu Hilfe. Als Ostern kam und keine Erlösung, da hieß es im Volk, alles sei Lüge gewesen. Nun, liebe Brüder und Schwestern, sprach darauf der König, habt ihr das so eng aufgefaßt? Erst müßt ihr rein sein von euren Sünden, so wird uns Gott wohl erlösen. Denn die Heerhaufen der holländischen und friesischen Täufer, auf die Bockelson gehofft hatte, waren bereits von den Kaiserlichen zerschlagen und zerstreut, und der Hunger schritt fort. Wenn auf dem Markt eine Predigt angesagt war, saß der König auf seinem Platz, hatte das Haupt in der Hand liegen, in großer Angst, denn er merkte wohl, daß es ein böses Ende nehmen würde.

Im April verließen viele Frauen und Kinder die Stadt, weil es kein Essen mehr gab.

Im Mai ernannte Bockelson zwölf Herzöge, um in der wachsenden Not das Volk bei Gehorsam zu halten, und teilte die Stadt in ebenso viele Teile, welche die Herzöge beaufsichtigen sollten, mitsamt den Stadttoren, um Verrat unmöglich zu machen. Trotzdem schafften Haensken von der Langenstraten und Heinrich Gresbeck die Flucht. Wurden von den Belagerern ergriffen und erkauften ihr Leben mit genauer Beschreibung der Wehranlagen.

Unsere Knechte laufen ohne Sorge an die Stadt, schrieb ein Berichterstatter aus dem Lager des Fürsterzbischofs im Juni nach Frankfurt. Es sind noch zweihundert Kühe in Münster, die schlachten sie jetzt, haben auch noch Wein und etliche Gräben voller Fisch. Auf den Plätzen sind Erbsen, Bohnen, Kohl gepflanzt. Von den Mauern wird nur noch geschossen, wenn starker Anlaß besteht.

In der Nacht vom 24. auf den 25. Juni schwamm der Angeber Gresbeck an der Kreuzpforte mit einem Strick um den Bauch durch den äußersten Wassergraben und zog die Brücke herab. Über sie gelangten die beorderten sechzehn Mann an den Wall, erstiegen ihn und erstachen die schlafenden Wächter in ihren Hütten. Standen dann vor dem unversperrten Türlein im Stadttor, das ihnen Gresbeck angezeigt hatte, verständigten die wartenden vier Fähnlein und hatten gewonnen.

Das Desaster in Münster sprach sich unter den holländischen Täufern rasch herum. Viele hundert Glaubensbrüder abgeschlachtet oder geköpft. Bockelson habe ein bübisches Spiel angerichtet, wurde gesagt, ein Mensch von geringem Herkommen, ein Versemacher und Schauspieler, ein Kneipwirt und Kuppler, geil wie ein Bock, unberechenbar, raffgierig, brutal. Zwei Monate lang sei in der Stadt nach dem letzten Batzen Geld gesucht worden, unter dem Vorwand, einem Christenmenschen stünde es nicht an, Silber oder Gold zu besitzen, und dann seien harte Gulden geprägt worden, angeblich als Zahlungsmittel für die befreite Christenheit. Unzeitige Liebe mit zarten kleinen Mädchen nach der Einführung der Vielweiberei. Alle Prophezeiungen falsch und lügenhaft.

So wurde es still im Land. Zwar regten sich immer noch ein paar unverbesserliche Schwertlinge, aber ihnen wurde bedeutet, Gott und seine Heiligen kämen nicht vor der Zeit, um Rache zu üben an den Gottlosen. In diesem Sinn sprachen David Joris, Obbe Philips und Menno Simons. Ihnen war es zu verdanken, daß das täuferische Erbe weitergereicht wurde. Unsere Waffen, schrieb Simons, sind nicht Waffen, womit man Städte und Länder verwüstet, Mauern und Tore zerbricht und das menschliche Blut wie Wasser vergießt, sondern es sind Waffen, mit denen man die steinharten Herzen zerknirscht.

Daß dies ohne Zwang zu geschehen hätte, und sicherlich nicht von heute auf morgen, war die Lehre von Münster.

Befolgt wurde sie immer wieder, von Mahatma Gandhi zum Beispiel. In der Regel blieben freilich die Schwertler bestimmend, wenn eine Revolution angesagt war. Je professioneller – und damit kälter – die Revolutionäre wurden, desto distanzierter gestaltete sich ihre Beziehung zum heiligen Geist. Mit dessen lebendem Zeugnis im Herzen, das Müntzer noch kannte, wußte ein Robespierre nichts mehr anzufangen. Er verbreitete, im Namen der Freiheit, den Schrecken.

Sonnenstrahlen, eingewickelt in Druckpapier

Die Enthauptung des Bürgers Louis Capet, vormals König Ludwig XVI., am 21. Januar 1793 in Paris wirkte sich auf das Ansehen des obersten Herrn und himmlischen Vaters eher ungünstig aus. Unsere Brust ist voll von entsetzlichem Mitleid, schrieb Heinrich Heine (1797–1856), es ist der alte Jehova selbst, der sich zum Tode bereitet. Wir haben ihn so gut gekannt, von seiner Wiege an, in Ägypten, als er unter göttlichen Kälbern, Krokodilen, heiligen Zwiebeln, Ibissen und Katzen erzogen wurde. Wie er in Palästina bei einem armen Hirtenvölkchen ein kleiner Gott-König wurde. Wir sahen ihn auswandern nach Rom, wo er so lange intrigierte, bis er zur Herrschaft gelangte und vom Kapitol herab die Stadt und die Welt regierte. Wir sahen, wie er sich noch mehr vergeistigte, wie er sanftselig wimmerte, wie er ein liebender Vater wurde, ein allgemeiner Menschenfreund, ein Weltbeglücker, ein Philanthrop – es konnte ihm alles nichts helfen. Hört ihr das Glöckchen klingeln? Kniet nieder, man bringt die Sakramente einem sterbendem Gott.

Im deutschen und österreichischen Vormärz unter dem wachsamen Auge des Fürsten Metternich mußte der theologische Spott des berühmten Dichters höchst provokant wirken, aus Gründen der öffentlichen Ruhe und Ordnung. Jeder Polizeispitzel wußte, daß die Freidenkerei unter den Gebildeten des Zeitalters der bürgerlichen Revolutionen ziemlich selbstverständlich geworden war – wie einst unter den Studenten des mittelalterlichen Paris. Den Staatskanzleien der monarchistischen Restauration lief ein derartiger Mentalitätswandel gegen den Strich, wegen seiner zersetzenden Wirkung auf die Einheit von Thron und Altar. Nachdem sich, hieß es in dem Beschluß des deutschen Bundestages vom 10. Dezember 1835, eine literarische Schule gebildet hat, deren Bemühungen unverhohlen dahin gehen, in belletristischen Schriften die christliche Religion auf die frechste Weise anzugreifen, übernehmen sämtliche deutsche Regierungen die Verpflichtung, gegen die Verfasser, Verleger, Drucker und Verbreiter der Schriften der unter der Bezeichnung »Junges Deutschland« oder »Junge Literatur« bekannten literarischen Schule, zu welcher namentlich Heinrich Heine, Karl Gutzkow, Heinrich Laube, Ludolf Wienbarg und Theodor Mundt gehören, die Straf- und Polizeigesetze ihres Landes nach ihrer vollen Strenge in Anwendung zu bringen, auch die Verbreitung dieser Schriften mit allen ihnen gesetzlich zu Gebot stehenden Mitteln zu verhindern.

Heine lebte seit 1831 als Emigrant in Paris. Ein Jahr vor seiner Ausreise hatte er in den Zeitungen die Nachrichten von der Pariser Julirevolution gelesen. Es waren Sonnenstrahlen, schrieb Heine, eingewickelt in Druckpapier. Als sich herausstellte, daß es in Deutschland finster blieb, überschritt der Dichter die Grenze nach Frankreich.

Trotz der allgegenwärtigen Zensur nahm die jährliche Buchproduktion in Deutschland zwischen 1805 (4181 Titel) und 1843 (14 039 Titel) einen rasanten Aufschwung. Von derartigen Zuwachsraten konnte das Verlagswesen später nur noch träumen. Es waren das die Jahrzehnte, in denen umstürzlerische Ideen viele Federn spitzten. Wenn in unserer Zeit etwas helfen soll, schrieb der Medizinstudent Georg Büchner (1813–1837) aus Straßburg an seine Eltern in Darmstadt, so ist es Gewalt. Wir wissen, was wir von unseren Fürsten zu erwarten haben. Alles, was sie bewilligten, wurde ihnen durch die Notwendigkeit abgezwungen. Man wirft den jungen Leuten die Gewalt vor. Sind wir denn aber nicht in einem ewigen Gewaltzustand? Weil wir im Kerker geboren und großgezogen sind, merken wir nicht mehr, daß wir im Loch stecken mit angeschmiedeten Händen und Füßen und mit einem Knebel im Mund.

Trotz seines Vorsatzes, sich in keine revolutionären Kinderstreiche einzulassen, verfaßte Büchner im März 1834 eine Flugschrift für die hessische Landbevölkerung, unter dem Motto: Friede den Hütten! Krieg den Palästen!

Im Juli begann die konspirative Verteilung der Schrift, von der wiederum ein Spitzel Kenntnis bekam. Anfang August wurde ein gewisser Minnigerode von der Polizei geschnappt, mit 139 Exemplaren des wilden Textes. In ihm stand zu lesen: Die Justiz ist in Deutschland seit Jahrhunderten die Hure der deutschen Fürsten. Die Götzenbilder unserer einheimischen Tyrannen glänzen von Gold und Edelsteinen, von Orden und Ehrenzeichen, aber in ihrem Innern stirbt der Wurm nicht und ihre Füße sind von Lehm. Gott wird euch Kraft geben, ihre Füße zu zerschmeißen. Der Tag der Auferstehung wird nicht säumen. Deutschland ist jetzt ein Leichenfeld, bald wird es ein Paradies sein.

»Der hessische Landbote«, die erste Veröffentlichung des jungen Büchner, richtete sich nicht, wie sonst unter den Revolutionsschriftstellern üblich, an die gebildeten Kreise, sondern war an die kleinen Leute in den Dörfern adressiert. Mitten in der religionskritischen Aufklärung bediente sich ein zorniger Intellektueller ganz unbefangen aus dem herrschaftskritischen Fundus der Bibel, wie ein Verbindungsmann zwischen Müntzer und Bloch. Die Behörden zeigten sich höchst alarmiert. Ein hessischer Hofgerichtsrat befand, daß in der Flugschrift die Religion des Friedens mit der Brandfackel des revolutionären Umsturzes vermengt werde, und der Referent der Bundes-Zentralbehörde fügte hinzu, hier werde unter Mißbrauch biblischer Sprache der Unterschied zwischen Begüterten und Nichtbegüterten als Unrecht dargestellt und Aufruhr in einer Weise gepredigt, als ob er ein heiliges Werk sei. Hochverräterisch, unzweifelhaft revolutionär, Produkt des frechsten zügellosesten Republikanismus – die offiziellen Klassifikationen des Druckwerks mobilisierten eine Reihe feierlicher Paragraphen gegen die jugendlichen Aufwiegler, denen Büchner die Prosa geliefert hatte.

Der kecke Literat widmete sich inzwischen der von ihm geheim gegründeten »Gesellschaft der Menschenrechte« in Darmstadt, setzte seine Studien über die Geschichte der Französischen Revolution fort und überlegte, wie er seinen Lebensunterhalt bestreiten sollte. Mitte Januar 1835 begann er deshalb mit der Niederschrift des Dramas »Dantons Tod«, schickte es Ende Februar an einen Verlag und entzog sich Anfang März einer gerichtlichen Vorladung durch die Flucht nach Straßburg. Mitte Juni erschien im »Frankfurter Journal« und in der »Großherzoglich Hessischen Zeitung« ein Steckbrief gegen Georg Büchner: Alter einundzwanzig Jahre, Größe sechs Schuh und neun Zoll, Student der Medizin, hat sich der gerichtlichen Untersuchung seiner indizierten Teilnahme an staatsverräterischen Handlungen durch die Entfernung aus dem Vaterlande entzogen. Besondere Kennzeichen: Kurzsichtigkeit.

In Straßburg hielt sich der Gesuchte mit Übersetzungsarbeiten über Wasser und arbeitete an einer naturwissenschaftlichen Abhandlung über das Nervensystem der Barben. Die Arbeit wurde von der »Societé d'histoire naturelle« Straßburgs akzeptiert und veröffentlicht, ihr Verfasser als korrespondierendes Mitglied in die Gesellschaft aufgenommen und bald darauf von der Universität Zürich zum Doktor der Philosophie promoviert. Im November 1836 hielt Büchner in Zürich eine Probevorlesung über Schädelnerven und war daraufhin Privatdozent. Sein erstes Kolleg im Wintersemester (»Zootomische Demonstrationen«) war auch sein letztes. Typhus. Sein Vaterland hatte er verlassen müssen, hieß es in einem Nekrolog, aber der Genius ist überall zu Hause.

Der Aristokratismus ist die schändlichste Verachtung des heiligen Geistes im Menschen. Mit dieser theologischen Pointe denunzierte Büchner jedwede Herablassung, auch wenn sie religiös daherkommt, als geistlos. Gottvater und Gottsohn, die beiden männlichen Wesen auf wolkigem Thron, entpuppten sich im Aufruhr des Denkens als erhabene Projektionen ordinärer Machtverhältnisse. Als wahrhaft göttlich erwies sich, nach vielen Jahrhunderten bürgerlicher Aufmüpfigkeit gegen Barone und Pfaffen, nur noch der heilige Geist.

Damit nicht genug. Um sich selbst aus dem schönen Schein der frommen Bräuche zu lösen, emanzipierte sich der heilige Geist im Zeitalter der Revolutionen, die er angezettelt hatte, auch noch von seinen gottnatürlichen Attributen, anonymisierte sich als schöpferische Einbildungskraft unter Künstlern und Literaten und wurde zum Genie. Wer ihn genauer kennenlernen wollte, studierte nicht mehr Theologie, sondern Psychologie, beziehungsweise die Schädelnerven wie Büchner.

Wiedereinsetzung des Fleisches

So bestätigte sich, während die Menschheit auf Dampf gebracht wurde, die Prognose eines syrischen Klosterbruders aus dem fünften nachchristlichen Jahrhundert. Er hieß Stephan bar Sudaili, geboren um 480 in Edessa (heute Urfa, Türkei), und gilt als Verfasser eines Traktats, der als »Buch der Hierotheus« die Zeit überdauert hat. Dort heißt es:

Die Züchtigung, mein Sohn, wird ein Ende haben, der Geißler wird nicht länger geißeln, der Richter nicht mehr richten, der Gefangene wird befreit. Die Dämonen und die Menschen werden begnadigt, die Engel beendigen ihren Gottesdienst, die Seraphim beschließen ihre Lobpreisungen, die Throne bewachen nicht länger ihre Herrschaft. Die übernatürlichen Ordnungen werden ebenso verschwinden wie die natürlichen Unterscheidungen, und alles wird eins. Gott wird vergehen, Christus sich auflösen, der Geist nicht mehr länger Geist genannt werden. Die Namen werden vergehen, nicht aber das Wesen.

Tatsächlich war, jedenfalls auf dem Druckpapier deutscher Autoren, am Beginn des Jahres 1844 die Kritik der Religion im wesentlichen beendigt, wie Karl Marx meinte. Die Kritik der Religion, dekretierte der Revolutionsschriftsteller, ist die Voraussetzung aller Kritik. Der Mensch, der in der phantastischen Wirklichkeit des Himmels, wo er einen Übermenschen suchte, nur den Widerschein seiner selbst gefunden hat, wird nicht mehr geneigt sein, nur den Schein seiner selbst, nur den Unmenschen zu finden, wo er seine wahre Wirklichkeit sucht und suchen muß.

Noch knapper drückte Heinrich Heine die Sache aus, schneidend und schnöde genug: Den Himmel überlassen wir den Engeln und den Spatzen.

Marx und Heine zogen am selben Strick. Die Kraft an dessen anderem Ende ließ sich nicht gern auf die Bühne zerren. Der biblische Gott, den die beiden Geisteskämpfer attackierten, konnte ihr Gegner nicht sein. Er hatte die Vorfahren aus dem Lande der Knechtschaft herausgeführt. Der wirkliche Feind des Menschengeschlechts mußte einen anderen Namen haben. Als Marx den um zwanzig Jahre älteren Heine in Paris Ende 1843 kennenlernte, war der Dichter eben von einer Deutschlandreise zurückgekehrt, mit dem Plan einer Darstellung seiner Eindrücke in Versen. Für Heine reimte sich »philosophisch« auf »Strohwisch«. Auch Marx hatte begriffen, daß er mit den idealistischen Ballonflügen der deutschen Denker nichts ausrichten werde und fing an, ökonomische Abhandlungen zu studieren. In dem Konvolut seiner Aufzeichnungen aus dem Jahr 1844 erschien erstmals der Name des Widersachers, mit dem er sich bis zu seinem Tod herumschlagen sollte: Das Kapital.

Was Heine ins Rampenlicht beförderte, war weitaus anschaulicher. Aus den Kulissen rollte eine nackte Frau, als marmornes Denkmal.

Die jungdeutschen Literaten, von ihren Verleumdern als Judenschule beschimpft, wünschten das Überspringen des revolutionären Funkens auf die Beziehungen zwischen Mann und Frau herbei, als »Wiedereinsetzung des Fleisches«. Ein Besuch bei George Sand in Paris, der Evangelistin des neuen Geschlechtsumgangs, war für jeden fortschrittlichen Schriftsteller obligatorisch. Chopin bereitete ihr den Kaffee am Kamin, berichtete Heinrich Laube 1840 in der »Augsburger Zeitung«, und sie trank ihn, uns mit heiterer Herzlichkeit empfangend. Heine schien ihr sehr wert zu sein; sie fuhr ihm mit der Hand über das Haar und schalt ihn äußerst anmutig, daß er sie lange nicht aufgesucht habe.

Die Frau wird, so die Sand, sobald sie sich dem Mann hingibt, entweder versklavt oder schuldig. Ich kann niemandem zu einer Ehe raten, welche die Abhängigkeit, Minderwertigkeit und soziale Nichtigkeit der Frau, gestützt auf das Zivilgesetz, bestätigt. Ich bin zu der Überzeugung gelangt, daß ein vollkommenes, ideales Liebesglück unter der Bedingung der Ungleichheit und Abhängigkeit des einen Geschlechts vom anderen absolut unmöglich ist. Den Männern ist es gelungen, die Frau in eine Knechtschaft und Verdummung hineinzuzwingen, die als göttliche Fügung von ewiger Dauer hingestellt wird.

Ich bin sehr traurig, schrieb Heine an George Sand, Sie kennen nicht mein ganzes Unglück. Ich liebe Sie sehr, von ganzem Herzen, mit allen Fasern meines Herzens. Wenn Sie frei sind, erfreuen Sie sich dieser Freiheit. Weinen Sie nie, Tränen schwächen die Sehkraft. Was für schöne Augen Sie haben. Und Ihre Haare sind die schönsten, die ich je sah.

Das ganze Unglück Heinrich Heines: Wirklich zu lieben vermochte er nur Tote und Statuen. Sigmund Freud hätte ihm vielleicht helfen können, aber der kam erst im Todesjahr Heines auf die Welt. Dem Dichter blieb das Haschen nach schönen Frauen und der Sonnenstrahl der Revolution. Im Mai 1848, als er gerade wieder einmal schien, verließ Heine zum letzten Mal seine Wohnung, bereits angegriffen von einem Rückenmarksleiden, das ihn bis zu seinem Tod ans Bett fesseln sollte. Ich schleppte mich bis zum Louvre, schrieb Heine, und ich brach fast zusammen, als ich in den erhabenen Saal trat, wo die hochgebenedeite Göttin der Schönheit, Unsere liebe Frau von Milo, auf ihrem Postamente steht. Zu ihren Füßen lag ich lange, und ich weinte so heftig, daß sich dessen ein Stein erbarmen mußte. Auch schaute die Göttin mitleidig auf mich herab, doch zugleich so trostlos, als wollte sie sagen, siehst du denn nicht, daß ich keine Arme habe und also nicht helfen kann?

George Sand (1804–1876), geborene Dupin, geschiedene Dudevant, bedurfte keiner Neurose, um zu einer gefeierten Schriftstellerin zu werden. Sie fing mit fünfundzwanzig Jahren zu schreiben an, als junge Mutter (ein Sohn, eine Tochter) und gelangweilte Ehefrau, ertrotzte eine Trennung, etablierte sich in Paris, arbeitete für den »Figaro« und andere Zeitschriften, um ihre knappen Alimente aufzubessern. Mit meinen kleinen eisenbeschlagenen Absätzen hatte ich einen sicheren Schritt, schrieb sie später, als sie ihren Einfall schilderte, in Männerkleidern herumzulaufen. Mit achtundzwanzig Jahren stand sie bei der »Revue des Deux Mondes« unter Vertrag, für viertausend Francs jährlich gegen Lieferung von 122 Druckseiten alle sechs Wochen. Ihr Roman »Lélia« machte Skandal. Die Autorin erhielt ein Billett von Alfred de Musset, und die berühmteste Liaison der französischen Romantik nahm ihren Anfang. Sie ging wie ein Soldat, erinnerte sich Musset, mit schwingenden Armen und singend aus vollem Halse. Mit einem Schlag drehte sie sich um, lief auf mich zu und umarmte mich.

Berühmt wurde auch der Zettel, den man Frédéric Chopin an einem Frühlingsabend des Jahres 1838 in einem Pariser Salon zusteckte: *On vous adore – George.*

Der Angebetete verkörperte als Künstlernatur das Göttliche im Menschen. Der intime Umgang mit einer Inkarnation des heiligen Geistes brachte gewisse Probleme mit sich. Er schien, gestand die Sand einem Freund Chopins, nach Art der Frömmler die groben menschlichen Begierden zu verachten und zu fürchten, unsere Liebe durch eine stärkere Erregung zu beschmutzen. Diese Art der Betrachtung der äußersten Liebesvereinigung hat mich immer abgestoßen. Wenn diese letzte Umarmung nicht eine ebenso heilige und reine Sache ist wie alles andere, so liegt keinerlei Tugend darin, sich ihrer zu enthalten. Das Fleisch verachten kann allenfalls klug und nützlich sein mit Personen, die nur Fleisch sind.

Damit war, aus weiblicher Sicht, der christliche Gegensatz zwischen Fleisch und Geist als männliche Obsession erkannt. Ja, es gibt verkleidete Engel, meinte die Sand, die sich als Menschen ausgeben und für einige Zeit die Erde bewohnen, um die armen, müden, verzweifelten Seelen zu trösten und mit in den Himmel emporzuziehen. Im November 1838 ging George Sand mit ihrem verkleideten Engel in Palma de

Mallorca auf Urlaub, wegen seiner kranken Lunge. Wenn der Engel hustete, dann durfte man ihn auch küssen.

Ihr Pensum von zwanzig Druckseiten pro Woche mußte George Sand auch auf Mallorca erfüllen. Sie schrieb leicht und mit Vergnügen, ganz im Gegensatz zu Kollegen wie Flaubert, die einen Tag mit der Suche nach dem richtigen Wort verbrachten. Die Nachwelt war ihr gleichgültig. Dafür gab es ein Schloß auf dem Land und eine elegante Wohnung in Paris, fröhliche Gäste, Liebesgeschichten bis ins reife Alter, und immer genug Zigarren.

Flaubert erriet das Geheimnis dieses geglückten Lebens, als er George Sand schrieb: Trotz Ihrer großen Sphinx-Augen haben Sie die Welt stets in goldener Farbe gesehen. Sie kam von der Sonne Ihres Herzens. Was Ihnen fehlt, ist der Haß.

SEELENHEIL

Immer noch lernen die Kinder in der Schule, daß die sogenannte Neuzeit vor zweihundert Jahren begonnen habe, im Zusammenspiel von Wirtschaftswachstum, Bevölkerungsvermehrung, Wissenschaftlichkeit, Erfindungsgeist, Wahlrecht, Hygiene und Schulpflicht, unter der strahlenden Sonne der aufgeklärten Vernunft. Unterschlagen wird dabei, in welch wunderseligen Formen sich der allgemeine Fortschrittsglaube häufig organisierte, unter Hellsehern, Spiritisten, Theosophen, Geistheilern, Esoterikern und Okkultisten. In dieser Szene entstand der Gedanke, ein wahrhaft neues Zeitalter sei erst im Entstehen, im astrologischen Zeichen des Wassermanns.
So gesehen wären die letzten zweihundert Jahre nur eine eher unbedeutende Episode im Leben des Menschen und ihrer Götter. Für die nächste oder übernächste Generation von Schulkindern müßten dann andere Lehrpläne geschrieben werden.

Der Geschäftsfreund im Jenseits

Im Jahr 1901 hielt der Harvard-Psychologe William James (1842–1910) an der Universität von Edinburgh jene Vorlesungen über Religion, die unter dem Titel »The Varieties of Religious Experience« bald darauf im Druck erschienen und zu einem Klassiker wurden. Am Ende seines Kurses gestand der Gelehrte, er sehe sich als Wissenschaftler außerstande, dem übernatürlichen Bereich die Realität abzusprechen, und fand in diesem Zusammenhang eine Formulierung, die nur einem Amerikaner einfallen konnte: *We and God have business with each other*, sagte James und fuhr fort: *God is real since he produces real effects.*

In der neuen Welt der Vereinigten Staaten gab es keine Staatskirchen wie im alten Europa. Dafür hatten die Einwanderer aus England, Holland, Deutschland gesorgt, all die Quäker, Pietisten, Täufer, Puritaner, Methodisten und sonstigen Geistler, denen die Hand der Könige und Fürsten in Religionsangelegenheiten zu schwer geworden war. Dutzende, hunderte, tausende Glaubensvereine, kleine und große, alte und neue, kämpften zwischen New York und San Francisco um Anteile auf dem Markt der unsterblichen Seelen. Die Vielfalt der amerikanischen Religionsangebote erschien im Titel der Religionspsychologie von James als Varieté der Frömmigkeitsformen, in dem alle auftreten durften, die nicht in dogmatischen Festlegungen ihr Heil suchten, sondern im Ergriffensein von höherer Macht.

Was für James zählte, war religiöse Erfahrung (*experience*), auch wenn sie sich ungezähmt gebärdete, überschwenglich daherkam, ohne Doktorhut und Bischofsstab, autodidaktisch verstiegen, rechthaberisch, leichtgläubig, exzentrisch oder gar psychopathisch. Nicht die Gläubigen aus zweiter Hand interessierten den Psychologen, das einfallslose Fußvolk der Heilsmassenanstalten christlicher, buddhistischer, islamischer Prägung, hineingeboren in bestehende Gewohnheiten der Völker. Das Auge des Professors richtete sich auf die Trendsetter der Gottesdienstlichkeit, die virtuosen Mystiker, die religiösen Genies. Unter ihnen entdeckte der klinische Blick nicht selten nervöse Verstimmungen, abnorme Seelenlagen, neurotische Zwänge. Warum auch nicht. George Fox, der Gründer der Quäker, war ein klarer Fall von Nervenkrankheit, schrieb James, aber wer seine Stiftung betrachtet, wird von Bewunderung erfüllt. Ein konsequent religiös bestimmtes Leben, so der Professor, disponiert die Person zur Abweichung von den alltäglichen Frequenzen des Bewußtseinsgeschehens.

Das galt nicht nur für die Ausnahmemenschen der Gottinnigkeit, aus deren Schriften der Gast aus Harvard ausführlich zitierte. James griff auch auf Protokolle zurück, die sein Kollege Starbuck gesammelt hatte – Mitteilungen von unauffälligen Zeitgenossen über außergewöhnliche Erlebnisse mystischer oder sonstwie übernatürlicher Art. Professor James war, auch wenn er das nicht ausdrücklich sagte, dem heiligen Geist auf der Spur. In den USA engagierte sich der heilige Geist unter anderem im Gesundheitswesen.

Es handelte sich dabei um die Bewegung des geistigen Heilens *(Mind-cure movement)*, mit der sich Professor James in einer seiner Vorlesungen beschäftigte, durchaus respektvoll. Im »American Journal of Psychology« von 1899 war eine Studie über Glaubensheilungen (*Faith Cures*) erschienen, deren Tatsächlichkeit außer Debatte stand. Offensichtlich verfügte der menschliche Geist (*mind*) über gesundheitsfördernde Kräfte, folgerte der Autor, vergleichbar den medizinisch anerkannten Heilungswirkungen der Suggestion.

Eine der neuen Schulen für geistiges Heilen, die in dem Artikel aufgezählt wurden, hieß »Christian Science«. Hundert Jahre später war aus ihr eine respektable Kirche geworden, mit dreitausend Gemeinden in aller Welt.

Die Seele des Unternehmens, eine Farmerstochter mit Namen Mary Baker, verwitwete Eddy (1821–1910), gebot über beachtliche Energien. Der septische Finger einer Hausfrau zum Beispiel, dessen sofortige Amputation dem behandelnden Arzt dringend geraten schien, stellte für Mrs. Baker Eddy kein Problem dar. Sie berührte den Wundverband leichthin und flüchtig, worauf der Eiterherd über Nacht vollständig verschwand.

Ihre entscheidende Begegnung mit einer höheren Macht hatte die spätere Religionsgründerin im Alter von 41 Jahren. Sie litt seit der Geburt ihres Kindes aus erster Ehe unter Krampfanfällen, war krank an Magen und Galle, und auch das Rückgrat machte Beschwerden. Als kein Arzt mehr helfen konnte, hörte die Frau von einem Heiler, dem gelernten Uhrmacher Phineas Parkhurst Quimby, suchte ihn auf und war nach acht Tagen wie neugeboren.

Quimby praktizierte unkonventionell. Er bat seine Patienten, Platz zu nehmen, setzte sich ihnen gegenüber und nahm sie schweigend bei der Hand. Nach einer Weile erzählte er ihnen, an welchen Beschwernissen ihr »innerer Mensch« (*inner man*) litt, was einer telepathischen Diagnose gleichkam. Dann, nachdem das Vertrauen hergestellt war, mußte der krankmachende Irrtum des Patienten beseitigt werden, durch Belehrung über die verborgene Natur seines Übels, das in einer Fehlhaltung des Bewußtseins (*state of mind*) seine Ursache hatte. Nach der Freilegung des psychosomatischen Kerns der Beschwerde mußte der innere Mensch noch gekräftigt werden, was wiederum schweigend geschah. Die Wahrheit ist die Heilung, pflegte Quimby zu sagen.

Nach ihrer Genesung studierte Mrs. Baker Eddy die »Wissenschaft vom Leben und vom Glück« des Meisters aus dessen Schriften und blieb mit ihm brieflich in Kontakt, bis zu seinem Tod vier Jahre später. Ihr eigenes Buch, die Frucht langer Arbeit, erschien 1875 im Druck, unter dem Titel: »Science and Health«. Der eigentliche Autor des umfangreichen Werks, das 1891 bereits seine fünfzigste Auflage erlebte und immer wieder überarbeitet wurde, war Gott. Er hatte Mrs. Baker Eddy schließlich gesund gemacht.

Die wichtigste Passage aus »Science and Health« wird nach wie vor während der Sonntagsgottesdienste der »Christian Science« vorgetragen, als eine Art von Glaubensbekenntnis. Mrs. Baker Eddy nannte den Text die »wissenschaftliche Darstellung des Seins« (*scientific statement of Being*). Sie geht so:

Das Materielle (*matter*) ist substanzlos, ohne Leben, ohne Wahrheit, ohne Einsicht. Alles ist Geist (*Mind* großgeschrieben), ohne Grenzen, ist dessen grenzenlose Erscheinung (*manifestation*), denn Gott ist Alles-in-allem. Geist (*Spirit*) ist unsterbliche Wahrheit (*Truth*); Materie ist sterblicher Irrtum. Geist (*Spirit*) ist das Reale und Ewige; Materie das Unwirkliche und Zeitliche (*temporal*). Geist ist Gott, Mensch sein Bild und Gleichnis. Mensch ist nicht materiell, ist geistlich (*spiritual*).

Die feierliche Erklärung wollte keineswegs als religiöse Dichtung oder theologische Spekulation verstanden sein. Jesus

Christus war als *scientist* aufzufassen, wie die Chemiker, Astronomen, Physiker an den Universitäten, allerdings mit mehr Durchblick. Das Reale, so hatte Mrs. Baker Eddy erkannt, durfte nicht mit dem Stofflichen verwechselt werden. Das Reale, als Tanz unsichtbarer Energien, blieb sinnlicher Wahrnehmung verborgen. Es war – Geist.

Später, in populärwissenschaftlichen Darstellungen der Quantentheorie, fanden sich ähnliche Gedankengänge. Angesehene Physiker (Planck, Einstein, Born, Eddington, Bohr, Heisenberg, Schrödinger, Pauli, Jordan, Bohm) spekulierten über das religiöse Flair ihrer Weltsicht. Die Naturgesetze, schrieb James Jeans, können wir uns als Denkgesetze eines universalen Geistes vorstellen.

Im Jahr 1969 saß ein Physiker namens Fritjof Capra am Strand des Meeres. Es war Spätsommer. Ich sah, schrieb Capra später, wie die Wellen anrollten, und fühlte den Rhythmus meines Atems, als ich mir plötzlich meiner Umgebung als Teil eines gigantischen kosmischen Tanzes bewußt wurde. Als Physiker wußte ich, daß der Sand und die Felsen, das Wasser und die Luft um mich her sich aus vibrierenden Molekülen und Atomen zusammensetzten. Diese wiederum bestehen aus Teilchen, die durch Erzeugung und Zerstörung anderer Teilchen miteinander reagieren. Ich wußte auch, daß unsere Atmosphäre ständig durch Ströme kosmischer Strahlen bombardiert wird, Teilchen von hoher Energie, die beim Durchdringen der Luft vielfache Zusammenstöße erleiden. All dies war mir von meiner Forschungstätigkeit in Hochenergie-Physik vertraut, aber bis zu diesem Augenblick beschränkte sich meine Erfahrung auf graphische Darstellungen, Diagramme und mathematische Theorien. Als ich an diesem Strand saß, gewannen meine früheren Experimente Leben. Ich sah förmlich, wie aus dem Weltraum Energie in Kaskaden herabkam und ihre Teilchen rhythmisch erzeugt und zerstört wurden. Ich sah die Atome der Elemente und die meines Körpers als Teil dieses kosmischen Energie-Tanzes; ich fühlte seinen Rhythmus und hörte seinen Klang, und in diesem Augenblick wußte ich, daß dies der Tanz Shiwas war, des Gottes der Tänzer, den die Hindus verehren.

Phineas Quimby und Mary Baker Eddy hätten gegen diese Prosa kaum Einwände gehabt. Im Gegensatz zu ihnen wurde aus dem Physiker jedoch kein Geist-Heiler. Sein göttlicher Geschäftsfreund hatte andere Pläne mit ihm.

Auch Professor James lag durchaus auf der Linie von Mrs. Baker Eddy. Am Ende seiner Vorlesungen faßte er das, worauf es bei den extravaganten Formen der religiösen Erfahrung ankam, in zwei Schritten zusammen. Erstens ist ein gewisses Unbehagen da, meinte der Professor. Wir spüren, daß etwas mit uns nicht ganz stimmt. Zweitens vollzieht sich die Beseitigung der Störung durch Kontaktaufnahme mit den höheren Mächten. Unser besseres Ich schließt sich an etwas Verwandtes an, das im Universum wirkt.

Mit der inhaltlichen Bestimmung dieser überlegenen Kraft hatte Professor James gewisse Schwierigkeiten. Eine christliche Erklärung des Göttlichen würde den Inder verletzen, eine indische den Muslim, eine muslimische den Buddhisten, eine buddhistische den Juden, eine jüdische den Eskimo. Der alte Streit der Theologen würde von vorn beginnen, ohne Gewinn für die psychologische Erörterung der religiösen Erfahrung.

Deshalb riskierte der Professor einen kühnen Sprung in das »unterbewußte Selbst« (*subconscious self*) der Person. Religiöse Erfahrung sei die unterbewußte Weiterführung (*continuation*) unseres bewußten Lebens, behauptete William James.

Damit war der Königsweg aller ärztlichen Seelenheilkunde für die nächsten hundert Jahre beschritten. Professor James wußte nicht, daß kurz vorher »Die Traumdeutung« Dr. Freuds in Wien herausgekommen war, das maßgebliche Werk für jede künftige Tiefenpsychologie. Im Unterschied zu James hatte Freud keinerlei Interesse an einer Geschäftsbeziehung mit Gott. Den Siegeszug der Psychotherapie konnten derlei Meinungsverschiedenheiten überhaupt nicht bremsen.

Die spirituelle Heilung eines septischen Fingers blieb trotzdem außeruniversitären Kreisen vorbehalten. Im akademischen Leben des 20. Jahrhunderts waren nur noch die theologischen Fakultäten für den heiligen Geist zuständig. Seiner

Wirksamkeit in der Neuen Welt schadete das überhaupt nicht, unter den kleinen Leuten, die sich nicht einmal eine Eisenbahnfahrkarte leisten konnten.

Etwas stimmte nicht ganz mit ihnen, sie waren schlecht geliebte Kinder. Da draußen im Universum, da drinnen im Unterbewußtsein mußte es eine Firma geben, die das richtige Medikament bereithielt. Die Adresse der Firma war leider verlorengegangen. Mrs. Baker Eddy behauptete, sie zu kennen, und viele glaubten ihr. Andere blieben bei ihren Pfarrern, obwohl die im Heilen keine Erfahrung hatten. Wiederum andere lauschten den Botschaften der Toten, in abgedunkelten Zimmern. Wer genug Geld hatte, leistete sich eine Fahrt mit dem Unterseeboot der Tiefenpsychologie. Dabei mußte ununterbrochen geredet werden, hauptsächlich über Träume. Ab und zu kamen die Träume von Gott.

Gesprächige Geister

Der Mann, den Immanuel Kant 1766 ins Irrenhaus wünschte, mit der Schrift »Träume eines Geistersehers, erläutert durch Träume der Metaphysik«, hatte denselben Vornamen wie sein Kritiker: Emanuel von Swedenborg, 1688–1772. Der Name bedeutet: Gott mit uns.

Der Hohn des Philosophen aus Königsberg galt einem Zeitgenossen, der sich als schwedischer Bergwerksassessor, Techniker, Erfinder und Autor wissenschaftlicher Abhandlungen in ganz Europa einen Namen gemacht hatte, ehe er 1747 sein Entlassungsgesuch einreichte, nach seiner Nominierung zum Präsidenten des Bergwerkskollegiums seines Landes.

Weil der Herr, schrieb Swedenborg später an den Landgrafen von Hessen-Darmstadt, mich von meiner Kindheit an dazu vorbereitet hat, so hat er sich mir, seinem Knecht, in Person geoffenbart und hat mich zu diesem Werk bestellt. Dies ist im Jahr 1743 geschehen, und nach diesem hat er mir das Gesicht meines Geistes geöffnet und hat mich also in die Geisterwelt eingeführt und hat mir gestattet, die Himmel und daselbst die

Wunder zu sehen, zu gleicher Zeit auch die Hölle, und auch mit denen Engeln und Geistern zu reden, und dieses nun beständig siebenundzwanzig Jahre hindurch.

Wie es dazu kam, darf als exemplarische Genesungsgeschichte aufgefaßt werden, in der das neuzeitliche Ingenieurwesen vom altzeitlichen heiligen Geist beflügelt und transponiert wurde, zum Vorteil der Person.

Im Alter von fünfundvierzig Jahren begannen sich für Swedenborg die Anzeichen zu häufen, daß etwas im Anmarsch war. Als ich am Morgen erwachte, notierte der Wissenschaftler am 27. Oktober 1743, überkam mich ein solcher Schwindel oder *deliquium* (Dahinschmelzen), daß ich dem Tode nahe schien.

Die Sache passierte in Amsterdam, wo Swedenborg mit der Niederschrift eines Werks über die Ökonomie des animalischen Reiches beschäftigt war. Bald danach kamen lebhafte Träume. Selbstverständlich wurden sie schriftlich fixiert. Der Schläfer stand neben dem Rad einer Maschine, dessen Speichen ihn packten und nach oben rissen. Eilte eine Treppe hinab zu einer Leiter, die in ein tiefes Loch führte. Spazierte durch einen Park und bemerkte, daß der Ort voller Ungeziefer war, das gesammelt und vernichtet werden mußte. Hatte sich verletzt und wartete auf ein Medikament. Fand sich in einem Neubau ohne Einrichtungsgegenstände. Wiederholt erschien der verstorbene Vater, lobte die einzige theologische Schrift, die der Sohn bislang verfaßt hatte, führte ihn zu einem Gemach mit einem Schlafenden darin, ermahnte ihn, den geistlichen Beruf zu ergreifen. Öfter tauchten bissige Hunde auf, auch gespenstische Tote, die leblos schienen, sich aber dann doch in ihren Fesseln zu regen begannen.

Swedenborg lebte als Junggeselle, nicht immer enthaltsam, wie vermutet werden darf. Dann auf einmal, sozusagen über Nacht, war seine Leidenschaft für die Frauen erloschen. Er ging lieber mit der Bibel zu Bett.

Am Ostersonntag 1744 setzte, immer noch in Holland, ein heftiger Zustand der Ängstigung ein, obwohl Swedenborg zur Kirche gegangen war und das Abendmahl genommen hatte. Ein Gefühl wie in der Hölle, ausgeliefert dem Satan. Ich ging um neun Uhr zu Bett, notierte der Geprüfte, aber die Versuchung, von Zittern begleitet, dauerte bis halb elf Uhr. Dann fiel ich in Schlaf, in dem mir meine ganze Versuchung vorgestellt wurde.

Irgendwann in der Nacht wendete sich das Blatt, »in wunderbaren und unbeschreiblichen Umwälzungen«, wie Swedenborg es ausdrückte. Aufgewacht und in Ekstase. War ich im Himmel und hörte Worte, deren Leben und Herrlichkeiten und Wonnen keine menschliche Zunge aussprechen kann. War mir klar, daß in einem jeden Ding ein solches Leben und eine solche Herrlichkeit ist, daß ich es gar nicht beschreiben kann. Stand auf zwischen neun und zehn Uhr, war also zwölf oder dreizehn Stunden im Bett gewesen. Lob, Ehre und Preis dem Höchsten. Hatte in meinem Geist und Leib die Empfindung einer so unbeschreiblichen Wonne, daß sie mich aufgelöst hätte, wäre sie stärker geworden. Dauerte noch den ganzen Tag fort.

Noch hatte Swedenborg keine außerirdische Stimme gehört. Dies geschah in der Nacht vom Ostermontag auf Osterdienstag. Laut und deutlich fragte Christus den erstaunten Visionär, ob er einen Gesundheitspaß habe.

Die Anspielung bezog sich auf eine Mißlichkeit im Jahr 1710. Das Schiff, auf dem der junge Swedenborg studienhalber nach England reiste, mußte sechs Wochen lang vor der Küste auf Landeerlaubnis warten, wegen eines Verdachts der englischen Behörden, in Schweden sei die Pest ausgebrochen. Swedenborg war trotzdem an Land gegangen, aufgegriffen und beinahe gehängt worden.

Ich dachte, notierte Swedenborg nach der Nacht auf den Osterdienstag, was kann dies bedeuten? War es Christus, den ich gesehen habe? Es ist sündig von mir, daran zu zweifeln. Aber das Gebot, die Geister zu prüfen, ließ mich alles überlegen, und so erkannte ich aus den Ereignissen der vorigen Nacht, daß ich vom Heiligen Geist gereinigt, umhegt, bewahrt und bereitet worden war.

Im Mai 1744 reiste Swedenborg von Holland nach England weiter, noch im unklaren, was der Himmel von ihm wollte. Immerhin waren ihm im Traum zwei Damen gefolgt, eine jüngere und eine ältere, denen er die Hand geküßt hatte, ohne zu wissen, welcher er den Vorzug geben sollte. Möglicherweise verkörperte die Ältere sein bisheriges Forschen, die »Beobachtungen und Entdeckungen über das Eisen und das Feuer, samt einer neuen Ofenkonstruktion« von 1721, die »Neue Methode, die Längengrade von Orten zu Land und zur See durch Mondbeobachtungen zu bestimmen«, den »Neuen mechanischen Plan zur Herstellung von Schiffswerften und Deichen und die Methode, die Kräfte und Eigenschaften von Schiffen verschiedener Art und Konstruktion mechanisch zu erproben«, die »Verschiedenen Beobachtungen über die Dinge der Natur, besonders Minerale, das Feuer und die Schichtungen der Berge« von 1722 und so weiter und so fort bis zum dritten Band seines Werks über die Animalia, den er in London herausbringen wollte.

Wer aber war die Jüngere?

Mitte April 1745 wurde Swedenborg beim Mittagessen von einem Engel überrascht, der ihn ermahnte, seinen Appetit mehr im Zaum zu halten. Erschrocken verließ der Gelehrte sein reserviertes Zimmer in dem Londoner Speisehaus, wo er seine Mahlzeiten einnahm. Die darauffolgende Nacht hatte es in sich. Gott der Herr erschien persönlich am Bett des Bergwerksassessors, sitzend in Purpur und majestätischem Glanz, mit der Mitteilung, Swedenborg sei erkoren, der Menschheit den geistlichen Sinn der Bibel aufzuschließen. Die Berufung habe etwa eine Viertelstunde in Anspruch genommen, erzählte Swedenborg später ohne besondere Betonung. In der nämlichen Nacht seien ihm die Geisterwelt, die Hölle und der Himmel geöffnet worden, wo er auch mehrere verstorbene Bekannte gesehen habe. Von da an, fuhr Swedenborg fort, entsagte ich aller weltlichen Gelehrsamkeit und arbeitete nur noch im Geist.

Sein König hatte dafür Verständnis und ließ ihm weiterhin die Hälfte seines Salärs ausbezahlen.

Das war sicher kein Fehler. Die Zeit bis zu seinem Tod, und das waren beinahe dreißig Jahre, war für Swedenborg ungemein fruchtbar. Er produzierte rund zwanzigtausend Seiten Gedrucktes, blieb frisch und gesund bis ins hohe Alter, ein geselliger und liebenswürdiger Zeitgenosse. Den großen

Brand von Stockholm im Jahr 1759 schilderte er seiner Umgebung in allen Details, fünfhundert Kilometer entfernt von der Katastrophe, was einige Tage später bestätigt wurde, als der reitende Bote aus Stockholm in Göteborg eintraf.

Neben der Gabe des zweiten Gesichts gebot der bemerkenswerte Mann auch über die Fähigkeit, seine Atmung extrem zu verlangsamen, wie ein indischer Yogi. Von Kindheit an war es ihm passiert, zunächst während der täglichen Gebete, daß sich seine Brust nur geringfügig ausdehnte. Später dann, wenn er intensiv über ein wissenschaftliches Problem nachdachte, vergaß er längere Zeit auf das bewußte Atemholen, und selbstverständlich erst recht im Umgang mit den Engeln und Geistern. Ich gewöhnte mich so vollständig an diese Respiration, bemerkte Swedenborg, daß ich zuweilen eine ganze Stunde lang keinen Atem schöpfte. Ich hatte nur so viel Luft eingeatmet, daß ich denken konnte.

Was sich dabei abspielte, hat der Visionär immer wieder geschildert. Zum Beispiel: Eines Tages war ich im Nachdenken über die Schöpfung des Weltalls begriffen. Dies bemerkten die Engel, die über mir zur rechten Seite waren, wo sich solche befanden, die auch schon einige Male über diesen Gegenstand nachgedacht hatten. Einer stieg herab und lud mich ein. Ich kam in den Geist und begleitete ihn. Nachdem ich eingetreten war, wurde ich zum Fürsten geführt, an dessen Hof ich gegen hundert Versammelte fand, den Fürsten in ihrer Mitte. Bei meinem Abschied fielen Funken des Lichts aus der dortigen Sonne durch die Engelshimmel hindurch in ihre Augen und durch diese in die Wohnstätten ihres Geistes. So wurden sie erleuchtet und gaben meinen Ausführungen Beifall und folgten mir in den Vorhof. Der vorige Begleiter aber folgte mir bis zum Hause, in dem ich war und stieg von dort wieder zu seiner Gesellschaft hinauf.

Die gelehrte Akademie, in die Swedenborg versetzt wird, ist keineswegs dunkelmännerisch oder frömmlerisch arrangiert. Der Gast beteiligt sich an einer Disputation aufgeklärter Geister, und was er zu sagen hat, wird gern akzeptiert. Ein anderes Mal tragen berühmte Philosophen ihre kosmologischen

Theorien vor, werden von Engeln ihrer Irrtümer überführt und rufen aus: Wir waren verrückt.

Bei seinen Absenzen ließ sich Swedenborg ungern überraschen. Während einer Reise nach Holland wurde er dennoch ertappt. Sein Schiff lag wegen Windstille vor Helsingör fest, was ein befreundeter General nützte, um sich hinausrudern zu lassen und Visite zu machen. Er öffnete unangemeldet die Tür der Kajüte des berühmten Mannes und fand ihn im Schlafrock am Tisch sitzend, das Gesicht in den aufgestützten Händen, die Augen offen und nach oben gekehrt. Nur ganz langsam kam Swedenborg zu sich, stand verwirrt auf, tat einige unsichere Schritte in Richtung des Besuchs, erkannte ihn schließlich.

Gelegentlich unterhielt sich der Geisterseher auch mit prominenten Persönlichkeiten – mit Abraham, Mose, Salomo, den Aposteln. Stets verliefen solche Begegnungen diskursiv, im Ton angeregter Konversation, und auch die Engel und die bösen Geister zeigten sich ungemein debattierfreudig. Schließlich ging es nicht um irgendwelche theologische Spitzfindigkeiten, sondern um das wichtigste Projekt des neuzeitlichen europäischen Denkens, die Versöhnung von Glaube und Wissen.

Deshalb tauchte auch Swedenborgs Vater wiederholt im visionären Geschehen auf. Er hatte der schwedischen Kirche als Bischof gedient, gefürchtet bei Hof wegen seiner unerschrockenen Predigten gegen Amtsmißbrauch und Verluderung, berühmt im Volk wegen seiner Kräfte als Teufelsaustreiber und Handaufleger. Mit seinem Emanuel und dessen naturwissenschaftlichen Neigungen war Bischof Jesper nie ganz zufrieden gewesen, hatte ihn knapp bei Kasse gehalten und befürchtet, die Gelehrsamkeit könne seiner Frömmigkeit schaden.

Ganz von der Hand zu weisen, das wußte der Sohn, waren solche Bedenken nicht, selbst nach erfolgter Öffnung der himmlischen Perspektiven. Was er in ihnen lernte, widersprach dem christlichen Dogma. Es ist eine wissenswerte Tatsache, schrieb Swedenborg wenige Jahre vor seinem Tod, daß der Herr vor einigen Monaten seine zwölf Jünger – sie sind nun Engel – zusammengerufen und mit dem Auftrag in die ganze geistige Welt ausgesandt hat, dort von neuem das Evangelium zu predigen, und zwar deshalb, weil die vom Herrn durch die Apostel gegründete Kirche gegenwärtig so zerrüttet ist, daß kaum noch einige Überreste von ihr vorhanden sind. Dazu ist es gekommen, weil man die göttliche Dreieinigkeit in drei Personen zerteilt hat, von denen eine jede Gott und Herr sein soll. Von hier aus hat es sich wie ein Wahnsinn über die ganze Theologie und über die Kirche verbreitet. Wahnsinn sage ich, weil die menschlichen Gemüter durch diesen Grundirrtum in eine solche Verrücktheit hineingeraten sind, daß sie nicht einmal mehr wissen, ob Gott Einer ist oder ob drei Götter sind.

Am Ende seines Lebens war dem alten Herrn klargeworden, daß solche Bizarrerien einer abgelebten Vergangenheit angehörten, genauer gesagt, dem letzten der vier bisherigen Weltzeitalter, die vom Gold Adams über das Silber Noahs und das Kupfer des Mose zum Eisen des Christentums abgesunken waren. Ab 1757, diesbezüglich war Swedenborg ganz entschieden, hatte man im Himmel vom Christentum Abschied zu nehmen begonnen. Ein fünfter, letzter, neuer Äon war bereits angesagt, mit einer Transformation der Himmlischen, die sich dann auch auf die Erdenbewohner auswirken würde.

Swedenborg nannte den künftigen Äon »Neue Kirche« und »Neues Jerusalem«. Von da bis zum »New Age« des englischen Malers und Dichters William Blake (1757–1827) war es nicht weit. Auch Phineas Parkhurst Quimby und Mary Baker Eddy ließen sich von den Gedanken Swedenborgs anregen. In den USA gab es seit 1817 die »General Convention of the New Jerusalem« im Geist des schwedischen Meisters, dessen Schriften in der Neuen Welt gern gelesen wurden, von Ralph Waldo Emerson (1803–1882) beispielsweise, dem führenden Romantiker Neuenglands.

Sensationeller gestaltete sich das Fortwirken Swedenborgs unter den amerikanischen Spiritisten (*spiritualists*), den Interessenten für den Verkehr mit den Geistern der Verstorbenen. Der erste Propagandist dieser heftigen Bewegung, Andrew Jackson Davis (1826–1910) nannte Swedenborg seinen ersten jenseitigen Mentor, obwohl er nie eine Zeile von ihm gelesen habe. Ab März 1848, als das Haus der Familie Fox in Hydesville (New York) von den berühmten Klopfgeräuschen (*rappings*) heimgesucht wurde, meldeten sich die Toten mitten im Industriezeitalter mit größter Hartnäckigkeit. Der Einfluß des heiligen Geistes, schrieb ein gewisser W. C. Brownell dazu in »Scribner's Magazine«, ist als Angelegenheit tatsächlicher Erfahrung eine ebenso solide Realität wie der Elektro-Magnetismus.

Von Amerika sprang der Geisterverkehr blitzschnell nach Europa und brachte allenthalben die Tische zum Tanzen. Du lächelst über uns Yankees, schrieb ein deutscher Auswanderer 1853 seiner Schwester nach Bremen, aber nicht alle Dinge, von denen Ihr in Europa Euch nichts träumen laßt, sind so lächerlich, wie Du sie findest. Hast Du in Deinem Leben gesehen, daß ein schwerer Mahagoni-Tisch, siebzig, achtzig Pfund schwer, sich in Bewegung setzt, ohne gestoßen, geschoben, durch Hände, Füße oder Maschinenfedern, oder irgendeine äußere und sichtbare Kraft dazu veranlaßt zu sein? Nicht einmal, zehnmal habe ich mit eigenen Augen dies merkwürdige Schauspiel gesehen, hundert meiner Bekannten haben es wiederholt und alle Welt hier kennt es.

Die Sache funktionierte auch in Bremen. Die Empfängerin des Briefs bat ein paar Bekannte in ihren Salon, wie zu einem Gesellschaftsspiel. Genau nach den Anweisungen des Bruders aus Amerika setzten sich die Herrschaften um einen Tisch, stellten mit ihren Händen eine Kette her, und schon ging es los. Bald darauf erschien in Berlin eine kurzgefaßte Anleitung, »in Gesellschaft das merkwürdige Phänomen einer neuentdeckten menschlichen Urkraft hervorzubringen«.

Zur selben Zeit arbeiteten in New York bereits hundert *mediums*, Mittelspersonen zwischen der Geisterwelt und dem Publikum, wobei viel geschwindelt wurde, wegen der Dollars, die einem erfolgreichen Medium ins Haus standen.

Der berühmteste Mittelsmann dieser Art, ein gebürtiger Schotte namens Daniel Douglas Home (1833–1886) nahm nie Geld für seine unglaublichen Fähigkeiten. Er war als Kind nach Amerika geschickt worden, mit einer Tante und deren

Mann. Seit 1850 wurde klar, daß der junge Mann ein Medium erster Güte war. In Gegenwart einer Kommission der Universität Harvard und bei vollem Tageslicht bäumte sich der Tisch, um den die Herren saßen, auf zwei Beinen auf wie ein scheuendes Pferd, während Home immer wieder bat, ihn an Händen und Füßen festzuhalten, um sicherzustellen, daß keine Tricks im Spiel waren.

Das war erst der Anfang. In London, wo Home 1855 eintraf, stieg er im Hotel Cox in der Jermyn Street ab, dessen Besitzer am Geisterverkehr interessiert war. Bald rissen sich die besseren Kreise darum, mit Home Séancen zu arrangieren. Würdige Gentlemen wie Sir David Brewster krochen unter schwebenden Tischen herum, zur Prüfung des Phänomens, und das Ehepaar Browning, eben auf Heimaturlaub aus Florenz angekommen, ließ sich gern zu einer Abendveranstaltung mit Home einladen. Die Brownings waren durch ihre Dichtungen bekannt, und ihre Reaktionen auf Home wurden entsprechend beachtet. Robert Browning zeigte sich von dem Abend enttäuscht, während Elizabeth begeistert war. Charles Dickens weigerte sich, Home in Augenschein zu nehmen. Für den renommierten Schriftsteller gaben die *spirits* nur Unsinn von sich, während der Sozialist Robert Owen gern mit ihnen verkehrte.

Ehe sich Home 1872 zur Ruhe setzte, war er viel unterwegs, in Italien, Frankreich, Rußland, als gerngesehener Gast in den Tuilerien und am Hof des Zaren, eingeladen von der holländischen Königin Sophia, empfangen vom Papst. Bei seinen Séancen duldete er höchstens acht Personen. Vor einem größeren Publikum trat er nur zu Vorträgen auf, die recht witzig gewesen sein sollen. Von den spiritistischen Vereinen hielt er sich fern, schrieb ein Buch über sein Leben und arbeitete zwischendurch als Korrespondent für den »San Francisco Chronicle« aus dem preußischen Hauptquartier in Versailles während des deutsch-französischen Kriegs. Home war zweimal verheiratet, kleidete sich wie ein Snob und weilte gern an der Riviera, wegen seiner Lungenschwindsucht, an der er von Kindheit an litt. Eines Tages würde man ihn heiligsprechen, meinte Sir Arthur Conan Doyle (1859–1930), der mit der

Gestalt des Sherlock Holmes den Inbegriff des scharfsinnigen Ermittlers schuf und ein überzeugter Spiritist war.

Während seiner zwanzig aktiven Jahre als Medium wurde Home kein einziges Mal bei einer Betrügerei ertappt. Was in seiner Gegenwart passierte, ist in Hunderten von Augenzeugenberichten festgehalten. Einer davon stammt von dem amerikanischen Schriftsteller Nathaniel Hawthorne (»The Scarlet Letter«), der in Florenz dabei war, als Home die Tische tanzen ließ. Die klavierspielende Gräfin Orsini hob samt dem Flügel vom Fußboden ab, siebenundzwanzig verstorbene Mönche machten sich im Kollektiv bemerkbar und zerrissen einer Dame das Kleid. Hawthorne fühlte sich überfordert. Es sei so viel passiert, daß er das meiste vergessen habe. An der »hundertprozentigen« Tatsächlichkeit der Vorfälle zweifelte er nicht, ihre oftmalige Wiederholung langweilte ihn lediglich. Ich kann mich nicht dazu zwingen, von den Geistern Notiz zu nehmen, schloß der Amerikaner.

Weitaus konzentrierter ging Sir William Crookes vor, der sich mit neunundzwanzig Jahren durch die Entdeckung des chemischen Elements Thallium 1861 einen Namen gemacht hatte. Er untersuchte in London die paranormalen Fähigkeiten von Home sehr gewissenhaft, mit der Hilfe von eigens angefertigten Apparaturen, und veröffentlichte die Ergebnisse 1870–1874 im »Quarterly Journal of Science«. In einer Liste von dreizehn einzeln aufgeführten Gruppen von Vorkommnissen, die er beobachtet hatte, figurierten Levitationsphänomene (freies Schweben menschlicher Personen) neben Lichterscheinungen, Klopfgeräuschen, Materialisierungen von körperlosen Händen und Gesichtern.

Am 17. Juli 1882, vier Jahre vor Homes Tod, hielt Henry Sidgwick, Professor für Moralphilosophie an der Universität Cambridge, die Inaugurationsrede vor den Mitgliedern der neugegründeten »Society for Psychical Research«. Der gegenwärtige Stand der Dinge, sagte Sidgwick, ist für das aufgeklärte Zeitalter, in dem wir leben, ein Skandal. Es ist gänzlich unmöglich, die wissenschaftliche Bedeutung jener erstaunlichen Phänomene zu übertreiben, wenn auch nur ein Zehntel von dem, was von zumeist glaubwürdigen Zeugen behauptet wird, als wahr erwiesen werden könnte. Es ist ein Skandal, daß der Streit um die Realität dieser Phänomene immer noch weitergeht.

Hundert Jahre später, nach vierzigtausend von der Society publizierten Druckseiten, war der Streit immer noch nicht beigelegt.

Das Jahrhundertproblem erwies sich deswegen als so vertrackt, weil die *spirits*, so redselig sie waren, kaum etwas von sich gaben, das über den schlichten Hausverstand hinausging. Die jenseitigen Gefilde, von denen sie erzählten, entsprachen der Vorstellungskraft von Dienstmädchen, ihre Nachrichten an die Hinterbliebenen kamen über Banalitäten nicht hinaus. Das mußte, sehr zu seinem Leidwesen, der unübertroffene Illusionist aller Zeiten, Harry Houdini, erfahren, dem kein Trick fremd, kein Unternehmen zu gefährlich war. Er sprang in den zwanziger Jahren hoch in der Luft aus einem Aeroplan in den anderen, hing in der Zwangsjacke vom Wolkenkratzer und befreite sich aus ihr, ließ sich sechs Fuß unter der Erde in einem Sarg begraben, eine Dreiviertelstunde lang, und kam ohne Schaden davon. Selbstverständlich war es für Houdini kein Problem, auf offener Bühne ein paar Tische durch die Luft segeln und Geisterhände erscheinen zu lassen. Gleichwohl blieb es sein größter Wunsch, mit seiner innigst geliebten Mutter in Verbindung zu treten, die ihm in die Ewigkeit vorausgegangen war.

Während einer Europatournee machte Houdini die Bekanntschaft von Sir Conan Doyle, und die weltberühmten Männer schlossen Freundschaft.

Im Juni 1922 verbrachten die beiden mit ihren Frauen im Seebad Atlantic City ein paar gemeinsame Urlaubstage. An einem Nachmittag, Houdini spielte eben mit den Kindern der Doyles am Strand, erschien Sir Arthur mit der Mitteilung, Lady Doyle fühle sich bewogen, eine Séance zu geben. Houdinis Mutter war am anderen Ende der Leitung.

Im Hotelzimmer, nach einem gemeinsamen Gebet, fiel Lady Doyle bald in Trance. Ihre Hände fingen stark zu zittern an, und mit bebender Stimme bat sie den Geist, der sie ergriffen hatte, um eine Durchsage. Es war der 17. Juni. Daß die Séance auf den Geburtstag von Houdinis Mutter fiel, konnten die Doyles nicht wissen. Schon begann Lady Doyle zu schreiben, auf englisch. Oh my darling, thank God, thank God, at last I'm through.

Nie hätte eine Mutter je einen so wundervollen Sohn gehabt. Er solle nicht mehr traurig sein, sie wäre unbeschreiblich glücklich. Da, wo sie jetzt lebe, sei alles viel schöner, voller Freude. Ihre einzige Sorge wäre gewesen, daß ihr lieber Junge nichts davon ahnte, wie sehr sie nach ihrem Tod um ihn gewesen sei, immerdar. Endlich sei es ihr gelungen, den Abgrund zu überbrücken.

Es wäre angezeigt, meinte Sir Arthur, wenn Houdini seiner Mutter eine Frage stelle, zum Beispiel ob sie seine Gedanken lesen könne.

Warum nicht, dachte Houdini.

Sofort begann Lady Doyles Hand wieder über den Schreibblock zu fliegen.

I always read my beloved son's mind. Aber ja doch, das täte sie immer. So viel hätte sie noch zu sagen. God bless you, Sir Arthur. Für alles, was Sie für uns hier unternehmen. Wo es doch für uns so wichtig ist, mit unsern Lieben auf Erden in Verbindung zu treten. Good-bye. Ich habe euch beide zusammengebracht. Jetzt ist der Schleier zerrissen. Sagt meinem lieben Sohn, daß ich bei ihm bin. Good-bye again. God's blessing be on you all.

Meine selige Mutter sprach nur gebrochen Englisch, meinte Houdini. Er blieb skeptisch. Am meisten störte ihn, daß oben auf dem Schreibblock ein Kreuzzeichen geschrieben war. Meine Mutter hätte nie ein Kreuz gemacht, sagte Houdini. Sie war eine fromme ungarische Jüdin. Und warum hat sie nicht erwähnt, daß sie heute Geburtstag hat?

Sir Arthur war wütend. Meine Gattin setzt über alles, was sie zu Papier bringt, ein Kreuz, als Schutz gegen ungute Einflüsse, schrieb er später an Houdini. Ich schlage vor, daß wir die Angelegenheit nicht länger diskutieren.

Der große Magier wiederum war so enttäuscht, daß er künftig keine Gelegenheit ausließ, um den *mediums* auf die

Schliche zu kommen. Sir Arthur nannte ihn *medium-baiter*, den Quälgeist der Sensitiven. Houdini war selbst ein ganz bedeutendes *medium*, fügte Conan Doyle hinzu.

Vielleicht. Die Kontroverse zwischen Houdini und Doyle dauert wie gesagt an. In ihr geht es um letzte Gewißheiten. Die *spirits* geben Winke, aber die Winke sind flüchtig. Daß der heilige Geist, als Inbegriff alles Spirituellen, sich nur andeutungsweise auszudrücken vermag, ist eine bittere Lektion, die weder Doyle noch Houdini zu akzeptieren vermochten. Doyle wollte aus fragwürdigen Botschaften ein sicheres Wissen zusammenbauen, Houdini fühlte sich von ihnen gefoppt. Wieder einmal standen Skepsis und Glaube einander gegenüber, unversöhnt und unversöhnbar. Der heilige Geist kam mit seinen Durchsagen nicht so richtig an, offenbar war die Leitung ein wenig schadhaft. Zu viel Rauschen.

Psychiatrierungen

Niemand konnte ahnen, daß der heilige Geist, mobilisiert durch schnelle Reiseverbindungen, den Siegeszug der modernen Psychiatrie bewerkstelligte, beginnend mit Swedenborgs Geistern, die sich dann in Amerika so wunderbar vervielfältigten und dann mit voller Kraft nach Europa zurückkehrten. Ist die »Society for Psychical Research«, fragte William James, ist der vielgeschmähte Spiritismus das erkorene Werkzeug für eine neue Ära des Glaubens?

Nicht unbedingt. Die neue Ära gehörte zunächst einmal der Psychotherapie. Die Seelenkundler, eben erst in halbwegs reputierliche Positionen gelangt, stürzten sich mit größter Gier auf den spiritistischen Köder. Wozu die Seele fähig war, ließ sich von den *mediums* lernen, besonders von den weiblichen unter ihnen.

Im eleganten Genf war es eine attraktive Verkäuferin, die das Interesse des Psychologieprofessors Théodore Flournoy erregte. Catherine-Elise Müller, so hieß die junge Frau, war eine überzeugte Spiritistin und nahm nie Geld für ihre Séancen. Im Dezember 1894 wurde Flournoy erstmals zu einer dieser Sitzungen eingeladen und war sehr verwundert, aus dem Mund der Mademoiselle Müller detaillierte Schilderungen von Begebenheiten zu vernehmen, die sich vor langer Zeit in seiner eigenen Familie zugetragen hatten.

So fing eine Beziehung an, in der (wie so oft) die Frau die Gebende war, während der Mann nur an das Buch dachte, mit dem er berühmt werden wollte. Fünf Jahre lang erschien Flournoy regelmäßig bei den Séancen des Fräuleins, und er wurde reich belohnt. Die Trancen des Gegenstands seiner Untersuchungen vertieften sich zunehmend, neue Sprechmuster tauchten auf, die sich wie ein unverständliches Kauderwelsch anhörten.

Um seine Beobachtungsfähigkeit nicht durch Vorurteile zu beschränken, ging Flournoy nach einer Regel vor, die er »Hamlet-Prinzip« nannte. Es lautete: Alles ist möglich. Eingeschränkt wurde das Hamlet-Prinzip durch eine weitere Maxime: Je unwahrscheinlicher ein Vorkommnis, desto gewichtiger sollten die Beweise sein, die dafür sprachen.

Zunächst einmal fand Flournoy heraus, daß seine Eltern die Eltern von Fräulein Müller kannten. Das Medium, folgerte Flournoy, mochte als Kind jene Geschichten aus der Familienchronik der Flournoys gehört haben, die dann in der Trance wiederkehrten. Sie waren vergessen worden. Weil die Ärzte Fremdwörter lieben, sagte Flournoy »Kryptomnesie« zu dem Vorgang. Nicht Geister waren am Werk, sondern Kindheitseindrücke.

Ahnte die junge Frau, welche Kälte ihr da begegnete? Jedenfalls breitete sie vor Flournoy und den übrigen Gästen ein immer reicheres Szenario bunter Rätselwelten aus, voll fremder Schönheit, in starkem Kontrast zum Schwarzweiß des eintönigen Alltags einer kleinen Angestellten im Warenhaus.

Catherine (oder Helen Smith, wie sie später hieß, als sie eine internationale Berühmtheit wurde) hatte im Körper einer indischen Prinzessin gelebt, vor vierhundert Jahren. Sie war Marie-Antoinette. Sie verkehrte mit den Marsmenschen, deren Sprache sie beherrschte.

Flournoy fragte sich, woher die Details kamen. Er war sehr zufrieden, als er auf Bücher stieß, die Catherine als Kind gelesen hatte, eine »Geschichte Indiens« zum Beispiel. So konnte er zeigen, woher das Material stammte, mit dem die junge Frau ihre Offenbarungen ausschmückte – besser gesagt, wie der Geist arbeitete, der aus ihr sprach, wenn sie in Trance war. Der Geist hieß Leopold, und Flournoy interpretierte ihn als unbewußte Sub-Persönlichkeit des Mediums. Auch das Idiom der Marsmenschen gab seine Geheimnisse preis. Ein großer Teil des Vokabulars setzte sich aus entstellten ungarischen Wörtern zusammen, entnommen der Muttersprache von Catherines Vater.

Diese Enthüllungen bedeuteten für Mademoiselle Müller eine schwere Kränkung. Sie zog sich von Flournoy und dem spiritistischen Zirkel zurück, in dem sie ihre Triumphe gefeiert hatte, und hörte auf zu arbeiten. Eine reiche Amerikanerin schenkte ihr ein Vermögen. Helen Smith lebte fortan zurückgezogen, beschäftigt mit dem Malen religiöser Bilder im Zustand der Trance. Nach ihrem Tod wurden diese Bilder in Genf und in Paris ausgestellt.

Möglicherweise schizophren, urteilte ein Schweizer Nervenarzt namens Jung 1907 über Helen Smith. Sie war in die psychiatrische Literatur eingegangen, verewigt zu einem klinischen Fall durch Professor Flournoy. Das 20. Jahrhundert hatte begonnen. Es sollte jede Menge Neurotiker hervorbringen, darunter so prominente wie Hitler. In Friedenszeiten wurden die Neurotiker psychotherapiert, in Kriegszeiten waren sie an der Regierung.

Carl Gustav Jung (1875–1961), Sohn eines evangelischen Pfarrers, hörte während des Medizinstudiums in Basel von den medialen Fähigkeiten seiner fünfzehnjährigen Kusine Helene Preiswerk. Er war dabei, als Helly mit der tiefen Stimme ihres Großvaters, des Pastors Samuel Preiswerk, erbauliche Reden hielt, als Gräfin von Thierfelsenburg aus dem 15. Jahrhundert plauderte, auch als Madame de Valours aus dem 13. Jahrhundert, die auf dem Scheiterhaufen geendet hatte, ja als christliche Jungfrau zur Zeit Neros, nicht auf schweizerisch, das sie sonst sprach, sondern auf hochdeutsch.

Jung war auf die Begegnung vorbereitet. Er kannte die spiritistische Literatur, hatte mit großem Interesse sieben Bände der Schriften Swedenborgs gelesen. Die Welt gewann an Tiefe und Hintergrund. Im Elternhaus zersprang ein tadelloses Brotmesser plötzlich nach dem Vieruhrkaffee in vier Teile. Dann kam Helly.

Sie beschrieb ab dem Sommer 1899 die Kanäle auf dem Mars, während der Sitzungen an den Samstagabenden, die Jung im kleinen Kreis für sie veranstaltete. Aus den Wänden des Zimmers drangen Klopflaute, und Helly erzählte, wie sie von Goethe verführt worden war. Sie beschrieb die Strukturen der mystischen Welt in sieben Kreisen, spürte nach einiger Zeit, daß sich ihr Publikum zu langweilen begann, wurde schließlich dabei ertappt, wie sie allerlei Krimskrams, den sie heimlich mitgebracht hatte, als Geistergeschenklein zu materialisieren versuchte.

Immerhin hatte Jung ein Dissertationsthema. 1902 erschien bei Oswald Muntze in Leipzig »Zur Psychologie und Pathologie sogenannter okkulter Phänomene«, worin Helly als Hysterikerin unter dem Pseudonym S. W. auftreten durfte und von Professor Flournoy begeistert rezensiert wurde. Als Jung sie ein Jahr später in Paris besuchte, wo sie eine Schneiderlehre machte, vermochte sie sich an keinerlei okkulte Vorkommnisse zu erinnern. Daß sie sich in ihn verliebt hatte, begriff Jung erst später.

Wie sein älterer Kollege Sigmund Freud (1856–1939), mit dem er ein paar Jahre zusammenarbeitete, war Jung ein hochgradiger Psychopath, der mit vierzig Jahren eine schwere seelische Krise durchlebte, in der ihn die Stimmen der Toten bedrängten. Während des Ersten Weltkriegs begann es in der Villa Jungs am Zürichsee zu spuken. Eine weiße Gestalt wanderte herum, an der Haustüre wurde Sturm geläutet, aber niemand war da. Jung hörte die Stimmen der Geister. Wir kommen zurück von Jerusalem, riefen sie laut, wo wir nicht fanden, was wir suchten.

An der Universität Zürich, wo er als Privatdozent unterrichtete, hatte Jung nichts mehr verloren. Er verzichtete auf eine akademische Karriere, ließ die Fachliteratur ungelesen liegen. Jeden Morgen malte er eine kreisförmige Figur in ein Notizheft, gestaltet nach seinem jeweiligen Seelenbefinden, ging nach dem Mittagessen ans Ufer des Sees, um Kieselsteine zu sammeln wie ein Kind, baute mit ihnen kleine Häuser, ein ganzes Dorf. Seine seelenärztliche Praxis zu fünfzig Franken pro Stunde ging gut, die Familie brauchte nicht Hunger zu leiden. Was sich in seiner Seele abspielte, ging zunächst niemand etwas an. Ich stand hilflos in einer fremden Welt, erzählte Jung später, lebte ständig in einer intensiven Spannung, und es kam mir oft vor, als ob riesige Blöcke auf mich herunterstürzten. Daß ich es aushielt, war eine Frage der brutalen Kraft. Andere sind daran zerbrochen.

Der heilige Geist meldete sich im Traum zunächst als weiße Taube, die sich zutraulich auf einem Tisch aus grünem Stein niederließ, an dem Jung mit seinen Kindern saß, irgendwo in Italien, verwandelte sich aber dann in ein kleines Mädchen mit goldblondem Haar, das mit den Kindern Jungs davonlief, um zu spielen. Kam zurück und legte ihm zärtlich den Arm um den Hals, war dann auf einmal wieder das anmutige Täubchen und sprach: Nur in den ersten Stunden der Nacht kann ich mich in einen Menschen verwandeln, während der Tauber mit den zwölf Toten beschäftigt ist.

Jung hatte keine Ahnung, was er mit dem Traum anfangen sollte. Während der Jahre, in denen er hauptsächlich mit seinem Innenleben beschäftigt war, fuhr Jung gelegentlich nach Genf zum Kollegen Flournoy und unterhielt sich mit ihm über Spiritismus und Religionspsychologie.

Arzt, heile dich selbst. Jungs Patienten profitierten von der Lebenswende ihres Seelendoktors, die ihm die Gotteswelt öffnete, in die er sich fallen ließ, so wie er es von ihnen verlangte. Die abgegriffenen Schlagwörter, die in jedem Lexikon unter Jungs Namen stehen (Individuation, Archetypus, kollektives Unbewußtes) und wie Versteinerungen wirken, markieren die Orientierungspunkte in einer Wildnis, deren Gesetze sich dem Seelenforscher im Selbstexperiment nur ganz langsam erschlossen. Das Gefühl, einem höheren Willen zu gehorchen, sagte Jung, war unabweislich und blieb richtunggebend in der Bewältigung der Aufgabe.

Nach dem Krieg sprach Jung 1919 vor der »Society for Psychical Research« in London über den Glauben an Geister, die er als Projektionen von abgespaltenen Teilen des Unbewußten auffaßte. Zur Strafe für diese Keckheit erschien ihm 1920 in einem englischen Spukhaus prompt das dortige Gespenst.

Mit der Lokalisierung der Geister und Götter im Unbewußten steckten die Tiefenpsychologen in einem erkenntnistheoretischen Dilemma. Sinnvolle (und damit wissenschaftlich brauchbare) Sätze setzen Bewußtsein voraus. Strenggenommen waren Aussagen über Inhalte, die sich dem Bewußtsein entzogen, nicht möglich. Wovon man nicht sprechen kann, darüber muß man schweigen, hatte Ludwig Wittgenstein dekretiert, in seiner berühmten logisch-philosophischen Abhandlung. Die Tiefenpsychologen dachten nicht daran, sich an diese Maxime zu halten. Sie plauderten gern, wie die Geister.

Um sich wissenschaftlich nicht lächerlich zu machen, suchte und fand Jung für die verworrene Welt, die er in seinen Träumen und aus den Geschichten seiner Patienten kennengelernt hatte, Belegstellen in der Religionsgeschichte, beispielsweise in der vierbändigen »Symbolik und Mythologie der alten Völker, besonders der Griechen« von Georg Friedrich Creuzer aus dem Jahr 1812. Auffällig war, daß all die Kentauren, Nymphen und sonstigen Zwischenwesen aus Creuzers Panoptikum gar sehr an die wüsten Phantasien der Nervenkranken erinnerten. Jungs Prosa reicherte sich mehr und mehr mit gelehrten Zitaten aus der Bibel, den Upanischaden, dem Gilgamesch-Epos an. Der Psychiater verwandelte sich in einen vergleichenden Religionswissenschaftler, trug eine stattliche Bibliothek von seltenen alchemistischen Traktaten aus der Barockzeit zusammen, korrespondierte mit Sinologen und Indologen, verfaßte einen Kommentar zum tibetischen Totenbuch und spielte ab 1933 die Hauptrolle in den sommerlichen Zusammenkünften der legendären »Eranos«-Tagungen auf dem Seegrundstück der Casa Gabriella bei

Ascona am Lago Maggiore, zusammen mit renommierten Theologen und Religionsforschern aus aller Welt.

Selbstverständlich mußte sich Jung die Frage gefallen lassen, ob er an Gott glaube. I do not believe, I know, antwortete Jung im englischen Fernsehen, zwei Jahre vor seinem Tod. Auf die vielen Zuschriften, die seine Bemerkung provoziert hatte, reagierte Jung mit einem Brief an die Zeitung »The Listener«. Insofern ich, schrieb Jung, vom Zusammenprall mit einem höheren Willen in meinem eigenen psychischen System weiß, weiß ich um Gott.

So entschieden drückte sich der berühmte Mann erst im hohen Alter aus, als er bereits zur Ikone geworden war und keine Angst mehr vor dem Urteil der psychiatrischen Zunft zu haben brauchte, die den lieben Gott längst aus ihrem professionellen Vokabular gestrichen hatte.

Im Mai 1986 fragte Ronald David Laing (1927–1989), Psychiater und Psychiatrie-Kritiker: Was hat Gott mit dem Handbuch der amerikanischen Psychiatrie zu tun?

Nichts, schrieb Laing. Er war der David, der gegen einen Goliath antrat, das DSM III (The Diagnostic and Statistical Manual of the American Psychiatric Association, Third Edition). Weltweit hielten sich die Psychiater an das DSM III, eine lückenlose Aufstellung aller »mental disorders« wie zum Beispiel magisches Denken, Aberglauben, Telepathie, Hellsehen. Im DSM III leidet jeder an einer geistigen Störung, fuhr Laing fort, der seinen Eltern und Lehrern Widerstand entgegensetzt. Das DSM III zensuriert alles, was den Irrenärzten nicht ins Konzept paßt, darunter sehr viel von dem, was früher in den menschlichen Zivilisationen zum gewöhnlichen Leben gehörte, zum Beispiel Gott. Ich hasse dieses Handbuch, schloß Laing, und ich fürchte es. Ich finde mich selbst, zerstückelt in zahlreiche Kriterien für Geisteskrankheiten, auf beinahe jeder Seite des DSM III.

Mit Gott dem heiligen Geist konnten die Psychiater deshalb nichts anfangen, weil sie zu Organen behördlicher Überwachung geworden waren. Was von der Norm abwich, mußte ihnen verdächtig sein. Der heilige Geist hatte sich von den Obrigkeiten nie so richtig vereinnahmen lassen – im Gegensatz zu Gottvater und Gottsohn, die gern bei Königskrönungen herangezogen wurden, beim Schwören im Gerichtssaal oder im Kriegsfall. Der heilige Geist trieb sich lieber unter halbverrückten Nonnen herum, unter augenrollenden Wahrsagern, Wüstenexistenzen, Waldmenschen, am Rande der Welt, nicht im Zentrum der Macht. Seine Medien rekrutierte er vorzugsweise aus den unteren Gesellschaftsschichten, den Minderbemittelten aller Zeiten, vom Sohn des Zimmermanns mit seiner Gefolgschaft aus galiläischen Fischern bis Phineas Quimby, Mary Baker Eddy und Daniel Douglas Home. Ein- oder zweimal wurde aus solchem Spiel eine Weltreligion, viel öfter ein Winkelverein oder gar nichts.

In Amerika bestand jener Andrew Jackson Davis, der Swedenborg als seinen jenseitigen Mentor reklamiert hatte, auf der Kombination von Spiritismus und Sozialismus, mit gutem Erfolg unter Handwerkern und Arbeitern. 1858 trat in Plymouth am Golf von Massachusetts ein Delegiertenkongreß der spiritistischen Vereine des Landes zusammen und verabschiedete ein Programm, in dem neben Erziehungsreformen, Frauenemanzipation und Abschaffung der Sklaverei soziale Reformen nach dem Grundsatz allgemeiner Brüderlichkeit verlangt wurden. Von achtundzwanzig Millionen Amerikanern war damals eine Million spiritistisch unterwegs.

Davis hatte nie eine Schule besucht und lediglich von seinem Vater das Schusterhandwerk erlernt, in Poughkeepsie am Hudson River. Mit siebzehn Jahren besuchte er eine Vortragsreihe über Hypnose, ließ sich in Trance versetzen und entdeckte auf diese Weise, daß er hellseherisch begabt war. Mit einundzwanzig war Davis bereits ein erfolgreicher Buchautor und begehrter Vortragsredner, der die unmittelbar bevorstehende Manifestation der Jenseitsgeister korrekt vorhersagte. Nach 1848 machte sich Davis an die Niederschrift seiner »Great Harmonia« in fünf Bänden, die von den Konzepten des französischen Utopisten Charles Fourier (1772–1837) stimuliert waren und die Abschaffung von Alkoholismus, Prostitution, Sklaverei, Rassendiskriminierung, sozialer Unterdrückung, Todesstrafe und Krieg forderten. Vom christlichen Sündenbewußtsein hielt Davis nichts, dafür um so mehr von der harmonischen Höherentwicklung der Menschheit, unter dem wohltätigen *influx* der Abgeschiedenen. Letztere lebten im »Sommerland«, in das Davis gelegentlich einen Blick tun durfte.

Was er dort sah, inspirierte ihn zu einem pädagogischen Programm, dessen Einzelheiten er den Schriften des deutschen Erziehungsreformers Friedrich Fröbel (1782–1852) entnahm, die auch in Amerika gern gelesen wurden. Verwirklicht wurden die Schulversuche in »Lyceen für den Fortschritt der Kinder« ab dem vierten Lebensjahr bei weitgehender Vermeidung des Frontalunterrichts, mit viel Bewegung in frischer Luft und fröhlichem Gesang. Daß die Lyceen nicht von den Vanderbilts beschickt wurden, sondern von den kleinen Leuten in der Provinz, versteht sich von selbst.

Auch im alten England blühte der Spiritismus nicht unter den Lords, sondern in der »Workmen's Hall« von Keighley westlich vom Industriezentrum Leeds, zwischen den Fabriken der wichtigsten Wirtschaftsregion des Landes. In Keighley predigte ab 1853 ein Gesundheitsapostel namens David Richmond den Spiritismus, mit gutem Erfolg unter der Arbeiterschaft von Yorkshire und Lancashire. Sehr viel Zeit konnten die *workmen* für den Spiritismus allerdings nicht erübrigen. Sie arbeiteten sechzehn Stunden am Tag.

Mit klassenkämpferischen Radikalismen vertrug sich der proletarische Spiritismus in England ganz ausgezeichnet. Der alte Feuerkopf Robert Owen (1771–1858) verfaßte kurz vor seinem Tod die »Footfalls on the Boundary of Another World«. Nicht als Jenseitsvertröstung waren die Gehversuche im Grenzland zu einer anderen Wirklichkeit gedacht, vielmehr als Vorwegnahme einer spirituell belebten sozialistischen Zukunft.

Außerdem wurden in den spiritistischen Zirkeln allerlei alternative Heilpraktiken gelehrt, was den Arbeiterfamilien manche Arztrechnung ersparte. Dazu kam, daß die *mediums* gar nicht so selten den Pfarrer ersetzten, am Sonntagvormittag, freidenkerisch fromm, ohne dogmatische Zwänge. In den Kohlenrevieren waren die *spirits* entschieden antiklerikal eingestellt.

Am liebsten drückten sie sich offensichtlich auf englisch aus. Deutsch sprachen sie nur in den besseren Kreisen der Gesellschaft zwischen Hamburg und Wien, während die dortige Arbeiterschaft eher das »Manifest der Kommunistischen Partei« von Marx und Engels las. Die revolutionsfreundliche Intelligenz Deutschlands und Österreichs hätte 1848 gern die Zustände durcheinandergewirbelt. Zu ihrer Enttäuschung fingen lediglich die Tische zu tanzen an. Die Engländer hatten die glorreiche Revolution längst hinter sich; in Deutschland und Österreich glückte sie nie. Die spirituelle Telegraphie dieser Länder funktionierte hauptsächlich auf der rechten Seite des politischen Spektrums, die Sozialdemokratie bekämpfte den Spiritismus als Neuauflage des Pfaffenschwindels, und nur in einem einzigen Fall beteiligte sich der heilige Geist am Bau eines spiritistischen Neujerusalem für die kleinen Leute, ab 1921 im Land Brandenburg südlich von Berlin, zwischen den Ortschaften Trebbin und Beelitz.

Dort entstand, trotz Inflation und Weltwirtschaftskrise, eine Gartenstadt mit geräumigen Häusern für die Familien, einer Schule, einem landwirtschaftlichen Musterbetrieb, einer Großwäscherei, einem Altersheim mit Kureinrichtungen, einem Versammlungssaal und einer Kirche, einem Restaurant mit Terrassencafé und einem Museum. 1934 wohnten bereits fünfhundert Menschen in der Siedlung an den Hängen der Glauer Berge, in freundlichster Landschaft. Auf der Bühne des Festsaals hing unter einem imposanten Kruzifix das Bild eines weißhaarigen Mannes von untersetzter Gestalt mit dem Aussehen eines biederen Gastwirts, um die Mitte stattlich. Dunkle Augen, Schnauzbart. Joseph Weißenberg, geboren 1855,

Oberhaupt der von ihm gegründeten »Evangelisch-Johannischen Kirche« und Initiator der »Friedensstadt« für zwanzigtausend Menschen unter dem deutschen Himmel. Ich glaube an Gott den Vater, beten die johannischen Christen bis heute, ich glaube an Gott den Sohn, ich glaube an Gott den Heiligen Geist und an Gottes Offenbarungen durch Mose, Jesus Christus und Joseph Weißenberg.

Am 17. Januar 1935 verbot die Staatspolizeistelle für den Landespolizeibezirk Berlin die Johannische Kirche, erklärte sie für aufgelöst und ihr Vermögen als beschlagnahmt. Die Friedensstadt wurde unter öffentliche Zwangsverwaltung gestellt. Durch die Initiative von Hermann Göring, schrieb die »Deutsche Wochenschau«, ist mit dem Weißenberg-Unfug endlich ein für allemal Schluß gemacht worden. Am 1. März schrieb Weißenberg an Hitler: Mein Führer! Geben Sie einem deutschen Mann seine Freiheit des Glaubens wieder. Ich weiß, daß mein himmlischer Vater auch Ihr Vater ist. Am 18. Mai wurde der Achtzigjährige verhaftet, wegen angeblicher Sittlichkeitsverbrechen unter Anklage gestellt und zu eineinhalb Jahren Zuchthaus verurteilt, 1937 vorübergehend entlassen, dann in ein Irrenhaus eingeliefert und schließlich in häusliche Pflege überstellt, im schlesischen Bad Obernigk, wo er 1941 starb. Ein Sowjetoffizier sichtete ihn etliche Jahre später mit Hund in den Glauer Bergen, oberhalb der Friedensstadt, als einsamen Spaziergänger.

Zu leiden hatte der Meister, wie ihn seine Gemeinde immer noch gerne nennt, nicht nur unter den nationalsozialistischen Behörden. Zahlreiche Prozesse wegen Kurpfuscherei wurden vor 1933 gegen ihn angestrengt, von seiten der Ärzteschaft. Auch der evangelischen Geistlichkeit Preußens war der Mann ein Dorn im Auge, unter anderem wegen Verbreitung der Lehre von der Seelenwanderung und wegen seines Auftretens als Inkarnation des heiligen Geistes. Politik, Medizin und Religion zeigten sich dem Eindringling in ihre Domänen als höchst ungnädige Instanzen.

Höheren Orts war anders entschieden worden. Die Kraft, Kranke heilen zu können, schrieb Weißenberg, und zwar durch einfaches Handauflegen oder Bestreichen mit den Händen hat sich bei mir schon von Kind auf gezeigt. Die Gaben, die ich hatte, waren Magnetismus, Hellsehen, Hellfühlen und Hellhören. Ich habe viele, viele Gestalten gesehen, auch Geister.

Sie redeten zu dem Knaben beim Viehhüten im ländlichen Schlesien, wo er unter der Obhut eines Schäfers aufwuchs, nach dem Tod seiner Eltern. Dann erlernte er das Maurerhandwerk, wurde zum Militär eingezogen, schlug sich danach als Hausdiener, Droschkenkutscher, Kellner und Straßenhändler durch, während der Wintermonate, wenn am Bau keine Arbeit war. Eheschließung mit Auguste Lautner, Geburt einer Tochter, Übersiedlung nach Berlin, Niederlassung als Heilmagnetiseur 1903, Trennung der Gatten 1907, Aufnahme der Lebensgemeinschaft mit Grete Müller 1909, zwei Töchter. Katholisch getauft, 1904 zur evangelischen Konfession konvertiert, Gründung der Johannischen Kirche 1926.

An Kaiser Wilhelm II. schrieb Weißenberg 1903: Ich sehe Majestät in fünfzehn Jahren Deutschland mit dem Bettelstab verlassen.

Die Voraussicht erwies sich als durchaus korrekt.

Die Heilpraxis des Meisters im Norden Berlins, Gleimstraße 42, unter den Zinskasernen des Arbeiterbezirks, Sprechstunden täglich außer Mittwoch und Sonnabend von zehn bis sechzehn Uhr, sprach sich herum. Um den Andrang besser zu bewältigen, unterwies der vielbeschäftigte Mann eine Reihe von Assistentinnen in der Behandlungskunst. Die Patienten nahmen Platz, die Gehilfin kniete sich vor ihnen auf einen Schemel und strich ihnen mit den Händen längs der Arme über die Hüften hinunter, fünf Minuten lang. Dann erschien der Meister und verordnete je nach Beschwerde gesalzenen Quark, Schafgarbentee, Waschungen mit Urin, Mehlsuppe, zwei Vaterunser.

Viele der Geheilten bleiben anhänglich. Sie besuchten die wöchentlichen Versammlungen der »Christlichen Vereinigung Ernster Forscher von Diesseits nach Jenseits«, die Weißenberg amtlich eintragen ließ, und lauschten in gemieteten Sälen den Botschaften der »Geisterfreunde« aus dem Mund der Lebensgefährtin des Meisters und weiterer Medien. Besonders häufig sprach Otto von Bismarck aus dem Land der Toten, aber auch Luther, Friedrich der Große und der Freiherr von Richthofen ließen sich vernehmen. Die Ansprachen der Jenseitigen richteten sich gegen Freimaurer, Bolschewiken, Juden. Dabei verfiel mitunter die eine oder andere junge Frau in schreiende Erregung, was ihr unter Umständen eine Ohrfeige vom Meister eintragen konnte.

Meist aber genügte das Kommando Weißenbergs: Ich schalte aus! Dann verstummte die Geistrede, und eine andere wurde vom Meister eingeschaltet. Im ganzen Saale gehen Dutzende hysterischer Frauen von ihren Stühlen hoch, schrieb 1929 die »Zeitschrift für Volksaufklärung gegen Kurpfuscherei und Heilmittelschwindel«, fuchtelnde Arme, verzerrte Gesichter. Ein wildes, nervenzerreißendes Hu-Geschrei in den qualvollen Tierlauten schmerzvoll Gebärender und mit dem dumpfen Angstwolluststöhnen Vergewaltigter. Eine Frau marschiert, die Beine wie eine Marionette werfend, den Mittelgang auf und ab und verlangt dringend nach dem Herrn Jesus. Der Meister aber scheucht seine entfesselten Anbeterinnen wie eine Herde gackernder Hühner zur Ruhe, er steht in diesem rasenden Geschrei einer gotteslästerlichen und pathologischen Verehrung unbeweglich und wie selbstverständlich.

Gegen solch mißgünstige Darstellungen wurden Abwehrschriften verteilt. Gepredigt wird das Wort Gottes rein und lauter, schrieben die Weißenbergischen, von Geistfreunden des Lichts über neue Zungen. Das Ziel ist die Überbrückung sämtlicher Kirchen und die Rückführung der zersplitterten Glaubensgemeinschaften zur Urkirche Christi. Die Johannische Kirche hat die dritte Lehre, die Lehre des heiligen Geistes.

Ende der zwanziger Jahre konnte der Meister bis zu tausend Besucher begrüßen, in Haberlands Festsälen beispielsweise. Am Saaleingang wurden Zeitschriften und Gesundheitstees verkauft, Mitgliedsbeiträge kassiert. Das Publikum hatte durchweg kleinbürgerliches Gepräge, schrieb ein Beobachter, Frauen bildeten die Mehrzahl, doch war die Zahl der männlichen Teilnehmer keineswegs klein. Auffallend war die große Zahl der Kinder und jungen Mädchen. Die meisten Frauen trugen Broschen mit Bildern des Meisters.

Allein in Berlin wurden damals vierzigtausend Johannische gezählt, und mindestens noch mal so viel in der Umgebung, bis hinunter nach Sachsen, organisiert in vierhundert Gemeinden. Ihr Name verwies auf die Apokalypse des Johannes. Sie sagte alle nur denkbaren Ereignisse voraus, vielleicht auch die Weltwirtschaftskrise von 1929 und den Machtantritt Hitlers.

Jedenfalls titelte »Der Weiße Berg«, die Zeitschrift der Johannischen Kirche: Einkreisung der finstern Mächte durch des heiligen Geistes Kraft im Nationalsozialismus!

Diesbezüglich befand sich der Meister im Irrtum, wie der berühmte Professor Martin Heidegger. Die Unterscheidung der Geister, ob spiritistisch oder philosophisch betrieben, hat ihre Tücken. Hitlers Heil erwies sich als Trugwerk des Antichrist, unter dem Gelächter der Hölle.

Dann sammelte Weißenbergs Tochter Frieda Müller, vom Vater zur Nachfolgerin bestimmt, die Gläubigen zum Neubeginn. Sie erhielt für die sozialen Aktivitäten ihrer Vereinigung 1976 das Bundesverdienstkreuz erster Klasse. Zwanzig Jahre später, nach der Rückerstattung der Friedensstadt ins Eigentum der Johannischen Kirche, verfaßte die immer noch rüstige Dame ein Gebet zum Spatenstich für einen neuen Rinderstall.

ANBEGINN

Zwischen den beiden ehrgeizigsten Waffengängen der Menschheitsgeschichte kannten die führenden Köpfe der literarischen Welt nur zwei Wünsche. Sie wollten unsterblich werden und Gottes Angesicht schauen. Manchen wurde der erste Wunsch erfüllt, durch die Verleihung des Nobelpreises. Aber selbst diesen Auserwählten erging es wie Mose, der lediglich die Rückseite Gottes erblicken durfte.

Kampf um Gott

Die Wüste wächst. Der ordentliche Professor für klassische Philologie Friedrich Nietzsche (1844–1900), mit fünfunddreißig Jahren bereits wegen Krankheit frühpensioniert, kam mit seinem Leben immer mühsamer zurecht. Der Schmerz besiegt Leben und Willen, schrieb er über tagelange Migräne-Attacken an seinen beständigsten Freund, den kritischen Theologen Overbeck. Ein anderer Freund, der Musiker Köselitz, mußte in Venedig den leidenden Mann zeitweilig wie einen Blinden führen, wegen seiner kranken Augen. Die billigen Zimmer, für die sein knapper Ruhegenuß reichte, boten keinerlei Behaglichkeit. Zu Richard Wagner, der wesentlichen Bezugsperson seiner hoffnungsvollsten Jahre, gab es seit etlicher Zeit keinerlei Kontakt. Von den Schriften, die Nietzsche bislang veröffentlicht hatte, waren nur wenige Exemplare verkauft worden. Die Wüste wächst. Weh dem, der Wüsten birgt.

Der Vaterunsergott des Pfarrhauses, in dem Nietzsche geboren wurde, blieb verschwunden. Wohin ist Gott, fragte sich Nietzsche in seinen Notizbüchern, was haben wir gemacht? Haben wir denn das Meer ausgetrunken? Wie brachten wir dies zustande, diese ewige feste Linie wegzuwischen, nach der bisher alle Baumeister des Lebens bauten? Stehen wir denn selbst noch auf unseren Füßen? Stürzen wir nicht fortwährend? Haben wir nicht den unendlichen Raum wie einen Mantel eisiger Luft um uns gelegt? Noch sehen wir unseren Tod, unsere Asche nicht, und dies täuscht uns und macht uns glauben, daß wir selbst das Licht und das Leben sind – aber es ist nur das alte frühere Leben im Lichte, die vergangene Menschheit und der vergangene Gott, deren Strahlen und Gluten uns immer noch erreichen. Wie steht es mit unserer Leuchtkraft, verglichen mit der vergangener Geschlechter?

Die junge Dame, deren Bekanntschaft Nietzsche im April 1882 machte, hatte ähnliche Probleme. Sie hieß Louise von Salomé (1861–1937), geboren in St. Petersburg als einzige Tochter eines russischen Generals französisch-hugenottischer Abstammung und hielt sich seit Anfang des Jahres mit ihrer Mutter in Rom auf, interessiert an den neuesten Wirbeln des Geisteslebens. Noch erinnerten sich die vornehmen Damen der Hauptstadt des Zarenreichs an die heimlichen Besuche der Generalstochter beim Pastor der holländischen Gesandtschaft und an ihre Weigerung, sich im Glauben ihrer Familie konfirmieren zu lassen. Von Konventionen hielt das extravagante Mädchen ebensowenig wie von den körperlichen Begleitumständen der Erotik. Der kränkelnde Gelehrte, mit dem die Russin ausgerechnet im Petersdom ihr erstes Rendezvous vereinbarte, zeigte sich fasziniert.

Bald begann ein Programm abzulaufen, nach dem Skript, von dem auch die Beziehung der Generalstochter zum holländischen Pastor bestimmt gewesen war. Lou, wie Nietzsche sie bald nennen durfte, fühlte sich heftig zu geistvollen Männern hingezogen, die ihrerseits diese Zuneigung als Liebeserklärung mißverstanden. Diesmal war das Szenario als Dreierbeziehung inszeniert. Nietzsches Freund Paul Rée, der die Begegnung in Rom stimuliert hatte, blieb in dem Kraftfeld durchaus anwesend, das im Atelier eines Luzerner Fotografen dann verewigt wurde, quasi im Scherz, auf Wunsch Nietzsches. Das Bild zeigt die beiden Männer an der Deichsel eines zweirädrigen Karrens, auf dem Lou hockt, mit einer kleinen Peitsche in der Hand.

Die Geschichte endete selbstverständlich mit einem Abschied für immer, nach sechs Monaten. Lou zog mit Rée nach Berlin, Nietzsche blieb allein und machte sich an die Niederschrift seines »Also sprach Zarathustra«.

Die Konstante in ihrer Beziehung zu Nietzsche erkannte Lou sofort und genau, indem sie den schwierigen Mann als »Gottsucher« und »religiöse Natur« identifizierte. Was damit gemeint war, übertrug sie unter dem Pseudonym Henri Lou auf die Lebensbeichte eines alten Mannes namens Kuno, in ihrem Erstlingsroman »Im Kampf um Gott«, der 1885 herauskam. Kuno, wie Nietzsche ein Pfarrhauskind, verliert bald seinen Glauben, verstrickt sich danach in drei unlösbare Liebesgeschichten, die für die beteiligten Frauen tödlich endigen, und kommt schließlich zur Einsicht, das Leben gestalte sich für Kämpfernaturen zu einem Wandel von Gott zu Gott. Das Buch wurde freundlich aufgenommen. Auch Nietzsche las es und fand den Inhalt, abgesehen vom Jungmädchenstil, gar nicht so schlecht.

Weniger mild beurteilte der Philosoph das Alterswerk Richard Wagners, den »Parsifal«, der 1882 erstmals im Bayreuther Festspielhaus auf die Bühne kam. Auch dieser Stoff handelte von Religion, freilich in einer Weise, die Nietzsche zurückweisen mußte, wie ein obszönes Arrangement. Ab 1883, nach dem Tod Wagners, fühlte sich der vormalige Verehrer und Freund des Komponisten von aller Rücksichtnahme entbunden, konzipierte den »Zarathustra« als Anti-Parsifal und attackierte den Meister in aller Öffentlichkeit mit dem Pamphlet »Der Fall Wagner«. Durch Wagner, schrieb Nietzsche, redet die Modernität ihre intimste Sprache. Sie verbirgt weder ihr Gutes, noch ihr Böses, sie hat alle Scham vor sich verlernt.

Mit der Moderne stand Nietzsche ohnehin auf Kriegsfuß. Antisemitismus und Deutschtümelei waren ihm ebenso zuwider wie sozialistische Ideen und fortschrittsgläubiges Denken. Er empfand seine Zeit als letzten Witz einer matten Schauspielerei, deren Repertoire während der letzten beiden Jahrtausende unter der Regie des Christentums immer glanzloser geworden war. Letzteres hatte die Menschen dazu gebracht, ihr ewiges Heil von den Werken der Barmherzigkeit abhängig zu machen, der Pflege eiternder Wunden, der Güte zu stinkenden Bettlern. Nicht Wohlgeratenheit, Gesundheit und Heiterkeit predigten die Diener des Gekreuzigten, sondern Sündenbewußtsein, Demut und Leidensbereitschaft. Kranke Hirten kranker Herden, so nannte Nietzsche die Priester der Kirche. Ihre Morbidität hatte den europäischen Gesellschaftskörper angesteckt, dessen Absonderungen Nietzsche unter dem Kennwort *Décadence* anprangerte, beeinflußt von dem französischen Kulturkritiker Paul Bourget. Ich bin so gut wie Wagner, schrieb Nietzsche, das Kind dieser Zeit, will sagen ein *décadent*; nur daß ich das begriff, nur daß ich mich dagegen wehrte. Mein größtes Erlebnis war eine Genesung. Wagner gehört bloß zu meinen Krankheiten.

Das Verschwinden Gottes faßte Nietzsche als Moment innerhalb eines allgemeinen Kulturverfalls auf. Anstatt diesen Sachverhalt dem Publikum zuzumuten, war Wagner auf seine alten Tage fromm geworden und hatte ein Bühnenweihfestspiel erdacht. Was bedeutet es, schrieb Nietzsche, wenn ein Künstler wie Richard Wagner der Keuschheit eine Huldigung darbringt? Was ging ihn eigentlich jener arme Teufel und Naturbursche Parsifal an, der von ihm mit so verfänglichen Mitteln schließlich katholisch gemacht wird?

Solch peinlichen Fragen wollte Wagner mit einem kleinen Scherz zuvorkommen, als er »seinem theuren Freunde Friedrich Nietzsche« am 1. Januar 1878 ein Exemplar der Parsifal-Dichtung widmete und mit »Oberkirchenrath« unterschrieb – freilich vergebens. Wagner und Nietzsche hatten einander nichts mehr zu sagen.

Der Konflikt zwischen den beiden Epochenmännern drehte sich freilich nicht nur um Karfreitagszaubereien für Kommerzienräte und höhere Töchter. Auf dem Spiel stand die Leuchtkraft der zeitgenössischen »Cultur«, verglichen mit den

Aufschwüngen vergangener Geschlechter – den gotischen Domen, der »Divina Commedia«, dem David des Michelangelo, den Stanzen Raffaels, den Messen Palestrinas, den Kantaten Johann Sebastian Bachs. Dies alles verdankte sich einer Gläubigkeit, deren Wahrheitsgehalt längst verflogen war, Nietzsche zufolge, der sich »nicht ohne tiefen Schmerz« eingestand, wie die Künstler aller Zeiten in ihren besten Hervorbringungen ebenjene Vorstellungen zu himmlischer Verklärung emportrugen, »die wir jetzt als falsch erkennen«.

Der Adlerblick des kulturkritischen Philosophen registrierte sehr genau die Schwäche seines berühmten Freundes, solchen Schmerz nicht aushalten zu können. Das gesamte Werk Wagners beschwor verflossene Zeiten, historistisch aufgeputzt wie die neugotischen Rathäuser und Kirchen der industriellen Ära. Nicht als Seher der Zukunft, sondern als Deuter und Verklärer der Vergangenheit sei Wagner aufzufassen, dekretierte Nietzsche, ausgerechnet in seiner als Festschrift zur Eröffnung von Bayreuth verfaßten Würdigung »Richard Wagner in Bayreuth« von 1876.

Mehr noch. »Rückständig« war der Meister nicht nur in der Auswahl und Gestaltung seiner Stoffe. Auch seine Musik, die Seele des Ganzen mußte als »Austönen«, »Zuspätkommen«, »Schwanengesang« bewertet werden.

Als zwischen Wagner und Nietzsche »Alles klar, aber auch Alles zu Ende« war, wie Nietzsche es brieflich Lou gegenüber ausdrückte, hatte Wagner einen bösen Traum. Zahlreiche Menschen drangen ins Haus, ganz zuletzt Nietzsche, der ein höhnisches Lied auf den Meister anstimmte, nach der Melodie des Pilgerchores aus dem »Tannhäuser«.

In den nächsten hundert Jahren ging die Partie zwischen Philosophie und Musik munter weiter. Wagner wurde gespielt, Nietzsche gelesen. Hitler verehrte beide, und Gott blieb verschwunden, nicht nur in Deutschland.

Lou aber wanderte weiter, von Gott zu Gott. Ob Rainer Maria Rilke (1875–1926) sie wachküßte oder ein anderer Mann, ist nicht mit letzter Sicherheit auszumachen. Der Orientalist Friedrich Carl Andreas, den Lou 1887 heiratete, war es nicht; Lou hatte in die Ehe nur unter der Bedingung eingewilligt, daß sie nicht vollzogen werden durfte. Ein anderer Kandidat für die erste Liebesnacht hieß Friedrich Pineles, Arzt in Wien und sieben Jahre jünger als Lou, die mittlerweile eine Mittdreißigerin war. In Lous »Lebensrückblick« findet er allerdings keine Erwähnung.

Als ihr im Mai 1897 der zweiundzwanzigjährige René Rilke vorgestellt wurde, war Lou Andreas-Salomé bereits eine bekannte Schriftstellerin, mit Studien über Ibsen und Nietzsche. Ihren Essay »Jesus der Jude« habe er als Offenbarung empfunden, schrieb Rilke der schönen Frau, nachdem er sie kennengelernt hatte. Seine Dankbarkeit könne er nicht im Beisein anderer ausdrücken, und so dürfe er vielleicht hoffen, ihr bei Gelegenheit einige seiner Gedichte vorlesen zu dürfen.

Nicht nur diese Bitte wurde erfüllt. Vier Wochen später hieß René bereits Rainer und wanderte mit Lou barfuß durch die taufrischen Wiesen rund um das Städtchen Wolfratshausen in der Nähe Münchens, wo ein kleines Bauernhaus angemietet wurde. Du meine Juninacht mit tausend Wegen, schrieb Rilke, auf denen kein Geweihter schritt vor mir. Ende Juli reiste Lous Gemahl an, was jedoch zu keinen Mißhelligkeiten führte. Rilke durfte nach Berlin mitkommen, wo Lou mit ihrem Mann am Rand der Stadt wohnte. Rainer wurde im Nachbardorf untergebracht. Er half Lou beim Holzhacken und beim Kochen. Borschtsch und russische Topfgrütze aß er am liebsten.

Die Beziehung zwischen der Schriftstellerin und dem Dichter hielt bis zum Tod Rilkes, wenngleich mit langen Trennungen zwischendurch. Beglückte Eintracht waltete während der beiden Reisen nach Rußland, die Lou und Rainer in den Jahren 1899 und 1900 unternahmen, das erste Mal mit Lous Mann, das zweite Mal ohne ihn. Rainer übernahm den russischen Gott, schrieb Lou später, der sich wie ein Täubchen an die Brust drücken läßt. Im »Stundenbuch« findet sich die Einstellung, der Mensch habe den Gott in die Obhut zu nehmen.

Und umgekehrt. Diese Allgeborgenheit, meinte Lou, führt ins Zutrauen zur Umgebung, wie sie auch sei. Im übrigen war Lou nicht bereit, im Leben Rilkes das Gottestäubchen zu spielen. Sie schickte den sensiblen Mann in die Künstlerkolonie Worpswede bei Bremen, wo er die Druckfahnen seiner »Geschichten vom lieben Gott« durchsah und mit der Malerin Clara Westhoff bekannt wurde, die er dann heiratete, anderthalb Jahre später, als ein Kind unterwegs war. Auch Lou wurde guter Hoffnung, in der Gesellschaft von Pineles, dem ärztlichen Freund aus Wien, allerdings nur für ein paar Monate. Sie habe darauf verzichten müssen, Mutter zu werden, schrieb sie an Rilke. Und: Gehe Deinem dunklen Gott entgegen! Er kann, was ich nicht mehr tun kann an Dir.

Solche Aufforderung zum Gehen verriet das Reisebedürfnis, von dem die ungewöhnliche Frau ergriffen war. Seit ihrem Weggang aus St. Petersburg hielt sie es nirgends länger als ein paar Monate aus. Das halbe Jahr ihres Zusammenseins mit Nietzsche spielte in Rom und Mailand, am Orta-See in Oberitalien, in Luzern, Tautenburg (Thüringen), Leipzig. Zwischendurch hielt sich Lou in Zürich, Hamburg, Berlin, Stibbe (Westpreußen), Bayreuth auf, vergnügt wie ein Vöglein. Zwar fuhr die Mama bald zurück nach St. Petersburg und bezahlte keine Hotelrechnungen mehr, aber sie schickte monatlich 250 Mark, womit sich auskommen ließ. Von Berlin, wo sie zunächst ihr Standquartier hatte, reiste Lou nach Meran und an den Tegernsee, nach Paris, Wien und München zu längeren Aufenthalten. Später ging es in den Balkan und in die Türkei, ins Riesengebirge, nach Spanien, Schweden und in die Schweiz, zur Verwandtschaft in St. Petersburg, in den Harz und nach Venedig.

Auch Rilke wurde ein rastloser Vagabund, mit einem gewissen Hang zu nobler Umgebung in adligen Häusern, ständig auf der Suche nach günstigen Gegenden für die dichterische Inspiration. Wenn ihn die Fürstin Marie von Thurn und Taxis auf eine Reise im Automobil mitnahm, freute er sich wie ein Kind.

Nietzsche dagegen wurde von seinen Neuralgien von Ort zu Ort getrieben, im Winter nach Italien, im Sommer nach Sils-Maria (Engadin), wo es billiger war als in St. Moritz. Naumburg, Bozen, Riva, Venedig, Kärnten, Tirol, Marienbad – alles in den ersten sechs Monaten des Jahres 1880. Fahrpläne, Koffer, Zollformalitäten, Zimmersuche. Wiederum Naumburg, dann im Oktober über Frankfurt und Heidelberg nach Basel, Locarno und Stresa, wo Nietzsche ein paar Wochen bleiben wollte, aber man spürte bereits den Anhauch des Winters, also vielleicht Castellamare bei Neapel, schließlich dann doch Genua als Winterquartier.

Im fernen Land, unnahbar euren Schritten. Wagner, ebenfalls ein Getriebener, ließ den Ort der Erlösung unerreichbar bleiben. Liegt eine Burg, die Monsalvat genannt. Der Gottesdienst, der dort gefeiert wird, erinnert nur vage an die christliche Liturgie. Alljährlich naht vom Himmel eine Taube, um neu zu stärken seine Wunderkraft.

Es heißt der Gral.

Damit war, mit sicherem Gespür, der heilige Geist exterritorial zur herrschenden Gottesfinsternis gesetzt, von ihr unberührbar, freilich um den Preis des Verzichts auf konfessionelle Bestimmbarkeit. Lediglich andeutungsweise wies der Gral, das Gefäß von wundertätigem Segen, auf den christlichen Abendmahlskelch der sonntäglichen Gottesdienste in den Kirchen Deutschlands hin. War der heilige Geist zur Opernfigur abgesunken?

Nicht unbedingt. Wagners Selbstbewußtsein als Künstlerpersönlichkeit hatte keineswegs das »Amüsement« des Publikums im Auge. Der Meister von Bayreuth führte die Verdunkelung des Zuschauerraums bereits während der Ouvertüre ein, das Einlaßverbot bei offenem Vorhang, die Applausbeschränkung auf die Aktschlüsse. Das alles lief auf Ernsthaftigkeit, Konzentration, Außeralltäglichkeit hinaus. Seinen »Parsifal«, in dem Gral und Taube auf der Bühne erschienen, wollte Wagner nur in Bayreuth aufgeführt haben, um die Gottesdienstlichkeit des Werkes nicht durch Repertoirevorstellungen an irgendwelchen kleinen Provinzbühnen herabzumindern.

Von kirchlicher Seite mochten Wagners Ambitionen als Religionsersatz oder Kunstreligion abqualifiziert werden. Frömmigkeitsgeschichtlich jedoch hatte der Meister durchaus ein paar Trümpfe in der Hand. War nicht das Theaterspiel im alten Athen aus kultischen Darbietungen zu Ehren des Gottes Dionysos entsprungen? Hatte nicht jeglicher Gottesdienst, besonders deutlich der aus Rom und der aus Byzanz, seine Auftritte, Wechselgesänge, Darbietungen – vergleichbar dem »Gesamtkunstwerk«, das Wagner anstrebte? Gehörten Maske und Kostüm nicht ebensogut zur Religion wie zum Theater?

Schließlich und endlich, darauf beharrte Wagner in seinen theoretischen Schriften, bestand ein Unterschied zwischen »wahrhafter Religiosität« und staatskirchlich geregelter »Religion«. Welche von beiden gemeint war, wenn sich in Bayreuth der Vorhang hob, brauchte nicht eigens betont zu werden.

Auch theologisch war Wagner keineswegs ungeschickt, wenn er den heiligen Geist auf die Bühne bemühte. Gottvater und Gottsohn, in ihren menschlichen Zügen von Schauspielern verkörpert, hätten gegen die prinzipielle Undarstellbarkeit des Ewigen verstoßen, beständig in Gefahr, lästerlich oder gar lächerlich zu wirken. Die Taube hingegen, schwebend zwischen Himmel und Erde, signalisierte die Geistigkeit Gottes, als Herabkunft einer schöpferischen Energie zur Durchkreuzung und Verwandlung der heillosen Weltwirklichkeit.

Die Rache des heiligen Geistes an Wagners Zudringlichkeit war subtil. Trotz aller Bemühung mußte die weiße Taube, wenn sie aus dem Kuppelgewölbe des lichten Tempels herabsank und über Parsifals Haupt schweben blieb, wie ausgestopft wirken. Wagner war gleichwohl zufrieden. Was sich in den Räumen dieses Bühnenfestspielhauses zutrug, schrieb er drei Monate vor seinem Tod aus dem Palazzo Vendramin-Calergi in Venedig, kam der Wirkung einer Weihe gleich.

Gelöst war das Problem trotzdem nicht. In der Oper »Moses und Aron« von Arnold Schönberg (erstmals 1957 in Zürich aufgeführt) stand es im Zentrum des Geschehens auf der Bühne, wie eine Reprise des Konflikts zwischen Wagner und Nietzsche. Vergeh, befiehlt Mose, du Abbild des Unvermögens, das Grenzenlose in ein Bild zu fassen!

Gemeint ist das Goldene Kalb, als Inbegriff aller sinnfälligen Umgangsformen mit dem Göttlichen, in Religion, Kunst und Musik.

Aber Aron, der Repräsentant des schönen Scheins, hat das Orchester auf seiner Seite. Er singt, während Mose nur deklamieren darf.

Die Oper blieb unvollendet.

So wiederholte sich, wie unter einem neurotischen Zwang, das gottlose Europa die vorväterlichen Grübelfragen nach dem Wesen der Thronherrlichkeit des Allerhöchsten, gepriesen sei sein Name. Für irdische Augen war sie unerträglich, stand in der Bibel geschrieben, und somit undarstellbar. Mein Angesicht kannst du nicht schauen, mußte Mose von seinem göttlichen Jahu vernehmen. Kein Mensch sieht mich und bleibt am Leben. Wenn meine Herrlichkeit vorübergeht, will ich dich in die Höhle des Felsens stellen und meine Hand über dich decken, bis ich vorübergegangen bin. Wenn ich meine Hand zurückziehe, wirst du meine Rückseite schauen. In dieser Passage hat Gott ein Gesicht (*panim*) und eine Mächtigkeit (*kabod*), welch letzteres Wort gern mit Herrlichkeit übersetzt wird, was die Erinnerung an das männliche Gemächt, die im Hebräischen sprachlich hereinspielt, verdeckt. Auch Hände hat der göttliche Jahu, um die Augen des Mose zu schützen, fragt sich lediglich wovor. Denn wenige Zeilen zuvor im Text heißt es noch, Mose habe mit dem göttlichen Jahu »von Angesicht zu Angesicht« geredet, »wie jemand mit seinem Freunde spricht«. Und an einer anderen Stelle wird erzählt, daß sich der göttliche Jahu dem Mose, dem Aaron und weiteren siebzig »Ältesten« im Gebirge gezeigt habe. Sie schauten den Gott Israels, heißt es ausdrücklich, und unter seinen Füßen ein Gebilde wie aus Saphirplatten und glänzend wie der Himmel. Dies wäre deshalb möglich gewesen, wird hinzugefügt, weil der Gott seine Hand nicht gegen sie »ausgestreckt« habe.

Also eher doch eine Ausnahme von der Regel, die alle mit dem Tod bedroht, die Gott anschauen möchten.

Niemand hat Gott jemals gesehen, resümiert das Evangelium nach Johannes, diesfalls gut jüdisch, und dabei wird es bleiben, auch nachdem der wörtliche Gott (*logos*) die richtige Auslegung übermittelt hat (*exegesato*).

Das letzte Wort zur prinzipiellen Unnahbarkeit Gottes, zwölf Jahre vor der Uraufführung des »Parsifal«, formulierte eine katholische Bischofsversammlung im Vatikan. Verschieden von der Welt (*a mundo distinctus*), sei Gott über alles, was außer ihm (*praeter ipsum*) sei und gedacht werden könne, unaussprechlich erhaben (*ineffabiliter excelsus*).

Knapper und klarer hätten auch jüdische und muslimische Theologen den Sachverhalt nicht ausdrücken können. Auf dem Papier nimmt sich der Befund viel schroffer aus als in der gottesdienstlichen Praxis, mit der Wagner kokettierte. Sie stammt aus ebenjenem Ägypten, das die Israeliten verlassen hatten, mit seinen goldenen Kälbern, weihrauchduftenden Begehungen, priesterlichen Andächtigkeiten. Die Idee, daß Götter Gesichter haben, war in Ägypten ebenso selbstverständlich wie später in Lourdes. Russische Ikonen und gotische Schnitzaltäre verstießen hartnäckig gegen das biblische Verbot, Gott abzubilden.

Erst zur Zeit Wagners und Nietzsches kamen die Herrgottswinkel des bäuerlichen Europa aus der Mode, in den schnell wachsenden Metropolen, wo die neuen Opernhäuser zum Besuch einluden. Gott wurde so abstrakt, wie er es sich gewünscht hatte, und verschwand damit aus dem Bewußtsein der Menschen. Nur der heilige Geist, das hatte Wagner schon richtig gespürt, blieb von solcher Entwirklichung unberührt, weil er von Hause aus so gesichtslos war wie der Wind. Wenn die Bibel vom Angesicht Gottes spricht, meint sie den heiligen Geist. So entschied bereits der ruhmwürdige Kyrillos von Alexandria (gest. 444) unter Berufung auf den 139. Psalm, in dem das »Antlitz« des göttlichen Jahu mit seinem »Geist«

gleichgesetzt wird. Im übrigen ist die Opernregie längst davon abgekommen, im Schlußbild des »Parsifal« eine Taube einzusetzen.

Superman

Wagners »Zukunftsmusik«, wie sie bereits genannt wurde, machte Ende Juli 1882 auf das unmusikalische Fräulein Salomé in Bayreuth keinen sonderlichen Eindruck. Dafür genoß sie die abendlichen Soireen in der Villa »Wahnfried«, wurde von Cosima Wagner besucht und flirtete mit dem russischen Maler Joukowsky, der sich um die Inszenierung des »Parsifal« kümmerte. Der Meister persönlich, umwogt von einer ungeheuren Gästeflut aus aller Herren Länder, blieb infolge seines kleinen, ständig überragten Wuchses immer nur momenthaft sichtbar, wie Lou später schrieb. Von Nietzsche durfte ihm gegenüber nicht die Rede sein. Daß die aparte Russin auf dem Weg zum Abtrünnigen war, blieb besser unerwähnt.

Der August 1882 war für die Einweihung Lous ins große Mysterium vorgesehen, als dessen Hüter sich Nietzsche verstand. Seine Schwester Elisabeth übernahm die Rolle der Anstandsdame, im Pfarrhaus der Ortschaft Tautenburg, wo die Frauen abstiegen, während Nietzsche ein Privatzimmer bewohnte. Drei Wochen lang widmete sich der Philosoph ausschließlich seiner Novizin, auf Spaziergängen im Wald Thüringens, den Nietzsche wegen seiner empfindlichen Augen gewählt hatte, und in Lous Zimmer, wo die beiden bis Mitternacht zusammensaßen, bei abgedunkeltem Licht.

Von Nietzsches Schriften kannte Lou die »Morgenröte« und »Die fröhliche Wissenschaft«. Auch sonst stand sie keineswegs als Dummerchen da, nach dem Wintersemester 1880/81 an der Universität Zürich (Theologie, Philosophie, Kunstgeschichte), das sie zu fleißigem Studium genützt hatte. Nietzsche prüfte ihre Schreibversuche, machte Verbesserungsvorschläge, entwarf für seine Schülerin zehn Regeln für einen guten Stil. In Nietzsches Charakter, schrieb Lou, liegt ein Heldenzug, und dieser ist das Wesentliche an ihm, das, was allen seinen Eigenschaften und Trieben das Gepräge und die zusammenhaltende Einheit gibt. Wir erleben es noch, daß er als der Verkündiger einer neuen Religion auftritt und dann wird es eine solche sein, welche Helden zu ihren Jüngern wirbt.

Der scheue Mann fühlte sich verstanden. Das mädchenhafte Kind, scharfsinnig wie ein Adler und mutig wie ein Löwe, sollte sein tiefstes Geheimnis teilen.

Leise, mit stockender Stimme erzählte Nietzsche seiner neuen Vertrauten, was ihm vor einem Jahr passiert war, oben im Engadin, während einer Wanderung im Angesicht der Berge, zur Mittagsstunde. Oh Lebens Mittag! Feierliche Zeit! Oh Sommergarten! Der Mittags-Freund. Nein, fragt nicht, wer es sei. Um Mittag wars, da wurde Eins zu Zwei. Ein Andrer ward ich, und mir selber fremd. Mir selbst entsprungen. Ein Ringer, der sich selbst bezwungen. Hat jemand Ende des neunzehnten Jahrhunderts einen deutlichen Begriff davon, was Dichter starker Zeitalter Inspiration nannten? Ich wills beschreiben. Mit dem geringsten Rest von Aberglauben in sich würde man in der Tat die Vorstellung, bloß Mundstück, bloß Medium übermächtiger Gewalten zu sein, kaum abzuweisen wissen. Der Begriff Offenbarung, in dem Sinn, daß plötzlich, mit unsäglicher Sicherheit und Feinheit, Etwas sichtbar, hörbar wird, Etwas, das einen im Tiefsten erschüttert und umwirft. Man hört, man sucht nicht. Man nimmt, man fragt nicht, wer da gibt. Wie ein Blitz leuchtet ein Gedanke auf, mit Notwendigkeit, ohne Zögern. Eine Entzückung, deren ungeheure Spannung sich mitunter in einen Tränenstrom auflöst. Der Schritt unwillkürlich bald stürmt, bald langsam wird. Ein vollkommenes Außersichsein mit dem distinktesten Bewußtsein einer Unzahl feiner Schauder und Überrieselungen bis in die Fußzehen. Eine Glückstiefe, in der das Schmerzlichste und Düsterste nicht als Gegensatz wirkt, sondern als bedingt, als eine notwendige Farbe innerhalb eines solchen Lichtüberflusses. Ein Instinkt rhythmischer Verhältnisse. Das Bedürfnis nach einem weitgespannten Rhythmus ist beinahe das Maß für die Gewalt der Inspiration, eine

Art Ausgleich gegen deren Druck und Spannung. Alles geschieht im höchsten Grade unfreiwillig, aber wie in einem Sturme von Freiheits-Gefühl, von Unbedingtsein, von Macht, von Göttlichkeit. Es scheint wirklich, als ob die Dinge selber herankämen und sich zum Gleichnisse anböten. Das ist meine Erfahrung von Inspiration. Ich zweifle nicht, daß man Jahrtausende zurückgehen muß, um Jemanden zu finden, der mir sagen darf, es ist auch die meine. 6000 Fuß jenseits von Mensch und Zeit. Ich ging an jenem Tage am See von Silvaplana durch die Wälder. Bei einem mächtigen pyramidal aufgetürmten Block unweit Surlei machte ich Halt. Da kam mir dieser Gedanke. Richtiger, er überfiel mich. Wer aus den Abenteuern der eigensten Erfahrung wissen will, wie es einem Eroberer und Entdecker zu Mute ist, insgleichen einem Künstler, einem Heiligen, einem Gesetzgeber, einem Weisen, einem Gelehrten, einem Frommen, einem Göttlich-Abseitigen alten Stils, der hat dazu zu allererst Eins nötig, die große Gesundheit. Wobei ich sang und Unsinn redete, erhellt von einem neuen Blick, den ich allen Menschen voraushabe. Es wird vielleicht einmal die Zeit kommen, wo auch die Adler scheu zu mir aufblicken, wie auf jenem Bilde des heiligen Johannes, das wir als Kinder so sehr liebten. Hüten wir uns, eine solche Lehre wie eine plötzliche Religion zu lehren! Sie muß langsam einsickern, ganze Geschlechter müssen an ihr bauen und fruchtbar werden, damit sie ein großer Baum werde, der alle noch kommende Menschheit überschattet. Was sind die paar Jahrtausende, in denen sich das Christentum erhalten hat! Für den mächtigsten Gedanken bedarf es vieler Jahrtausende, lange lange muß er klein und ohnmächtig sein. Ich trage das Schicksal der Menschheit auf der Schulter. Meine liebe Lou. Pardon.

Der namenlose Mittags-Freund legte bisweilen einen Glanz auf den Philosophen. Im August 1880, schrieb Nietzsche aus Marienbad, habe ihn ein Herr im Wald sehr scharf fixiert, und da sei ihm bewußt geworden, daß er seit Stunden den Ausdruck strahlendsten Glücks im Gesicht trage. – Als Mose vom Berg herabstieg, da wußte er nicht, daß die Haut seines Angesichts strahlte. Als die Israeliten Mose sahen, fürchteten sie sich, ihm zu nahen.

Besorgt las Freund Overbeck in Basel, was Nietzsche 1881 aus dem Engadin schrieb. Mitunter läuft mir die Ahnung durch den Kopf, daß ich eigentlich ein höchst gefährliches Leben lebe, denn ich gehöre zu den Maschinen, die zerspringen können. Die Intensitäten meines Gefühls machen mich schaudern und lachen. Schon ein paar Mal konnte ich das Zimmer nicht verlassen, aus dem lächerlichen Grunde, daß meine Augen entzündet waren. Ich hatte jedesmal den Tag vorher auf meinen Wanderungen zuviel geweint, und zwar nicht sentimentale Tränen, sondern Tränen des Jauchzens.

Schubste der Mittags-Freund den Philosophen ins Irrenhaus? Im nachhinein, nach dem Zusammenbruch Nietzsches, erinnerte sich Lou an jenen »eigentümlich pathologischen Zug« im Geistesleben ihres Mystagogen, der ihn zwischen Übergesundheit und Krankheitszuständen schwanken ließ. Wieder einmal geriet der heilige Geist, dessen Steckbrief verdächtig genau auf den Mittags-Freund Nietzsches paßte, in psychiatrische Zusammenhänge.

Einen Fixpunkt im Rätselraten der Nachwelt über den Dämmerzustand des Philosophen vom Januar 1889 bis zu seinem Tod bildete die Diagnose einer Kapazität, des Professors Binswanger in Jena, wo Nietzsche ein Jahr interniert war, auf »progressive Paralyse«. Das bedeutete Hirnsyphilis. Andere Autoritäten schlossen sich an, so der Psychiater und Philosoph Karl Jaspers. Dabei blieb freilich offen, ob nicht ein manisch-depressives Zustandsbild hereinspielte, wie ebenfalls vermutet wurde.

Für den Nachruhm Nietzsches war seine Umnachtung höchst förderlich. Sie brachte einen tragisch-dämonischen Zug ins Übertragungsgeschehen, bei dem Maler Edvard Munch beispielsweise bereits 1906. Den ersten Impuls zur Weltgeltung ihres Lehrers gab Lou Salomé mit ihrer feinen Nase für geistige Prominenz, als sie den dänischen Kritiker Georg Brandes auf Nietzsche aufmerksam machte. Tatsächlich hielt Brandes über den »tyske filosof« vor großem Publikum in Kopenhagen eine Reihe von Vorlesungen, noch dazu an der

Universität, im Frühjahr 1888. Nietzsche ließ sich daraufhin in Turin einen eleganten Anzug anmessen.

Zu spät. Als 1891 die ersten Artikel von Lou Salomé, nunmehr verheiratete Andreas, über Nietzsche in der »Vossischen Zeitung« und der »Freien Bühne« erschienen, war der Philosoph aus der Nervenklinik bereits in die häusliche Pflege seiner Mutter entlassen und unansprechbar.

Im Todesjahr Nietzsches redete der Dichter Stefan George den Verstorbenen als »unseligsten Erlöser« an, mit der Weissagung: Dann aber stehst du strahlend vor den Zeiten.

Die Frage nach dem Inhalt der Offenbarung im Engadin war damit allerdings noch nicht beantwortet.

Doch Nietzsche hatte vorgesorgt, um nur ja keine Mißverständnisse aufkommen zu lassen. In Voraussicht, daß ich über Kurzem mit der schwersten Forderung an die Menschheit herantreten muß, die je an sie gestellt wurde, scheint es mir unerläßlich zu sagen, wer ich bin. Mit diesem Satz beginnt »Ecce homo«, niedergeschrieben während des Spätherbstes 1888 in nur drei Wochen, wie in größter Eile, alsbald zum Druck befördert, dann wieder zurückverlangt. Nietzsches Schwester, Hüterin und Propagandistin seines umfangreichen Nachlasses, kümmerte sich zwanzig Jahre später um die Veröffentlichung. Es handelte sich um die Selbstmitteilung des einzigen Denkers, der, nach eigener Einschätzung, seit Platon etwas Neues zu sagen wußte.

Zu dieser Aufgabe war Nietzsche vom Mittags-Freund ordiniert worden, an jener heiligen Stelle, wo der erste Blitz des Zarathustra-Gedankens ihm geleuchtet hatte, unweit Surlei, zur Zeit der liturgischen Wiederkehr der Verklärung Christi. Nun feiern wir, vereinten Sieges gewiß, das Fest der Feste. Freund Zarathustra kam, der Gast der Gäste! Die Grundkonzeption des Werkes, der Ewige-Wiederkunfts-Gedanke, diese höchste Formel der Bejahung, die überhaupt erreicht werden kann, gehört in den August 1881.

Schrieb Nietzsche in der Erinnerung an jenen Tag, an dem er die Idee zu dem Buch hatte, das ihn endlich weltberühmt machen sollte und von dem vier Jahre später lediglich siebzig Exemplare verkauft waren, »an Wagnerianer und Antisemiten«, laut Auskunft des Verlegers. Der enttäuschte Autor entschloß sich, den letzten Teil seines »Also sprach Zarathustra« als Privatdruck an die wenigen Menschen zu verschenken, mit denen er noch Briefe austauschte.

Den Mittags-Freund beeindruckten derlei Rückschläge überhaupt nicht. Er hatte mehr im Sinn als vierhundert Buchseiten. Bei heiterem Himmel redete er druckreif im Kopf des einsamen Wanderers – zuweilen pathetisch wie die Bibel, dann wieder in funkelnden Aphorismen. Er diktierte gnadenlose Abrechnungen mit den Lagerbeständen ganzer Bibliotheken, hatte nicht einmal vor Sokrates Respekt und verhöhnte den heiligen Apostel Paulus mit blendenden Formulierungen. Ein anderes Mal kamen zarte Gedichte von hoher Suggestionskraft, rätseldunkle Andeutungen, ergreifende Klagen. Ist es nicht Torheit, noch zu leben? Ach meine Freunde, der Abend ist es, der so aus mir fragt. Vergebt mir meine Traurigkeit! Abend ward es. Vergebt mir, daß es Abend ward.

Später las Nietzsche beglückt und erstaunt, was da auf dem Papier stand. Ich lehre euch den Übermenschen. Der Mensch ist Etwas, das überwunden werden soll. Was habt ihr gethan, ihn zu überwinden?

Nur nichts erklären, sagte sich Nietzsche, nur keine Rückkehr zum Professoren-Stil. Hölzerne Definitionen, umständliche Begriffsklärungen, sprachwissenschaftliche Erläuterungen würden den Mittags-Freund vertreiben. Nietzsche setzte lieber Gedankenstriche und Rufzeichen, ließ bestimmte Wendungen gesperrt setzen. Ich beschwöre euch, meine Brüder, bleibt der Erde treu und glaubt Denen nicht, welche euch von überirdischen Hoffnungen reden!

Hat man mich verstanden? Wiederholt richtete Nietzsche die bange Frage an die imaginäre Leserschaft seiner letzten Hoffnungen, im November 1888, zwei Monate vor dem Stillstand seiner Geist-Maschine. Hat man mich verstanden?

Vielleicht. Die höchste Lehre Nietzsches ist eine mystische Erleuchtung, schrieb hundert Jahre später der italienische Philosoph und Nietzsche-Kenner Giorgio Colli. Eine Vision, die von allem Leiden und allem Verlangen, ja selbst von der Individuation befreit. Seit ihm diese Erfahrung zuteil wurde, sind alle Ideen, Diskussionen und Lehren Nietzsches nichts weiter als eine Komödie der Ernsthaftigkeit. Seine Stimme übertönt jede andere Stimme der Gegenwart; die Klarheit seines Denkens läßt jedes andere Denken unscharf erscheinen. Für den, der sich aus den Ketten gelöst hat und in der Arena der Erkenntnis und des Lebens Tyrannen nicht anerkennt, zählt einzig er.

Weniger überschwenglich, dafür aber massenwirksam reagierte die angelsächsische Schriftstellerei auf die Parolen des »Zarathustra«. Sie beförderte Nietzsches Übermenschen als Superman in die Science-fiction. In seinem Roman »Odd John« (1936) beschrieb Olaf Stapledon eine ganze Kolonie von Supermenschen im Pazifik und ließ sie am Ende kollektiven Selbstmord begehen. Zwei Jahre später konzipierte Jerry Siegel seinen Superman für die »Action Comics«. Gezeichnet von Joe Shuster, brachte Superman mühelos einen daherbrausenden Schnellzug zum Stehen, mit der linken Hand sozusagen, und wurde damit berühmt. Wenn er nicht gerade in Aktion war, lebte Superman ganz unauffällig als eher linkischer Reporter.

Das ingeniöse Arrangement trifft recht genau die verdoppelte Existenz jenes schnurrbärtigen Philosophen, der auf einer Piazza in Turin oder Genua oder Rom still sein Eis löffelt, während er insgeheim mit der Abschaffung des Papsttums beschäftigt ist und den Petersdom in die Luft jagt.

Was ruft?

Rilke ließ derlei Rabiatheiten vermissen. Auch er wollte berühmt werden, aber nicht durch die Umwertung aller Werte. Meist war sein Inneres ein Tohuwabohu, wie am Beginn der Bibel, und leider ohne den heiligen Geist über den Wassern. Auf ihn wartete er. Jeden Augenblick konnte der Schöpfungsmorgen beginnen, aber meist verstrich eine Menge Zeit, bevor das Wunder des Anfangs geschah und der erste Vers einer neuen Dichtung herabstieg. Was Werk werden wollte, resümierte Lou Salomé, sammelte sich zu steigender Fülle und

Klarheit; die Wochen oder Monate zwischen den Entzückungen aber entleerten sich zu einem Warten mit leidendem Gewissen. Die Unmöglichkeit, selbst mit noch so kraftvoll vereinten Verstandes- und Willenskräften auch nur das Geringste eigenmächtig zu rufen, trägt in die leere Erwartung zuletzt auch noch den Zweifel und den Unglauben, ob das Entschwundene auch wirklich wiederkehren wird. Selbstverhöhnung, Hilflosigkeit und gepeinigter Hochmut, Lebensüberdruß, ja Verzweiflung sind die Folge.

Im Alter von fünfzig Jahren geriet Lou in die Anziehungskraft Sigmund Freuds. Sie nahm im September 1911 am 3. Psychoanalytischen Kongreß in Weimar teil und bat ein Jahr später um Zulassung zu den Mittwoch-Abenden des Doktors in Wien, was gerne gewährt wurde. Lou blieb fünf Monate, und dann hatte ihr Foto einen Ehrenplatz in Freuds Arbeitszimmer. Auf Anraten Freuds begann sie bald als Psychotherapeutin zu praktizieren, veröffentlichte tiefschürfende Aufsätze in der von Freund protegierten Zeitschrift »Imago« und erhielt schließlich einen der wenigen Ringe geschenkt, die Freud für seine Allergetreuesten anfertigen ließ. Bei alledem blieb es dem Seelenkenner ein Rätsel, warum eine reife Frau, noch dazu als etablierte Schriftstellerin, sich so weit ins Labyrinth des Unbewußten vorwagte, um anderer Leute schmutzige Wäsche zu waschen.

Sie hat einen neuen Namen für ihre Galerie gebraucht, meinte der schwedische Nervenarzt Poul Bjerre, mit dem Lou eine Zeitlang liiert war und der sie mit Freud bekannt gemacht hatte. Sie sehnte sich nach Erlösung von ihrer starken Persönlichkeit.

Mag sein. Vor allem aber liebte sie Rilke, wie keinen anderen Mann in ihrem Leben, auch nach der Trennung von Tisch und Bett. Noch als Siebzigjährige schrieb sie für ihre Memoiren einen Text, der den toten Rilke mit dem vertraulichen Du ansprach. So waren wir denn Geschwister – doch wie aus Vorzeiten, bevor Inzest zu einem Sakrileg geworden. War ich jahrelang Deine Frau, weil Du mir das erstmalig Wirkliche gewesen bist. Jedesmal, wenn wir persönlich uns wiedertrafen, lebten wir in der Immergegenwart, war Rainer wieder ganz da, mit dem sich's Hand in Hand saß wie in unaussprechlicher Geborgenheit.

Leider stürzte Rainer öfter in tiefste Verzweiflungen, Depressionen, beinahe Umnachtungen. Dann schrie er brieflich um Hilfe. War mir, als würde ich keinen erkennen, der bei mir einträte, und als wäre auch ich allen fremd wie ein in fremden Landen Gestorbener. Kam etwas so Banges, kam und kam wieder und verließ mich nicht mehr ganz.

Vermutlich auf eine Influenza zurückzuführen, schrieb Lou zurück, eher hilflos. Daß sie es mit einem typischen Hysteriker zu tun hatte, wußte sie erst zehn Jahre später, nach der Schulung durch Freud.

Der künstlerischen Avantgarde wiederum, zu der Rilke gehörte, stand Dr. Freud recht reserviert gegenüber. Die expressionistischen Maler hielt er für Narren. Was nach Goethe kam, erinnerte ihn eher an seine Patienten, Dostojewskij zum Beispiel. Nicht einmal die Wiener Moderne (Loos, Kokoschka, Schönberg, Hofmannsthal) vermochte ihn zu reizen oder gar zu begeistern.

Solchem Abwinken leistete Lou Andreas-Salomé hartnäckig Widerstand, was wiederum Freud galant quittierte, mit dem Hinweis, im Bereich des Künstlertums sei sie die Expertin.

Unterm Strich blieb bei diesem Nullsummenspiel für Rainer nichts übrig. Sollte er sich einer Psychoanalyse unterziehen? Lou erörterte die Frage mit dem Freiherrn von Gebsattel, der Rilke persönlich kannte und praktizierender Analytiker war, brachte Rilke mit Freud zusammen. Nichts zu machen. Da die künstlerische Begabung und Leistungsfähigkeit mit der Sublimierung innig zusammenhängt, müssen wir zugestehen, daß auch das Wesen der künstlerischen Leistung uns psychoanalytisch unzugänglich ist.

Hinsichtlich der Psychoanalyse an lebenden schaffenden Künstlern, schrieb Lou, möchte ich glauben, daß man äußerst vorsichtig und streng zweierlei mögliche Wirkungen auseinanderhalten muß – die künstlerisch befreiende und die gefährdende, insofern sie ans Dunkel rühren kann, worin die Frucht keimt.

Also lieber nicht. Der heilige Geist war ein seltener Vogel, und ein sehr scheuer dazu.

Am 20. Januar 1912 stellte er sich endlich ein, frisch und gebieterisch wie in seinen besten Zeiten, als er die drei Menschheitsbetrüger betört hatte. Wie immer deutete er lediglich an, was er sagen wollte. Das alte Problem zwischen Sender und Empfänger, göttlichem und menschlichem Bereich. Alle hatten sie etwas gehört, die hochberühmten Gottesantennen, aber wer konnte sicher sein, daß die Botschaften unverzerrt eintrafen. Zwischen dem Gott und den Menschen (*inter creatorem et creaturam*) ist die Unähnlichkeit (*dissimilitudo*) größer als die Ähnlichkeit (*similitudo*), hatte das Vierte Laterankonzil dekretiert, während eines lichten Moments in der Geschichte der öden Wortklauberei des Gottesgelehrtentums. Also Vorsicht, Herr Rilke. Nicht alles gleich wörtlich nehmen.

Vorsicht war das letzte, woran Rilke in Duino dachte, wo die Fürstin Marie Ende 1911 ein Winterquartier arrangiert hatte, überm Meer, mit Blick auf Triest und Grado. Das Schloß stand ab Mitte Dezember leer. Ein Faktotum mit Namen Carlo servierte die erbetenen vegetarischen Mahlzeiten, um neun Uhr am Abend ging der Dichter zu Bett. Stille Weihnachten, wieder einmal Lebensbilanz, zu Papier gebracht für Lou. Nahezu zwei vertane und elende Jahre. Alles, was Rilke berührte, wurde ihm zu Asche. Liebe Lou, es steht schlecht mit mir, wenn ich auf Menschen warte, Menschen brauche, mich nach Menschen umsehe. Das treibt mich nur noch weiter ins Trübere und bringt mich in Schuld. Ich wache jeden Morgen mit einer kalten Schulter auf, dort wo die Hand anfassen müßte, die mich rüttelt. Wie ist es möglich, daß ich jetzt eigentlich ohne Berufung bleibe, überzählig? Und ich in eine Dürre hinuntergeh, die nicht anders wird.

Draußen blies eine starke Bora, berichtete Marie von Thurn und Taxis, an jenem Januarmorgen. Die Sonne schien, das Meer von einem leuchtenden, silberglänzenden Blau. Rilke sei den engen Weg hinuntergestiegen, der die beiden Bastionen des Schlosses verbindet und von wo der Felsen zweihundert Fuß zum Meer abstürzt. Im Brausen des Windes die Stimme:

Wer, wenn ich schriie, hörte mich denn aus der Engel Ordnungen?

Was ist das? Was ist es, was kommt?

Das Notizbuch. Am Abend ist die ganze Erste Elegie niedergeschrieben, wie auf Diktat. Ein jeder Engel ist schrecklich.

Fertig wurden die Elegien allerdings erst zehn Jahre später, in einem kleinen Château oberhalb von Sierre im Wallis, das Rilke gemietet hatte. 2. Februar 1922. Der Dichter, am Stehpult mit seiner Korrespondenz beschäftigt, mußte auf einmal Sonette aufs Papier bringen, zu seiner eigenen Überraschung, wiederum wie diktiert. In drei Tagen fünfundzwanzig Gedichte an Orpheus. Er habe gestöhnt in diesen Tagen und Nächten, wie damals in Duino. Denn die ausständigen Elegien schoben sich ebenfalls nach. Freude und Wunder, ich bin überm Berg, Lou, liebe Lou, Samstag den elften Februar um sechs leg ich die Feder fort, hinter der letzten vollendeten Elegie, der zehnten. Denk! Ich habe überstehen dürfen bis dazu hin. Durch alles. Wunder. Gnade. Alles in ein paar Tagen. Es war ein Orkan.

Genug geklagt. Neben die schrecklichen traten die zustimmenden Engel. Hiersein ist herrlich.

Ja

Der entscheidende Durchbruch zur alt-neuen Geistlichkeit gelang allerdings einem anderen Literaten. Als Rilke die Stimme aus dem Gebrause der Bora hörte, lebte der Schriftsteller James Joyce (1882–1941) in Triest, nur einen Katzensprung von Duino. Aber nicht einmal Lou Salomé, mit ihrer Umtriebigkeit in der literarischen Szene, hatte etwas von dem eigenwilligen Iren gehört, der außer einer Gedichtsammlung und einem Essay keine nennenswerten Veröffentlichungen vorzuweisen hatte. Er ernährte sich, seine Lebensgefährtin und zwei Kinder eher kümmerlich mit Privatstunden in Englisch, rauchte österreichische Virginia-Zigarren und dachte über einen beispiellosen Roman nach. Das Werk sollte die Literaturwissenschaft während der nächsten paar hundert Jahre vollauf beschäftigen, wünschte sich der literarische Großunternehmer.

Was er wollte, wußte Joyce bereits mit zwanzig Jahren. So oft menschliche Furcht und Grausamkeit sich verbinden, sagte er am 1. Februar 1902 in einem Vortrag vor der Literarischen und Historischen Gesellschaft Dublins, um das Leben unwürdig und finster zu machen und bös über den Tod zu sprechen, ist der Zeitpunkt gekommen, wo ein Mann mit zaghaftem Mut die Schlüssel der Hölle und des Todes ergreift und sie weit in den Abgrund hinausschleudert, das Lob des Lebens verkündet, das durch den bleibenden Glanz der Wahrheit geheiligt werden kann, und das Lob des Todes, der schönsten Form des Lebens. Alle jene, die hochherzig geschrieben haben, haben nicht vergeblich geschrieben. Sollten gerade sie, um des hohen, ursprünglichen Planes willen, nicht teilhaben an der ewigen Bejahung des Geistes?

Früh artikulierte sich auch die Intuition des jungen Joyce, Daseinserhellung müsse sich nicht unbedingt in sensationellen Überwältigungen ereignen. Als Student fing er an, kurze Prosastücke zu schreiben, die er »Epiphanien« nannte, in Anspielung auf das Fest der Erscheinung des Herrn (*In Epiphania Domini*) am 6. Januar. Die liturgische Feier dieses Tages kreist um eine Vergegenwärtigung dreier Manifestationen des göttlichen Wesens Christi – bei der Anbetung durch die Heiligen Drei Könige, der Taufe im Jordan und der Hochzeit von Kana.

So hoch wollte Joyce nicht hinaus. Er sammelte Momentaufnahmen aus dem alltäglichen Leben, die ihm Eindruck gemacht hatten – Fragmente aus einem Gespräch, die Erinnerung an eine Mädchengestalt am Meeresstrand, Träume. Banale Vorkommnisse konnten plötzlich in eine spirituelle Offenbarung umschlagen (*a sudden spiritual manifestation*), durch eine profane Erleuchtung, die weder religiös noch ästhetisch kodiert werden durfte und aus der die künstlerische Inspiration ihre Nahrung bezog. Die schriftstellerische Aufgabe bestand darin, solch zarte und flüchtige Augenblicke mit der größten Sorgfalt festzuhalten (*that it was for the man of letters to record these epiphanies with extreme care, seeing that they themselves are the most delicate and evanescent of moments*).

Damit verabschiedete sich der irisch-katholisch imprägnierte Joyce von all den Hilfsmitteln der Religion, die Unscheinbarkeit des heiligen Geistes mit herumflatternden Engeln, himmlischen Glanzlichtern, Donnerstimmen, davonspringenden Krüppeln aufzumöbeln. Was blieb, war ein ganz gewöhnliches Baby, das den zufällig vorüberkommenden Sterndeutern entgegengehalten wird, mit der Bitte um ein paar Groschen, oder ein Mann, der wie tausend andere ins flache Wasser eines Flüßchens watet, um seine Sünden abwaschen zu lassen. Und aus den vier heiligen Evangelisten wurden Schriftstellerkollegen, die mit größter Sorgfalt die flüchtigen und zarten Augenblicke festhielten, denen sich »in jener Zeit« die frohe Botschaft verdankte, daß die Welt nicht durch Furcht und Grausamkeit zusammengehalten wird.

Joyce tat alles, um nicht mit einem Evangelisten verwechselt zu werden. Seine Blasphemien machten aus Jesus eine Juxfigur, aus gregorianischen Chorälen eine Melodie für das Bordell. Anders waren die zarten und flüchtigen Augenblicke spirituell profaner Erleuchtung nicht vor der Inanspruchnahme durch die Jesuiten zu retten.

In Triest hatte Joyce ein Anmeldeformular für die Scuola Superiore di Commercio Revoltella auszufüllen, wegen einer Anstellung als Englischlehrer. In die Rubrik »Religion« schrieb er *Senza* – Ohne.

Die Konkurrenz, gegen die Joyce während des Ersten Weltkriegs antrat, als er sich an die Niederschrift seines Jahrhundertbuchs machte, war entmutigend. Nicht nur Homer und Dante mußten überholt werden. Marcel Proust saß bereits über seiner »Suche nach der verlorenen Zeit«. Ähnlich ambitioniert schrieben Thomas Mann und Robert Musil. Gide, Kafka, Shaw, Hamsun waren gleichfalls nicht zu unterschätzen. Sie alle und das restliche Feld würde Joyce auf die Plätze verweisen, indem er einen ganz gewöhnlichen Juden an einem ganz gewöhnlichen Tag zum Bauchredner des Weltgeistes aufblies, noch dazu im trüben Dublin, voll von geschwätzigen Saufbrüdern und leichten Mädchen, ein tausendseitiger

Text ohne einen einzigen belehrenden Satz, reichlich durchsetzt mit Kraftausdrücken und Obszönitäten, unter dem anspruchsvollen Titel: »Ulysses«.

Das letzte Wort in dem Epos behielt eine Frau, deren Monolog ohne Interpunktion volle siebzig Seiten dauerte, bis es endlich so weit war und dann hat er mich gefragt ob ich will ja sag ja meine Bergblume und ich hab ihm zuerst die Arme um den Hals gelegt und ihn zu mir niedergezogen daß er meine Brüste fühlen konnte wie sie dufteten ja und das Herz ging ihm wie verrückt und ich hab ja gesagt ja ich will Ja.

Nachdem das Buch erschienen war, erhielt Joyce in Paris den Besuch eines Ministers der Regierung des neuen irischen Freistaats. Er wolle vorschlagen, sagte der Minister, daß Joyce von Irland für den Nobelpreis nominiert werde.

Keine Chance. Mit seiner Rechtfertigung der banalen Alltäglichkeit, Darmentleerung inbegriffen, hatte Joyce alles Höhere in der Belletristik gründlich entweiht. Unverdrossen suchten ein paar wohlwollende Literaturkritiker nach Epiphanien im Schuttkegel der Wörter, die sich seit Adam und Eva angehäuft hatten und jetzt von Joyce dem verwirrten Publikum zugemutet wurden, ohne die übliche Angestrengtheit der gehobenen Literatur, ohne Wichtigtuerei und Besserwissen. Ein Geräusch aus dem Hinterteil der Hauptperson wog ebenso schwer oder leicht wie ein Zitat aus der »Summa Theologia« des heiligen Thomas von Aquin.

Die Disposition des Werkes, grandios vertrackt wie die Buchmalereien der berühmten Evangelienhandschrift im Trinity College von Dublin, verriet Joyce nur zögernd. Er hielt das Book of Kells für das reinste irische Werk überhaupt. Überall habe ich es bei mir gehabt, in Triest, Rom und Zürich, erzählte Joyce, und viele Stunden mit ihm verbracht. Einige der großen Initialen, die sich über eine ganze Seite schwingen, haben die wesentliche Eigenart eines Ulysses-Kapitels. Einen großen Teil meines Werkes kann man mit diesen verwickelten Illuminationen vergleichen.

Als Stilist nahm Joyce es mühelos mit der Weltspitze auf. Gleichwohl ließ er sich nie zu den üblichen Seiltänzereien des

Literaturbetriebs verleiten, blieb am Boden und stellte seine Kunst in den Dienst der Gewöhnlichkeit, dem theologischen Ort für das Wirken des heiligen Geistes, wie im Anfang, so auch jetzt und allezeit. Glaubst du nicht, meinte er listig zu seinem Bruder Stanislaus, daß zwischen dem Wandlungsgeheimnis der Messe und meiner Arbeit eine gewisse Ähnlichkeit besteht? Schließlich möchte ich dem Brot des alltäglichen Lebens zu einer dauerhafteren Gestalt verhelfen.

Zur Erbauung der Leute, fügte er ironisch hinzu. Hinter solcher Nonchalance verbarg sich das menschenfreundliche Vorhaben, den Himmel auf die Erde herunterzubringen. Wie oft sich das Dritte Auge, unser Organ für den verborgenen Glanz des Haustorschlüssels, im Laufe eines Lebens zu öffnen vermag, ist bislang nicht untersucht worden. Wozu auch. Ein einziges Mal genügt, und schon blicken alle Haifischaugen der Welt eine Spur freundlicher drein.

Zeit spielt dabei keine Rolle. Joyce und die Klosterbrüder, die vor tausend Jahren ihre Ornamente pinselten, arbeiteten am gleichen Projekt. Dem verworrenen Liniengewirr der Weltwirklichkeit war ein Muster abzugewinnen, das Bestand hatte und zu dem Ja gesagt werden durfte. Ab und zu glückte ein Werk, das solchem Anspruch genügte. Dann öffnete sich abermals der Himmel.

Zum Beispiel am 2. Februar 1922, als Rilke im Wallis seine langersehnte Inspiration erlebte. Joyce konnte davon in Paris nichts wissen. Er hatte Geburtstag und wollte ihn mit dem ersten Exemplar seines »Ulysses« feiern. Das druckfrische Buch lag auf dem Tisch des Restaurants Ferrari, ein Trinkspruch wurde ausgebracht, und der Autor war gerührt. Der heilige Geist hatte es vorgezogen, diesmal auf ein persönliches Erscheinen zu verzichten. Es ward Abend, und es ward Morgen. Ein guter Tag.

Anmerkungen

Die Zahlen am Rand verweisen auf die jeweilige Seite des Textes, auf die sich die Anmerkungen beziehen. Öfter angeführte Arbeiten werden das erste Mal bibliographisch voll ausgewiesen und in der Folge abgekürzt zitiert. Hinweise auf Artikel in Fachlexika und Handwörterbüchern werden nur in Ausnahmefällen gegeben. Die Übersetzung biblischer Bücher richtet sich nach der »Jerusalemer Bibel« (hrsg. von Diego Arenhoevel, Alfons Deissler, Anton Vögtle), Freiburg (Herder) 1968.

14 *Die erste halbwegs verläßliche Nachricht:* Matthäusevangelium 3, 16f und Parallelen; Johannesevangelium 1, 32. – Vgl. dazu Norman Golb, Qumran, Hamburg: Hoffmann und Campe, 1994, 469.

15 *Die Frage liegt nahe:* Vgl. Rudolf Pesch, Das Markusevangelium, 1. Teil, Freiburg: Herder, 1976, 91 f. Dagegen Heinz Schürmann, Das Lukasevangelium, 1. Teil, Freiburg: Herder, 1969, 192. Daß im Judentum die Taube »als Symbol des Geistes Gottes« gegolten habe, »läßt sich nur in sehr beschränktem Maße wahrscheinlich machen« – vgl. H. Strack – P. Billerbeck, Kommentar zum Neuen Testament aus Talmud und Midrasch, Band 1, München: 1956 (Neudruck), 123.

Den Schülern des Jeschu-a: Der Bindestrich signalisiert den hebräischen Buchstaben Ajin; als Personenname war Jeschu-a (= Jesus) unter den Juden sehr häufig; er bedeutet so viel wie Gotthelf. – Jochanan = Johannes.

Von Jahu kommen: Zum Eigennamen Gottes in der hebräischen Bibel (auch Jahwe, Jahweh) vgl. Jack Miles, Gott. Eine Biographie, München: Carl Hanser, 1996, 484–486.

16 *Voll mit heiligem Geist:* Lukasevangelium 4, 1.

Die Engel dienten ihm: Markusevangelium 1, 13.

Beim ersten Auftritt: Markusevangelium 1, 21–27 und Parallelen.

Wie auf der Bühne: Vgl. Victor Turner, From Ritual to Theatre, New York: PAJ Publications, 1992.

17 *Die nächsten Schritte:* Matthäusevangelium 12, 43–45; Lukasevangelium 11, 24–26.

Bewohner der Insel: Vgl. Clifford Geertz, Dichte Beschreibung, Frankfurt am Main: Suhrkamp, 1991, 212–214.

Von oben: Johannesevangelium 3, 3–7.

Halt mich nicht fest: Johannesevangelium 20, 17.

18 *Der Buchstabe tötet:* Zweiter Korintherbrief 3, 6.

Pneuma bläst, wo es will: Johannesevangelium 3, 8.

19 *Das Stakkato der Ruach:* Markusevangelium 1, 10.12.18.21.23, 15, 1.
20 *Zu einer furchterregenden Erscheinung:* Apokalypse 1, 13–16.
Versichert der Verfasser: Apokalypse 1, 9f.
21 *Sieben Christianer-Vereine:* Apokalypse 1, 4 (Ephesos, Smyrna, Pergamon, Thyatira, Sardes, Philadelphia, Laodicea).
Über die Sprechgewohnheiten von Drachen: Apokalypse 13, 11.
Zahl 666: Apokalypse 13, 18 (gemeint war möglicherweise der Kaiser Nero).
Wer ein Ohr hat: Apokalypse 2, 7.11.17.29; 3, 6.13.22.
Des getreulichen Zeugen: Apokalypse 1, 5; 19, 10.
Ein inspiriertes Ohr: Vgl. Ulrich H. J. Körtner, Der inspirierte Leser, Göttingen. Vandenhoeck & Ruprecht, 1994, 86.
Dieses Medium ist auch die Botschaft: Marshall McLuhan, Understanding Media, New York: Signet Books, 1966, 23.
22 *Die Nicht-Privilegierten:* Apokalypse 22, 15.
Der Zorn des Lammes: Apokalypse 22, 15.
Und es wurde ihnen Macht gegeben: Apokalypse 5, 8.
Ein ausgedehntes Gespinst: C. G. Jung, Antwort auf Hiob, in: Gesammelte Werke, Band 11, Zürich: Rascher, 1963, 470–490.
Abgeschrieben: Ezechiel 1, 5–21 (vgl. Apokalypse 4, 6–11).
23 *Emanuel von Swedenborg:* Vgl. Ernst Benz, Die Vision. Erfahrungsformen und Bilderwelt, Stuttgart: Klett, 1969, 453–455.
Während sich die Christen streiten: C. G. Jung, Vorwort zu V. White: Gott und das Unbewußte, in: Gesammelte Werke, Band 11, a.a.O. 329–331.
Ein Kollege Jungs: Stanislav Grof, Geburt, Tod und Transzendenz, München: Kösel, 1985, 56–58; 109–124; 290–300.
24 *Alle die heidnischen Greuel:* Apokalypse 18, 1–24.
Die Zeit ist nahe: Apokalypse 1, 3.
Ja, ich komme bald: Apokalypse 22, 20.
Wenn den Evangelien zu trauen ist: Vgl. Hans Kessler, Die theologische Bedeutung des Todes Jesu, Düsseldorf: Patmos, 1970, 228–296.
25 *Ist es ein Fremder:* Lukasevangelium 24, 13–35; Johannesevangelium 20, 11–18.
Ein anderes Mal: Lukasevangelium 24, 36–44; Johannesevangelium 20, 19–23.
Ein weißgekleideter Jüngling: Markusevangelium 16, 1–8.
Einem anderen Zeugen: Johannesevangelium 20, 3–10.
Ein ungläubiger Thomas: Johannesevangelium 20, 24–29.
Christi Himmelfahrt: Lukasevangelium 24, 50–52; Apostelgeschichte 1, 9–11; Markusevangelium 16, 19; Matthäusevangelium 28, 16–20; Erster Korintherbrief 15, 5–8.
Im Feuersturm: Apostelgeschichte 2, 1–13.

26 *Empfanget heiligen Geist:* Johannesevangelium 20, 22.
Wir wissen: Erster Johannesbrief 3, 14.
Erzählt Petrus: Apostelgeschichte 11, 15.
Ausschüttung: Apostelgeschichte 2, 33.
Mitgeteilt wird: Apostelgeschichte 1, 12–14.
Konntet ihr nicht eine Stunde: Matthäusevangelium 26, 40.
27 *Maranata:* Erster Korintherbrief 16, 22.
28 *Nennt alle Katzen schwarz:* Ernst Bloch, Atheismus im Christentum, Frankfurt am Main: Suhrkamp, 1968, 64–72.
Kein Stein: Markusevangelium 13, 2.
29 *Kriegsheere:* Lukasevangelium 21, 20.
Die abgelehnten Evangelien: Vgl. Wilhelm Schneemelcher (Hsg.), Neutestamentliche Apokryphen in deutscher Übersetzung, Band 1 (Evangelien), Tübingen: J.C.B. Mohr, 1987.
30 *Wenn einer sein Leben lang:* Gerhard Wehr (Hsg.), Thomas Müntzer Schriften und Briefe, Frankfurt am Main: Fischer Taschenbuch Verlag, 1973, 104.
Dementsprechend scharf: Wehr, Schriften 197.
Schrieb Müntzer: Wehr, Schriften 89.
Die Gestalt des einsamen Geistigen: Ernst Bloch, Thomas Münzer, Frankfurt am Main: Suhrkamp, 1976, 171.
33 *Fiel das Feuer:* Vgl. Walter J. Hollenweger, Enthusiastisches Christentum, Wuppertal: Theologischer Verlag Rolf Brockhaus, 1969, 22–25.
Der Tag des Pfingstfestes: Apostelgeschichte 2, 1–4.
34 *Denen, die glauben:* Markusevangelium 16, 17f.
Nach dem Zeugnis des Paulus: Erster Korintherbrief 12, 30.
35 *Die sofortige Herabkunft:* Apostelgeschichte 10, 46 und 19, 5.
Wie so etwas passiert: Zit. nach Walter J. Hollenweger (Hsg.), Die Pfingstkirchen, Stuttgart: 1971, 174f.
37 *Die Gefühlsader:* Georg Büchner, Werke und Briefe, München: Deutscher Taschenbuch Verlag, 1988, 144.
Selig, die ihr jetzt weint: Lukasevangelium 6, 21.
Der Gottesmann Richard G. Spurling: Hollenweger, Enthusiastisches Christentum 48–50.
Bis auf den heutigen Tag: Vgl. Malise Ruthven, Der göttliche Supermarkt, Frankfurt am Main: S. Fischer, 1991, 293–298. – Einen Überblick über die gegenwärtige religiöse Lage in den USA bietet Otto Kallscheuer, Gottes Wort und Volkes Stimme, Frankfurt am Main: S. Fischer, 1994, 112–148.
38 *Wer glaubt, wird gerettet:* Markusevangelium 16, 16.
Zum Beispiel so: Felicitas D. Goodman, Speaking in Tongues. A Cross-Cultural Study of Glossolalia, Chicago: The University of Chicago Press, 1972, 105–123. (Prof. Goodman arbeitet derzeit an einer Longitudinal-Studie – Brief vom 26.11.1996 an den Verf.)

Ein norwegischer Geistlicher: Hollenweger, Enthusiastisches Christentum 65.

39 *Während eines Heimatbesuchs:* A.a.O. 79–83.

Lernten Millionen: Die »Evangelische Zentralstelle für Weltanschauungsfragen« in Stuttgart (Orientierungen und Berichte Nr. 20/94) gibt 100 Millionen an; die »World Christian Encyclopedia« (Oxford University Press, 1990) zählt 193 Millionen Pfingstliche. – Für den Religionssoziologen Peter L. Berger stellen Pfingstchristentum und konservativer Islam derzeit die beiden vitalsten globalen Religionsbewegungen dar (vgl. David Martin, Tongues of Fire. The Explosion of Protestantism in Latin America, Oxford: Blackwell, 1990, vii). – Vgl. dazu Martin E. Marty – R. Scott Appleby (Hsg.), Fundamentalismus Observed, Chicago: University Press, 1991.

Wie geschrieben steht: Matthäusevangelium 21, 16 (Psalm 8, 3; Weisheit 10, 21).

Wenn ihr nicht werdet: Matthäusevangelium 18, 3.

In ihren Veröffentlichungen: Nach ihrer ersten Studie (Speaking in Tongues, siehe oben) veröffentlichte Prof. Goodman einen detaillierten Bericht in: Felicitas D. Goodman – Jeanette H. Henney – Esther Pressel, Trance, Healing and Halluzination. Three Field Studies in Religious Experience, New York: John Wiley, 1974, 277–379. (In der folgenden Darstellung der Vorgänge aus den Jahren 1969 und 1970 wird auf eine detaillierte Zitierung der entsprechenden Stellen aus den beiden Goodman-Arbeiten verzichtet.)

43 *Die Worte, die ich zu euch rede:* Johannesevangelium 14, 10.26.

Ihr aber seht mich: Johannesevangelium 14, 19.

Wer nicht aus Wasser und Geist geboren wird: Johannesevangelium 3, 5.

44 *Wehe euch, ihr Reichen:* Lukasevangelium 6, 24.

Und Jesus jauchzte: Lukasevangelium 10, 21.

46 *Ich, Jesus habe meinen Engel gesandt:* Apokalypse 22, 16.17.20.

47 *Wenn sie nicht zurückkehren:* Apokalypse 2, 4.

51 *Meint Mrs. Goodman:* Persönliche Mitteilung, März 1992.

Er schien ein recht inkonsequenter Geselle zu sein: Felicitas D. Goodman, Der Hauch im Spiegel, in: Adolf Holl (Hsg.), Die zweite Wirklichkeit, Wien: Ueberreuter, 1987, 110.

52 *Die allererste Pfingstgemeinde:* Vgl. Wayne A. Meeks, The First Urban Christians, New Haven: Yale University Press, 1983, 41.

Rede ich mehr in Zungen: Erster Korintherbrief 14, 18.

Vor Damaskus: Apostelgeschichte 9, 1–9.

Nach Arabien: Galaterbrief 1, 17–19 (Kefas = Petrus).

Jeschu-a ist begraben worden: Erster Korintherbrief 15, 4–8.

Kein Auge hat es gesehen: Erster Korintherbrief 2, 9.

53 *Nicht in Worten menschlicher Weisheit:* Erster Korintherbrief 2, 13.

Unaussprechliche Worte vernommen: Zweiter Korintherbrief 12, 2–4.
In der richtigen Stimmung: Apostelgeschichte 19, 6.
Nicht eben die beste Gesellschaft: Meeks, Urban Christians 51–73.

54 *Aus den sieben Episteln:* Römerbrief, Erster und Zweiter Korintherbrief, Galaterbrief, Philipperbrief, Erster Thessalonicherbrief, Philemonbrief – alle niedergeschrieben zwischen 50 und 60 n. Chr. Die übrigen Paulusbriefe in der christlichen Bibel werden heute von der Fachwelt als unecht bezeichnet.
Nur ein einziges Mal: Es handelt sich um die sog. Einsetzungsworte Jesu beim Letzten Abendmahl im Ersten Korintherbrief 11, 23–27. Vgl. dazu Howard Clark Kee, Das frühe Christentum in soziologischer Sicht, Göttingen: Vandenhoeck & Ruprecht, 1982, 137.
Hämmerte ihnen ein Wort ein: Vgl. F. S. Jones, »Freiheit« in den Briefen des Apostels Paulus. Eine historische, exegetische und religionsgeschichtliche Studie, Göttingen 1987.
Vor einem düsteren Hintergrund: Römerbrief 1, 18 – 2,19.
Im unabsehbaren Scherbenhaufen: Römerbrief 9, 21–23.
Abraham hatte zwei Söhne: Galaterbrief 4, 22–31.

55 *Dieser Mann ließ keinen Zweifel daran:* Galaterbrief 3, 18; Erster Korintherbrief 12, 13; Römerbrief 10, 12. Vgl. dazu Meeks, Urban Christians 20f., 161.
Durch das Taufbad: Meeks, Urban Christians 150–157.
Der Ausbruch dessen: Erster Korintherbrief 12, 1–11.
Unter dem Sammelbegriff: Die paulinische Rede von den Charismen ist ohne greifbares historisches Vorbild – vgl. dazu Hubert Cancik – Burkhard Gladigow – Matthias Laubscher (Hsg.), Handbuch religionswissenschaftlicher Grundbegriffe, Band 2, Stuttgart: Kohlhammer, 1990, 195.
Die Christenschar auf Empfang ging: Erster Korintherbrief 12, 1–11; Römerbrief 12, 6–8. Vgl. Meeks, Urban Christians 119–122.

56 *Griff Paulus ein:* Kee, Das frühe Christentum 98.
Lieber fünf Worte mit Verstand: Erster Korintherbrief 14, 19.
Immer schön nach der Reihe: Erster Korintherbrief 14, 27.
Stellt euch vor: Erster Korintherbrief 14, 23.
Das weibliche Kopftuch: Erster Korintherbrief 11, 2–16.
Der Hausherr fand offensichtlich nichts dabei: Erster Korintherbrief 11, 17–34. Vgl. Meeks, Urban Christians 68, 159.
Das edelste Geschenk: Erster Korintherbrief 13, 1–13.

57 *In den Briefen des Paulus:* Agape (als Hauptwort) erscheint in den Evangelien nach Matthäus, Markus und Lukas lediglich zweimal, während es in den paulinischen Schriften 78mal vorkommt.
Langmütig ist die Agape: Erster Korintherbrief 13, 4–7.
Einem Kleinkind: Hebräerbrief 5, 12–14.
Ausgegossen in die Herzen: Römerbrief 5, 5.

Löschet den Geist nicht aus: Erster Thessalonicherbrief 5, 20.
Brennend, glühend: Römerbrief 12, 11.

58 *Mindestes 15 000 Kilometer:* Meeks, Urban Christians 16.
Wo der Geist ist: Zweiter Korintherbrief 3, 17.
Die Schöpfung seufzt: Römerbrief 8, 18–27. Vgl. dazu Heinrich Schlier, Der Römerbrief, Freiburg: Herder: 1957, 256–269; Otto Kuss, Der Römerbrief, 3. Lieferung, Regensburg: Pustet, 1978, 637–644.

63 *Im Morgengrauen:* Vgl. Robin Lane Fox, Pagans and Christians, London: Viking, 1983, 609–627. – Karl Baus, Von der Urgemeinde zur frühchristlichen Großkirche, in: H. Jedin (Hsg.), Handbuch der Kirchengeschichte, Band 1, Freiburg: Herder, 1962, 450–472.

65 *Auf kaiserlichen Geldmünzen:* Vgl. Rudolf Leeb, Konstantin und Christus, Berlin: Walter de Gruyter, 1992.
Über den überirdischen Eingriff: Vgl. Eric Robertson Dodds, Heiden und Christen in einem Zeitalter der Angst, Frankfurt am Main: Suhrkamp, 1985, 51f.
Im Fall eines anderen Kaisers: Vgl. Joseph Bidez, Kaiser Julian, Reinbek: Rowohlt, 1956.
Vom strahlenden Helios: Vgl. Franz Altheim, Der unbesiegte Gott, Reinbek: Rowohlt, 1957.

67 *Ein beunruhigender Zwischenfall:* Plutarch, De defectu oraculorum 51, 438c.

68 *Der weise Heraklit:* Bruno Snell (Hsg.), Heraklit Fragmente, München: Heimeran, 1976, 30f.
Kein Geringerer als Platon: Phaidros 244a.
Fuhr Sokrates fort: A.a.O. 265 a, b.

69 *Während der Nacht:* Fox, Pagans and Christians 171–176.

70 *Aber er kam zu spät:* Bidez, Kaiser Julian 180–207.

72 *Daß diesbezüglich etwas im Gange war:* Fox, Pagans and Christians 257f., 190.

74 *Unter den fünfzig Millionen:* Fox, Pagans and Christians 201, 217.

75 *Tradition ägyptischer Theologie:* Vgl. Siegfried Morenz, Ägypten, in: Kurt Galling (Hsg.), Die Religion in Geschichte und Gegenwart^3, Band 1. Tübingen: J.C.B. Mohr, 1986, 121–124.
Hosios wurde angewiesen: Fox, Pagans and Christians 638, 654. – Vgl. Karl Baus – Eugen Ewig, Die Reichskirche nach Konstantin dem Großen, in: Jedin, Kirchengeschichte, Band II/1, 17–23.

76 *Dann begannen die Beratungen:* Baus–Ewig, Reichskirche 23–30. – Der griechische Wortlaut des Glaubensbekenntnisses von Nikaia ist abgedruckt in: Henricus Denzinger – Adolfus Schönmetzer, Enchiridion Symbolorum, Barcelona: Herder, 1973, n. 125.

77 *Dem Teufel überantwortet:* So läßt sich das griechische *anathematizein* übersetzen, welches den Ausschluß aus der kirchlichen Gottesdienstgemeinschaft signalisiert.

78 *Als Beglaubigung:* Vom griechischen *martys* (= Zeuge) wird Martyrium und Märtyrer abgeleitet.
Verzückt vom heiligen Geist: Apostelgeschichte 7, 55–58.
Die drei Kappadokier: Basileios der Große (329/31–379); Gregorios von Nyssa (334–394, Bruder des Basileios); Gregorios von Nazianz (330–390).
Seine Ruchlosigkeit: Zit. nach Bidez, Kaiser Julian 79.

79 *Eröffne nur:* A.a.O. 167.
Die Schrift über den heiligen Geist: Migne, Patrologia Graeca 32, 67–217.
Die einen haben angenommen: Zit. nach Josef Barbel (Hsg.), Gregor von Nazianz. Die fünf theologischen Reden, Düsseldorf, 1963, 227.

80 *Ein Gott in drei Personen:* Vgl. Karen Armstrong, Nah ist und schwer zu fassen der Gott. 3000 Jahre Glaubensgeschichte von Abraham bis Albert Einstein, München: Droemer Knaur, 1993, 155–189.
Noch habe ich nicht das Eine gedacht: Bibliothek der Kirchenväter, Band 40, Kempten: Kösel, 1869 ff., 85.
Dieser Lichtmetaphysik: Vgl. Michael Polemis, Zum Begriff der Trinität, Wien: Passagen Verlag, 1993, 111–129.

81 *Das Zentrum besetzen:* Leeb, Konstantin und Christus 93–106.
Das höchste Prestige: Vgl. Karl Rahner – Joseph Ratzinger, Episkopat und Primat, Freiburg: Herder, 1961.

82 *Die gesetzten Männer:* Fox, Pagans and Christians 493–545.

84 *Als geistlicher Vater:* Vgl. Peter Brown, Society and the Holy in Late Antiquity, Berkeley: University of California Press, 1989, 150. – Die im Deutschen geläufige Unterscheidung zwischen »geistig« und »geistlich« ist jünger, geht aber auf den geschilderten Sachverhalt zurück, der die Geistlichkeit mit dem Klerus gleichsetzt.
Als er die Jupiterpriester ermahnte: Bidez, Kaiser Julian 173–177.

85 *Ein Parteigänger:* Vgl. Hans-Georg Beck, Vom Umgang mit Ketzern, München: C.H. Beck, 1943, 107.
Von Frauen instruieren: A.a.O. 49.
Eine Landplage: A.a.O. 102–105; Brown, Body and Society 332f.
Eine unter den tausend Falschheiten: Der sog. Messalianismus (hergeleitet vom syrischen *metsalleyane* (= Betende).

86 *Der heilige Berg Athos:* Vgl. Erich Feigl, Athos. Vorhölle zum Paradies, Wien: Zsolnay, 1982.

87 *Teilen die Männer des Athos den Vorbehalt:* Vgl. Remi Brague, Europa. Eine exzentrische Identität, Frankfurt am Main: Campus, 1993, 21.

88 *Heiliger Geist wird über dich kommen:* Lukasevangelium 1, 35.
In dich eindringen: Für das griechische *episkiasei* (= wird überschatten) findet sich im Hebräischen die Bedeutung »begatten«. (Diese Mitteilung und weitere für die folgenden Überlegungen hilfreiche Informationen verdanke ich Günther Schwarz.)

Josef erzeugte den Jesus: Matthäusevangelium 1, 16 nach der sinai-syrischen Fassung. (Die in den gängigen Bibelausgaben gebotene Fassung vom Matthäus 1, 16 geht höchstwahrscheinlich auf eine Fälschung zurück.) – Zur antiken Vorstellung von der sog. Jungfrauengeburt siehe Uta Ranke-Heinemann, Nein und Amen, Hamburg: Hoffmann und Campe, 1992, 45–68.

94 *Nur noch ein Gott:* »Der Spiegel« 23/1976.

Im Wesen seiner Philosophie: Vgl. Karl Löwith, Mein Leben in Deutschland vor und nach 1933, Stuttgart: Metzler, 1983, 57.

Innere Wahrheit und Größe: Martin Heidegger, Einführung in die Metaphysik, Tübingen: Max Niemeyer, 1953 (in dieser Fassung der Vorlesung aus dem Jahr 1935 findet sich ein Hinweis, der den Bezug auf den Nationalsozialismus zwar relativiert, aber nicht ausdrücklich widerruft – vgl. auch »Der Spiegel« 23/1976).

Eine sonderbare Analogie: Hans Jonas, Gnosis und spätantiker Geist, Erster Teil, Göttingen: Vandenhoeck & Ruprecht, 1964, 107.

95 *Erklärte der Verfasser:* A.a.O. 90f.

Die Geschichte passierte: Vgl. Kurt Rudolph, Die Gnosis, Göttingen: Vandenhoeck & Ruprecht, 1980, 40–58. – Giovanni Filoramo, A History of Gnosticism, Oxford: Basil Blackwell, 1990, 1–19.

96 *Der Geist weht, wo er will:* Johannesevangelium 3, 8.

Auf den Papyrusblättern: Es handelt sich um 53 Texte, verteilt auf 13 Codices (= Bücher), die mehrheitlich gnostischen Inhalts sind – vgl. Filoramo, Gnosticism 15–19, und Rudolph, Gnosis a.a.O.

97 *Ablehnung des Kindersegens:* Filoramo, Gnosticism 181, 187.

Abfall und Gestank: Vgl. Elias Canetti, Masse und Macht, Hamburg: Claassen, 1960, 239.

98 *Für die Christenklubs:* Ob die Gnosis als christliches Phänomen anzusprechen sei, oder eher als eine vom Christentum unabhängig entstandene Erscheinung, ist in der Forschung umstritten. Letztere Auffassung vertreten Filoramo, Gnosticism 19, Jonas, Gnosis 81f., und Arno Borst, Die Katharer, Freiburg: Herder, 1991, 58. Als christliche (Sonder-)Lehre wird die Gnosis bezeichnet von Martin Hengel, Die johanneische Frage, Tübingen: J.C.B. Mohr, 1993, 285f., und von Barbara Alland, Was ist Gnosis, in: Jacob Taubes (Hsg.), Gnosis und Politik, München/Paderborn: Fink/Schöningh, 1984, 59. Rudolph, Gnosis 297 und 302 erblickt in der Gnosis eine »krisenhafte Selbstauflösung am Rande des Judentums«. Für einen breiteren Leserkreis bestimmt ist die lesenswerte Darstellung von Micha Brumlik, Die Gnostiker, Frankfurt am Main: Eichborn, 1992. Eine zweibändige Auswahl von Texten zur Gnosis bieten Peter Sloterdijk – Thomas Macho (Hsg.), Weltrevolution der Seele. Ein Lese- und Arbeitsbuch der Gnosis von der Spätantike bis zur Gegenwart, Zürich: Artemis & Winkler, 1991.

99 *Von einer Frau unterbrochen:* Belege bei Elaine Pagels, Versuchung

durch Erkenntnis. Die gnostischen Evangelien, Frankfurt am Main: Insel, 1981, 110f.
Den allerbesten Teil: Lukasevangelium 10, 42 (Vulgata).
In etlichen Episteln: Erster und Zweiter Timotheusbrief, Kolosserbrief, Epheserbrief.
Denn Adam wurde zuerst erschaffen: Erster Timotheusbrief 2, 13f.

100 *Mit Namen Aberkios:* Die Inschrift wurde 1883 von W. Ramsey wiederentdeckt.
Wie frech und anmaßend: Zitiert nach Pagels, Versuchung durch Erkenntnis 106.

101 *Der streitlustige Bischof:* Vgl. Rudolph, Gnosis 23, 222, 258, 266. Das »Panarion« entstand um 370 n.Chr.
Ein Verführer: Vgl. Rudolph, Gnosis 15, 250, 260; Pagels, Versuchung durch Erkenntnis 105f.

102 *Eindeutig in der Mehrheit:* Vgl. Fox, Pagans and Christians 310f.
Die Schulhäupter: Vgl. Rudolph, Gnosis 333–352, und Filoramo, Gnosticism 157–169.
In den vielfältigsten Variationen: Belege bei Pagels, Versuchung durch Erkenntnis 100–102; Filoramo, Gnosticism 67–77; Jonas, Gnosis 351–362. – Vgl. ferner Thomas Buske, Heiliger Geist und Weisheit Gottes, Ph. C.W. Schmidt, 1991.

103 *Schaut mich an:* Vgl. Filoramo, Gnosticism 68f.; Rudolph, Gnosis 91–93.

104 *Marcellina:* Vgl. Rudolph, Gnosis 229; Filoramo, Gnosticism 161; Pagels, Versuchung durch Erkenntnis 106.
Flora: Vgl. Rudolph, Gnosis 278–280. Ebd. 229 (Grabinschrift).
Eine andere Version: Johannesevangelium 21, 24. – Zur sog. johanneischen Frage um die Verfasserschaft des Johannesevangeliums vgl. neben Hengel, Johanneische Frage, auch Rudolph Schnackenburg, Das Johannesevangelium, 3 Teile, Freiburg: Herder, 1965–1975 (besonders 1. Teil 60–88 und 3. Teil 449–463).

105 *Schlüpft der geliebte Schüler:* Johannesevangelium 13, 23–26.
Unter dem Kreuz: Johannesevangelium 19, 26f.
Am Ostermorgen: Johannesevangelium 20, 3–10.
Zuletzt schließlich: Johannesevangelium 21, 7.20.24.
Eine weitere Anspielung: Johannesevangelium 18, 15f.
Schreibt der Verfasser: Apokalypse 1, 9f.

106 *Dieses schreiben wir:* Erster Johannesbrief 1, 4f.
Es kommt die Stunde: Johannesevangelium 4, 21–24.
Was aus dem Fleisch geboren ist: Johannesevangelium 3, 6.
Der Geist macht lebendig: Johannesevangelium 6, 63.
Der heilige Geist: Johannesevangelium 14, 26.

107 *Ich werde den Vater bitten:* Johannesevangelium 14, 16f.
Kinder, nur noch eine kleine Weile: Johannesevangelium 13, 22; 14, 2f. und 27; 15, 9; 16, 7.13.20 (Montage).

Gekommen sei der Tote: Johannesevangelium 20, 19–23.
108 *Auch Paulus:* Apostelgeschichte 19, 6.
An strömendes Wasser: Johannesevangelium 7, 37–39.
An den Lanzenstich: Johannesevangelium 19, 34.
Wer an mich glaubt: Johannesevangelium 11, 26.
Das Licht leuchtet in der Finsternis: Johannesevangelium 1, 5.9.
Wer die Wahrheit tut: Johannesevangelium 3, 21.
Leider lieben die Menschen: Johannesevangelium 3, 19f.
109 *Mein Reich ist nicht von dieser Welt:* Johannesevangelium 18, 36.
Vater, die Stunde ist gekommen: Johannesevangelium 17, 1.6.9.11.14.
110 *Wie ein Staatsanwalt:* Johannesevangelium 16, 8–11.
Beteuerte Mani: Vgl. Karl Matthäus Woschitz – Manfred Hutter – Karl Prenner, Das manichäische Urdrama des Lichtes, Wien: Herder, 1989, 40f (Montage).
111 *Behindert von Geburt an:* Vgl. Geo Widengren (Hsg.), Der Manichäismus, Darmstadt: Wissenschaftliche Buchgesellschaft, 1977, 483–485.
Eine Weltreligion: Vgl. Rudolph, Gnosis 352–379.
Wie Retorten in die Welt: Vgl. Ernst Bloch, Das Prinzip Hoffnung, Frankfurt am Main: Suhrkamp, 1959, 1472.
113 *Jener Herr Gotama:* Vgl. Hans Wolfgang Schumann, Buddhismus, Olten: Walter, 1978.
Zweifärbige Beinkleider: Vgl. Widengren, Manichäismus 482f.
114 *Das strahlende Weiß:* A.a.O. 390.
Ein gewisser Addas: Vgl. Widengren, Manichäismus 387–392.
115 *Einer stadtbekannten Prostituierten:* Lukasevangelium 7, 36–50.
Im Haus des Lazarus: Johannesevangelium 11, 5.
Zur vollen Wahrheit: Johannesevangelium 16, 3.
Im engelgleichen Leben: Vgl. Peter Brown, Die Keuschheit der Engel, München: Hanser, 1991.
116 *Zwei Dutzend Ausgewählte:* Vgl. Widengren, Manichäismus 482.
Tauchten die ersten Mani-Apostel: Vgl. Widengren, Manichäismus 396–399.
Zur Zeit des ersten Konzils: Vgl. Widengren, Manichäismus 396.
117 *Jener profunden Aussichtslosigkeit:* Vgl. Hans Peter Duerr, Sedna oder Die Liebe zum Leben, Frankfurt am Main: Suhrkamp, 1984, 229–261.
Der Gebrauch von Parfums: Vgl. Widengren, Manichäismus 486.
Notierte der Philosoph: Zit. nach Ray Monk, Wittgenstein, Stuttgart: Klett-Cotta, 1992, 521.
Die Lösung des Problems: Ludwig Wittgenstein, Tractatus logicophilosophicus, Frankfurt am Main: Suhrkamp, 1963, 114.
118 *Willst du vollkommen sein:* Matthäusevangelium 19, 21. – Zu Antonius vgl. Aline Rousselle, Der Ursprung der Keuschheit, Stuttgart:

Kreuz, 1989, 178–236; Jacques Lacarrière, Les hommes ivres de Dieu, Paris: Fayard, 1975, 51–70. – Gesamtdarstellungen des christlichen Mönchtums bieten Otto Zöckler, Askese und Mönchtum, Frankfurt: 1897, und Bernhard Lohse, Askese und Mönchtum in der Antike und in der alten Kirche, München: 1969.

119 *Die sogenannte Aretalogie:* Vgl. Kee, Das frühe Christentum 113 und 163.

120 *Ruf aus der Wüste:* Markusevangelium 1, 3.
Arbeiteten die Anachoreten: Von *anachoretes* (= der sich zurückgezogen hat).
Einmal am Tag: Vgl. Rousselle, Ursprung der Keuschheit 224.
Palamon: Vgl. Lacarrière, Les hommes ivres 97–81.
Gehorchte der außerirdischen Stimme: Vgl. Zöckler, Askese und Mönchtum 183–211.

122 *Jesus als Gast im Haus des Lazarus:* Lukasevangelium 10, 38–42.
Tod des Pachom: 347 n.Chr.

123 *Haschen nach Wind:* Kohelet 1, 14.
Viele sind berufen: Matthäusevangelium 22, 14.
Zwei Wege: Eusebius, Demonstratio Evangelica 1, 8.

124 *Die Predigerbrüder von Toulouse:* Vgl. Jean Duvernoy, L'histoire des Cathares, Toulouse: 1979, 274.

125 *Wie aus dem Nichts:* Borst, Katharer 64–69.
Propst Everwin: Vgl. Jeffrey B. Russell (Hsg.), Religious Dissent in the Middle Ages, New York: John Wiley, 1971, 60–63.

126 *Ließ kein Mittleres zu:* A.a.O. 74f. – Vgl. auch Edina Bozóky, Le Livre secret des Cathares, Paris: Beauchesne, 1980.
Zum Empfang der Tröstungsweihe: Borst, Katharer 145f.
Stigmatisierte die neue Geist-Bewegung: Vgl. R.I. Moore, The Origins of European Dissent, London: Penguin Books, 1977, 175–182.
Erinnerte an die Katzen: Vgl. Jean Duvernoy, Le Catharisme, Toulouse: 1876, 302–304.

127 *Hier sind zwei Schwerter:* Lukasevangelium 22, 35–38. Vgl. dazu Walter Ullmann, Medieval Political Thought, Harmondsworth: Penguin Books. 1975, 110.

128 *Im Mai 1167:* Vgl. Borst, Katharer 79–81.
Man kehrt sie zusammen: Johannesevangelium 15, 6.

129 *Überall Ketzer:* Vgl. Borst, Katharer 85.
Erhebt euch, Soldaten Christi: Zit. nach Lothar Baier, Die große Ketzerei, Berlin: Wagenbach, 1984, 113.

130 *Am Freitag vor Pfingsten:* Zit. nach Baier, Die große Ketzerei 172.
Fürchtet euch nicht: Lukasevangelium 12, 4. – *Wer sein Leben retten will:* Markusevangelium 8, 35. – *Eure Freude kann euch niemand wegnehmen:* Johannesevangelium 16, 22.
Gegenwärtig beschäftigt mich: Nicolaus Lenau, Savonarola, Leipzig: Reclam, o.J. 12.

133 *Lies vor:* Der Koran, Sure 96, 1 (zitiert wird die deutsche Übersetzung von Rudi Paret, Der Koran, Stuttgart: Kohlhammer, 1962). – Vgl. Ibn Ishaq, The Life of Mohammed, London: Oxford University Press, 1955.

134 *Aufrecht stand er da:* Sure 53, 6–12.
Wir haben den Koran herabgesandt: Sure 97.
Einen Tröster versprochen: Johannesevangelium 16, 7.
Ihr Gläubigen: Sure 5, 51.73.
Fröstelte er: Vgl. Emile Dermenghem, Mohammed, Reinbek: Rowohlt, 1960, 30.
Wir haben dir eingesagt: Sure 4, 163.
Das sind diejenigen: Sure 6, 89.

135 *Ihr Leute der Schrift:* Sure 3, 65.67.
Heute habe ich für euch: Sure 5, 3.

136 *Der gesprochen hat durch die Propheten:* Denzinger, Enchiridion n. 150.
Die unterhaltsamste Version: Vgl. Richard Benz (Hsg.), Die Legenda aurea des Jacobus de Voragine, Heidelberg: Lambert Schneider, 1984, 964.
Erzählt wurde auch: A.a.O. 966.

137 *Der Witz von den drei Menschheitsbetrügern:* Das Wort geht auf freigeistige islamische Kreise des 10. Jahrhunderts zurück – vgl. L. Massignan, La légende »De tribus impostoribus«, in: Revue de l'histoire des religions 82 (1920), 74–78.
Die Parabel von den drei Ringen: Vgl. Ernst Bloch, Das Materialismusproblem, seine Geschichte und Substanz, Frankfurt am Main: Suhrkamp, 1972, 487.
Gottesläufer und Botenfrauen: Vgl. Klaus Koch, Die Propheten, 2 Bände, Stuttgart: Kohlhammer 1980 und 1995.

138 *An euren Speiseopfern:* Amos 5, 22.
Barmherzigkeit will ich: Hosea 6, 6 (= Matthäusevangelium 9, 13 und 12, 7).

139 *Nach einer islamischen Schätzung:* Abu-l-Ala-Maudoodi, Weltanschauung und Leben im Islam, Damaskus: The Holy Koran Publishing House, 1977, 113.
Genannt »Berufung«: Die hebräische Bezeichnung für Prophet (*nabi*) kommt von »berufen«.
In einer alten biblischen Geschichte: Erstes Buch Samuel 3, 1–21.

140 *Zu einer sprichwörtlichen Figur:* Erstes Buch Samuel 19, 18–24.
In einer anderen Version: Erstes Buch Samuel 10, 6.10.
Am Fuß des Karmel: Erstes Buch der Könige 18, 40.
Stark blutende Schnittwunden: Erstes Buch der Könige 18, 28.
In starkem Kontrast: Erstes Buch der Könige 19, 1–18.

141 *Fragt der Verfasser:* Hebräerbrief 11, 32–38 (gekürzt).

142 *Die Geschichte des Jonas:* Jona 1, 1–3, 3.

Mit Hinweis auf sein zartes Alter: Jeremia 1, 6f.
Seine Gottesbeziehung: Jeremia 20, 7–9.14.
143 *Ein großer Prophet:* Lukasevangelium 7, 16.
Elija ist zurückgekommen: Matthäusevangelium 16, 14.
Eine Theologenkommission: Markusevangelium 3, 22–30.
Wir wollen sehen: Matthäusevangelium 27, 49.
144 *Der Nazarener hatte vorgesorgt:* Markusevangelium 9, 2–13.
Wie ein Stöhnen: Markusevangelium 7, 34; vgl. 6, 41.
Schnaubendes Geräusch: Johannesevangelium 11, 33.38.
Starker Erregung: Johannesevangelium 11, 33.
Vor einem Kraftwort: Markusevangelium 8, 12.
Und er jubelte auf: Lukasevangelium 10, 21.
145 *Sie werden Dämonen austreiben:* Markusevangelium 16, 17f.; Matthäusevangelium 10, 8; Lukasevangelium 10, 9.17.
Die Prophetengabe: Erster Korintherbrief 14, 3.
Zu Antiochia: Apostelgeschichte 13, 1; vgl. 11, 28; 15, 32; 21, 9f. Vgl. auch Ferdinand Hahn, Frühchristliche Prophetie. Von den Anfängen bis zum Montanismus, Stuttgart: Kohlhammer, 1995.
In der griechisch gefärbten Alltagskultur: Vgl. Fox, Pagans and Christians 204–215; Dodds, Heiden und Christen 56–59.
146 *In den fünfziger Jahren:* Josephus Flavius, Der jüdische Krieg II, 13, 5; vgl. Apostelgeschichte 21, 38.
Wenn also geschrien wird: Markusevangelium 13, 21–23 und Parallelen.
An ihren Früchten: Matthäusevangelium 7, 16.
Wild durcheinander: Erster Korintherbrief 14, 29–34.
147 *Die Unterscheidung der Geister:* Erster Korintherbrief 12, 10.
Denn die Schwestern: Joel 3, 1; Apostelgeschichte 2, 17.
Die Posaune wird erschallen: Erster Korintherbrief 15, 52.
Glaubt nicht jedem Geist: Erster Johannesbrief 4, 1–3.
148 *Montanus:* Vgl. Fox, Pagans and Christians 405–410; Dodds, Heiden und Christen 63–66.
Das ist der Tröster: Johannesevangelium 14, 26.
Gebirgschristen: Von lat. *montanus* = auf den Bergen wohnend.
150 *Streitet mit den Leuten der Schrift:* Sure 29, 46.
In die Belletristik versetzt: Jean-Paul Sartre, Die Wörter, Reinbek: Rowohlt, 1968, 141–143.
151 *Zum Schriftsteller geworden:* Vgl. Hermann Timm, Das ästhetische Jahrzehnt, Gütersloh: Gerd Mohn, 1990, 173.
Ich habe mich geändert: Sartre, Die Wörter 143f.
153 *Es gibt in der Kirche keinen Denker:* Hans Urs von Balthasar (Hsg.), Geist und Feuer, Salzburg: Otto Müller, o.J. (1938), 12.
Weg mit dem ganzen Zeug. Vgl. Rudolph, Die Gnosis 337–342.
154 *Eine Stelle im Buch Genesis:* Urs von Balthasar, Geist und Feuer 46–53.

155 *Nur den intelligenten Christgläubigen:* Die Nähe des Origenes zur Gnosis ist offenkundig, obwohl er gegen sie polemisiert hat.

156 *Eine fundamentale Mangelerscheinung:* Vgl. Rudolf Wolfgang Müller, Geld und Geist. Zur Entstehungsgeschichte von Identitätsbewußtsein und Rationalität seit der Antike, Frankfurt am Main. Campus, 1977. – Julian Jaynes, Der Ursprung des Bewußtseins durch den Zusammenbruch der bikameralen Psyche, Reinbek bei Hamburg: Rowohlt, 1988. – Bruno Snell, Die Entdeckung des Geistes: Studien zur Entstehung des europäischen Denkens bei den Griechen, Göttingen: Vandenhoeck & Ruprecht, 1975 (4. neubearbeitete Auflage).

Just im heikelsten Augenblick: Ilias, 1. Buch, 197ff. – Vgl. Müller, Geld und Geist 264; Jaynes, Ursprung des Bewußtseins 94.

157 *Noch ausführlicher:* Ilias, 24. Buch, 120ff. – Vgl. Müller, Geld und Geist 280f.

Der Befund des Harvard-Psychologen: Jaynes, Ursprung des Bewußtseins 95.

158 *Ein Halluzinationszentrum:* A.a.O. 128–137.

Schreibt der Professor: A.a.O. 133.

Meine Vermutung geht dahin: A.a.O. 178f.

Auf hirnelektrische Vorgänge reduziert: A.a.O. 533–536.

Religion entpuppt sich: A.a.O. 362.

159 *Archilochos:* Vgl. Müller, Geld und Geist 273–279; Jaynes, Ursprung des Bewußtseins 344.

Die Verwandtschaft Achills: Jaynes, Ursprung des Bewußtseins 525.

Eine eher ausgefallene Theorie: Ebd.

Wir sind einem Irrtum aufgesessen: Jaynes, a.a.O. 534.

160 *Patienten, die Stimmen hören:* »Nature« 378 (9.11.1995), 176–179.

In seiner Autobiographie: Malcolm X, Autobiography with Alex Haley, New York: Ballantine, 1992.

161 *Eine Sekte von 400 Seelen:* Malcolm X, Autobiography 448.

162 *Reginald erschien:* A.a.O. 172f.

Erzählte Hilda: A.a.O. 179–183.

164 *Über seinen Gesprächspartner:* A.a.O. 440.

Lediglich im Rückblick: A.a.O. 65–78; 121–123.

Ein einziges Mal: A.a.O. 203–205.

165 *Master Fard war der Messias:* A.a.O. 225–227.

Sagte der Ehrenwerte Elias: A.a.O. 215.

166 *Die christliche Religion:* A.a.O. 218–220.

Innerhalb einer halben Stunde: A.a.O. 254f.

Ende 1959: A.a.O. 257–266.

167 *Eine bekannte Persönlichkeit:* A.a.O. 289.

Im November 1963: A.a.O. 328–331.

Saßen ein paar Leute: A.a.O. 317–322.

Gewisse Vorkommnisse: A.a.O. 322–328.

Mein ganzes Vertrauen: A.a.O. 215.
168 *Eine Wallfahrt nach Mekka:* A.a.O. 348–373.
Ein Zombie: A.a.O. 468.
Vor der Presse: A.a.O. 450.
Er wurde durchbohrt: Jesaja 53, 5.
172 *Das Gespräch zwischen Richard Löwenherz und Joachim:* Vgl. Bernard McGinn, The Calabrian Abbot. Joachim of Fiore in the History of Western Thought, New York: Macmillan, 1985, 26.
Antichrist: Die Vorstellung läßt sich bis ins zweite nachchristliche Jahrhundert zurückverfolgen – vgl. Bernard McGinn, Antichrist. Two Thousand Years of the Human Fascination with Evil, San Francisco: Harper, 1994.
Im April: Vgl. Hans Eberhard Mayer, Geschichte der Kreuzzüge, Stuttgart: Kohlhammer, 1965, 138–141.
173 *Der Geist und die Braut:* Apokalypse 22, 17.20. (Siehe oben S. 20–24.)
Der Zeitpunkt ist nahe: Apokalypse 22, 10.
Seit Augustinus: In »De civitate Dei« hat Augustinus (354–430 n.Chr.) eine lineare Geschichtsbetrachtung in sechs Weltaltern vorgelegt, deren letztes das christliche war – vgl. Peter Brown, Augustinus von Hippo, Frankfurt am Main: Societäts Verlag, 1973, 261–273.
Die monastische Laufbahn: McGinn, The Calabrian Abbot 19–21.
174 *Schrieb Joachim:* McGinn, The Calabrian Abbot 21f.
Liber Concordiae: a.a.O. 31f., 130f.
Ich war in der Kirche: a.a.O. 22.
175 *Expositio in Apokalipsim:* Darlegung zur Apokalypse – vgl. McGinn, a.a.O. 32f.
Psalterium decem chordarum: Die Zehnseitige Harfe – vgl. McGinn, a.a.O. 33.
Diese idiotischen Geschichten: Shakespeare, Macbeth 5. Akt, 5. Szene.
176 *Zum Papst gebeten:* McGinn, a.a.O. 11, 22–24.
Im Buch Ezechiel: 26, 7 (Vulgata).
177 *Caelestis urbs:* Hymnus aus dem Commune Dedicationis Ecclesiae der römischen Liturgie.
Mindestens vier solcher Bedeutungsebenen: Körtner, Der inspirierte Leser 62–77. (Siehe oben S. 150–155.)
178 *Neue Verständnisweisen:* Vgl. McGinn, a.a.O. 129.
Während der Belagerung von Neapel: McGinn, a.a.O. 26f.
Der entscheidende Einfall: Vgl. Gert Wendelborn, Gott und Geschichte. Joachim von Fiore und die Hoffnung der Christenheit, Wien: Böhlau, 1974, 17–43.
Ein halbes Jahr nur: Robert E. Lerner, Joachim von Fiore, in: Theologische Realenzyklopädie, Band 18, Berlin: Gruyter, 1988, 88.

179 *Der letzte Papst:* McGinn, a.a.O. 29.
Erst im Jahr 1989: Vgl. Francis Fukuyama, Das Ende der Geschichte, München: Kindler, 1992. – Romano Guardini, Das Ende der Neuzeit, Basel: Hess, 1950.
Kleiner Franzose: Die Mutter stammte aus Frankreich – vgl. Helmut Feld, Franziskus von Assisi und seine Bewegung, Darmstadt: Wissenschaftliche Buchgesellschaft, 1994, 258–262.
Wie eine Sonne: Dante, Divina Commedia, Paradiso XI, 50.
180 *Nach einem festlichen Essen.* Vgl. Adolf Holl, Der letzte Christ, Stuttgart: Deutsche Verlags-Anstalt, 1979, 59–62.
Heißt es im Text: Feld, Franziskus 113.
Schrieb Francesco: Zit. nach Otto Karrer (Hsg.), Franz von Assisi. Legenden und Laude, Zürich: Manesse, 1945, 567.
Eines Tages: Vgl. Holl, Der letzte Christ 272–274; Feld, Franziskus 207f.
182 *Die schroffe Geste:* Vgl. Holl, Der letzte Christ 51f.; Feld, Franziskus 130–133.
183 *Der Priester las:* Vgl. Holl, Der letzte Christ 100–102; Feld, Franziskus 141f.
184 *Als dann der Herr Gott:* Vgl. Karrer, Legenden 569; Feld, Franziskus 142.
Lobgedicht auf Gott und die Welt: Vgl. Karrer, Legenden 520–523.
185 *Poverello:* Italienische Verkleinerungsform für »der Arme«.
Zur denkwürdigen Predigt: Vgl. Holl, Der letzte Christ 189–191; Feld, Franziskus 199.
186 *Der allerkleinste Bruder:* Zit. nach Karrer, Legenden 572.
Ohne hierarchische Befehlsketten: Vgl. Feld, Franziskus 307.
Im katholischen Garten: Dante, Divina Commedia, Paradiso XII, 104.
Fünf Jahre vor seinem Tod: Vgl. Holl, Der letzte Christ 242–244; Feld, Franziskus 302–304 (andere Datierung).
187 *Der einzige Minister:* Zit. nach Feld, Franziskus 308.
Ein anderer Konflikt: Vgl. Holl, Der letzte Christ 145–164; Feld, Franziskus 401–423.
Leben im Geist: Zit. nach Feld, Franziskus 420.
188 *In einer volkstümlichen Legende:* Zit. nach Karrer, Legenden 138f.
Am Ende seines Lebens: Vgl. Holl, Der letzte Christ 322f.; Feld, Franziskus 421f.
Die Gefühle Francescos: Vgl. Feld, Franziskus 419.
Die letzte Pointe: Vgl. Holl, Der letzte Christ 294–304; Feld, Franziskus 256–277; 361.
189 *Man will alles genau kennen:* Elias Canetti, Die Provinz des Menschen. Aufzeichnungen 1942–1972, München: Hanser, 1973, 76.
Die Frauen hungerten: Vgl. Rudolph M. Bell, Holy Anorexia, Chicago: University Press, 1985, 123–127.

Wie jene Sechs: Vgl. Holl, Der letzte Christ 202f.; Feld, Franziskus 196f.

190 *Frater Helias:* Vgl. Feld, Franziskus 353–400.

Die kleine Leiche: Eine Untersuchung der Gebeine des hl. Franz von Assisi im Jahr 1978 ergab eine Körperlänge von 1,50 Meter – vgl. Feld, Franziskus 280.

191 *Da erschien eines Tages:* Vgl. Ernst Benz, Ecclesia Spiritualis, Stuttgart: Kohlhammer, 1964, 175–181; Holl, Der letzte Christ 334–339; Feld, Franziskus 486–490.

192 *Das stellte sich sehr bald heraus:* Benz, Ecclesia Spiritualis 4–58.

Es sind Geistliche nötig: Jacob Taubes, Abendländische Eschatologie, München: Matthes & Seitz, 1991, 190 (leicht redigiert).

193 *Auf einen Termin:* Vgl. Benz, Ecclesia Spiritualis 205–225.

Einer der vier: Vgl. Benz, Ecclesia Spiritualis 208f. – Vgl. Johannes Haller, Das Papsttum. Idee und Wirklichkeit, Band 5, Reinbek: Rowohlt, 1965, 183.

194 *Nur noch an das zu glauben:* Benz, Ecclesia Spiritualis 211.

Auf einem Ansitz: Benz, a.a.O. 179.

195 *Sie unterscheiden zwei Kirchen:* Zit. nach Arno Borst, Lebensformen im Mittelalter, Frankfurt am Main: Ullstein, 1979, 594.

Eine Kardinalskommission: Vgl. Holl, Der letzte Christ 346f.

196 *Ging sofort zum Angriff über:* Vgl. Holl, Der letzte Christ 349–355; Feld, Franziskus 494–499.

Das gefährlichste Buch: Vgl. Benz, Ecclesia Spiritualis 256–332; Michael Wolff, Geschichte der Impetustheorie, Frankfurt am Main: Suhrkamp, 1978, 174–184.

198 *Im Untergrund der Weltseele:* Vgl. Heinz Robert Schlette, Weltseele. Geschichte und Hermeneutik, Frankfurt am Main: Knecht, 1993, 132–145.

Hegel an seinen Freund: Zit. nach Schlette, Weltseele 181.

199 *In ihrer bürgerlichen Gestalt:* Vgl. Philippe Aries – Georges Duby (Hsg.), Geschichte des privaten Lebens, Band 4, Frankfurt am Main: Fischer, 1992.

Die Trennung in öffentliche und private Sphäre: Vgl. Richard Sennet, Verfall und Ende des öffentlichen Lebens, Frankfurt am Main: Fischer, 1987.

Das Wunschbild der bürgerlichen Familie: Vgl. Manfred Schneider, Die kranke Seele der Revolution, Frankfurt am Main: Syndikat, 1980, 11.

In der Liebe hat der Mensch: Georg Friedrich Wilhelm Hegel, Der Geist des Christentums und sein Schicksal, Gütersloh: Gerd Mohn, 1970, 72.

Die Vereinigten trennen sich wieder: Zit. nach Hermann Timm, Fallhöhe des Geistes. Das religiöse Denken des jungen Hegel, Frankfurt am Main: Syndikat, 107.

200 *Wir stehen in einer wichtigen Zeitepoche:* Johannes Hoffmeister (Hsg.), Dokumente zu Hegels Entwicklung, Stuttgart: 1936, 35.

201 *Den Keim der Krankheit:* Vgl. Timm, Fallhöhe des Geistes 55.

Unterm blassen Schimmer: Timm, a.a.O. 96f.

Zeigt sich die Vernunft: Georg Friedrich Wilhelm Hegel, Phänomenologie des Geistes, Hamburg: Felix Meiner, 1952 (6. Auflage, hsg. von Johannes Hoffmeister), XL f. – Vgl. dazu Joseph Möller, Der Geist und das Absolute. Zur Grundlegung einer Religionsphilosophie in Begegnung mit Hegels Denkwelt, Paderborn: Schöningh, 1951. – Erwin Dirscherl, Der Heilige Geist und das menschliche Bewußtsein, Würzburg: Echter, 1989, 587–642. – Bernd Jochen Hilberath, Pneumatologie, Düsseldorf: Patmos, 1994, 155f.

202 *Abgespannt, grämlich:* Zit. nach Franz Wiedmann, Hegel, Reinbek: Rowohlt, 1993, 105 (gekürzt).

Diese Morgenröte: Zit. nach Wiedmann, a.a.O. 69.

Gründet sich die Religion: Zit. nach Wiedmann, a.a.O. 74.

203 *Nur der freie Geist:* Zit. nach Wiedmann, a.a.O. 75.

Der Geist des Menschen: Zit. nach Wiedmann, a.a.O. 128.

Zwei Jahre lang sein Schüler: Zit. nach Wiedmann, a.a.O. 145.

204 *Thesen über Feuerbach:* Karl Marx – Friedrich Engels, Ausgewählte Schriften, Band 2, Berlin: Dietz, 1970, 370–372.

Telegrafierte Lenin: Zit. nach Rudi Dutschke – Manfred Wilke, Die Sowjetunion, Solschenizyn und die westliche Linke, Reinbek: Rowohlt, 1975, 127.

Oft werden Bücher gepriesen: Alexander Solschenizyn, Krebsstation, Reinbek: Rowohlt, 1971, 251.

208 *Er trat in mein Zimmer:* Simone Weil, La connaissance surnaturelle, Paris: Gallimard, 1950, 9f. (leicht gekürzt); zit. nach Angelica Krogmann, Simone Weil, Reinbek: Rowohlt, 1979, 157f).

209 *Auf dem Totenschein:* Vgl. Krogmann, Simone Weil 176.

Führte Janet aus: Bell, Holy Anorexia 11–13.

210 *Eine zierliche und hübsche Person:* Vgl. Catherine Clément – Sudhir Kakar, Der Heilige und die Verrückte. Religiöse Ekstase und psychische Grenzerfahrung, München: C.H. Beck, 1993, 22.

Die Wundmale: Clément-Kakar, Der Heilige 37–39.

Ein kleines Stück Brot: A.a.O. 39.

Von der Angst zur Ekstase: Pierre Janet, De l'Angoisse à l'Extase, Paris: 1926 und 1928. – Vgl. dazu Henry F. Ellenberger, Die Entdeckung des Unbewußten, Zürich: Diogenes, 1985, 540.

Schrieb Janet: Zit. nach Clément-Kakar, a.a.O. 23.

211 *Bis zu Chiara:* Siehe oben Seite 187f.

Weder aus Bronze noch aus Granit: Zit. nach Fonti Francescane, Padua, 1980, 2292.

Mehr als die Hälfte: Vgl. Bell, Holy Anorexia X; Bell prüfte alle 261 italienischen Frauen, die nach ihrem Tod einem Kanonisierungsverfahren unterzogen wurden, von 1200 bis zur Gegenwart. In einem Drittel der Fälle waren die biographischen Angaben zu dürftig, um Schlüsse auf das Vorhandensein anorektischer Verhaltensweisen zu erlauben.

Eine junge Frau: Vgl. Peter Dinzelbacher, Mittelalterliche Frauenmystik, Paderborn: Schöningh, 1993, 290f.

212 *Ein Spottgedicht:* Zit. nach Bell, Holy Anorexia 27.

213 *Lege dich über mich:* Zit. nach Dinzelbacher, Frauenmystik 294.

Einen gewissen Raymund: Raymund von Capua (1330–1399), Generalvorsteher des Dominikanerordens, verfaßte die Lebensbeschreibung Katharinas.

Ich, die ich so schamhaft: Zit. nach Clément–Kakar, Der Heilige 66.

214 *Sein Herbarium:* Vgl. Clément–Kakar, a.a.O. 238–241.

In dieser Welt: Simone Weil, Écrits de Londres et derniers lettres, Paris: Gallimard, 1957, 255f (zit. nach Krogmann, Simone Weil 155).

Ich kann sagen: Simone Weil, Attente de Dieu, Paris: La Colombe, 1948 (zit. nach der deutschen Ausgabe: Das Unglück und die Gottesliebe, München: Kösel, 1953, 42).

Beckett will uns zu verstehen geben: Jean-Paul Sartre, Der Idiot der Familie, Reinbek: Rowohlt, 1977, 552. – Vgl. Samuel Beckett, Warten auf Godot, Frankfurt am Main: Suhrkamp, 1971 (Erstveröffentlichung Paris: Editions du Minuit, 1952).

215 *Etwas, das stärker war als ich:* Zit. nach Krogmann, Simone Weil 148.

Ein Segel gesetzt: Margarete Porète, Der Spiegel der einfachen Seelen. Aus dem Altfranzösischen übertragen und mit einem Nachwort und Anmerkungen von Louise Gnädiger, Zürich: Artemis, 1987, 17.

Ich koste überall: Zit. nach Clément–Kakar, Der Heilige 51–54.

216 *Jegliche Gotteserfahrung:* Thomas von Aquin, Summa Theologiae 2 II, 97, 2, 2.

Die beste Weise, Gott zu erkennen: Bonaventura, Sentenzenkommentar III, 35, 1, 5 (Ed. Quaracchi 3, 775).

217 *Vornehmlich Frauen:* Das 14. Jahrhundert gilt als der Höhepunkt der (weiblichen) Mystik in Europa – vgl. Evelyn Underhill, Mystik, München: Ernst Reinhardt, 1928 (Nachdruck Bietigheim: Turm, o. J.), 592.

Wie sie genannt wurden: »Gottesdienstliche Frauen« bzw. »heilige Frauen« – vgl. Dinzelbacher, Frauenmystik 292.

Starb eine wohlgeborene Dame: Vgl. Robert E. Lerner, The Heresy of the Free Spirit in the Later Middle Ages, Berkeley: University of California Press, 1972, 71f. – Kurt Ruh, Geschichte der abendländischen Mystik, Band 2, München: C.H. Beck, 1993, 343.

218 *Fortan kursierte:* Porète, Spiegel 230–232.

Als Autorin zu identifizieren: Vgl. Romana Guarneri, Il movimento

del Libero Spirito, in: Archivio Italiano per la storia della pietà IV (1965), 351–708.
Zur Bewegung der Beginen: Vgl. E. W. McDonnell, The Beguines and Beghards in Medieval Culture, New Brunswick, 1954.

219 *Tugend, ich nehme Abschied von euch:* Porète, Spiegel 23.
Oh allerliebster heiliger Geist: Porete, a. a. O. 75.
Die Seele hat Schluß gemacht: A. a. O. 79
Keinerlei Mißbehagen: A. a. O. 74.
Nach der Art der Troubadourpoesie: A. a. O. 95, 99f., 146. – Vgl. Ruh, Mystik 351–358.

220 *Bemerkte der Chronist:* Vgl. Ruh, Mystik 343.
Der neue und freie Geist: Vgl. Marjorie Reeves, The Influence of Prophecy in the later Middle Ages, Oxford: 1969, 177.
Kecke Behauptungen: Vgl. Ruh, Mystik 358; Lerner, Free Spirit 13–19.
Allenthalben kursierten: Vgl. Malcolm D. Lambert, Ketzerei im Mittelalter, München: Callwey, 1981, 259.

221 *In einer Bulle:* Vgl. Denzinger, Enchiridion n. 866.
Das Konzil von Vienne: Denzinger, Enchiridion nn. 891–899.
Der berüchtigte Walter Kerlinger: Vgl. Lerner, Free Spirit 134.
Ein versperrter Park: Hohes Lied 4, 12.
Im Refektorium: Vgl. Lerner, Free Spirit 1.

222 *So bitten wir Gott:* Meister Eckehart, Deutsche Predigten und Traktate (hsg. Josef Quint), München: Hanser, 1963, 305. – Vgl. dazu Peter Dinzelbacher, Christliche Mystik im Abendland, Paderborn: Schöningh, 1994, 281–292.
Der weise Meister: Zit. nach Kurt Ruh, Meister Eckhart, München: C. H. Beck, 1989, 12.
Geistlich: Vgl. Franz Wöhrer, The Cloud of Unknowing (um 1380). Ein Beispiel angewandter Mystagogie aus dem englischen Spätmittelalter, Manuskript 1993, englische Fassung für »Studies in Spirituality« Band VII (1997) im Druck.
Eine Weste aus Schweinehaut: Vgl. Feld, Franziskus 424–428.

223 *Dieselbe Frau Chiara:* Feld, a. a. O. 421–423.
Verbürgt ist der Gestank: Vgl. Bell, Holy anorexia 92–102; Ruh, Mystik 501–509.

224 *Auf das Betreiben einer Visionärin:* Juliane von Cornillon (gest. 1250).
Ihre Wahrnehmungen: Vgl. Caroline Walker Bynum, Holy Feast and Holy Fast, The religious significance of Food to Medieval Women, Berkeley: University of California Press, 1987, 141f.
Ähnliche Empfindungen: Vgl. Bell, Holy Anorexia 108.
Hörte ihn deutlich: Vgl. Ruh, Mystik 516.

225 *Ha, bei Gott:* Porète, Spiegel 134.

Das Herrschaftswissen der Männer: Vgl. Hans Peter Duerr, Traumzeit, Frankfurt am Main: Syndikat, 1978.
Der innere Monolog: Porète, Spiegel 161.
Gegen Ende ihres Buches: Porète, Spiegel 177f.; vgl. Ruh, Mystik 345.
226 *Kommt die arme Seele:* Zit. nach Ruh, Mystik 263.
Ein andermal: Ruh, a.a.O. 265f.
227 *Ich setzte mich beim Weiher:* Ruh, a.a.O. 299.
Der Teufel schläft nicht: Ruh, a.a.O. 300–305.
An einem Sonnabend: Ruh, a.a.O. 308.
Der Herr rief: Ruh, a.a.O. 309 (gekürzt).
228 *Sassen im Kreis:* Vgl. Dinzelbacher, Christliche Mystik 229.
Er hielt die Gießkanne: Ruh a.a.O. 306.
Am Fuß des Thrones der Dreifaltigkeit: Ruh, a.a.O. 313f.
Das Wiegen des Jesuskindleins: Vgl. Dinzelbacher, Christliche Mystik 230.
Das ist eine kindische Liebe: Ruh, a.a.O. 266.
Das Jesuskind stillen: Vgl. Clément–Kakar, Der Heilige 50f.
229 *In der visionären Prosa:* Vgl. Ruh, Mystik 283.
Für verrückt hielt: Vgl. Bell, Holy Anorexia 106.
Eine Begine: Vgl. Ruh, Mystik 158–225, Dinzelbacher, Christliche Mystik 203–208.
Dieser sprachlichen Neuprägung: Vgl. Ruh, Mystik 151, 178–182. – Vgl. auch Bynum, Holy Feast 161–163, wo *orewoet* mit *insanity* (Wahnsinn) wiedergegeben wird.
Mein Herz und meine Adern: Zit. nach Dinzelbacher, Christliche Mystik 205.
230 *Eine halbe Stunde:* Vgl. Ruh, Mystik 201f.
Notiert Hadewijch: Ruh, Mystik 193.
Zu Zeiten beherrscht: Ruh, Mystik 150f.
Teresas Herz: Vgl. Vita Sackville-West, Adler und Taube, Frankfurt am Main: Ullstein, 1982, 128. – Einen Überblick über das Thema des Liebespfeils gibt Benz, Die Vision 395–410.
231 *Sonne, Mond und Sterne:* Ruh, a.a.O. 199f.
Zu mir war Gott grausamer: Ruh, a.a.O. 168.
In Antwerpen: Ruh, a.a.O. 152.
Auf die Liebe kommt es an: Ruh, a.a.O. 169.
Das Elternhaus: Vgl. Clément–Kakar, Der Heilige 26–34.
233 *Ein halbes Jahrhundert später:* Vgl. Colleen A. Ward (Hsg.), Altered States of Consciousness and Mental Health. A Cross-Cultural Perspective, Newbury Park: Sage, 1989.
Ein kanadischer Psychiater: Ward, a.a.O. 149–166. – Vgl. dazu auch Alister Hardy, The Spiritual Nature of Man. A study of contemporary religious experience, Oxford: Clarendon Press, 1979 (Sir Hardy, ein Meeresbiologe, gründete 1969 in Oxford ein Institut zur Erforschung religiöser Erfahrungen und erhielt kurz vor seinem Tod im

Jahr 1985 den begehrten Preis der Templeton Foundation für besondere Leistungen auf dem Gebiet der Religion in Höhe von 185 000 Dollar – vgl. »Time« vom 11.3.1985).

234 *Blasphemischer Unsinn:* James M. Clark, Meister Eckhart, London: 1957, 124.

Ein alemannischer Text: Vgl. Lerner, Free Spirit 215–221; Dinzelbacher, Christliche Mystik 294f.

Hat es geschafft: Zit. nach Dinzelbacher, Christliche Mystik 294 (*fröwent üch* = freuet euch).

236 *Weil er den Jubelruf:* Vgl. Annemarie Schimmel, Mystische Dimensionen des Islam, Köln: Diederichs, 1985, 100–119. Es handelt sich um das Diktum *ana'l-Haqq*, das sich mit »ich bin die absolute Wahrheit (Gott)« übersetzen läßt.

Null-Erfahrung: Vgl. Agehananda Bharati, The Light at the Center, Santa Barbara: Ross-Erikson, 1982, 48–86.

Zum ersten Mal: Bharati, a.a.O. 39f.

Noch drei Mal: Bharati, a.a.O. 40–44.

Die Zusammenfassung: Bharati, a.a.O. 65, 94.

237 *Was befiehlst du?* Ruh, Mystik 267.

Nirwana: Vgl. Duerr, Sedna 242.

Ist unerheblich: Duerr, a.a.O. 261. Das Eckhart-Zitat findet sich in A. M. Haas, Sermo mysticus, Fribourg: 1979, 451.

238 *Ihren dringlichsten Wunsch:* Vgl. Simone Pétrement, Simone Weil. A Life, London: Mowbrays, 1977, 486f. (Im Mai 1942 emigrierte Simone Weil aus Marseille über Casablanca nach New York, wo sie bis zum November blieb. Ende November Ankunft in Liverpool, hernach Tätigkeit für die »Forces de la France libre« in London.)

Daß sie Tuberkulose hatte: Pétrement, a.a.O. 520.

In den letzten Monaten ihres Lebens: Pétrement, a.a.O. 520–539.

239 *Die rote Jungfrau:* Pétrement, a.a.O. 73, 93–97.

Marschierte die Genossin: Pétrement, a.a.O. 185f.

Eine verwandte Seele: Vgl. Pétrement, a.a.O. 184.

240 *Trotzki war wütend:* A.a.O. 178.

Papa hat mir die Ehre erwiesen: A.a.O. 187.

Es kam anders: A.a.O. 188–191.

Der Schießbefehl: Vgl. Emma Goldmann, Living My Life, Band 2, New York: Dover, 1970, 872–887.

Ihr Abschied vom Marxismus: Simone Weil, Unterdrückung und Freiheit, München: Rogner & Bernhard, 1975.

241 *Ich kannte sie sehr gut:* Zit. nach Krogmann, Simone Weil 178.

In einer Fabrik: Vgl. Pétrement, Simone Weil 230.

Sie bringt sich um: Pétrement, a.a.O. 228.

Unmenschlich: Pétrement, a.a.O. 231.

Dieses Jahr: Pétrement, a.a.O. 215.

Im November 1938: Pétrement, a.a.O. 340.

242 *In dunkler Nacht:* John Frederick Nims (Hsg.), The Poems of St. John of the Cross, Chicago: University Press, 1979, 18.
Geistliche Verneinung: Ebd.
Jeder Ton traf mich: Pétrement, a.a.O. 329.
Der asketische Mann: Pétrement, a.a.O. 411 f.
243 *Einer Ketzerin:* Pétrement, a.a.O. 458 f.
Einen langen Brief: Pétrement, a.a.O. 465 f.
244 *Was für ein schönes Taufbecken:* Pétrement, a.a.O. 466.
Wie eine Heilige: Pétrement, a.a.O. 458.
247 *Let my people go:* Dieses Lied der amerikanischen Negersklaven aus der ersten Hälfte des 19. Jahrhunderts zitiert das biblische Buch Exodus 5, 1 (»Gib mein Volk frei«).
Wir mußten lernen: Vgl. Nelson Mandela, Long Walk to Freedom, Boston: Little, Brown and Company, 1995, 146.
248 *Die Toten kommen wieder:* Bloch, Münzer 9.
Durchaus ebenbürtig: Bloch, a.a.O. 110.
Die letzte irdische Revolution: Bloch, a.a.O. 110.
249 *Formulierte Antworten:* Rainer Traub – Harald Wieser (Hsg.), Gespräche mit Ernst Bloch, Frankfurt am Main: Suhrkamp, 1975, 18, 17, 24, 21, 12, 206, 194, 235, 250, 256, 30, 218.
Bloch legte los: Mitteilung von Burghardt Schmidt.
Ein Ende des Tunnels: Bloch, Prinzip Hoffnung 711.
Zionismus mündet: Bloch, a.a.O. 713.
Brautzeit des Sozialismus: Traub-Wieser, Gespräche 129.
Was die Russen: A.a.O. 127 f.
250 *Die Zusammenrottung unter Korach:* Numeri 16. – Vgl. Bloch, Atheismus 108–111.
251 *Wo Hoffnung ist:* Bloch, a.a.O. 23.
Ein gewisses Vorläufertum: Vgl. Karl Kautsky, Vorläufer des neueren Sozialismus, Berlin: J.H.W. Dietz, 1976.
Zum Beleg: Bloch, Atheismus 231–237.
Die Verdammten dieser Erde: Zit. nach Gustave Gutiérrez, Die historische Macht der Armen, Mainz: 1984, 187.
252 *Der christliche Humanismus:* Zit. nach Hildegard Lüning (Hsg.), Mit Maschinengewehr und Kreuz, Reinbek: Rowohlt, 1971, 41.
Auf Knopfdruck: Bloch, Atheismus 293.
Am Morgen des 13. Juli: Vgl. Walter Elliger, Thomas Müntzer. Leben und Werk, Göttingen: Vandenhoeck & Ruprecht, 1975, 443–463.
253 *Der heftige Mann:* Elliger, Müntzer 111–115.
Ein schwirmig geyst: Elliger, a.a.O. 165.
Gegen ein Wallfahrtskirchlein: Elliger, a.a.O. 417–443.
254 *Ach, lieben Herren:* Elliger, a.a.O. 453 f.
Nicolaus Storch: Elliger, a.a.O. 122–126.
Die Leyen: Elliger, a.a.O. 123.

256 *Nach dem Aufstand der Ritter:* Vgl. Leo Sievers, Revolution in Deutschland, Stuttgart: Deutsche Verlags-Anstalt, 1978, 166–207.
Lediglich eine Unterredung: Elliger a.a.O. 463.
257 *Schrieb Luther:* Zit. nach Gerhard Wehr, Thomas Müntzer, Reinbek: Rowohlt, 1972, 97f.
Der ausgetriebene Satan: Zit. nach Wehr, Schriften 196–205 (Montage).
258 *Die früheste Beschreibung:* Vgl. Michael Walzer, Exodus und Revolution, Frankfurt am Main: Fischer, 1995, 141.
Den allmächtigen Pharao: In Exodus 1, 11 findet sich eine historisch wertvolle Notiz über die Errichtung der Städte Pithom und Ramses, die während der Regierungszeit Ramses' II. (1292–1225) gebaut wurden.
260 *Um ein anderes Skript:* Vgl. Walzer, Exodus und Revolution 125–129.
Auf dem berühmten Berg: Die Tradition identifiziert ihn mit dem heutigen Jabal Musa (2285 Meter Seehöhe) auf der Sinai-Halbinsel. Manche Forscher suchen den Offenbarungsberg eher westlich des Golfs von Aqaba.
261 *Seinen letzten Brief:* Elliger, Müntzer 798–805; Wehr, Schriften 185–187.
Das ganze Land ist wach: Elliger, a.a.O. 700–703; Wehr, Schriften 179–181.
Auf den Ambossen: Anspielung auf die biblische Gestalt gleichen Namens (Genesis 10, 8), des »ersten Machthabers auf Erden«.
Baron Holbach: Französischer Philosoph (1723–1789).
262 *Die Sache freilich:* Vgl. Hans-Jürgen Goertz, Thomas Müntzer, München: C.H. Beck, 1989, 167–172.
Von 400 Mann: Elliger, Müntzer 698–706.
Sie sollen Libros Regum lesen: Elliger, a.a.O. 821.
Tritt der Prophet Elija: Erstes Buch der Könige 18 und 22.
263 *Bruder vom Kelch:* Vgl. Ferdinand Seibt, Hussitica. Zur Struktur einer Revolution, Köln: Böhlau, 1990, 162. – F.G. Heymann, John Zizka and the Hussite Revolution, Princeton: 1955.
Sein erstes Gefecht: Seibt, Hussitica 185–201.
264 *Die tschechischen Wörter: Bóh* (Gott), *boj* (Kämpfer).
Eine rigorose Heeresverfassung: Vgl. Seibt, Hussitica 162–166.
Also wurdent: Zit. nach Norman Cohn, Das Ringen um das Tausendjährige Reich. Revolutionärer Messianismus im Mittelalter und sein Fortleben in den modernen totalitären Bewegungen, Bern: Francke, 1961, 208.
In den Schriften: Vgl. Robert Kalivoda, Revolution und Ideologie. Der Hussitismus, Köln: Böhlau, 1976, 113–210.
Schwertler: Vgl. Hans-Jürgen Goertz, Die Täufer. Geschichte und Deutung, München: C.H. Beck, 1980, 26f.

265 *Es hat uns wunderbar erfreut:* Goertz, a.a.O. 186 und 199.
Wie Sebastian Franck notierte: Zit. nach Goertz, a.a.O. 39.
Einige hat man gereckt: Zit. nach Rudolf Wolkan (Hsg.), Das Geschichtsbuch der Hutterischen Brüder, Wien: 1923, 184.
266 *Das Regiment der Obrigkeit:* Goertz, Die Täufer 103.
Als Austritt: Goertz, a.a.O. 126.
Ein Mensch aus Tirol: Goertz a.a.O. 27.
Hatten alles miteinander gemeinsam: Apostelgeschichte 2, 44.
267 *Eine Bittschrift:* Vgl. Michael Holzach, Das vergessene Volk, München: Deutscher Taschenbuch Verlag, 1982, 263–266.
Ihre grausamste Schlappe: Vgl. Richard van Dülmen (Hsg.), Das Täuferreich zu Münster, München: Deutscher Taschentuch Verlag, 1974. – Otthein Rammstedt, Sekte und soziale Bewegung, Köln: Westdeutscher Verlag, 1966.
Befand Luther: Zit. nach van Dülmen, Täuferreich 286.
268 *In einem Bericht:* Van Dülmen, a.a.O. 261.
Liebe Freunde: Van Dülmen, a.a.O. 42.
Prophezeit war: Die folgende Montage ist zusammengestellt aus van Dülmen, Täuferreich, und Rammstedt, Sekte und soziale Frage passim.
272 *Unsere Waffen:* Zit. nach Goertz, Täufer 200.
273 *Unsere Brust ist voll:* Zit. nach Hedwig Walwei-Wiegelmann (Hsg.), Gesellschaftskritik im Werk Heinrich Heines. Ein Heine-Lesebuch, Paderborn: Schöningh, 1974, 123 (gekürzt).
274 *In dem Beschluß:* Zit. nach Walwei-Wigelmann, a.a.O. 126.
Es waren Sonnenstrahlen: Zit. nach Dieter Heilbronn (Hsg.), Heinrich Heine. Ein Land im Winter, Berlin: Wagenbach, 1978, 74.
Die jährliche Buchproduktion: Vgl. Horst Albrecht Glaser (Hsg.), Deutsche Literatur. Eine Sozialgeschichte, Band 6, Reinbek: Rowohlt, 1980, 44.
Wenn in unserer Zeit: Georg Büchner, Werke und Briefe, München: Deutscher Taschenbuch Verlag, 1992, 178.
275 *Die Justiz ist in Deutschland:* Bücher, Werke 44, 58, 62, 64 (Montage).
276 *Sein Vaterland hatte er verlassen müssen:* Büchner, Werke 395.
Der Aristokratismus: Büchner, Werke 286.
277 *Die Züchtigung, mein Sohn:* Zit. nach Antoine Guillaumont, Les »Kephalaia Gnostica« d'Évagre le Pontique et l'histoire de l'Origénisme chez les Grecs et chez les Syriens, Paris: Éditions du Seuil, 1962, 316.
Die Kritik der Religion: Vgl. Karl Marx – Friedrich Engels, Über Religion, Berlin: Dietz, 1976, 98.
278 *Den Himmel überlassen wir:* Zit. nach Karl-Heinz Käfer, Versöhnt ohne Opfer. Zum geschichtstheologischen Rahmen der Schriften Heinrich Heines 1824–1844, Meisenheim: Anton Hain, 1978, 227.

Mit dem Plan einer Darstellung: »Deutschland. Ein Wintermärchen« erschien 1844.
Als Marx: Vgl. Richard Friedenthal, Karl Marx. Sein Leben und seine Zeit, München: Piper, 1981, 207–217.
In dem Konvolut: Karl Marx, Ökonomisch-philosophische Manuskripte, Leipzig: Philipp Reclam, 1974.
Wiedereinsetzung des Fleisches: Vgl. Schneider, Kranke schöne Seele 180–183.
Chopin bereitete den Kaffee: Zit. nach Gisela Schlientz, George Sand, Frankfurt am Main: Insel, 1987, 133.

279 *Die Diagnose der Sand:* Schlientz, a.a.O. 124.
Den Männern ist es gelungen: Schlientz, a.a.O. 98.
Schrieb Heine: Schlientz, a.a.O. 110.
Das ganze Unglück: Vgl. Schneider, Kranke schöne Seele 31.
Ich schleppte mich: Zit. nach Schneider, a.a.O. 28 f.

280 *Mit meinen kleinen Absätzen:* Zit. nach Schlientz, George Sand 61.
Unter Vertrag: Schlientz, a.a.O. 69.
Sie ging wie ein Soldat: Schlientz, a.a.O. 77.
Der Zettel: Schlientz, a.a.O. 111.
Nach Art der Frömmler: Schlientz, a.a.O. 122 f.
Ja, es gibt Engel: Schlientz, a.a.O. 113.
Ging die Sand auf Urlaub: Vgl. George Sand, Ein Winter auf Majorca, Palma de Mallorca: Imprenta Soler, 1974.

281 *Das Geheimnis dieses geglückten Lebens:* Anderer Auffassung ist Hans Mayer, Außenseiter, Frankfurt am Main: Suhrkamp, 1981, 117 (»Ein glanzvoller Versuch der weiblichen Emanzipation in einer besonders glückhaften geschichtlichen Konstellation erwies sich als mißglückt«).
Stets in goldener Farbe gesehen: Zit. nach Schlientz, George Sand 319.

286 *Eine Formulierung:* William James, The Varieties of Religious Experience, New York: The New American Library, 1958, 389. (Wir und Gott stehen in Geschäftsverbindung. Gott ist reell, weil er Erfolg hat.)
Das Auge des Professors: James, Varieties 24 f.

287 *In einer seiner Vorlesungen:* James a.a.O. 87–111.
Der septische Finger: Vgl. Robert Peel, Mary Baker Eddy. The Years of Trial, New York: Holt, Rinehart and Winston, 1971, 3.

288 *Quimby praktizierte:* Vgl. Hans-Dieter Reimer – Oswald Eggenberger, Neben den Kirchen, Konstanz: Christliche Verlagsanstalt, 1979, 315 f.
Der eigentliche Autor: Peel, Mary Baker Eddy 279.
Die wichtigste Passage: Zit. nach Peel, a.a.O. 333.

289 *Angesehene Physiker:* Vgl. Hans-Peter Dürr (Hsg.), Physik und Transzendenz, Bern: Scherz, 1986.

Schrieb James Jeans: Dürr, Physik 14.
Saß ein Physiker: Zit. nach Christoph Bochinger, »New Age« und moderne Religion, Gütersloh: Jaiser, 1995, 447f.
290 *Am Ende seiner Vorlesungen:* James, Varieties 383–386.
Das unterbewußte Selbst: James, a.a.O. 385f.
Schlecht geliebte Kinder: Vgl. Sartre, Der Idiot der Familie 145.
291 *Kamen die Träume von Gott:* Vgl. Friedrich Schiller, Die Räuber, 5. Akt, 1. Szene.
Ins Irrenhaus: Immanuel Kant, Träume eines Geistersehers, erläutert durch Träume der Metaphysik, Stuttgart: Reclam, 1976, 66f.
Schrieb Swedenborg später: Zit. nach Ernst Benz, Emanuel Swedenborg. Naturforscher und Seher, Zürich: Swedenborg Verlag, 1969, 224.
292 *Als ich erwachte:* Benz, Swedenborg 165f.
Lebhafte Träume: Benz, a.a.O. 173–178.
Leidenschaft für die Frauen: Benz, a.a.O. 176.
Am Ostersonntag: Benz, a.a.O. 178f.
293 *Laut und deutlich:* Benz, a.a.O. 181.
Eine Mißlichkeit: Benz, a.a.O. 28f.
Was kann dies bedeuten: Benz, a.a.O. 183f.
Zwei Damen: Benz, a.a.O. 187.
294 *Sein bisheriges Forschen:* Benz, a.a.O. 108f.
Mitte April 1745: Benz, a.a.O. 204–208.
295 *Seine Atmung zu verlangsamen:* Benz, a.a.O. 166–169.
Eines Tages war ich im Nachdenken: Zit. nach Benz, a.a.O. 322f.
Tragen berühmte Philosophen: Benz, a.a.O. 323.
296 *Dennoch ertappt:* Benz, a.a.O. 238f.
Es ist eine wissenswerte Tatsache: Zit. nach Bochinger, New Age 273.
297 *Vom Christentum Abschied zu nehmen:* Vgl. Bochinger, New Age 261.
Bis zum New Age: Bochinger, a.a.O. 280.
Ließen sich anregen: Bochinger, a.a.O. 270.
Als seinen Mentor: Bochinger, a.a.O. 268f.
298 *Das Haus der Familie Fox:* Vgl. Ruth Brandon, The Spiritualists. The Passion for the Occult in the Nineteenth and Twentieth Centuries, New York: Knopf, 1983.
Der Einfluß des Heiligen Geistes: Zit. nach James, Varieties 388.
Du lächelst über uns Yankees: Zit. nach Ulrich Linse, Geisterseher und Wunderwirker. Heilsuche im Industriezeitalter, Frankfurt am Main: Fischer Taschenbuch Verlag, 1996, 55f.
299 *In Gegenwart einer Kommission:* Vgl. Colin Wilson, Das Okkulte, Berlin: März, 1982, 674.
Eines Tages würde man ihn heiligsprechen: Zit. nach Brandon, Spiritualists 167.

300 *Die klavierspielende Gräfin Orsini:* Zit. nach Wilson, Das Okkulte 679.
Weitaus konzentrierter: Vgl. Brandon, Spiritualists 78–87.
In einer Liste: Brandon, a.a.O. 82.
Der gegenwärtige Stand der Dinge: Zit. nach Eberhard Bauer – Walter von Lacadou (Hsg.), Psi – was verbirgt sich dahinter, Freiburg: Herder, 1984, 62.
301 *Ein paar gemeinsame Urlaubstage:* Vgl. Brandon, Spiritualists 169–173.
303 *Die Winke sind flüchtig:* Vgl. Joseph Agassi, Flüchtige Funken in der Welt des Blabla. Kritische Bemerkungen zu H.P. Duerrs Traumzeit, in: Hans Peter Duerr (Hsg.), Der Wissenschaftler und das Irrationale, Band 1, Frankfurt am Main: Syndikat, 1981, 351–376.
Fragte William James: Zit. nach Brandon, Spiritualists 77.
Im eleganten Genf: Vgl. Ellenberger, Entdeckung des Unbewußten 439–441.
305 *Ein Schweizer Nervenarzt:* Vgl. Carl Gustav Jung, Über die Psychologie der dementia praecox, Halle: C. Marhold, 1907, 162ff.
Während des Medizinstudiums: Vgl. Ellenberger, Entdeckung des Unbewußten 924–927. – Stefanie Zumstein-Preiswerk, C.G. Jungs Medium. Die Geschichte der Helly Preiswerk, München: Kindler, 1975.
306 *Die Welt gewann an Tiefe:* Carl Gustav Jung, Erinnerungen, Träume, Gedanken. Aufgezeichnet und herausgegeben von Aniela Jaffé, Olten: Walter, 1984, 106.
Ein tadelloses Brotmesser: Jung, Erinnerungen 112f.
Während des Ersten Weltkriegs: Jung, Erinnerungen 194.
307 *Ich stand hilflos:* Jung, a.a.O. 180.
Der heilige Geist: Jung, a.a.O. 175.
Nach Genf: Jung, a.a.O. 378f.
308 *Einem höheren Willen zu gehorchen:* Jung a.a.O. 180.
Das dortige Gespenst: Vgl. Ellenberger, Entdeckung des Unbewußten 902.
Wovon man nicht sprechen kann: Ludwig Wittgenstein, Tractatus Logico-philosophicus, Frankfurt am Main: Suhrkamp, 1963, 115.
309 *Fragte Laing:* Times Literary Supplement vom 23.5.1986. Vgl. dazu John Clay, R.D. Laing. A Divided Self, London: Hodder & Stoughton, 1996, 242f.
310 *Kombination von Spiritismus und Sozialismus:* Vgl. Linse, Geisterseher 58.
Ein Delegiertenkongreß: Linse, Geisterseher 57.
Von 28 Millionen Amerikanern: Vgl. Howard Kerr – Charles L. Crew (Hsg.), The Occult in America, Urbana: 1983, 23f. *Eine Vortragsreihe über Hypnose*: Vgl. Brandon, Spiritualists 12. (Zur Entwicklung des Begriffs der Hypnose aus dem »animalischen Magne-

tismus« Franz Anton Mesmers vgl. Ellenberger, Entdeckung des Unbewußten 89–134.)

311 *An die Niederschrift:* Vgl. Linse, Geisterseher 57f.
Zu einem pädagogischen Programm: Vgl. Linse, Geisterseher 64–66.
Mit gutem Erfolg unter der Arbeiterschaft: Linse a.a.O. 58–61.
Gehversuche im Grenzland: Das Buch erschien posthum im Jahr 1860 – vgl. Linse, Geisterseher 235, Anmerkung 89.

312 *Alternative Heilpraktiken:* Linse, a.a.O. 63.
Entschieden antiklerikal: Linse, a.a.O. 61f.
Nur in den besseren Kreisen: Linse, a.a.O. 66–72.
Dort entstand: Vgl. Linse, Geisterseher 120–125.

313 *Ich glaube an Gott:* Vgl. Johannische Kirche. Kurzdarstellung, herausgegeben vom Verlag der Johannischen Kirche, Berlin: 1983, 3.
Die johannischen Christen: Die Zahl der eingetragenen Kirchenmitglieder wird gegenwärtig mit 3300 angegeben – Schreiben des Kirchenbüros der Johannischen Kirche Berlin vom 7.1.1994 an den Verfasser.
Verbot der Staatspolizeistelle: Vgl. Linse, Geisterseher 166.
Ein Sowjetoffizier: Vgl. »Weg und Ziel«, Wochenzeitung der von Joseph Weißenberg gegründeten Johannischen Kirche 46. Jahrgang, Nr. 51/52 vom 22.12.1993, 3.
Zahlreiche Prozesse: Vgl. Linse, Geisterseher 111.
Der evangelischen Geistlichkeit: Linse, a.a.O. 132–135.
Die Kraft, Kranke zu heilen: Linse, a.a.O. 94 und 96.

314 *Ich sehe Majestät:* Linse, a.a.O. 114.
Die Heilpraxis: Linse, a.a.O. 98–113.
Sie besuchten die Versammlungen: Linse, a.a.O. 115 und 149f.

315 *Im ganzen Saale:* Linse, a.a.O. 140f.
Abwehrschriften: Linse, a.a.O. 125.
Kleinbürgerliches Gepräge: Linse, a.a.O. 136f.

316 *Einkreisung der finsteren Mächte:* Linse, a.a.O. 156.
Das Bundesverdienstkreuz: Linse, a.a.O. 176. – 1994 erfolgte die Rückerstattung der »Friedensstadt« in das Eigentum der Johannischen Kirche.
Spatenstich: Vgl. »Weg und Ziel« 49 (1996), Nr. 37 vom 11.9.1996.

319 *Die Wüste wächst:* Friedrich Nietzsche, Kritische Studienausgabe (= KSA, hsg. Colli – Montinari), Band 6, München: Deutscher Taschenbuch Verlag, 1988, 387.

320 *Wohin ist Gott:* Zit. nach Werner Ross, Der ängstliche Adler, München: Deutscher Taschenbuch Verlag, 1994, 584f.
Die junge Dame: Vgl. H. E. Peters, Lou Andreas Salomé. Das Leben einer ungewöhnlichen Frau, München: Heyne, 1981. – Linde Salber, Lou Andreas Salomé, Reinbek: Rowohlt, 1995.
Nietzsches Freund: Vgl. Hubert Treiber, Paul Rée – ein Freund Nietzsches, in: Bündner Jahrbuch 1987, Chur 1986.

321 *Als Gottsucher:* Lou Andreas Salomé, Lebensrückblick (aus dem Nachlaß herausgegeben von Ernst Pfeiffer), Frankfurt am Main: Insel, 1974, 84.
Auch Nietzsche las es: Salomé, Lebensrückblick 248.
Zurückweisen mußte: Vgl. Dieter Borchmeyer – Jörg Salaquards (Hsg.), Nietzsche und Wagner. Stationen einer epochalen Begegnung, Frankfurt am Main: Insel, 1994, 1337–1340.
Schrieb Nietzsche: Nietzsche KSA 6, 12.

322 *Ich bin so gut wie Wagner:* Nietzsche KSA 5, 340f.
Wollte Wagner mit einem kleinen Scherz: Borchmeyer–Salaquarda, Nietzsche und Wagner 296.

323 *Nietzsche zufolge:* Die entsprechenden Aphorismen 109 und 220 aus »Menschliches, Allzumenschliches I« wurden zu einer Zeit geschrieben, als der Bruch zwischen Nietzsche und Wagner noch nicht vollzogen war – vgl. Borchmeyer–Salaquarda, Nietzsche und Wagner 1323f.
Mehr noch: Vgl. Borchmeyer–Salaquarda, Nietzsche und Wagner 1325–1327.
Alles klar: Zit. nach Borchmeyer–Salaquarda, Nietzsche und Wagner 1318.
Einen bösen Traum: Borchmeyer–Salaquarda, a.a.O. 1321f. (Der Traum wurde im September 1878 aufgezeichnet.)

324 *Schrieb Rilke:* Zit. nach Donald A. Prater, Ein klingendes Glas. Das Leben Rainer Maria Rilkes, Reinbek: Rowohlt, 1989, 77.
Übernahm den russischen Gott: Salomé, Lebensrückblick 120.

325 *Diese Allgeborgenheit:* Vgl. Lou Andreas Salomé, Rainer Maria Rilke, Frankfurt am Main: Insel, 1988, 27.
Gehe Deinem dunklen Gott entgegen: Vgl. Prater, Ein klingendes Glas 143.

326 *Unnahbar euren Schritten:* Richard Wagner, Lohengrin, 3. Aufzug, 3. Szene.
Wagners Selbstbewußtsein: Vgl. Hans Mayer, Richard Wagner, Reinbek: Rowohlt, 1980, 114.

327 *Bestand ein Unterschied:* Mayer, Wagner 113.

328 *Vergeh, du Abbild:* Arnold Schönberg, Moses und Aron, 2. Akt, 4. Szene.
Mein Angesicht kannst du nicht schauen: Exodus 33, 20–23.
Das männliche Gemächt: Vgl. Miles, Gott 150f.
Wenige Zeilen zuvor: Exodus 33, 11.
An einer anderen Stelle: Exodus 24, 9–11.

329 *Niemand hat Gott je gesehen:* Johannesevangelium 1, 18. – Vgl. dazu Schnackenburg, Das Johannesevangelium, 1. Teil 253–257.
Das letzte Wort: Denzinger, Enchiridion n. 3001.
Meint sie den heiligen Geist: Migne, Patrologia graeca 75, 577b.

330 *Der Meister persönlich:* Salomé, Lebensrückblick 82.

In Nietzsches Charakter: Zit. nach Ross, Der ängstliche Adler 635.
331 *Mit stockender Stimme:* Zit. nach Jörg Salaquarda, Dionysos gegen den Gekreuzigten. Nietzsches Verständnis des Apostels Paulus, in: Jörg Salaquarda (Hsg.), Nietzsche, Darmstadt: Wissenschaftliche Buchgesellschaft, 1996, 311.
Oh Lebens Mittag: Nietzsche, KSA 5, 241–243 (Montage).
Hat jemand: Nietzsche, KSA 6, 335–340 (gekürzt, Montage).
332 *Wobei ich sang und Unsinn redete:* Zit. nach Ross, Der ängstliche Adler 576.
Hüten wir uns: Zit. nach Salaquarda, Nietzsche 312.
Ich trage das Schicksal: Nietzsche, KSA 6, 364.
Ein Herr im Wald: Zit. nach Ross, Der ängstliche Adler 574.
Als Mose: Exodus 34, 29.
333 *Mitunter läuft mir die Ahnung:* Zit. nach Ross, Der ängstliche Adler 576.
Erinnerte sich Lou: Lou Andreas Salomé, Friedrich Nietzsche in seinen Werken, Frankfurt am Main: Insel, 1994, 116.
Die Diagnose einer Kapazität: Vgl. Ross, Der ängstliche Adler 784–796.
Andere Kapazitäten: Vgl. Salaquarda, Nietzsche 51.
Bei Edvard Munch: Friedrich Nietzsche (1906/07), Munchmuseet, Oslo.
Eine Reihe von Vorlesungen: Vgl. Ross, Der ängstliche Adler 744–748.
334 *Die ersten Artikel:* Vgl. Peter, Lou Andreas Salomé 169.
Dichtete Stefan George: Zit. nach Ross, Der ängstliche Adler 689.
In Voraussicht: Nietzsche, KSA 6, 257.
An jener heiligen Stelle: Nietzsche, KSA 6, 341.
Verklärung Christi: Im christlichen Kalender am 6. August.
Nun feiern wir: Nietzsche, KSA 5, 243.
Die Grundkonzeption des Werks: Nietzsche, KSA 6, 335.
335 *Ist es nicht Torheit:* Nietzsche, KSA 4, 141.
Ich lehre euch den Übermenschen: Nietzsche, KSA 4, 14.
Ich beschwöre euch, meine Brüder: A.a.O. 15.
Hat man mich verstanden: Nietzsche, KSA 6, 371–374.
Die höchste Lehre Nietzsches: Giorgio Colli, Nach Nietzsche, Frankfurt am Main: Europäische Verlagsanstalt, 1983, 211f.
336 *In seinem Roman:* Olaf Stapledon, Odd John & Sirius, New York: Dover Publications, 1972. – Vgl. Eike Barmeyer, Science Fiction. Theorie und Geschichte, München: Fink, 1972, 286f.
Was Werk werden wollte: Salomé, Lebensrückblick 116. – Vgl. Salber, Lou Andreas Salomé 90.
337 *In die Anziehungskraft Freuds:* Lou Andreas Salomé, In der Schule bei Freud, Frankfurt am Main: Ullstein, 1983; Peters, Lou Andreas Salomé 336–373; Salber, Lou Andreas Salomé 103–126.

Der schwedische Nervenarzt: Vgl. Peters, Lou Andreas Salomé 340f.

Noch als Siebzigjährige: Salomé, Lebensrückblick 138–150 (Montage).

338 *War mir, als würde ich keinen erkennen:* Vgl. Prater, Ein klingendes Glas 176.

Mit einem Hysteriker: Salomé, In der Schule 149.

Hielt er für Narren: Vgl. Marthe Robert, Die Revolution der Psychoanalyse, Frankfurt am Main: Fischer, 1986, 252f.

Leistete Frau Salomé hartnäckig Widerstand: Vgl. Peters, Lou Andreas Salomé 367–371.

Erörterte den Fall: Salomé, In der Schule 181f. – Vgl. Prater, Ein klingendes Glas 339.

Brachte zusammen: Salomé, In der Schule 191.

Da die künstlerische Begabung: Sigmund Freud, Studienausgabe, Band 10, Frankfurt am Main: S. Fischer, 1969, 157.

Hinsichtlich der Psychoanalyse: Zit. nach Salomé, In der Schule 268f.

339 *Zwischen Gott und den Menschen:* Denzinger, Enchiridion n. 806.

Es steht schlecht: Zit. nach Prater, Ein klingendes Glas 341f.; vgl. auch Salomé, Rainer Maria Rilke, Frankfurt am Main: Insel, 1988, 56.

Draußen blies eine starke Bora: Zit. nach Prater, Ein klingendes Glas 345–349.

Fertig wurden die Elegien: Vgl. Prater, Ein klingendes Glas 576–580. – Vgl. auch Salomé, Rilke 100f.

340 *Außer einer Gedichtsammlung:* »Chamber Music« (1907) und »The Day of the Rabblement« (1901).

241 *Während der nächsten paar hundert Jahre:* Vgl. Richard Ellmann, James Joyce, Frankfurt am Main: Suhrkamp, 1996, 773.

Sooft menschliche Furcht: Zit. nach Ellmann, Joyce 159.

Kurze Prosastücke: James Joyce, Kleine Schriften, Frankfurt am Main: Suhrkamp, 1987, 5–46. – Vgl. dazu Willy Erzgräber, Von Thomas Hardy bis Ted Hughes. Studien zur modernen englischen und anglo-irischen Literatur, Freiburg im Breisgau: Rombach, 1995, 11–117; Morris Beja, Epiphany in the Modern Novel, London: Peter Owen, 1971, 71–111; Eveline Kilian, Momente innerweltlicher Transzendenz. Die Augenblickserfahrung in Dorothy Richardsons Romanzyklus *Pilgrimage* und ihr ideengeschichtlicher Kontext, Tübingen: Max Niemeyer, 1997, 108–119.

Eine spirituelle Offenbarung: James Joyce, Stephen der Held, Frankfurt am Main: Suhrkamp, 1987, 224.

Die schriftstellerische Aufgabe: Ebd.

342 *Seine Blasphemien:* James Joyce, Ulysses, Frankfurt am Main: Suhrkamp, 1981, 28f. und 606.

Ein Anmeldeformular: Vgl. Ellmann, Joyce 511.

343 *Und dann hat er mich gefragt:* Joyce, Ullysses 1014.

Den Besuch eines Ministers: Vgl. Ellmann, Joyce 711.
Erzählte Joyce: Vgl. Ellmann, Joyce 807.
344 *Meinte er listig:* Zit. nach Beja, Epiphany 71.
Für den verborgenen Glanz des Haustorschlüssels: Vgl. Peter Strasser, Geborgenheit im Schlechten, Wien: Deuticke, 1993, 126–146.
Joyce hatte Geburtstag: Vgl. Ellmann, Joyce 778.
Es ward Abend: Genesis 1, 5.8.13.19.23.31.

Die Niederschrift wurde im Dezember 1993 begonnen und im Dezember 1996 abgeschlossen. – Das Motto auf Seite 9 findet sich in: Adolf Holl, *Wie ich ein Priester wurde, warum Jesus dagegen war und was dabei herausgekommen ist,* Reinbek: Rowohlt, 1992, 59.

Econ & List

Horst-Eberhard Richter

Als Einstein nicht mehr weiterwußte

Ein himmlischer Krisengipfel

256 Seiten

TB 26569-5

Satirisch und ironisch, gleichwohl mit vollem Ernst, läßt Horst-Eberhard Richter die Meisterdenker Konfuzius, Platon, Buddha, Augustinus, Descartes, Marx, Freud und Einstein ein himmlisches Wortgefecht führen. So streiten sie, ob der globalisierte Ultrakapitalismus in weltweitem Chaos enden, ob die technologische Revolution eine schönere neue Welt bescheren oder ob ein gründlicher Sinneswandel die Menschen zur Gesundung ihrer Verhältnisse führen wird.

»Unter seiner Regie gelingt dem Club der toten Denker ein höchst lebendiger und spannender Dialog, der mitten hineinzielt in die ambivalenten Befindlichkeiten der Gegenwart.« *Die Zeit*

Econ & List

Leo Linder

»Ah, mein kleiner Herzog, du hast Angst?« Jeanne d'Arc

240 Seiten, 20 Abbildungen

TB 26514-8

Originalausgabe

Sie ist einzigartig: Niemals hat eine Frau so direkt und mit derart durchschlagendem Erfolg in den Gang der Geschichte eingegriffen, und in keinem Fall hat der Auftritt eines Menschen auf der politischen Bühne so viele Rätsel aufgegeben. Ihr Werdegang ist atemberaubend: Eben noch Hütemädchen am äußersten Rand Frankreichs, geht sie zu dem jungen schwachen König und bringt als politisches Genie in einem schon fast hundert Jahre dauernden Krieg die entscheidende Wendung. Mit 19 ist sie tot, verbrannt als Hexe. Und sie bleibt eine Heldin.

Econ & List

Siegfried Obermeier
»Ein Weib mit ungeheurem Talent«
Angelika Kauffmann
252 Seiten
TB 26559-8

Angelika Kauffmann (1741–1807) war ein Genie. Eine Malerin, die schon zu Lebzeiten gefeiert wude wie keine andere.

Alle wollten von ihr porträtiert werden, die Könige, der Hochadel und sämtliche Geistesgrößen. Goethe, Herder und Klopstock tauschten sich mir ihr aus, und sie galt als die kultivierteste Frau Europas. Eine Rebellin der ganz besonderen Art.

063